Manual de Auditoria
e Revisão de
Demonstrações Financeiras

FUNDAÇÃO INSTITUTO DE PESQUISAS CONTÁBEIS,
ATUARIAIS E FINANCEIRAS. FEA/USP

Manual de Auditoria e Revisão de Demonstrações Financeiras

CLAUDIO GONÇALO LONGO

3ª EDIÇÃO

SÃO PAULO
EDITORA ATLAS S.A. – 2015

© 2010 by Editora Atlas S.A.

1. ed. 2011; 2. ed. 2011; 3. ed. 2015

Capa: Marcio Henrique Medina
Composição: Formato Serviços de Editoração Ltda.

Dados Internacionais de Catalogação na Publicação (CIP)
(Câmara Brasileira do Livro, SP, Brasil)

Longo, Claudio Gonçalo
Manual de auditoria e revisão de demonstrações financeiras / Claudio Gonçalo Longo. – 3. ed. – São Paulo: Atlas, 2015.

Bibliografia.
ISBN 978-85-224-9320-3
ISBN 978-85-224-9321-0 (PDF)

1. Auditoria 2. Balanço financeiro 3. Contabilidade I. Título.

10-11948
CDD-657.458

Índice para catálogo sistemático:

1. Auditoria : Demonstrações financeiras : Contabilidade 657.458

TODOS OS DIREITOS RESERVADOS – É proibida a reprodução total ou parcial, de qualquer forma ou por qualquer meio. A violação dos direitos de autor (Lei nº 9.610/98) é crime estabelecido pelo artigo 184 do Código Penal.

Depósito legal na Biblioteca Nacional conforme Lei nº 10.994, de 14 de dezembro de 2004.

Impresso no Brasil/*Printed in Brazil*

Editora Atlas S.A.
Rua Conselheiro Nébias, 1384
Campos Elísios
01203 904 São Paulo SP
011 3357 9144
atlas.com.br

Sumário

Apresentação, xxiii
Prefácio, xxv

Parte I – INTRODUÇÃO, 1

1 **Introdução, 3**
   Palavras iniciais, 3
   Viabilização do processo de convergência, 5
   Estrutura das Normas Brasileiras de Contabilidade, 6
   Vigência e aplicação das novas normas de auditoria (NBC TAs), 7
   Aplicação das novas normas de auditoria pelas pequenas e médias firmas de auditoria, 10
   Outras normas técnicas (de revisão, asseguração sobre informações não históricas e serviços correlatos), 12
   Grupo de trabalho para a convergência em auditoria e agradecimentos, 13
   Motivação para escrever este livro e seu objetivo, 14

2 **Estrutura Conceitual de Trabalhos de Asseguração, 16**
   Origem do termo e definições, 16
   Asseguração razoável × asseguração limitada, 17
   Conclusão do Auditor nos relatórios emitidos em trabalhos de asseguração, 18
   Aceitação de um trabalho de asseguração, 19
   Elementos de um trabalho de asseguração, 19

Parte II – AUDITORIA DAS DEMONSTRAÇÕES FINANCEIRAS, 25

Resumo Executivo, 25

3 Objetivos Gerais do Auditor Independente e a Condução da Auditoria em Conformidade com as Normas de Auditoria (NBC TA 200), 46

Introdução, objetivos e definições, 46

    Responsabilidades da administração, 47

    Estrutura de apresentação adequada × estrutura de conformidade, 48

    Conjunto completo de demonstrações financeiras e práticas contábeis adotadas no Brasil, 48

    Responsabilidades do auditor no contexto da auditoria das demonstrações financeiras, 49

Requisitos da NBC TA 200, 51

    Exigências éticas, 51

    Ceticismo profissional, 52

    Julgamento profissional, 53

    Evidência de auditoria apropriada e suficiente, 54

        Risco de auditoria, 55

        Risco inerente, 55

        Risco de controle, 56

        Risco de detecção, 56

        Limitações inerentes ao processo de auditoria, 56

    Condução da auditoria de acordo com as normas brasileiras (e internacionais) de auditoria, 58

        Objetivos formulados em cada uma das NBC TAs, 58

        Conteúdo das NBC TAs, 59

        Considerações específicas para o Setor Público, 59

        Considerações específicas para entidades de pequeno porte, 60

        Não cumprimento de um objetivo, 60

4 Concordância com os Termos do Trabalho de Auditoria (NBC TA 210), 61

Introdução, 61

Requisitos, 62

    Condições prévias para aceitação do trabalho, 62

    Acordos sobre os termos do trabalho, 65

    Auditorias recorrentes, 66

    Aceitação de mudança nos termos do trabalho, 66

    Considerações adicionais na aceitação do trabalho, 66

5 Controle de Qualidade na Auditoria de Demonstrações Financeiras (NBC TA 220), 68

Introdução e objetivos, 68

Requisitos, 69

    Responsabilidade da liderança pela qualidade nos trabalhos de auditoria, 69

    Exigências éticas relevantes, 70

    Aceitação de clientes e de trabalhos de auditoria (relacionamento inicial) e continuidade nesse relacionamento ou no trabalho em si, 71

    Designação da equipe de trabalho, 71

    Execução do trabalho e o controle sobre o seu andamento, 72

        Direção, Supervisão e Revisão dos Trabalhos, 72

        Consultas, 74

        Revisão de controle de qualidade (ou revisão independente), 75

        Diferenças de opinião, 76

    Monitoramento do Controle de Qualidade por meio de inspeção periódica, 76

    Documentação da auditoria e das revisões, 77

6 Documentação da Auditoria (NBC TA 230), 78

Introdução e objetivos, 78

Requisitos, 79

    Tempestividade, 79

    Forma, conteúdo e extensão da documentação dos procedimentos e das evidências de auditoria obtidas, 79

        Não atendimento de um requisito relevante, 82

        Assuntos surgidos após a data do relatório de auditoria, 82

    Montagem do arquivo final da documentação da auditoria, 83

    Exemplos de assuntos específicos que requerem documentação, 83

7 Responsabilidade do Auditor em Relação a Fraude, no Contexto da Auditoria de Demonstrações Financeiras (NBC TA 240), 86

Introdução e definições, 86

Responsabilidade pela prevenção e detecção de fraude e objetivos do auditor, 87

Requisitos, 88

    Ceticismo profissional, 88

    Discussão entre a equipe de trabalho, 89

    Procedimentos de avaliação de risco e atividades relacionadas, 90

    Identificação e avaliação dos riscos de distorção relevante decorrentes de fraudes, 92

    Respostas aos riscos avaliados de distorção relevante decorrentes de fraude, 93

        Exemplos de fraudes, 95

Avaliação da evidência de auditoria, 100
- Análise de distorções identificadas para se satisfazer de que não envolvem fraudes, 100

Representações da Administração, 100

Comunicações à administração e aos responsáveis pela governança, 101

Comunicações aos órgãos reguladores, 102

Documentação, 102

Situações de impossibilidade do auditor em continuar o trabalho, 103

8 Considerações de Leis e Regulamentos na Auditoria de Demonstrações Financeiras (NBC TA 250), 104

Introdução, efeito das leis e regulamentos e definições, 104

Responsabilidade pela conformidade com leis e regulamentos, 104

Responsabilidades do Auditor Independente e objetivos a serem atingidos, 105

Requisitos, 106
- Consideração pelo auditor da conformidade com leis e regulamentos, 106
- Procedimentos requeridos quando o auditor identifica situações de não conformidade ou de suspeita de não conformidade, 107
- Comunicações da não conformidade (efetiva ou suspeita), inclusive no próprio relatório de auditoria sobre as demonstrações financeiras, 108
  - Comunicações da não conformidade aos órgãos reguladores, 108
- Documentação, 108

9 Comunicações com os Responsáveis pela Governança (NBC TA 260), 109

Introdução, alcance, definições e papel da comunicação, 109

Objetivos, 110

Requisitos, 110
- Determinação das pessoas apropriadas para uma comunicação efetiva e recíproca, 110
- Assuntos que devem ser objeto de comunicação (ou discussão), 111
  - Tabela contendo assuntos cuja comunicação (discussão) é requerida pelas Normas de Auditoria, 115
- Processo de comunicação, 116
- Documentação, 117

Anexo ao capítulo sobre a NBC TA 260 contendo exemplos de conselhos de administração no Brasil, 117

10 Comunicações de Deficiências no Controle Interno (NBC TA 265), 120

Introdução, definições e objetivo da norma, 120

Requisitos, 121

Identificação de deficiências e determinação se elas são significativas, 121

Relatar por escrito as deficiências significativas e discuti-las com a administração, 122

    Nível de detalhe das comunicações de deficiências, 123

    Forma de agrupamento das recomendações, 123

    Requisitos específicos estabelecidos por legislação ou regulamentação, 124

11 Planejamento da Auditoria de Demonstrações Financeiras e Trabalhos Iniciais – Saldos Iniciais (NBC TA 300) e (NBC TA 510), 126

Planejamento – NBC TA 300, 126

    Introdução e objetivos, 126

        Natureza e extensão das atividades de planejamento, 127

        Considerações especiais para novos clientes de auditoria ou novos trabalhos, 128

Requisitos da NBC TA 300, 128

    Envolvimento efetivo do sócio e outros membros-chave da equipe, 128

    Atividades preliminares do trabalho de auditoria de demonstrações financeiras, 128

    Atividades de planejamento, 129

        Considerações para determinação da estratégia global da auditoria, 129

    Documentação, 131

NBC TA 510, 132

    Introdução, objetivos e definições, 132

        Registro contábil dos efeitos de correção de erro e mudanças de práticas contábeis, 132

Requisitos da NBC TA 510, 134

    Procedimentos quando as demonstrações financeiras do exercício anterior foram auditadas por auditor antecessor, 134

    Procedimentos quando as demonstrações financeiras do exercício anterior não foram auditadas, 135

    Requisitos relacionados com as conclusões e relatório de auditoria, 136

12 Identificação e Avaliação dos Riscos de Distorção Relevante por meio do Entendimento da Entidade e de seu Ambiente (NBC TA 315), 137

Introdução e outras considerações para o entendimento da norma, 137

Definições e conceitos, 141

    Controle interno (componentes, ambiente, propósitos, limitações e tipos de controle), 141

    Afirmações (ou assertivas), 142

    Riscos (do negócio, inerentes e de controle, significativos e não significativos), 143

Objetivo e alcance da norma, 144

Requisitos, 144

    1º Requisito – Procedimentos Preliminares de Avaliação de Riscos e Atividades Relacionadas, 145

        Indagações, procedimentos analíticos, observação e inspeção, 145

    2º Requisito – Entendimento da entidade e de seu ambiente, inclusive do controle interno, 147

        Entendimento da entidade e de seu ambiente, 147

        Entendimento do controle interno, 148

        Componentes do controle interno, 148

    Processo de identificação e avaliação dos riscos de distorção relevante, 153

        Riscos no nível das demonstrações financeiras e das afirmações, 153

        Riscos significativos e não significativos, 153

        Afirmações sobre saldos, classes de transação e divulgação, 154

        Avaliação combinada de riscos, 154

    Documentação, 155

        Documentação da discussão com a equipe, inclusive assuntos tratados e conclusões, 156

        Identificação dos riscos, 156

        Avaliação se os riscos são ou não significativos, 156

        Planilha sumariando riscos identificados e os índices para classificação como relevante, 157

        Respostas da entidade aos riscos significativos, 158

        Avaliação combinada do risco inerente e do risco de controle, 160

    Anexo ao Capítulo 12: Roteiro prático para identificação e avaliação dos riscos de distorção relevante nas demonstrações financeiras e respostas do auditor a esses riscos, 163

13 Materialidade no Planejamento e na Execução da Auditoria e Avaliação das Distorções Identificadas durante a Auditoria (NBC TA 320 e NBC TA 450), 171

    Introdução e definições, 171

    Requisitos da NBC TA 320, 173

        Determinação da materialidade no planejamento e na execução da auditoria, 173

            Referenciais a serem utilizados, 174

            Estimativas necessárias para o valor dos referenciais a serem utilizados, 175

            Balizadores para determinação da materialidade, 176

            Exemplos de referenciais a serem utilizados e percentuais sugeridos, 178

        Revisão da materialidade durante o processo de auditoria, 179

Considerações específicas para entidades de pequeno porte ou do setor público, 180

Requisitos da NBC TA 450, 180

    Acumulação das distorções identificadas, 180

    Considerações sobre as distorções identificadas, 181

    Comunicação e correção das distorções, 181

    Revisão da adequação dos referenciais estabelecidos para a materialidade no planejamento e na execução da auditoria, 182

    Avaliação do efeito das distorções não corrigidas, 183

        Distorções identificadas no exercício e não corrigidas, 183

        Efeito acumulado de distorções não relevantes identificadas em períodos anteriores que não foram corrigidas, 184

    Representações formais, 185

    Documentação, 185

14 Respostas do Auditor aos Riscos Avaliados (NBC TA 330), 186

Introdução, objetivos e definições, 186

Requisitos, 187

    Respostas de caráter geral, 187

    Respostas de caráter específico aos riscos avaliados de distorção relevante no nível das afirmações, 188

        Testes de controles, 189

        Determinação do tamanho de amostras em testes de controle, 191

        Rotação dos testes de controle e evidências obtidas em períodos anteriores, 192

        Procedimentos substantivos, 193

        Tipos de procedimentos substantivos, 194

        Procedimentos substantivos básicos, 194

        Procedimentos substantivos mais extensos, 194

        Época dos procedimentos substantivos, 194

        Extensão dos testes substantivos, 195

        Procedimentos substantivos no processo de encerramento das demonstrações financeiras e nos lançamentos contábeis, 195

    Avaliação da adequada apresentação das demonstrações financeiras e das divulgações, 195

    Avaliação da suficiência e adequação das evidências de auditoria, 196

    Documentação, 196

15 Considerações de Auditoria para a Entidade que Utiliza Organização Prestadora de Serviços (NBC TA 402), 197

Introdução e informações preliminares para entendimento da norma, 197

Definições, 199

Objetivos, 200

Requisitos, 200

    Obtenção do entendimento para identificação de riscos e respostas a esses riscos, 200

    Respostas aos riscos avaliados de distorção relevante, 201

        Organização prestadora de serviços subcontratada por outra organização, 201

    Fraudes, não cumprimento de leis e regulamentos e distorções não corrigidas, 202

    Impacto dos serviços terceirizados no relatório de auditoria sobre as demonstrações financeiras da entidade usuária dos serviços, 202

        Proibição de divisão de responsabilidade, 203

    Documentação, 203

16 Evidências de Auditoria (NBC TAs 500, 501, 505 e 520), 204

Introdução e tipos de evidências (Procedimentos) de Auditoria, 204

    Inspeção, 205

    Observação, 205

    Confirmação externa, 206

    Recálculo, 206

    Reexecução, 206

    Procedimentos analíticos, 206

    Indagação, 207

Definições, 207

Objetivo da NBC TA 500, 208

Requisitos da NBC TA 500, 208

    Adequação e suficiência da evidência de auditoria, 209

    Informações a serem utilizadas como evidência de auditoria, 209

        Relevância, 209

        Confiabilidade, 210

        Utilização de especialista pela entidade, 211

        Natureza, época e extensão dos trabalhos do auditor sobre o trabalho de especialistas contratados pela administração, 212

    Seleção de itens para testes, 213

    Inconsistências ou dúvidas quanto à confiabilidade da evidência de auditoria, 214

Requisitos específicos da NBC TA 505 – confirmações externas, 215
    Requisitos específicos aos procedimentos de confirmação externa, 215
    Recusa da administração em permitir que o auditor envie solicitações de confirmações, 216
    Resultado do procedimento de confirmação externa, 217
        Confiabilidade das respostas recebidas, 217
        Restrições de uso das respostas pelo circularizado, 217
        Respostas não recebidas, 218
        Exceções (divergências) nas respostas recebidas, 219
    Requisitos relacionados com confirmação negativa, 220
    Avaliação da evidência obtida, 220
    Requisitos específicos da NBC TA 501 relativos aos litígios e reclamações, 221
    Identificação da existência de litígios, 221
    Carta de indagação aos advogados, 222
        Época da realização de análises sobre litígios, 223
    Representações formais da administração, 223
    Requisitos específicos da NBC TA 501 relativos aos estoques, 223
        Avaliação do processo de inventário físico como um todo, 225
        Casos em que o acompanhamento das contagens é impraticável, 226
        Estoques em poder de terceiros, 227
    Requisitos específicos da NBC TA 501 relativos às informações por segmento, 227
        Procedimentos de auditoria aplicáveis, 228
    Requisitos da NBC TA 520 – procedimentos analíticos, 228
    Objetivos e requisitos, 229
        Requisitos relacionados à sua utilização como procedimento substantivo, 229
        Requisito relacionado com a utilização de procedimentos analíticos na formação da conclusão geral, 230
        Requisito relacionado com o resultado atingido na aplicação dos procedimentos analíticos, 231
    Anexo ao capítulo Evidências de auditoria, 231

17 Amostragem em Auditoria (NBC TA 530), 236
    Introdução, objetivos e conceitos básicos, 236
    Definições, 237
    Requisitos, 239
        Definição e tamanho da amostra e seleção de itens para teste, 239
            Tabela contendo exemplos de fatores que influenciam o tamanho da amostra para os testes de controles, 240

Tabela contendo exemplos de fatores que influenciam o tamanho da amostra para testes de detalhes (testes substantivos), 241
Passos para determinar o tamanho da amostra, 241
Execução dos procedimentos de auditoria, 244
Análise da natureza e causa dos desvios e distorções, 245
Projeção de distorções, 245
Resultado da amostragem, 246

18 Auditoria de Estimativas Contábeis, inclusive do Valor Justo, e Divulgações Relacionadas (NBC TA 540), 247

Introdução e definições, 247
Alcance e objetivo da norma, 250
Requisitos, 251
 Entendimento dos procedimentos de avaliação de risco e atividades relacionadas desenvolvidos pela entidade, 252
 Identificação e avaliação de riscos de distorção relevante, 253
 Respostas (do auditor) aos riscos de distorção relevante, 254
  Análise dos eventos subsequentes, 255
  Teste sobre a adequação da apuração da estimativa, 255
  Teste da efetividade operacional dos controles que suportam a estimativa combinado com aplicação de procedimentos substantivos, 256
  Desenvolvimento independente pelo auditor de uma estimativa pontual ou intervalo para avaliar e concluir sobre a estimativa determinada pela administração da entidade, 256
 Procedimentos substantivos adicionais para responder a riscos significativos, 257
  Incerteza de estimativa, 257
 Avaliação da razoabilidade da estimativa contábil e determinação da distorção, 258
 Divulgações relacionadas com estimativa contábil, 259
 Análise e identificação de indicadores de possível tendenciosidade da administração, 259
 Representações formais da administração, 259
 Documentação, 259

19 Partes Relacionadas (NBC TA 550), 260

Introdução, responsabilidades do auditor independente e definições, 260
Requisitos, 263
 Procedimentos de avaliação de riscos e atividades relacionadas, 264
  Responsabilidade primária da administração na identificação e divulgação de transações com partes relacionadas, 264

Divulgação das partes relacionadas para a equipe envolvida, 267

Resposta aos riscos de distorção relevante associado ao relacionamento e transações com partes relacionadas, 267

Avaliação da contabilização e da divulgação dos relacionamentos e transações com partes relacionadas, 269

Representações formais, 269

Comunicação com os responsáveis pela governança, 270

Documentação, 270

20 Eventos Subsequentes (NBC TA 560), 271

Introdução, 271

Aspectos relacionados com as práticas contábeis adotadas no Brasil, 271

Data da autorização para conclusão das demonstrações financeiras, 272

Mudanças nas práticas contábeis brasileiras relacionadas com eventos subsequentes, 273

Obrigação legal de pagar dividendos e dividendos adicionais, 274

Eventos subsequentes passíveis de registro contábil ou apenas divulgação, 275

Objetivos e definições constantes da NBC TA 560, 276

Requisitos estabelecidos na NBC TA 560, 278

Eventos ocorridos entre a data das demonstrações financeiras e a data do relatório do auditor independente, 278

Fatos que chegaram ao conhecimento do auditor independente após a data do seu relatório, mas antes da sua divulgação, 280

Relatório do auditor com dupla data, 281

Fatos que chegaram ao conhecimento do auditor após a divulgação das demonstrações financeiras (com o seu relatório), 282

21 Continuidade Operacional (NBC TA 570), 283

Introdução e responsabilidades da administração e dos auditores independentes, 283

Requisitos, 285

Avaliação do risco de distorção relevante, 285

Revisão da avaliação da administração, 286

Período posterior ao período de avaliação procedida pela administração, 287

Procedimentos adicionais de auditoria quando são identificados eventos ou condições que possam levantar dúvidas quanto à continuidade da entidade, 287

Conclusão sobre a existência (ou não) de incerteza relevante, do uso apropriado (ou não) do pressuposto da continuidade e da inclusão (ou não) de divulgações adequadas e o impacto no relatório de auditoria, 289

Quadro-resumo da análise e impacto no relatório de auditoria, 290

Exemplos de relatórios, 291
Relutância da administração em estender a sua avaliação, 292
Comunicação com os responsáveis pela governança, 292
Atraso significativo na aprovação das demonstrações financeiras, 292

22 Representações Formais (NBC TA 580), 294
Introdução e objetivos, 294
Requisitos, 294
Determinação de quem deve fornecer as representações formais, 295
Assuntos a serem incluídos nas representações formais, 295
Data e período de abrangência das representações, 298
Formato das representações formais, 299
Dúvidas sobre a confiabilidade das representações formais ou representações não recebidas, 299
Representações inconsistentes com outras evidências de auditoria, 300

23 Auditoria de Demonstrações Financeiras de Grupos, incluindo o Trabalho dos Auditores dos Componentes (NBC TA 600), 301
Introdução e definições, 301
Grupos e componentes, 301
Proibição da divisão de responsabilidade com outro auditor, 302
Conceitos e definições, 303
Alcance e objetivos da norma, 304
Requisitos, 305
Responsabilidade, 306
Aceitação e continuidade, 306
Estratégia global da auditoria e plano de auditoria, 307
Entendimento do grupo, seus componentes e seus ambientes, 307
Entendimento sobre os auditores dos componentes, 309
Materialidade, 311
Respostas aos riscos avaliados, 312
Processo de consolidação, 313
Eventos subsequentes, 313
Comunicações com o auditor do componente, 314
Avaliação da suficiência e adequação da evidência de auditoria obtida, 315
Comunicações com a administração e com os responsáveis pela governança do grupo, 315
Documentação, 316

24 Utilização de Trabalho de Auditoria Interna (NBC TA 610), 317

Introdução e diferenciação entre os objetivos dos trabalhos do auditor externo e interno e definições, 317

  Definições, 318

Aplicação da Norma e o impacto da existência da Auditoria Interna no ambiente da entidade, 318

Requisitos, 319

  Determinação se o trabalho da auditoria interna pode ser utilizado, 320

  Utilização (de trabalhos) da Auditoria Interna, 322

  Determinação se os auditores internos podem ser utilizados para prestar assistência direta (compondo a equipe), 323

  Utilização de auditores internos para prestar assistência direta, 323

  Documentação, 324

  Aplicação desta norma no Setor Público Brasileiro, 325

25 Utilização do Trabalho de Especialistas (NBC TA 620), 326

Introdução, alcance, definições e objetivos da NBC TA 620, 326

Requisitos, 327

  Determinação da necessidade de especialista, 328

  Avaliação da competência, habilidade e objetividade do especialista e natureza, época e extensão dos procedimentos de auditoria ao utilizar especialista, 329

  Entendimento sobre a área de especialização do especialista, 331

  Contratação e itens de concordância com o especialista, 331

  Avaliação da adequação do trabalho do especialista do auditor, 332

  Referência ao especialista no relatório do auditor independente, 333

26 Formação da Opinião e Emissão do Relatório do Auditor Independente sobre as Demonstrações Financeiras (Série 700 das NBC TAs), 334

Introdução, 334

Definições, 335

    Normas apresentadas neste capítulo, 337

NBC TA 700 – Formação da Opinião e Emissão do Relatório do Auditor Independente sobre as Demonstrações Contábeis, 337

Requisitos, 338

  Formação da opinião sobre as demonstrações financeiras, 338

  Forma da opinião, 339

  Relatório do Auditor Independente, 339

    Novo Formato do Relatório de Auditoria, 339

  Informações suplementares apresentadas com as demonstrações financeiras, 351

NBC TA 705 – Modificações na opinião do auditor independente, 352
Requisitos da NBC TA 705, 354
    Circunstâncias em que é necessário modificar a opinião do auditor independente, 354
    Determinação do tipo de modificação na opinião do auditor independente, 354
    Forma e conteúdo do relatório contendo modificação em relação ao relatório padrão (limpo), 355
        Seção adicional no relatório contendo as bases para opinião com ressalva, adversa ou base para abstenção de opinião, 356
        Seção contendo a opinião, 356
        Exemplos de relatórios com ressalva, 357
    Comunicação com os Responsáveis pela Governança, 360
NBC TA 706 – Parágrafos de Ênfase e Parágrafos de Outros Assuntos no Relatório do Auditor Independente, 360
Requisitos, 361
    Parágrafos de ênfase, 361
    Parágrafos de outros assuntos, 362
    Comunicações com os responsáveis pela governança, 363
NBC TA 710 – Informações comparativas – Valores correspondentes e demonstrações financeiras comparativas, 363
    Requisitos referentes ao Relatório de Auditoria, 364
        Distorção não resolvida, 364
        Distorção resolvida, 364
        Modificação gerada por limitação no alcance da auditoria, 366
        Demonstrações financeiras do exercício anterior examinadas por outro auditor independente, 366
        Demonstrações financeiras do exercício anterior não auditadas, 367
        Demonstrações financeiras comparativas e relatório na abordagem comparativa, 367
        Opinião sobre demonstrações financeiras anteriores diferente da opinião emitida anteriormente, 368
    Requisitos relacionados com procedimentos de auditoria, 368
NBC TA 720 – Responsabilidade do auditor em relação a outras informações incluídas em documentos que contenham demonstrações contábeis auditadas, 369
Requisitos, 370
    Leitura das outras informações, 370
    Inconsistências relevantes e distorções relevantes de um fato, 371
    Mudanças em análise pelo IAASB, 371

27 Outros Relatórios de Auditoria sobre Demonstrações Financeiras Completas, Condensadas, Elementos, Contas ou Quadros Isolados de Demonstrações Financeiras, 375

Introdução, 375
    Tipos de relatórios abordados neste capítulo, 375
NBC TA 700 – Relatórios de auditoria emitidos no contexto de uma estrutura de conformidade, 376
NBC TA 800 – Auditoria de demonstrações contábeis elaboradas de acordo com estruturas conceituais de contabilidade para propósitos especiais, 379
Requisitos, 379
    Aceitação do trabalho, 379
    Planejamento, 380
    Comunicação com responsáveis pela governança, 381
    Formação da opinião e emissão do relatório de auditoria, 381
        Exemplos de relatórios de auditoria, 381
NBC TA 805 – Auditoria de quadros isolados, elementos ou itens específicos das demonstrações financeiras, 385
Introdução, 385
Requisitos, 386
    Aceitação do trabalho, 386
        Aceitação da estrutura de relatório financeiro, 387
    Planejamento e execução da auditoria, 387
    Formação da opinião e considerações sobre o formato do relatório, 387
        Divulgações, 388
        Relatórios, 388
        Exemplos de relatórios extraídos da NBC TA 805, 388
NBC TA 810 – Trabalhos para emissão de relatório sobre demonstrações contábeis condensadas, 392
Introdução, 392
Requisitos, 393
    Aceitação do trabalho, 393
        Aceitação dos critérios utilizados na condensação, 393
    Procedimentos de Auditoria, época do trabalho e eventos subsequentes, 394
    Forma da opinião e outros aspectos a serem considerados no relatório, 395
    Restrição sobre distribuição e uso das demonstrações financeiras completas ou alerta sobre elas, 400
    Informações comparativas, 400
    Informações suplementares não auditadas, 400
    Outras informações em documentos contendo demonstrações financeiras condensadas, 401

Associação do auditor com informações condensadas sobre as quais ele não emitiu relatório, 401

Parte III – REVISÃO DE DEMONSTRAÇÕES FINANCEIRAS, DE OUTRAS INFORMAÇÕES HISTÓRICAS E OUTROS SERVIÇOS CORRELATOS, 403

28 Revisão de Demonstrações Financeiras, de Outras Informações Históricas e Outros Serviços Correlatos, 405

Introdução, 405

NBC TR 2400 – Trabalhos de Revisão de Demonstrações Contábeis, 406

  Introdução, 406

Condução do trabalho de revisão, 408

Requisitos éticos, 409

Ceticismo profissional e julgamento profissional, 409

Controle de qualidade, 410

Aceitação e continuidade de relacionamento e do trabalho de revisão e sua contratação, 410

Comunicação com a administração e com os responsáveis pela governança, 412

Execução do trabalho, 413

  Materialidade na revisão das demonstrações contábeis, 413

  Entendimento da entidade, planejamento e execução do trabalho, 413

  Partes relacionadas e transações com elas, fraudes e descumprimento de normas legais e regulamentares e continuidade operacional, 416

  Utilização do trabalho de outros auditores ou especialistas, 417

  Eventos Subsequentes, 417

  Representações formais, 417

  Avaliação das evidências obtidas nos procedimentos executados, 418

  Formação da conclusão do auditor sobre as demonstrações financeiras, 418

  Formato da conclusão, 419

  Relatórios de revisão, 421

Revisão de Informações Intermediárias Executada pelo Auditor da Entidade – NBC TR 2410, 424

Introdução e princípios gerais de uma revisão, 424

Princípios gerais da revisão das informações intermediárias, 428

  Exigências éticas, 428

  Controle de qualidade, 428

  Contratação do trabalho de revisão ou termos do trabalho, 429

  Planejamento e determinação do nível de materialidade, 429

  Ceticismo profissional, 429

  Objetivo do trabalho de revisão de informações trimestrais ou demonstrações financeiras intermediárias e conclusão atingida, 429

Procedimentos de revisão, 430

Relatório sobre a natureza, a extensão e os resultados da revisão de informações intermediárias, 436

Relatório emitido em conexão com a Revisão de Informações Trimestrais (ITR) requeridas pela CVM e das Informações Financeiras Trimestrais (IFT) requeridas pelo Banco Central do Brasil, 444

Trabalhos de aplicação de procedimentos previamente acordados, 445

Introdução e natureza dos trabalhos, 445

Objetivos da NBC TSC 4400, 447

Princípios gerais que regem os trabalhos de procedimentos previamente acordados, 447

Definição dos termos do trabalho e carta de contratação, 447

Situação em que os procedimentos são estabelecidos em conjunto com o órgão regulador, 448

Planejamento, documentação dos procedimentos e da evidência necessária para suportar as constatações, inclusive representações, 449

Conteúdo do relatório, 451

Trabalhos de compilação, 452

Apresentação

É com imensa satisfação que, na qualidade de Presidente da Ernst & Young Terco, faço esta apresentação do autor desta obra, Claudio Gonçalo Longo, que por mais de 30 anos (19 como sócio) trabalhou em nossa organização e, mesmo após sua aposentadoria, continua contribuindo com a profissão, participando ativamente de diversos grupos de trabalho, comissões e comitês do IBRACON, CRC-SP e CFC.

O tema abordado na sua obra, *Manual de auditoria e de revisão de demonstrações financeiras*, é superatual, uma vez que o Brasil, dando exemplo aos demais países em desenvolvimento, implementou as novas normas internacionais aprovadas pelo Projeto *Clarity* da IFAC, praticamente de forma simultânea com a sua aprovação e vigência internacional, sendo 2010 o primeiro ano de aplicação.

O livro está dividido em três partes: a primeira parte apresenta uma introdução e a estrutura conceitual dos trabalhos de asseguração. A segunda parte é dedicada inteiramente à auditoria das demonstrações financeiras, abrangendo cada uma das normas aprovadas pelo CFC, e o terceiro cobre a revisão de demonstrações financeiras e outros serviços correlatos. Esta obra elimina uma lacuna existente na literatura brasileira sobre o assunto, uma vez que os livros atualmente disponíveis foram escritos há muito tempo e, dessa forma, não estão atualizados em relação às novas normas de auditoria.

Gostaria de destacar a linguagem objetiva do livro, que, complementada com exemplos e situações práticas, auxiliará aos profissionais já experientes em auditoria no entendimento das mudanças havidas, assim como àqueles que ainda estão "nos bancos escolares", que poderão encontrar na obra o estímulo e as informações necessárias para poderem entender os trabalhos desenvolvidos pelo auditor independente e a profissão que pretende abraçar.

Finalizando esta apresentação, é importante destacar que esta obra é também útil àqueles que de forma direta ou indireta interagem com os auditores independentes, destacando-se, entre eles, principalmente, os responsáveis pela governança e a administração das entidades, cujas demonstrações financeiras são auditadas, advogados, auditores internos, *controllers,* contadores, órgãos reguladores e demais *stakeholders* da entidade auditada.

Jorge L. Menegassi
Presidente da Ernst & Young Terco

Prefácio

Como atual Presidente da Diretoria Nacional do Instituto dos Auditores Independentes do Brasil (IBRACON) e como profissional da área, apresento com muita satisfação este livro tão relevante para os contadores que atuam na área de auditoria independente.

Como comentado mais adiante neste livro, o Brasil encontra-se inserido num processo irreversível de convergência, que inclui a convergência das normas de auditoria aplicáveis no Brasil àquelas emitidas pela Federação Internacional de Contadores.

Considero irreversível este processo porque o Brasil como país em desenvolvimento vem despontando e sua inserção na globalização é um fato. O interesse internacional pelos negócios no Brasil e com entidades brasileiras é uma realidade. Por outro lado, é crescente a globalização de entidades brasileiras que em número crescente estão espalhando sua atuação pelo mundo afora.

Neste contexto, a profissão contábil tem condições de fazer uma contribuição decisiva a essa globalização dos negócios do Brasil, por um lado com a adoção das Normas Internacionais de Contabilidade, permitindo que entidades brasileiras possam ser entendidas e comparadas com entidades equivalentes do mundo todo. A esta linguagem comum se agrega o conforto que o usuário sentirá ao saber que as demonstrações financeiras, preparadas de acordo com as Normas Internacionais de Contabilidade, foram auditadas conforme as melhores práticas internacionais de auditoria.

As melhores práticas internacionais de auditoria, como já referido, publicadas pela IFAC, resultam de um processo extenso de análise por grupo realmente internacional, que através de um devido processo coloca em audiência pública minutas de normas, para assim produzir a norma a ser emitida.

Esse processo é permanentemente monitorado pelo Public Interest Oversight Board, ou seja, pela Junta de Supervisão do Interesse Público. Interessante considerar que o Brasil teve e continua tendo importante participação através de profissionais que ativamente desenvolvem trabalhos junto ao Comitê Internacional de Normas de Auditoria e Asseguração.

No processo de adoção dessas normas internacionais, este livro vem dar apoio fundamental aos profissionais brasileiros para uma mais clara compreensão das Normas Internacionais de Auditoria e suas equivalentes Normas de Auditoria aplicáveis no Brasil, publicadas pelo Conselho Federal de Contabilidade, que trabalhou conjuntamente com o IBRACON para tornar esse desafio uma realidade.

Essas novas normas têm sua aplicação requerida para as auditorias dos exercícios encerrados em 31 de dezembro de 2010 e posteriores. O sucesso da aplicação dessas normas pelos profissionais brasileiros está baseado nos conceitos que comento na sequência.

Por um lado, ceticismo profissional é a chave do processo de auditoria. Ele abre as portas para buscar e encontrar as respostas às questões centrais de nosso trabalho. Devemos trabalhar sem conceitos preestabelecidos, reconhecendo a necessidade de obter respostas viáveis a todas nossas dúvidas e preocupações. Reconhece-se, neste ponto, a importância do conhecimento especializado do setor de atuação da entidade auditada e da participação de especialistas para apoiar o trabalho do auditor.

Outro conceito fundamental refere-se ao julgamento profissional que deve nortear nosso trabalho e a aplicação das novas normas de auditoria. Não existem receitas, nem pratos feitos. Devemos refletir permanentemente, fazendo a leitura dos temas observados, as evidências obtidas para julgar se é possível concluir, se devemos buscar outras evidências, se devemos fazer consultas adicionais.

Tenho confiança de que os profissionais brasileiros estão cientes do desafio que temos pela frente. Estou confiante de que eles estejam se preparando para vencê-los.

O sucesso nos permitirá demonstrar a credibilidade, a excelência e a relevância de nossa atuação.

Certamente, encontraremos neste livro os subsídios que nos apoiarão nesse desafio.

Ana Maria Elorrieta
Presidente da Diretoria Nacional do
Instituto Brasileiro dos Auditores Independentes – IBRACON

Parte I

Introdução

1

Introdução

Palavras iniciais

No final do século XX, foi iniciado um processo de globalização que diminuiu as fronteiras econômicas. O Brasil antes de efetivamente se inserir nesse mundo globalizado enfrentou sérias crises econômicas com incríveis taxas de inflação que chegaram a atingir mais de 80% ao mês.

Passamos por várias reformas monetárias com cortes de muitos zeros em nossa moeda, que teve diferentes denominações. Em 1994, foi lançado o Plano Real e implementadas várias medidas econômicas que permitiram ao Brasil atingir em 2008 o grau de investimento,[1] ou seja, as reformas brasileiras caminharam paralelamente ao processo de aceleração da globalização mundial.

Nesse ambiente global, é inimaginável que os agentes econômicos pudessem continuar a conviver com diferentes normas contábeis e de auditoria. Apenas para exemplificar o grau de dificuldade que diferentes metodologias contábeis e de auditoria provocam, vamos imaginar a seguinte situação:

O investidor A do País B tem a possibilidade de aplicar seus recursos em diferentes mercados e resolve analisar as demonstrações financeiras auditadas de diferentes empresas situadas nesses mercados.

---

[1] *Investment grade* dado pelas principais agências internacionais de avaliação de risco.

Por hipótese, uma dessas candidatas ao investimento é uma empresa brasileira. O investidor obtém as demonstrações financeiras auditadas dessa empresa e lê no relatório dos auditores independentes que essas demonstrações, preparadas de acordo com as práticas contábeis adotadas no Brasil, foram examinadas de acordo com as normas de auditoria aplicáveis no Brasil.

O referido relatório trouxe ao investidor duas enormes interrogações. Quais seriam as práticas contábeis adotadas no Brasil e as normas de auditoria aplicáveis no Brasil?

Como ele não tem tempo, ele deixaria de lado a empresa brasileira e, provavelmente, partiria para analisar as demonstrações financeiras de concorrentes da empresa brasileira em outro país. Em grande parte desses outros países, ele enfrentaria os mesmos problemas que teve ao ler o relatório dos auditores independentes que acompanhavam as demonstrações financeiras da empresa brasileira; todavia, dependendo do país, sua percepção de risco poderia ser maior ou menor em relação ao Brasil.

Esse grau de dificuldade e incerteza provoca um aumento do risco e consequentemente do custo desses países na captação de recursos, seja na forma de investimento ou financiamento, principalmente naqueles em que a percepção de risco era maior, como era o caso do Brasil antes de atingir o tão almejado grau de investimento. A homogeneização acabava se dando via conversão das demonstrações financeiras para o princípio contábil norte-americano (US GAAP),[2] uma vez que os Estados Unidos da América, dono do maior mercado mundial, possuía a técnica contábil mais conhecida.

A formação da Unidade Europeia e a criação do euro como moeda comum aos diversos países, acompanhadas da consolidação do processo econômico, permitiram aos países do velho mundo um grande peso econômico, quando olhados de forma conjunta.

Esse maior peso econômico era o ingrediente que faltava para dar força competitiva ao IASB[3] e IAASB[4] da IFAC frente aos órgãos americanos que, de forma soberana, ditavam as normas contábeis e de auditoria.

Em se tratando de normas contábeis, houve adesão dos principais países às normas contábeis internacionais (IFRS) do IASB, inclusive dos Estados Unidos da América.

Obviamente, isso não significa que o FASB[5] "se curvará" ao IASB e simplesmente aplicará suas normas contábeis. Muito pelo contrário, os *"discussion papers"*

---

[2] Generally Accepted Acounting Principles in the United States of America.
[3] International Accounting Standards Board.
[4] International Auditing and Assurance Standards Board.
[5] Financial Accounting Standards Board.

até então publicados pela equipe conjunta (FASB/IASB) que vem trabalhando no processo de harmonização das estruturas conceituais permitem concluir que as normas do IFRS passarão por um processo de mudança para incorporar importantes aspectos das normas emitidas pelo FASB. Um bom exemplo é o novo IAS 1, cuja versão que entrou em vigor em 2008 incorpora uma série de conceitos do FASB.

Por outro lado, embora a pujança da economia norte-americana e o seu poder de influenciar o mundo não devam ser ignorados, esse processo de mudança também não significa a simples transposição do FASB para o IFRS, conforme pode ser percebido pela agenda conjunta de convergência divulgada pelo FASB e IASB.

Na área de auditoria, a situação não é muito diferente e é nesse contexto que o Brasil assumiu o compromisso de adotar tanto as normas contábeis (IFRS do IASB) na elaboração das demonstrações financeiras ou contábeis,[6] assim como as normas internacionais de auditoria (ISAs do IAASB/IFAC) e as demais normas relacionadas com outros trabalhos de asseguração e outros serviços correlatos executados por auditores independentes.

Viabilização do processo de convergência

Para viabilizar o atendimento a esse compromisso assumido, foi criado o Comitê Gestor da Convergência no Brasil.[7] Esse comitê em seu início contou com a participação do Conselho Federal de Contabilidade (doravante CFC), Instituto dos Auditores Independentes do Brasil (doravante IBRACON), Comissão de Valores Mobiliários (CVM) e Banco Central do Brasil (BCB ou Banco Central).

Esse comitê foi constituído com o objetivo de contribuir para o desenvolvimento sustentável do Brasil por meio da reforma contábil e de auditoria que resulte em maior transparência e aprimoramento das práticas profissionais.

Esse aprimoramento se traduz na identificação e monitoramento das ações a serem implantadas para viabilizar a convergência das normas contábeis e de auditoria, por meio das Normas Brasileiras de Contabilidade (NBCs) editadas pelo CFC e dos Pronunciamentos de Contabilidade emitidos pelo Comitê de Pronunciamentos Contábeis (CPC), bem como de assuntos regulatórios no Brasil, com vistas ao seu alinhamento às Normas Internacionais de Contabilidade emitidas pelo

---

[6] Muito se tem discutido quanto ao uso das expressões **demonstrações financeiras** ou **demonstrações contábeis**, que possuem o mesmo significado. A Lei das Sociedades Anônimas e os normativos do Banco Central do Brasil utilizam demonstrações financeiras, enquanto que nas normas do CFC se utilizam demonstrações contábeis. A preferência de grande parte dos profissionais de auditoria é pelo uso de demonstrações financeiras, todavia, quando se reproduz ou são citados termos constantes de normativos, utiliza-se a expressão **demonstrações contábeis**.

[7] Resolução 1.103/2007 do Conselho Federal de Contabilidade, alterada pela Resolução 1.105/2007.

IASB, às Normas Internacionais de Auditoria e Asseguração emitidas pela IFAC e às melhores práticas internacionais em matéria regulatória.

Para atingir os objetivos delineados na criação do Comitê Gestor da Convergência foram criados Grupos de Trabalho para as convergências em: (a) Auditoria, (b) Contabilidade Societária, (c) Contabilidade Pública, (d) Regulatória e (e) Grupo de Trabalho de Educação e Treinamento para os aspectos da convergência.

Estrutura das Normas Brasileiras de Contabilidade

Em 13 de fevereiro de 2009, o CFC editou a Resolução 1.156/09, que dispõe sobre a Estrutura das Normas Brasileiras de Contabilidade, que devem seguir os mesmos padrões de elaboração e estilo utilizados nas normas internacionais.

As Normas Brasileiras de Contabilidade (NBC) compreendem o Código de Ética Profissional do Contabilista, Normas de Contabilidade, Normas de Auditoria Independente e de Asseguração, Normas de Auditoria Interna e Normas de Perícia.

Essas normas cobrem aspectos profissionais (NBC P+) e técnicos (NBC T+) para cada uma das áreas acima (Contabilidade, Auditoria Independente, Auditoria Interna e Perícia). As NBC Ps estabelecem preceitos de conduta para o exercício profissional, enquanto as NBC Ts estabelecem conceitos técnicos doutrinários, de estrutura e procedimentos a serem aplicados.

A identificação da área a que a norma se refere é feita pela adição de letra que identifique a área. No caso da Auditoria Independente, que é o que nos interessa, a sigla se completa com a adição da letra **A**. Dessa forma, a identificação das normas profissionais aplicáveis à auditoria é dada pela sigla **NBC PA** (norma profissional de auditoria), enquanto para as normas técnicas é dada pela sigla **NBC TA** (norma técnica de auditoria independente e de asseguração).

O quadro a seguir é um resumo das normas profissionais e técnicas:

	Código de Ética							
	Normas Brasileiras de Contabilidade							
	Contabilidade	Auditoria e Asseguração				Auditoria Interna	Perícia	
Profissionais	NBC PG	Normas Profissionais do Auditor Independente – NBC PA				Normas Profissionais do Auditor Interno NBC PI	Normas Profissionais do Perito NBC PP	
Técnicas[8]	NBC TG	NBC TSP	NBC TA	NBC TR	NBC TO	NBC TSC	NBC TI	NBC TP

A numeração das normas brasileiras de auditoria é a mesma adotada pelas normas internacionais, ou seja, a NBC TA 200 está correlacionada com a ISA[9] 200 e assim por diante. A adoção da mesma numeração além de facilitar a comunicação se fez necessária, uma vez que as normas fazem referência entre si e seria extremamente trabalhoso e impraticável o uso de uma numeração diferente.

A numeração final é composta pela sigla + número da norma expresso em três dígitos (centena) com numeração saltada para inclusão de novas normas quando forem necessárias. Por sua vez, o primeiro dígito da centena significa o grupo a que se refere. Por exemplo, na seção (centena) que inicia com o dígito 7 estão classificadas as normas relacionadas com as conclusões da auditoria de demonstrações financeiras e dos relatórios de auditoria.

Dessa forma, a identificação completa das normas compreende um código alfanumérico. No caso da norma 700, sua identificação completa é: **NBC TA 700**, que significa: Norma Brasileira de Contabilidade Técnica de Auditoria (Independente e de Asseguração) 700.

Vigência e aplicação das novas normas de auditoria (NBC TAs)

As novas normas técnicas de auditoria que entraram em vigor para trabalhos de auditoria de demonstrações financeiras, cujos exercícios são iniciados em ou a partir de 1º de janeiro de 2010 e que se encerram em ou após 31 de dezembro de

---

[8] Alterada pela Resolução 1.328 do CFC.
[9] ISA = *International Standard on Auditing* (Norma Internacional de Auditoria).

2010,[10] compreendem as normas aprovadas pelo Projeto *"Clarity"* do IAASB/ IFAC para serem seguidas nos trabalhos iniciados em ou após 15 de dezembro de 2009.

No primeiro ano de vigência dessas novas normas de auditoria no Brasil (2010), elas não se aplicam para trabalhos de auditoria de demonstrações financeiras intermediárias levantadas antes de 31 de dezembro de 2010.

Essas normas de auditoria independente estão assim classificadas:

Seção 200 – Princípios Gerais e Responsabilidades

NBC TA 200 – Objetivos Gerais do Auditor Independente e a Condução de uma Auditoria em conformidade com as Normas de Auditoria

NBC TA 210 – Concordância com os Termos de um Trabalho de Auditoria

NBC TA 220 – Controle de Qualidade da Auditoria de Demonstrações Contábeis

NBC TA 230 – Documentação de Auditoria

NBC TA 240 – Responsabilidades do Auditor em relação a Fraude, no Contexto da Auditoria de Demonstrações Contábeis

NBC TA 250 – Consideração de Leis e Regulamentos na Auditoria de Demonstrações Contábeis

NBC TA 260 – Comunicação com os Responsáveis pela Governança

NBC TA 265 – Comunicação de Deficiências do Controle Interno (aos Administradores e aos Responsáveis pela Governança)

Seção 300 e Seção 400 – Avaliação dos Riscos e Respostas aos Riscos Avaliados

NBC TA 300 – Planejamento da Auditoria de Demonstrações Contábeis

NBC TA 315 – Identificação e Avaliação dos Riscos de Distorção Relevante por meio do Entendimento da Entidade e do seu Ambiente

NBC TA 320 – Materialidade no Planejamento e na Execução de uma Auditoria

NBC TA 330 – Respostas do Auditor aos Riscos Avaliados

NBC TA 402 – Considerações de Auditoria para a Entidade que Utiliza Organização Prestadora de Serviços

NBC TA 450 – Avaliação das Distorções Identificadas durante a Auditoria

Seção 500 – Evidência de Auditoria

---

[10] O CFC, por meio da Resolução CFC nº 1.325, postergou a aplicação compulsória dessas novas normas para as auditorias de demonstrações financeiras de pequenas e médias empresas não reguladas, que passaram a ser exigidas somente para as demonstrações de períodos que se findam após 31 de dezembro de 2011.

NBC TA 500 – Evidência de Auditoria

NBC TA 501 – Evidência de Auditoria – Considerações Específicas para Itens Selecionados

NBC TA 505 – Confirmações Externas

NBC TA 510 – Trabalhos Iniciais – Saldos Iniciais

NBC TA 520 – Procedimentos Analíticos

NBC TA 530 – Amostragem em Auditoria

NBC TA 540 – Auditoria de Estimativas Contábeis, Inclusive do Valor Justo e Divulgações Relacionadas

NBC TA 550 – Partes Relacionadas

NBC TA 560 – Eventos Subsequentes

NBC TA 570 – Continuidade Operacional

NBC TA 580 – Representações Formais

Seção 600 – Utilização do Trabalho de Outros

NBC TA 600 – Considerações Especiais – Auditoria de Demonstrações Contábeis de Grupos, Incluindo o Trabalho dos Auditores de Componentes

NBC TA 610 – Utilização do Trabalho de Auditoria Interna

NBC TA 620 – Utilização do Trabalho de Especialistas

Seção 700 – Conclusão da Auditoria e Emissão de Relatórios

NBC TA 700 – Formação da Opinião e Emissão do Relatório do Auditor Independente sobre as Demonstrações Contábeis

NBC TA 705 – Modificações na Opinião do Auditor Independente

NBC TA 706 – Parágrafos de Ênfase e Parágrafos de Outros Assuntos no Relatório do Auditor Independente

NBC TA 710 – Informações Comparativas – Valores Correspondentes e Demonstrações Contábeis Comparativas

NBC TA 720 – Responsabilidade do Auditor em relação a Outras Informações Incluídas em Documentos que Contenham Demonstrações Contábeis Auditadas

Seção 800 – Áreas Específicas

NBC TA 800 – Considerações Especiais – Auditoria de Demonstrações Contábeis Elaboradas de Acordo com Estruturas Conceituais de Contabilidade para Propósitos Especiais

NBC TA 805 – Considerações Especiais – Auditoria de Quadros Isolados das Demonstrações Contábeis e de Elementos, Contas ou Itens Específicos das Demonstrações Contábeis

NBC TA 810 – Trabalhos para Emissão de Relatórios sobre Demonstrações Contábeis Condensadas

Por sua vez, cada uma das normas apresenta o objetivo específico da norma, as definições dos principais termos para o seu entendimento e aplicação, os requisitos dela e detalhes para a sua aplicação, inclusive exemplos e informações adicionais inclusas em apêndices.

De forma geral, as definições são fornecidas para auxiliar na aplicação e interpretação consistentes das NBC TAs e não têm por objetivo modificar outras definições estabelecidas para outras finalidades. Dessa forma, salvo indicação em contrário, os termos possuem o mesmo significado nas diversas normas.

É importante destacar que os requisitos devem ser aplicados compulsoriamente, desde que sejam relevantes nas circunstâncias. Dessa forma, os requisitos nas normas possuem sempre a conotação de obrigação e utilizam sempre o verbo dever, ou seja, no sentido de obrigação, tal procedimento deve ser aplicado, tal assunto deve ser considerado e assim por diante.

Aplicação das novas normas de auditoria pelas pequenas e médias firmas de auditoria

De forma geral, as pequenas e médias firmas de auditoria é que devem sentir os impactos da aplicação das novas normas e, por conseguinte, existem **preocupações** sobre como enfrentar esses problemas, uma vez que as grandes firmas de rede com operações em vários países do mundo, além de possuírem maiores recursos (humanos, tecnológicos e financeiros), de certa forma já seguem essas normas e o nível de adaptação é muito menor do que nas pequenas firmas de auditoria, que devem se **reinventar** para compatibilizar seus processos de auditoria às novas normas.

Essas preocupações não são apenas das pequenas firmas brasileiras de auditoria. Elas ocorrem também em outros países, tanto é que o IAASB do IFAC tem dado uma atenção especial aos problemas enfrentados por essas pequenas firmas, uma vez que as normas internacionais de auditoria (ISAs) se aplicam indistintamente a todas as firmas de auditoria.

Essa atenção especial é evidenciada por meio do comitê específico para atender essas firmas e pela publicação de perguntas e respostas (*Q&A – Question and Answers*) endereçando assuntos relevantes para essa comunidade, como por exemplo:

Questão 1 – O auditor, ao executar o seu trabalho de auditoria em uma entidade de pequeno ou médio porte (EPM), deve considerar as diferentes características dessa EPM em relação a uma entidade de maior porte e mais complexa?

Resposta – As normas de auditoria (NBC TAs no Brasil) enfocam assuntos que o auditor precisa tratar e não detalham os procedimentos específicos que o auditor deve executar em cada situação específica. Por outro lado, elas deixam claro que os procedimentos dependem da avaliação de risco, portanto, em uma entidade maior e mais complexa, o auditor pode usar uma abordagem combinada de procedimentos de controle e substantivos, enquanto que em uma EPM pode focar mais em testes substantivos.

Questão 2 – Como o esforço do trabalho se diferencia em uma EPM?

Resposta – As transações são normalmente mais simples, assim como o seu controle interno, portanto procedimentos mais diretos e o ambiente de controle mais facilmente documentado.

Questão 3 – Como as NBC TAs ajudam no caso de EPM e para uma pequena firma de auditoria (PFA)?

Resposta – Elas especificam procedimentos alternativos quando a entidade não estabeleceu um processo de avaliação de risco e incluem orientações específicas para PME, assim como no caso de PFA (trabalho realizado por um único profissional). Adicionalmente apresentam *check-lists* e outras orientações.

Questão 4 – O auditor precisa cumprir com todas as NBC TAs?

Resposta – Sim, desde que seja relevante para a auditoria e seja aplicável na circunstância. Nesse sentido, nem todas as NBC TAs são aplicáveis ou relevantes. Por exemplo, se uma entidade não tem a função de auditoria interna ou o auditor não utiliza especialistas, as NBC TAs 610 e 620 não seriam aplicáveis.

Questão 5 – O auditor precisa cumprir todos os requisitos de todas as NBC TAs?

Resposta – Mesmo quando uma NBC TA é aplicável, nem todos os seus requisitos são necessariamente relevantes. Nesse sentido, se um requisito é condicionado a uma circunstância e ela não existe, o requisito não é relevante. Por exemplo, procedimentos sobre Transações com Partes Relacionadas não seriam necessários se não existem transações com partes relacionadas.

Nessa mesma linha, a necessidade de discussão com a equipe quando a auditoria é conduzida por um único profissional não se aplica.

Questão 6 – Como a documentação auxilia o auditor em um trabalho em uma EPM?

Resposta – A documentação facilita a supervisão e a revisão do trabalho realizado por assistentes e é fundamental para o início da auditoria do ano seguinte, mas a sua importância maior está no fato de que ela (documentação) serve para solidificar as conclusões, por meio da fundamentação das suas decisões.

Questão 7 – Como as NBC TAs ajudam a guiar o auditor na aplicação dos requisitos de documentação de uma maneira eficiente e efetiva?

Resposta – A regra fundamental para a documentação é a de que ela deve permitir que um auditor experiente, que não tenha qualquer ligação anterior com a entidade ou com o trabalho, possa entender os assuntos que fundamentam a opinião emitida pelo auditor.

Outras normas técnicas (de revisão, asseguração sobre informações não históricas e serviços correlatos)

A primeira edição deste livro teve como principal objetivo a apresentação das normas de auditoria e de revisão de demonstrações financeiras. Nesta segunda edição, a Parte III passou a incluir a norma que trata de serviços de aplicação de procedimentos previamente acordados (NBC TSC 4400), cuja utilização, no Brasil, deve aumentar significativamente.

No futuro, a Parte III será expandida e deverá incluir, também, a norma de compilação e as normas que tratam de trabalhos de asseguração de informações não histórica (NBC TOs). Por enquanto, temos apenas uma norma emitida que trata de informações não históricas, equivalente à norma internacional ISAE 3000, que se encontra em processo de revisão e atualização no exterior, o mesmo ocorrendo com a norma de compilação.

Assim, essas duas normas que estão em processo de revisão e as demais normas de informações não históricas, ainda não emitidas em forma final pelo IAASB, somente serão incluídas no livro quando forem aprovadas para aplicação no Brasil pelo CFC.

Este livro, também, não inclui a **NBC PA 1**, que trata do controle de qualidade no nível da firma que executa exames de auditoria e revisões de informação financeira histórica, outros trabalhos de asseguração e serviços correlatos. Essa não inclusão deve-se, principalmente, ao fato de que o Comitê de Pequenas e Médias Firmas de Auditoria do IFAC emitiu uma guia contendo diretrizes para implementação de controle de qualidade para auxiliar essas pequenas e médias firmas na inplantação de controles de qualidade no nível da firma.

Essa guia foi traduzida pelo IBRACON, em conjunto com o CFC, e está disponível nos *sites* do CFC (www.cfc.org.br) e do próprio IBRACON (www.ibracon.com.

br). Como essa guia é bastante completa e bastante didática, contendo exemplos de estudos de caso para cada um dos aspectos relevantes abordados pela norma NBC PA 1, a decisão foi não incluir os aspectos de controle de qualidade no nível da firma, mas tão somente os controles no nível do trabalho de auditoria das demonstrações financeiras, que estão apresentados no capítulo que trata da NBC TA 220.

A referida guia editada pelo CFC cobre os seguintes aspectos:

- responsabilidade da liderança da firma pela qualidade;
- exigências éticas, compreendendo: independência, conflito de interesses e confidencialidade;
- aceitação e continuidade de relacionamento com clientes e de trabalhos específicos;
- renúncia ao relacionamento com um cliente ou a um trabalho especificamente;
- Recursos Humanos, compreendendo: recrutamento, retenção, Desenvolvimento Profissional (educação continuada), Designação de pessoal para trabalhos específicos (programação) e Avaliação do desempenho;
- aspectos na execução do trabalho, compreendendo: papel do sócio responsável pelo trabalho, planejamento, supervisão e revisão, consultas, diferenças de opinião e revisão (preventiva) de controle de qualidade do trabalho (antes da emissão e liberação do relatório);
- monitoramento da qualidade, por meio de inspeções periódicas de trabalhos concluídos, avaliação e comunicação para correção dos problemas encontrados, reclamações e alegações; e
- documentação das políticas de controle de qualidade, dos trabalhos efetuados, incluindo as revisões de controle de qualidade e do monitoramento da qualidade.

Grupo de trabalho para a convergência em auditoria e agradecimentos

A coordenação do Grupo de Convergência em Auditoria coube ao autor deste trabalho, que liderou um fantástico grupo de valorosos profissionais, que reuniam de um lado a experiência e senioridade de alguns e a jovialidade e o espírito de enfrentar desafios de jovens profissionais.

Alguns deles tiveram oportunidade de participar do grupo desde o início até a conclusão dos trabalhos do grupo (remessa do material para audiência pública), como os colegas: André Paulon, Antonio Humberto Santos, Eliardo Araújo Lopes

Vieira, Heraldo Barcellos José Vital, Marco Antonio Muzilli, Plínio Biscalchin e Rogério Hernandez Garcia.

Outros entraram durante o projeto e seguiram conosco até a remessa do material para audiência pública, como os colegas: Adelino Pinho, Laércio Soto, Mateus de Lima Soares, Priscila S. Araújo e Rogério Mota.

Tivemos também os casos dos profissionais que, por motivo de gravidez (Dalgi Santos) ou absolutamente profissional (Alexandre Pompeu dos Santos, Luis Carlos Gruenfeld, João Rafael Belo de Araújo, Mauro Akio Sakano e Pedro Varoni), tiveram que deixar o grupo. Neste grupo se enquadra, também, o incansável Ariovaldo Guello, que lidera o Comitê de Normas Contábeis do IBRACON e, juntamente com o Plínio Biscalchin, "tocaram" o projeto de tradução da primeira edição do livro do IFRS.

Não obstante essa enorme responsabilidade, eles estavam sempre à disposição para "emprestar" suas ricas experiências.

Nestes agradecimentos, não podemos esquecer a enorme ajuda da equipe de tradutores liderada pela Maria Emilia Gutilla, os colegas membros da Comissão Nacional de Normas Técnicas do IBRACON, os colegas do CFC que foram parceiros neste projeto, destacando-se o colega Helio Corazza, que colaborou fortemente na revisão e uniformização das normas, e obviamente a colega Verônica Souto Maior, que foi a relatora das normas no plenário do CFC.

Por fim, um muito obrigado especial à Ana Maria Elorrieta, que idealizou o projeto de convergência quando ainda era Diretora Técnica do IBRACON e, posteriormente, já como Presidente do IBRACON, coliderou o Projeto de Convergência junto com a Maria Clara Cavalcante Bugarim, Presidente do CFC, a quem também estendo os agradecimentos.

Motivação para escrever este livro e seu objetivo

Uma vez feito esses agradecimentos a esses brilhantes profissionais, uma última informação antes de entrarmos no trabalho propriamente dito diz respeito à ideia de escrever este livro, que inicialmente surgiu do fato de termos o compromisso de manter o texto das normas, em português, absolutamente fiel ao texto original em inglês. Isso frequentemente causava algumas frustrações, pois o texto original (em inglês) é bastante repetitivo e cansativo.

Todavia, após ter sido iniciado o trabalho, ficou claro que a verdadeira motivação é a de ter um trabalho que possa servir como um guia para o auditor independente aplicar as novas normas de auditoria, assim como preencher uma lacuna existente na literatura contábil brasileira, que carece de um livro que aborde de forma atualizada a auditoria e a revisão das demonstrações financeiras pelos auditores independentes.

Dessa forma, este livro não tem por objetivo substituir a leitura das normas em sua íntegra, mas sim fornecer um entendimento objetivo dessas normas para facilitar a sua análise e aplicação prática, **mas obviamente não elimina a necessidade da análise da norma em sua íntegra.**

No próximo capítulo, discute-se a Estrutura Conceitual dos Trabalhos de Asseguração para compreensão dos trabalhos executados pelos auditores independentes resumidos no seguinte quadro:

Estrutura das Normas Brasileiras de Contabilidade (NBCs) do CFC

2

Estrutura Conceitual de Trabalhos de Asseguração

Origem do termo e definições

Este capítulo tem como objetivo apresentar, de forma bastante objetiva e prática, os conceitos apresentados na NBC TA 01 que aprovou a Estrutura Conceitual para Trabalhos de Asseguração, que serão úteis para o entendimento das NBC TAs e NBC TRs (foco deste livro), assim como das NBC TOs e NBC TSC, que passam a ser emitidas pelo Conselho Federal de Contabilidade.

O termo *asseguração* vem do inglês *assurance*,[1] que é o mesmo que *pledge* (garantia), cujo verbo *assure* tem como sinônimo *insure* e a explicação igual à da expressão *to give confidence to...* (dar confiança a...).

Esse termo *assurance*, assim como outros termos, via de regra, acaba se incorporando como neologismo e passa a ser usado no dia a dia da comunicação, como a expressão *lay out, input* e tantas outras, principalmente na área da tecnologia da informação (*IT, customizar, deletar* e tantos outros).

Esse não foi o caso da expressão *assurance*. Muito se discutiu no IBRACON (Instituto dos Auditores Independentes do Brasil) e em grupos de estudo do Conselho Federal de Contabilidade (CFC) até que se concluísse por "batizá-la" como **asseguração** ou **segurança**, dependendo do contexto em que é utilizada, passando-se pela análise dos termos atestação, certificação e outros. No setor público,

---

[1] *The Merrian Webster Dictionary*, 50. ed.

as normas de auditoria (GAO) usam a expressão **certificação**. Em Portugal, foi traduzido para Trabalhos de Garantia de Fiabilidade.

A Estrutura Conceitual define os elementos e objetivos de um trabalho de asseguração executado por auditores independentes, identificando os trabalhos em que se aplicam normas técnicas de auditoria (NBC TA), normas técnicas de revisão (NBC TR) e normas técnicas para outros trabalhos de asseguração (NBC TO).

Asseguração razoável × asseguração limitada

A Estrutura Conceitual define dois tipos de trabalho de asseguração: **Asseguração Razoável** e **Asseguração Limitada**. Como são expressões novas, é importante exemplificar o que isso significa, utilizando o contexto de um exame de demonstrações financeiras (auditoria) e de uma revisão limitada, como a que normalmente é feita para atender os requisitos da Comissão de Valores Mobiliários (doravante **CVM**) de revisão trimestral para as companhias abertas.

Mais uma vez, a "tradução ao pé da letra" da expressão *reasonable assurance* para o seu equivalente na língua portuguesa (asseguração razoável) pode provocar certa depreciação do seu real significado, uma vez que para nós o termo *razoável* nem sempre tem a mesma conotação dada ao seu equivalente em inglês.

No linguajar do dia a dia, o termo *razoável* acaba sendo entendido como algo apenas razoável, isto é, um pouco melhor do que ruim, mas muito aquém do bom.

Ao se transportar esse entendimento equivocado aos Trabalhos de Asseguração, explicando-se, por exemplo, no relatório de revisão que nos trabalhos de asseguração limitada as evidências são mais limitadas que nos trabalhos de Asseguração Razoável, e que, por conseguinte, a segurança é menor do que a de um trabalho de Asseguração Razoável, isso pode levar o usuário a entender que o nível de segurança proporcionado é muito abaixo do desejado.

O que não é verdadeiro. Por exemplo, essa explicação em trabalho de revisão de um balanço em comparação com um exame de auditoria de um balanço (como era a linguagem utilizada anteriormente) não provocaria aquele entendimento equivocado, uma vez que as expressões **auditoria** e **revisão** já estão sedimentadas e, dessa forma, são perfeitamente entendidas pelos usuários de tais trabalhos.

Assim sendo, torna-se necessário estabelecer um melhor diferencial, adicionando-se à discussão a expressão **segurança absoluta**, algo impossível de se prometer no contexto de um trabalho executado por um auditor, que se vale de técnicas e procedimentos que permitem fornecer um nível apropriado de segurança aos usuários de um trabalho de asseguração razoável, por um custo não proibitivo.

Na mesma linha de raciocínio, pode-se entender que o trabalho de asseguração limitada proporciona um nível **moderado** de segurança.

Agora que o termo *asseguração* já foi mais bem explicado, vamos diferenciar informações históricas, como por exemplo as demonstrações contábeis ou financeiras[2] de uma entidade e informações não históricas, como por exemplo a sua estrutura de controle interno.

Em ambas as situações, históricas ou não históricas, podem-se efetuar trabalhos de asseguração; todavia, as normas do CFC estão estruturadas para atender os objetivos de:

a) Auditoria (asseguração razoável) de informações históricas, por meio das **NBC TAs** (normas técnicas de **auditoria**);

b) Revisão (asseguração limitada) de informações históricas, por meio das **NBC TRs** (normas técnicas de **revisão**); e

c) Trabalhos de asseguração que não sejam de auditoria ou de revisão de informações históricas, por meio das **NBC TO** (normas técnicas para outros trabalhos de asseguração).

Conclusão do Auditor nos relatórios emitidos em trabalhos de asseguração

A conclusão em um trabalho de asseguração razoável, como em uma auditoria de demonstrações financeiras, é dada na forma **positiva**, do tipo:

> *Em nossa opinião as demonstrações financeiras representam adequadamente, em todos os aspectos relevantes, a posição patrimonial e financeira... de acordo com o critério XYZ,*

enquanto que em um trabalho de asseguração limitada, a conclusão é na forma **negativa**, como no caso de revisão de uma informação trimestral para atender a CVM, do tipo:

> *Com base em nossa revisão, não temos conhecimento de nenhuma modificação relevante que deva ser feita nas informações contábeis contidas nas Informações Trimestrais acima referidas, para que estejam de acordo com as normas expedidas pela Comissão de Valores Mobiliários (CVM).*

---

[2] Conforme já mencionado no capítulo anterior, as expressões *demonstrações contábeis* ou *demonstrações financeiras* são usadas de forma indistinta com o mesmo significado. Em uma pesquisa informal realizada no IBRACON, a preferência dos auditores recaiu sobre a expressão **demonstrações financeiras**, que também é a preferência pessoal do autor, todavia, neste livro nos casos em que são citados normativos emitidos pelo CFC, CPC e IBRACON são utilizadas demonstrações contábeis para manter a redação original do documento citado.

Aceitação de um trabalho de asseguração

O auditor somente pode aceitar um trabalho de asseguração quando ele preliminarmente puder se satisfazer de que poderá cumprir com as exigências éticas relevantes de independência e competência profissional e o trabalho apresentar todas as seguintes características:

- objeto é apropriado;
- critérios são apropriados e estão disponíveis aos usuários do trabalho;
- o auditor tem acesso irrestrito a todas as informações necessárias para fundamentar sua conclusão;
- a conclusão do auditor será disponibilizada em um relatório por escrito; e
- o trabalho tem um propósito racional.

A auditoria de demonstrações financeiras é um trabalho de asseguração razoável, portanto, as condições para se aceitar a designação como auditor independente estão estabelecidas em norma específica (NBC TA 210), que trata da concordância com os termos do trabalho de auditoria.

Elementos de um trabalho de asseguração

A Estrutura Conceitual identifica e estabelece os cinco elementos que necessariamente devem estar presentes em um trabalho de asseguração executado por um auditor independente:

a) relacionamento entre três partes;

b) objeto apropriado;

c) critérios adequados;

d) evidências apropriadas e suficientes;

e) relatório de asseguração escrito de forma apropriada.

Para um adequado entendimento, vamos discutir e exemplificar cada um desses elementos, iniciando pelo necessário **relacionamento entre três partes,** envolvendo a **parte responsável,** os **usuários previstos** e o **auditor independente.**

A primeira é a **parte responsável** pela preparação da informação, no caso, por exemplo, de demonstrações financeiras, a responsabilidade pela sua preparação é da administração da companhia, portanto, a parte responsável é a administração da companhia. Essa responsabilidade é explicada na NBC TA 200. A parte responsável pode ser ou pode não ser a parte que contrata o serviço de asseguração.

A segunda parte compreende os **usuários previstos** da informação, que na essência é para quem o relatório do auditor independente é submetido. A parte responsável pode ser um dos usuários previstos, mas não pode ser o único. Novamente, "pegando carona" no exemplo de auditoria das demonstrações financeiras, o relatório do auditor é endereçado aos administradores e acionistas de uma companhia.

Nessa situação, os administradores da companhia são responsáveis pela informação (parte responsável). Eles podem ser, também, a parte contratante e, simultaneamente, **um dos usuários**, mas não os únicos. Vejamos que, no exemplo em questão, os usuários compreendem, além dos administradores, os acionistas e outros usuários não identificados, como por exemplo instituições financeiras, fornecedores, órgãos reguladores, se aplicável, e uma imensa gama de usuários que utilizam essas demonstrações financeiras para as mais diversas decisões.

Finalmente, temos a terceira parte, que é o auditor independente, que decide por meio de seu julgamento profissional, à luz das circunstâncias, sobre os procedimentos a serem aplicados, ou seja, o que e como fazer (natureza), quando fazer (época) e quanto fazer (extensão) para possibilitar a emissão do seu relatório de asseguração.

O segundo elemento é o **objeto** e a **informação sobre o objeto**, que podem tomar várias formas, como por exemplo:

- desempenho ou condições financeiras, como a posição patrimonial e financeira histórica ou prospectiva, desempenho das operações ou fluxos de caixa, para os quais as informações sobre o objeto podem ser o reconhecimento, a mensuração, a apresentação e a divulgação nas demonstrações financeiras;
- desempenho ou condições não financeiras, para os quais as informações sobre o objeto podem ser os principais indicadores de eficiência e eficácia;
- características físicas, onde a informação sobre o objeto compreende um documento sobre as especificações;
- sistemas e processos (por exemplo, o controle interno de uma entidade) para os quais a informação sobre o seu objeto é a sua eficácia.

O objeto tem diferentes características (qualitativa ou quantitativa, objetiva ou subjetiva, histórica ou prospectiva) e pode se relacionar com uma data-base ou abranger um período. Essas características afetam a precisão com que o objeto pode ser avaliado ou mensurado de acordo com os critérios e a persuasão das evidências disponíveis.

O objeto para ser considerado apropriado precisa ser identificável e passível de avaliação ou mensuração com base em critérios identificados e as informações sobre o objeto precisam ser passíveis de serem submetidas aos procedimentos que proporcionem evidência suficiente e apropriada, permitindo que se atinja uma conclusão, seja ela na forma positiva ou na forma negativa.

O terceiro elemento corresponde aos **critérios** utilizados para avaliar ou mensurar o objeto. Por exemplo, no caso de auditoria de demonstrações financeiras (asseguração razoável), os critérios para avaliar se a posição patrimonial e financeira está adequadamente apresentada podem ser as práticas contábeis adotadas no Brasil, as normais internacionais de relatório financeiro (IFRS) ou outras estruturas de relatório financeiro, que possam ser aplicáveis.

No caso de um trabalho sobre o controle interno, o critério de mensuração pode ser uma estrutura conceitual de controle interno como a estabelecida pelo COSO e assim por diante.

Os critérios precisam ser **adequados** para permitir uma avaliação ou mensuração consistente do objeto. Os critérios para serem considerados adequados devem ter as seguintes características:

- **relevantes**, para contribuir com a tomada de decisão pelos usuários previstos;
- **completos**, não omitindo fatores importantes. Critérios que atendem a necessária integridade incluem pontos de referência (*benchmarks*) para divulgação e apresentação;
- **confiáveis**, para permitir uma avaliação ou mensuração razoavelmente uniforme do objeto;
- **neutros**, para contribuírem para decisões não tendenciosas; e
- **entendíveis**, para que evitem interpretações diferentes e possam ser claramente compreensíveis.

Os critérios precisam estar disponíveis aos usuários previstos para possibilitar a eles o entendimento de como o objeto foi avaliado ou mensurado (exemplo: práticas contábeis adotadas no Brasil). Quando os critérios estiverem disponíveis apenas aos usuários específicos, isto é, não forem de caráter geral, o relatório de asseguração é restrito, ou seja, inclui restrição de uso e de distribuição.

O quarto elemento corresponde à suficiência e adequação das evidências. Suficiência é a medida de quantidade da evidência, enquanto a adequação é a medida de qualidade. Quanto maior for o risco, maior o nível de evidência necessário. Por sua vez, quanto mais elevada for a qualidade da evidência conseguida, menor o nível de evidência necessário.

Esses aspectos relacionados com a suficiência e adequação serão também analisados no capítulo que trata da NBC TA 200 e em maiores detalhes no capítulo que trata das evidências de auditoria (NBC TA 500 e outras).

O auditor planeja e executa um trabalho de asseguração com o necessário ceticismo profissional para obter evidência apropriada e suficiente de que a informação relativa ao objeto está livre de distorção relevante.

Uma atitude de ceticismo profissional significa que o auditor faz uma avaliação crítica e se mantém alerta a qualquer situação que possa contradizer a confiabilidade de uma evidência.

O auditor considera a materialidade, o risco do trabalho, assim como a quantidade e qualidade das evidências quando planeja a natureza, a época e a extensão dos procedimentos a serem executados.

A confiabilidade da evidência é influenciada pela sua fonte e pela sua natureza, sendo possível considerar as seguintes generalizações sobre as evidências:

- fonte independente aumenta o grau de confiabilidade (exemplo: obtenção de uma confirmação de fonte externa);
- evidência gerada interna é mais confiável quando os controles internos são eficazes;
- evidência obtida diretamente pelo auditor é mais confiável do que aquela obtida indiretamente, por meio de indagação, por exemplo;
- evidência documental é mais confiável do que uma declaração subsequente do que foi discutido; e
- documentos originais fornecem evidência mais confiável do que fotocópias.

O auditor independente considera a relação custo × benefício na obtenção de evidência; todavia, a dificuldade (ou custo envolvido) não é por si só fundamento válido para omitir um procedimento de auditoria considerado necessário pelo auditor.

Em trabalhos de asseguração, a determinação da natureza, da época e da extensão dos procedimentos é estabelecida pelo auditor, considerando o nível de materialidade, que envolve aspectos qualitativos e quantitativos.

O risco de um trabalho de asseguração é o risco de que o auditor expresse uma conclusão inapropriada nas circunstâncias, ou seja, o auditor emite um relatório sem ressalva, quando seria necessária uma qualificação ou vice-versa. Os componentes do risco de que a informação contenha distorção relevante consistem em:

- **risco inerente**, que é a suscetibilidade a uma distorção relevante, pressupondo que não haja controles relacionados; e
- **risco de controle**, que é aquele em que a distorção pode ocorrer e não pode ser evitada, ou detectada e corrigida em tempo hábil pelos controles internos relacionados.

Por sua vez, o **risco de detecção** é o risco de que o auditor não detecte uma distorção relevante, ou seja, estabelece de forma apropriada a natureza, a época e a extensão dos testes necessários, mas mesmo assim não detecta uma distorção relevante.

Em um trabalho de asseguração razoável, cuja segurança obtida é necessariamente menor do que uma segurança absoluta, o risco deve ser reduzido a um nível aceitavelmente baixo para permitir ao auditor expressar uma conclusão na forma positiva (do tipo: Em nossa opinião, as...). Para que isso seja possível, o auditor deve obter evidência apropriada e suficiente envolvendo:

- **entendimento do objeto**, que em alguns casos inclui o entendimento do controle interno relacionado;
- **avaliação** e **identificação** dos **riscos**;
- determinação dos procedimentos necessários (natureza, época e extensão) **em resposta aos riscos identificados**;
- execução dos **procedimentos necessários** pela aplicação de um ou mais procedimentos, utilizando uma combinação deles, envolvendo: inspeção, observação, confirmação, recálculo, re-execução, procedimentos analíticos e indagações; e
- avaliação da **suficiência e adequação** da evidência conseguida.

Os procedimentos executados pelo auditor ou evidências de auditoria estão apresentados em detalhe no capítulo que trata da NBC TA 500; todavia, apresentamos a seguir alguns exemplos:

- **inspeção** de um item do ativo fixo para concluir sobre a sua existência;
- **observação** de uma contagem física de estoque para concluir sobre as quantidades do produto acabado X existente em uma certa data;
- **confirmação** de um recebível de um cliente;
- **recálculo** da provisão para férias para concluir sobre a sua adequação;
- **reexecução** de um procedimento (*walk-through test*) para concluir sobre a existência de um determinado controle;
- **aplicação de procedimentos analíticos**; por exemplo, relação percentual da margem bruta real com o percentual orçado e com o real de períodos anteriores para concluir sobre sua razoabilidade; e
- **indagação** ao departamento jurídico sobre a situação de processos em curso para subsidiar a conclusão sobre a provisão existente.

Obviamente, o nível de risco de não detecção é maior em um trabalho de asseguração limitada do que em um trabalho de asseguração razoável, todavia, a combinação dos procedimentos é no mínimo suficiente para permitir uma conclusão na forma negativa em trabalhos, por exemplo, de revisão de informação trimestral de uma companhia aberta.

O quinto e último elemento de um trabalho de asseguração compreende o "produto final" gerado pelo trabalho do auditor, que é o seu **relatório** conclusivo. Esse relatório deve ser emitido por escrito, observando as respectivas normas técnicas contidas nas NBC TAs para os trabalhos de auditoria, NBC TRs para os trabalhos de revisão e NBC TOs para os trabalhos de asseguração que não sejam de auditoria ou de revisão de informações históricas.

O relatório pode ser **direto** ("Em nossa opinião, os controles internos são eficazes, em todos os aspectos relevantes, de acordo com os critérios...") ou **sobre a afirmação (indireto)**. Este último seria do tipo: "Em nossa opinião, a afirmação da administração (parte responsável) de que os controles internos são eficazes é adequada, de acordo com os critérios..."

Finalizando, o relatório pode ser **limpo** ou conter modificação em relação ao relatório limpo (ressalva, adverso ou abstenção de conclusão).

O auditor não pode emitir um relatório limpo quando existir uma limitação ao alcance (escopo) de seu trabalho. Se isso ocorrer, o relatório deve conter uma ressalva ou abstenção de conclusão, quando a limitação for relevante e puder provocar um efeito generalizadamente disseminado nas demonstrações financeiras.

Além dessas modificações relacionadas com o alcance, o relatório do auditor pode ser adverso (não representa adequadamente) ou conter ressalva (com exceção do aspecto tal, representa adequadamente), seja o relatório redigido de forma direta ou na forma indireta.

A expressão de uma conclusão com ressalva ou adversa depende de quão relevante e disseminado seja o efeito da distorção. Quando o efeito envolve vários aspectos (disseminado de forma generalizada), a conclusão é adversa.

Na hipótese em que, após a aceitação do trabalho, o auditor identifique situações do tipo em que os critérios para avaliação ou mensuração não são adequados ou o objeto não é apropriado, o auditor deve emitir um relatório com ressalva, adverso ou com abstenção de conclusão. De forma similar ao tópico anterior, a conclusão depende de quão relevante e disseminado seja o efeito do assunto, podendo existir situações em que o auditor deva se retirar do trabalho.

Esses aspectos da Estrutura Conceitual para Trabalhos de Asseguração serão detalhadamente apresentados e exemplificados ao longo dos capítulos da Parte II e Parte III deste livro.

Parte II

Auditoria das Demonstrações Financeiras

Resumo Executivo

Esta segunda parte do livro trata especificamente da auditoria das demonstrações financeiras, sejam elas de uso geral ou de uso específico. Os capítulos desta parte estão substancialmente apresentados na sequência numérica das NBC TAs, excetuando-se alguns casos em que por praticidade foram juntadas duas ou mais normas em um mesmo capítulo.

O processo de auditoria é uma atividade contínua, não sendo possível dividi-lo em fases estanques, uma vez que existem algumas atividades que ocorrem de forma permanente ao longo de todo o trabalho de auditoria, como, por exemplo, o planejamento, que deve ser reavaliado cada vez que surge uma novidade relevante, um novo risco que não havia sido identificado, uma deficiência no controle interno ou uma distorção.

O mesmo ocorre com a comunicação com os responsáveis pelos órgãos de governança, que deve ser feita sempre que se tenha algo relevante para se levar à atenção desse órgão. Assim, essa comunicação começa na contratação e termina quando se encerra o trabalho de auditoria, mas não se pode precisar, de antemão, quantas comunicações serão necessárias ao longo do trabalho.

Dessa forma, o fluxograma apresentado na Figura 1 é meramente exemplificativo para fins didáticos e para orientar o usuário deste livro, permitindo-lhes o entendimento global do processo de auditoria e da finalidade de cada NBC TA por meio desta introdução à segunda parte do livro, que tem o propósito de funcionar como um resumo executivo desta parte do livro.

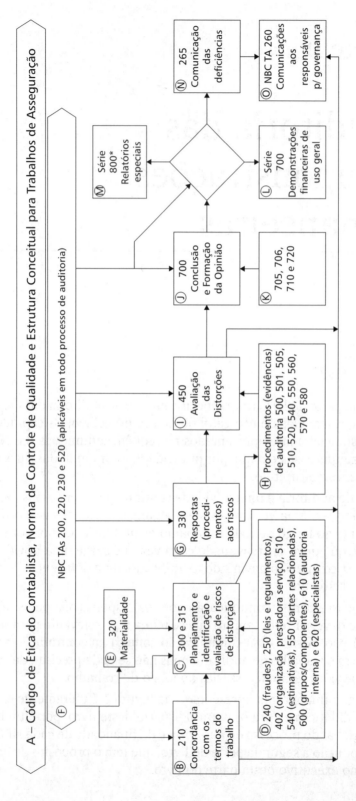

* Inclui também parte da 700 naquilo que se refere a estruturas de conformidade.

No fluxograma, as diversas normas de auditoria emitidas pelo CFC estão classificadas na sequência alfabética em letras maiúsculas, cujos objetivos, requisitos e principais aspectos estão resumidos a seguir:

A – Código de Ética do Contabilista, Norma de controle de qualidade no nível da firma de auditoria e Estrutura Conceitual para Trabalhos de Asseguração

Este primeiro item representa as "normas pétreas" que devem ser observadas em todos os trabalhos de auditoria independente sobre as demonstrações financeiras. A Estrutura Conceitual foi sumariada e apresentada na Parte I do livro para permitir o entendimento do trabalho de auditoria e de revisão de demonstrações financeiras. Nesse sumário, procurou-se dar uma abordagem prática ao assunto, estabelecendo-se sempre que possível uma ligação dos conceitos teóricos com o trabalho de auditoria das demonstrações financeiras.

O Código de Ética do Contabilista, que na elaboração deste livro estava em fase de atualização para absorver os principais aspectos do Código da IFAC, e a NBC PA 01, que trata do controle de qualidade no nível da firma de auditoria, foram apenas mencionados de forma superficial na Parte I do livro, uma vez que este livro não tem como objetivo discutir esses temas.

A não inclusão desses temas neste trabalho está ligada ao caráter objetivo do livro, que tem como meta os trabalhos de auditoria ou de revisão de demonstrações financeiras, partindo do princípio que o auditor independente deve ter conhecimento desses temas, que são primordiais para a sua atuação como auditor independente.

Além disso, o assunto controle de qualidade no nível de firma já foi coberto de forma prática pelo CFC em conjunto com o IBRACON, ao disponibilizar a Guia de Implementação da NBC PA 01. Essa guia contém orientações detalhadas, incluindo estudos de caso e exemplos práticos, que dispensam qualquer orientação adicional sobre o assunto.

B – Contratação do auditor independente (Concordância com os termos do trabalho)

O marco inicial do trabalho de auditoria das demonstrações financeiras é a contratação do auditor independente pela entidade. Essa contratação deve estar evidenciada por meio de um contrato ou de troca de correspondência que estabeleça as "regras do jogo" a serem observadas pelas partes.

A NBC TA 210 formaliza essas regras, melhor dizendo, essas responsabilidades, de cada parte, portanto, este capítulo orienta de forma objetiva o cumprimento dos requisitos da referida norma, que compreendem:

- condições prévias para uma auditoria;
- acordo sobre os termos do trabalho;
- auditoria recorrente;
- considerações para a aceitação de mudanças nos termos do trabalho; e
- considerações adicionais para aceitação do trabalho.

C – Planejamento e Identificação e avaliação dos riscos de distorção relevante por meio do entendimento da entidade e de seu ambiente

Não se inicia qualquer atividade na vida sem um planejamento de aonde se quer chegar e dos passos a serem aplicados para atingir o objetivo; portanto, tão logo seja contratado, o auditor deve **iniciar** o seu planejamento.

O verbo **iniciar** foi propositadamente utilizado para caracterizar que em auditoria o planejamento não é algo estanque e deve ser reavaliado de forma permanente para as apropriadas alterações no curso do trabalho, tomando as ações necessárias. A NBC TA 300 apresenta os requisitos a serem observados na elaboração do plano de auditoria, que compreendem o envolvimento do pessoal-chave da equipe (sócio responsável e principais executivos), as atividades preliminares do trabalho de auditoria e as atividades de planejamento.

O capítulo que trata do planejamento apresenta também a NBC TA 510, que trata dos saldos iniciais e trabalhos iniciais, apresentando orientações práticas para os casos de auditoria inicial (também referida como auditoria de primeiro ano), que é quando as demonstrações financeiras do período anterior não foram auditadas ou foram auditadas por outro auditor, requerendo do auditor atual a aplicação de procedimentos sobre os saldos iniciais não para opinar sobre esses saldos do balanço de abertura, mas sim para permitir a ele emitir opinião sobre as demonstrações do resultado, fluxos de caixa e de valor adicionado do período corrente.

O planejamento, por si só, pouco representa se não for complementado pela identificação dos riscos de distorção relevante (nas demonstrações financeiras que estão sendo auditadas) por meio do entendimento do ambiente em que a entidade opera.

Esse entendimento do ambiente inclui os diversos aspectos operacionais influenciados pelo ambiente legal, pelo ambiente de controle interno de forma genérica e pelas atividades de controles específicas que a administração desenhou e implementou para poder atuar e gerar demonstrações financeiras livres de distorção relevante.

Esses aspectos estão apresentados na NBC TA 315, que tem importância fundamental no processo de auditoria, pois é com base nela que o auditor determina o que fazer, quando fazer e quanto fazer (respostas ou procedimentos de auditoria).

Dessa forma, o capítulo que trata dessa norma apresenta de forma didática os conceitos que permitem o atendimento dos requisitos dessa norma, incluindo exemplos específicos para documentar os riscos identificados, a determinação se são significativos ou não, as respostas que a entidade deu a esses riscos, criando controles preventivos ou detectivos, a avaliação combinada dos riscos inerentes e de controle e, por fim, as respostas que o auditor deu a esses riscos, que estão cobertas no tópico G deste resumo executivo.

Os requisitos da NBC TA 315 estão relacionados com (i) procedimentos de avaliação de riscos e atividades relacionadas, (ii) entendimento da entidade e do ambiente em que opera, incluindo o seu controle interno, e (iii) o processo de identificação e avaliação de riscos de distorção relevante.

Não obstante essa norma seja bastante extensa, existem outros aspectos relevantes que o auditor deve considerar na sua avaliação de riscos. Esses aspectos estão cobertos em diversas NBC TAs que estão sumariadas no próximo tópico.

D – Considerações adicionais na identificação e avaliação de riscos de distorção relevantes

Como mencionado acima, a NBC TA 315 é complementada por diversas outras normas que apresentam diversos assuntos que devem ser considerados na identificação e avaliação dos riscos de distorção relevante nas demonstrações financeiras.

Esses outros assuntos podem trazer riscos adicionais ou mitigar riscos existentes. Eles estão cobertos nas seguintes normas:

a) NBC TA 240, que trata das considerações sobre eventuais distorções causadas por fraudes. Essa norma foi bastante expandida e assumiu importância fundamental no processo de auditoria após os escândalos corporativos que abalaram os mercados globais, atingindo de forma contundente o auditor independente. Ela apresenta os seguintes requisitos relacionados especificamente com fraudes:

- ceticismo profissional;
- discussão com a equipe de trabalho;
- procedimentos de avaliação de riscos;
- identificação e avaliação dos riscos de distorção relevante;
- respostas aos riscos de fraudes;
- avaliação da evidência de auditoria;
- obtenção de representações;
- comunicações com a administração, governança e reguladores; e
- situações em que não é possível continuar o trabalho.

b) NBC TA 250, que trata das considerações sobre o cumprimento de leis e regulamentos. Essa norma cobre aspectos relevantes que podem influenciar a capacidade de uma entidade continuar operando, portanto, é também fundamental ao processo de avaliação de riscos do auditor. Ela apresenta requisitos específicos relacionados com (i) a observância das normas legais, (ii) os procedimentos quando se identifica ou existe a suspeita de não conformidade com leis e regulamentos e (iii) a comunicação sobre esses assuntos;

c) NBC TA 402 pode ser aplicável ou pode não ser aplicável dependendo do fato da entidade utilizar uma organização externa para lhe prestar certos serviços de forma terceirizada. Na sua essência, essa norma traz orientações sobre o que o auditor deve considerar em sua avaliação de riscos nas atividades realizadas por um terceiro, que não faz parte da entidade, mas que de forma similar pode gerar riscos de distorção relevante, seja por fraude ou erro. Por sua vez, existe uma norma de asseguração (não coberta neste livro) que trata dos requisitos e dos trabalhos que o auditor da organização externa pode fazer para ser utilizado pelo auditor da entidade que utiliza o serviço desse terceiro;

d) NBC TA 510, como mencionado no item C, quando se trata de primeira auditoria, devem ser considerados, também, os requisitos dessa norma sobre os saldos iniciais. Obviamente, o auditor aplica certos procedimentos sobre os saldos iniciais **não para emitir opinião sobre eles**, mas sim para se satisfazer que eles não afetarão indevidamente as demonstrações financeiras do período corrente que estão sob auditoria;

e) NBC TA 540, que trata de estimativas, inclusive do valor justo. Os processos de estimativa exercem cada vez mais influência no processo de elaboração das demonstrações financeiras e, por conseguinte, na auditoria dessas demonstrações. Dessa forma, essa norma, além de apresentar os aspectos importantes que podem influenciar na avaliação dos riscos (item C), discute também os procedimentos de auditoria quando o saldo envolve processo estimativo, portanto ela está também considerada na aplicação dos procedimentos de auditoria (item H). Seus requisitos estão relacionados com esses dois propósitos;

f) NBC TA 550, que trata de transações com partes relacionadas. Como essas transações podem não ser realizadas em preços e condições normais de mercado e são mais suscetíveis às oportunidades de conluio, ocultação ou manipulação por parte da administração, elas podem afetar e não permitir que as demonstrações financeiras sejam apresentadas de forma adequada no contexto de estruturas de apresentação adequada, requerendo assim uma ampliação da avaliação de riscos de distorção relevante. Assim, de forma análoga à norma 540, ela também se aplica tanto no estágio da avaliação e identificação de riscos (item C), como na fase de aplicação de procedimentos de auditoria (item H), apresentando requisitos específicos para cada situação;

g) NBC TA 600, que trata da auditoria de grupos incluindo componentes. Essa norma, a exemplo da 402, pode também ser ou não ser aplicável dependendo da entidade, cujas demonstrações estão sendo auditadas. Ela apresenta os aspectos que devem ser considerados na avaliação dos riscos em situações em que a entidade possui componentes e, quando aplicável, os requisitos que devem ser observados pelo auditor. Como essa norma **proibiu** a divisão de responsabilidade no relatório de auditoria, o auditor do grupo, que possui componentes, assume total responsabilidade sobre as demonstrações financeiras do grupo como um todo, incluindo os seus componentes, que são consolidados ou cujo investimento é avaliado pelo método de equivalência patrimonial, portanto, a NBC TA 600 cobre os diversos requisitos que devem ser observados em uma auditoria na ótica de um grupo e não de uma entidade específica, abordando:

- responsabilidade do auditor;
- aceitação e continuidade;
- estratégia global e plano de auditoria;
- entendimento do grupo, seus componentes e seus ambientes;
- entendimento sobre os auditores dos componentes;
- materialidade;
- respostas aos riscos avaliados;
- processo de consolidação;
- eventos subsequentes;
- comunicação com o auditor do componente;
- avaliação da suficiência e adequação da evidência de auditoria obtida;
- comunicações com a administração e governança do grupo; e
- documentação requerida.

h) NBC TA 610, que trata da utilização de trabalhos da auditoria interna, também pode ser ou não aplicável na situação específica. Os requisitos dessa norma estão relacionados com (i) a determinação se serão utilizados trabalhos do auditor interno e em caso positivo em que extensão utilizar esses trabalhos, (ii) utilização de trabalho específico e (iii) documentação necessária. Por sua vez, a simples existência da função de auditoria interna requer do auditor o entendimento do impacto dessa função no controle interno. O capítulo que cobre essa norma destaca que ela não se aplica na situação em que o auditor interno faz parte da equipe de auditoria e que a norma internacional (ISA 610) que deu origem à NBC TA 610 está sendo alterada para incluir os cuidados necessários quando um ou mais profissional da auditoria interna faz parte da equipe de trabalho do auditor externo, uma vez que o auditor interno, por melhor que esteja posicionado na estrutura de uma entidade, nunca tem o mesmo grau de independência requerido de um auditor externo;

i) NBC TA 620, que trata da utilização de especialistas pelo auditor. Geralmente, quando existe o uso de especialistas pela administração em outras áreas para ajudá-la na elaboração das demonstrações financeiras, o auditor também acaba utilizando especialista, seja interno ou externo; todavia, a decisão sobre essa utilização depende do nível de complexidade envolvido e dos riscos existentes de distorção relevante, que devem ser considerados na aplicação da norma 315. Quando aplicável, a norma 620 traz uma série de requisitos relacionados com:

- determinação da necessidade de especialista;
- natureza, época e extensão dos procedimentos de auditoria;
- avaliação da competência, habilidade e objetividade do especialista;
- obtenção do entendimento sobre a área de especialização requerida;
- acordo com o especialista; e
- avaliação da adequação do trabalho do especialista.

E – Determinação da materialidade

A NBC TA 320 fornece ao auditor as orientações necessárias para determinar o valor da materialidade em relação às demonstrações financeiras como um todo, no nível de transações, saldos e divulgações. Com base nesse valor, deve ser computada a materialidade para a execução da auditoria, que é fundamental para determinar, de forma técnica, a extensão necessária dos testes de auditoria em resposta aos riscos avaliados.

Essa norma possui três importantes requisitos: (i) determinação da materialidade no planejamento ou materialidade para as demonstrações como um todo (MP) e da materialidade para a execução da auditoria, também conhecida como distorção tolerável (DT), (ii) revisão desses valores no decorrer da auditoria e (iii) documentação descrevendo os critérios utilizados na determinação desses valores e das suas alterações.

O tamanho das amostras dos testes substantivos é determinado conforme a NBC TA 530. O Capítulo 17, que trata dessa norma, apresenta exemplos práticos de determinação de tamanho da amostra, partindo do valor estabelecido como materialidade para a execução da auditoria, que representa a distorção tolerável (ou erro tolerável quando usamos a teoria estatística).

Para fins didáticos, o Capítulo 13, que trata da NBC TA 320, apresenta também a NBC TA 450 (Item I a seguir), que trata da análise e conclusão sobre o efeito das distorções identificadas, ou seja, que vai permitir ao auditor concluir sobre o tipo de opinião a ser emitida em seu relatório de auditoria sobre as demonstrações financeiras.

F – Normas que são aplicáveis ao longo de todo o processo de auditoria das demonstrações financeiras

Algumas normas são aplicáveis ao longo de todo o trabalho. A primeira delas é a NBC TA 200, que trata dos princípios e das responsabilidades gerais que regem um trabalho de auditoria. Essa norma, além de estabelecer de forma clara as responsabilidades de cada parte (administração da entidade e de seus órgãos de governança e do auditor), apresenta definições, conceitos e regras que pautam a aplicação das demais normas, que devem, sempre, ser lidas em conjunto com ela, que possui os seguintes requisitos:

- requisitos éticos relativos à auditoria de demonstrações financeiras;
- ceticismo profissional;
- julgamento profissional;
- evidência de auditoria apropriada e suficiente e risco de auditoria; e
- requisitos relacionados com a condução da auditoria.

Dentre os conceitos e definições apresentados nessa norma, destacam-se as definições de estrutura de relatório financeiro de apresentação adequada e de conformidade, que geram diferentes abordagens de auditoria. Essa norma apresenta, também, os conceitos de risco de auditoria, riscos de distorção relevante, que por sua vez apresentam dois componentes (risco inerente e de controle), que são considerados pelo auditor em uma análise combinada desses dois riscos para determinar as suas respostas (procedimentos) aos riscos avaliados, que estão discutidas no próximo item deste resumo.

Se olharmos o fluxograma didático de um trabalho de auditoria, essa norma se aplica em todo o processo, desde a contratação do trabalho, quando se chega à concordância sobre termos do trabalho, até a conclusão do trabalho, que se dá com a entrega dos relatórios elaborados pelo auditor independente. Isso ocorre também com as normas 220 (controle de qualidade no nível do trabalho de auditoria), 230 (documentação da auditoria) e 520 (aplicação de procedimentos analíticos).

A NBC TAs 220 estabelece os requisitos que permitem ao auditor se assegurar que o trabalho de auditoria das demonstrações financeiras foi efetuado de acordo com o controle interno requerido. Essa norma está relacionada com o trabalho de auditoria em si, enquanto a norma NBC PA 01 trata do controle de qualidade no nível da firma que presta o serviço de auditoria das demonstrações financeiras. Os requisitos das NBC TA 220 referem-se aos seguintes aspectos:

- responsabilidade da liderança do trabalho (sócio responsável) pela qualidade;
- exigências éticas relevantes, destacando-se a necessária independência;
- aceitação e continuidade de relacionamento com o cliente e para o trabalho, em particular;
- designação de equipe com o *expertise* necessário;
- execução do trabalho, incluindo direção, supervisão, execução, revisões e consultas;
- monitoramento; e
- documentação.

A NBC TA 230 requer que as evidências conseguidas sejam apropriadamente documentadas para permitir ao auditor fundamentar a sua opinião, lembrando que trabalho não documentado é igual a trabalho não realizado, portanto, essa norma possui três requisitos relevantes que devem ser atendidos.

O primeiro requisito está relacionado com a elaboração tempestiva da documentação (a opinião deve estar suportada por documentação obtida antes de emiti-la). O segundo requisito detalha a forma, conteúdo e extensão da documentação da auditoria (papéis de trabalho, sejam manuais ou na forma eletrônica) e, por fim, o terceiro requisito, que trata da montagem do arquivo da documentação, deve ser completado dentro do período de até 60 dias da data de emissão do relatório.

É importante salientar que esse prazo de 60 dias compreende a organização final dos arquivos (referências cruzadas e outras tarefas administrativas de documentação) e não deve incluir a obtenção de novas evidências de auditoria, uma vez que o primeiro requisito requer a tempestividade na obtenção das evidências.

Por sua vez, a NBC TA 520 apresenta os requisitos para realização dos procedimentos analíticos que são aplicáveis em todas as fases do trabalho, desde o planejamento na definição das estratégias até a conclusão do trabalho, quando se analisa a consistência das demonstrações financeiras auditadas com o entendimento que o auditor possui da entidade.

Essa norma é também utilizada na execução dos procedimentos de auditoria (item H) e, dessa forma, ela possui requisito relacionado com o exame dos resultados atingidos na aplicação de procedimentos analíticos.

G – Respostas do auditor aos riscos de distorção identificados

A determinação pelo auditor do quê, como, quando e quanto fazer depende dos riscos de distorção relevante que foram identificados e avaliados, ou seja, não existe uma fórmula mágica que determina de forma padronizada quais os procedimentos que o auditor deve aplicar.

Esses procedimentos representam as respostas que o auditor aplica em cada situação específica. Como regra geral, quanto maior for o risco de distorção relevante, maior é a probabilidade de que os testes substantivos sejam realizados para a data das demonstrações financeiras ou para a data mais próxima possível dessas demonstrações. De forma similar, a extensão dos testes aumenta à medida que os riscos crescem.

Essa norma tem cinco importantes requisitos relacionados com:

- respostas gerais;
- respostas no nível de afirmações;
- adequada apresentação e divulgação das demonstrações financeiras;
- avaliação da suficiência e adequação da evidência de auditoria; e
- documentação.

As respostas gerais estão relacionadas com os riscos inerentes que afetam as demonstrações financeiras no seu nível geral e não no nível de afirmação. Elas lidam com a formação da equipe (necessidade de *expertise* em determinados assuntos), maior ou menor ceticismo, supervisão da equipe e adoção de elemento surpresa para não tornar os procedimentos previsíveis, enquanto as respostas no nível de afirmação envolvem a determinação do tipo de procedimento de auditoria (teste de controle ou teste substantivo), a natureza, a época e a extensão dos testes, utilização de evidências conseguidas durante o trabalho intermediário (próprio exercício) e em trabalhos anteriores, assim como a estratégia de auditoria a ser seguida em decorrência da avaliação combinada dos riscos identificados.

Em suma, ela determina as respostas do auditor (procedimentos de auditoria), que são consubstanciadas nas diversas formas de evidência de auditoria que o auditor deve obter para fundamentar a sua conclusão. Essas evidências estão discutidas no próximo item.

H – Procedimentos (evidências) de auditoria

A NBC TA 500 discute as diversas formas como o auditor evidencia o seu trabalho por meio da indagação, inspeção, recálculo, reexecução, observação, aplicação de procedimentos analíticos e confirmação com fonte externa. Seus requisitos estão relacionados com:

- obtenção de evidência de auditoria apropriada e suficiente;
- informações a serem utilizadas como evidência de auditoria;

- seleção de itens para realização eficaz de testes de controles e testes de detalhes; e
- como tratar as eventuais inconsistências entre as diversas fontes de evidência, inclusive eventual falta de confiabilidade de uma determinada fonte.

Por praticidade, as normas 500, 501, 505 e 520 foram incluídas em um único capítulo do livro. Com exceção da norma 501, que é aplicável em assuntos específicos envolvendo litígios, estoques e informações por segmento, a NBC TA 500 e as demais normas são descritas de forma genérica para serem aplicadas nas diversas contas das demonstrações financeiras e nas transações que geram os saldos dessas contas.

Para fins didáticos foi incluída uma tabela, em anexo ao capítulo que trata dessas quatro normas, para exemplificar o uso de cada um dessas sete evidências (procedimentos) de auditoria em contas das demonstrações financeiras.

A NBC TA 505 trata de um dos procedimentos mais utilizados em auditoria, que é a obtenção de confirmação de saldos ou informações de terceiros de forma independente. Essa norma apresenta cinco requisitos relacionados com (i) os procedimentos de confirmação, (ii) recusa da administração em permitir a obtenção da confirmação com fonte externa, (iii) os resultados do processo de confirmação, (iv) a utilização da forma negativa no processo de confirmação de saldos e, por fim, (v) a avaliação da evidência obtida por meio desse procedimento.

A NBC TA 520 já foi apresentada no item F, pois ela, além de servir como teste substantivo, fornecendo evidências adicionais, é utilizada ao longo do processo de auditoria.

Conforme mencionado no item "E", a extensão dos testes depende do nível de materialidade para execução de auditoria e de outras informações (que indicam o fator de confiança desejado na aplicação de um determinado procedimento em uma área ou conta), permitindo que se apure o tamanho da amostra para um dado teste de auditoria.

A NBC TA 530, que trata do uso de amostragem em auditoria, explica os conceitos relevantes para se determinar o tamanho da amostra, mas não exemplifica, de forma prática, como se chega ao tamanho da amostra. O capítulo que trata dessa norma inclui exemplos práticos de como se determinar o tamanho da amostra, mediante o uso da materialidade para execução da auditoria, que é a distorção tolerável (ou erro tolerável na teoria estatística).

As NBC TAs 510, 540 e 550 já foram anteriormente mencionadas. A primeira por se referir à necessidade de o auditor independente se satisfazer da adequação dos saldos iniciais para que não afetem as demonstrações financeiras do período atual que estão sendo auditadas (trabalhos iniciais) e a segunda por envolver aspectos relacionados com estimativas, inclusive do valor justo, relevante no processo de identificação e avaliação de riscos, mas que também apresenta os procedimentos de auditoria aplicáveis às estimativas, destacando-se a determinação de estimativas pontuais e intervalos de possíveis resultados, mediante o uso de cenários.

Por sua vez, a norma 550 trata das transações com partes relacionadas, que, diferentemente das transações com terceiros, não são necessariamente realizadas em condições normais de mercado e, dessa forma, requerem atenção especial por parte do auditor independente.

Essas três normas foram discutidas anteriormente no item D deste resumo, em função do efeito que elas provocam na identificação e avaliação dos riscos, requeridas pela NBC TA 315, mas elas possuem requisitos próprios relacionados com o resultado que elas propiciam, a saber:

- a NBC TA 510 requer que o auditor leia as demonstrações financeiras mais recentes e o respectivo relatório do auditor antecessor, se houver, e aplique certos procedimentos sob os saldos de abertura. Conforme já mencionado anteriormente, a aplicação desses procedimentos não tem por fim propiciar condições ao auditor atual para emitir qualquer opinião sobre o saldo de abertura, que não é seu objetivo, mas sim se assegurar de que esses saldos iniciais não irão afetar indevidamente as demonstrações sob seu exame;
- a NBC TA 550 requer que o auditor avalie a contabilização e a divulgação dos relacionamentos e das transações com partes relacionadas; e
- a NBC TA 540 trata dos requisitos específicos relacionados com a aplicação de procedimentos, as respostas dos riscos de distorção relevante nas estimativas, a verificação da razoabilidade das estimativas, a identificação de possíveis tendenciosidades da administração e as divulgações requeridas.

A NBC TA 560 trata especificamente dos eventos subsequentes que ocorrem tanto entre a data das demonstrações financeiras e a data de emissão do relatório do auditor sobre elas, como após a emissão do relatório de auditoria. No capítulo que trata dessa norma, foram inclusos os aspectos relevantes da prática contábil brasileira, que sofreram alterações com a entrada em vigência dos Pronunciamentos 24 e 26 do CPC, que tratam de eventos subsequentes e da apresentação das demonstrações financeiras.

A NBC TA 570 orienta o auditor sobre os procedimentos que ele deve aplicar para se satisfazer sobre a continuidade operacional da entidade, cujas demonstrações financeiras estão sendo auditadas. Quando existem indícios desse risco, o auditor deve aplicar procedimentos específicos e atentar para as divulgações necessárias.

Na existência de tais indícios, a primeira questão a se considerar é se existe incerteza relevante quanto à continuidade da entidade. Se não existir essa incerteza, as demonstrações financeiras são preparadas no pressuposto da continuidade, todavia, caso exista tal incerteza, cabe a análise se o pressuposto da continuidade é ou não apropriado nas circunstâncias.

Se o pressuposto não for apropriado, as demonstrações não devem ser elaboradas nessa base, pois gerariam uma opinião adversa do auditor, devendo, portanto, serem preparadas de acordo com outra base de elaboração e apresentação. Se o pressuposto for apropriado, as notas explicativas devem divulgar as condições que levantam dúvidas e os planos da administração para a realização dos ativos e liquidação dos passivos.

Se as divulgações forem apropriadas nas circunstâncias, o auditor emite opinião sem ressalva, todavia, adiciona um parágrafo de ênfase para chamar a atenção dos usuários das demonstrações financeiras relacionadas com as divulgações da administração sobre a incerteza e sobre as medidas que foram e estão sendo adotadas para que a entidade continue em marcha.

Se as divulgações não forem adequadas, o auditor deve emitir sua opinião com ressalva ou adversa, dependendo do julgamento por ele exercido, conforme parâmetros estabelecidos na própria norma 570 e na NBC TA 705.

Por fim, dentre os procedimentos de auditoria, temos a obtenção de representações formais da administração (e dos responsáveis pela governança), tratada na NBC TA 580, que não representam evidências por si só suficientes, mas que são extremamente relevantes no processo de auditoria, em decorrência da assunção formal de responsabilidades pela administração sobre as informações fornecidas ao auditor.

A NBC TA 580 apresenta seis requisitos específicos relacionados com:

- quais membros da administração são requeridos a fornecer representações;
- representações sobre as responsabilidades da administração quanto ao registro das transações, elaboração das demonstrações financeiras de acordo com a estrutura aplicável e pelo fornecimento de informações ao auditor;
- outras representações;
- data e período abrangido pelas demonstrações financeiras;
- forma das representações; e
- como tratar as dúvidas quanto à confiabilidade das representações ou quando a administração se nega a fornecer representações.

I – Avaliação das distorções identificadas pelo auditor

Com base na materialidade determinada na Norma 320, o auditor estabelece um valor mínimo acima do qual todas as distorções são listadas para serem analisadas, individualmente e em conjunto com outras distorções, inclusive quanto aos aspectos qualitativos para poder concluir, por meio dos requisitos estabelecidos pela NBC TA 450, sobre se pode emitir seu relatório contendo opinião sem modificação (limpa) sobre as demonstrações financeiras examinadas ou se deve emitir um relatório com modificações em relação ao relatório limpo, conforme discutido no próximo tópico.

J – Conclusão e Formação da opinião

Dois importantes julgamentos são exercidos pelo auditor para poder emitir o seu relatório. O primeiro deles está relacionado com o alcance da auditoria, ou seja, ele deve concluir se foi obtida evidência de auditoria apropriada e suficiente (item 26 da NBC TA 330). O outro julgamento toma por base a análise e julgamento a ser exercido sobre a relevância ou não (item 11 da NBC TA 450) das distorções não corrigidas, individualmente ou em conjunto, conforme mencionado no tópico anterior.

Supondo que não existiu qualquer limitação no alcance de seu trabalho e que não foram identificadas distorções relevantes ou, se foram identificadas, elas foram devidamente registradas pela entidade, o auditor segue as orientações da NBC TA 700 para emitir seu relatório com opinião limpa ou sem modificação. O capítulo que trata dessa norma apresenta detalhadamente os requisitos que o auditor deve observar para cada um dos elementos do relatório, desde o título até o seu fecho, contendo data e assinatura.

No próximo tópico, estão discutidas as normas que trazem orientações adicionais sobre o relatório do auditor quando ele não consegue obter evidência de auditoria apropriada e suficiente, quando existem distorções relevantes não corrigidas e quando o auditor precisa adicionar parágrafos adicionais de ênfase ou de outros assuntos.

K – Orientações adicionais para relatórios com modificações em relação ao relatório com opinião limpa

Em situação normal, o relatório do auditor cobre somente as demonstrações financeiras do exercício corrente, ficando subentendido que os valores correspondentes ao exercício anterior foram também examinados pelo auditor e ele emitiu opinião sem ressalva. Se esse não for o caso ou se o relatório de auditoria utilizar a abordagem de demonstrações financeiras comparativas, o auditor menciona as demonstrações financeiras do exercício anterior conforme requerimentos estabelecidos na NBC TA 710.

No caso em que a opinião contenha modificação em relação à opinião limpa, em decorrência de distorção relevante (opinião adversa ou com ressalva) ou em decorrência do auditor não ter sido capaz de conseguir todas as evidências apropriadas e suficientes, que requereriam abstenção de opinião ou opinião com ressalva por limitação no alcance da auditoria, ele deve seguir as orientações para o cumprimento dos requisitos estabelecidos na NBC TA 705.

Para facilitar o entendimento da emissão do relatório de auditoria, optamos por tratar conjuntamente os relatórios sobre demonstrações financeiras de uso geral apresentadas no contexto de apresentação adequada e, dessa forma, foram incluídas no mesmo capítulo que trata da formação da opinião (NBC TA 700), as demais normas que tratam de modificações no relatório limpo, adição de parágrafo de ênfase, demonstrações comparativas e documentos que apresentam demonstrações financeiras auditadas.

Esse capítulo reproduz o item A1 da NBC TA 705, cuja tabela a seguir apresentada facilita a compreensão dos parâmetros de julgamento do auditor para os assuntos que geram modificação:

Natureza do assunto que gerou a modificação	Julgamento do auditor sobre a disseminação de forma generalizada dos efeitos ou possíveis efeitos sobre as demonstrações contábeis	
	Relevante mas não generalizado	Relevante e generalizado
As demonstrações contábeis apresentam distorções relevantes	Opinião com ressalva	Opinião adversa
Impossibilidade de obter evidência de auditoria apropriada e suficiente	Opinião com ressalva	Abstenção de opinião

Existem situações em que, embora o auditor possa emitir opinião limpa, ele precisa chamar a atenção para algum aspecto importante que está amplamente divulgado nas demonstrações financeiras. Nesses casos, ele leva em consideração a NBC TA 706, que contém orientações e requisitos para a adição de parágrafos de ênfase. Essa norma apresenta também orientações específicas para adição de parágrafos de outros assuntos, que, ao contrário do parágrafo de ênfase, não estão detalhados nas demonstrações financeiras e estão geralmente relacionados com a auditoria em si e não com as demonstrações financeiras.

A série 700 das normas inclui também a NBC TA 720, que cobre aspectos relacionados com a responsabilidade do auditor em relação a outras informações incluídas em documentos que contenham demonstrações financeiras auditadas. O exemplo mais comum é o relatório da administração que acompanha as demonstrações financeiras auditadas, mas essa norma inclui outros tipos de informações e os requisitos sobre as inconsistências detectadas pelo auditor.

L – Emissão de relatório sobre as demonstrações financeiras de uso geral de acordo com estrutura de apresentação adequada

Este tópico cobre o relatório contendo opinião sobre as demonstrações financeiras de uso geral, preparadas de acordo com estruturas de relatório financeiro de apresentação adequada (práticas contábeis adotadas no Brasil, IFRS ou outras práticas contábeis que atendem aos requisitos para funcionarem como critérios adequados).

Esse tópico foi apresentado no Capítulo 26 do livro, iniciando pela NBC TA 700 e abordando todas as demais normas da série 700 mencionadas no tópico anterior.

M – Relatórios especiais

Esse tópico envolve demonstrações financeiras elaboradas de acordo com estrutura de relatório financeiro de conformidade (*ou compliance*), cobertas nas normas da série 700, assim como demonstrações financeiras de propósitos específicos (NBC TA 800), auditoria de quadros isolados, elementos ou contas das demonstrações financeiras (NBC TA 805) e relatórios sobre demonstrações financeiras condensadas (NBC TA 810).

As normas da série 800 tratam somente dos aspectos relacionados com o relatório do auditor sobre essas informações especiais. Todos os demais aspectos, desde a contratação até a formação da opinião limpa ou com modificação, estão cobertos nas mesmas normas que cobrem a auditoria de demonstrações financeiras para fins gerais, ou seja, os aspectos das normas de auditoria (NBC TAs 200 até a NBC TA 720) devem ser adaptados à situação específica desses relatórios especiais.

Apenas a título de exemplo, a norma que trata da determinação da materialidade (NBC TA 320) deve ser adaptada à situação em que o relatório do auditor, em vez de cobrir todas as demonstrações financeiras como um todo, cobre apenas um elemento ou conta da demonstração financeira.

As NBC TAs 800 e 805 possuem três requisitos específicos relacionados com a (i) aceitação do trabalho, (ii) o planejamento e execução do trabalho e sobre (iii) a formação da opinião/comunicações.

A NBC TA 810 trata especificamente da emissão de relatórios sobre demonstrações financeiras condensadas. O auditor só pode emitir relatório sobre essas demonstrações se tiver examinado as demonstrações completas, uma vez que os procedimentos aplicados de acordo com a NBC TA 810 não permitiriam ao auditor emitir opinião sobre essas demonstrações condensadas.

Além dessa consideração básica de aceitação, este capítulo apresenta cada um dos demais requisitos, relacionados com:

- procedimentos de auditoria e época do trabalho, incluindo eventos subsequentes, desde a emissão do relatório sobre as demonstrações financeiras completas;
- relatório emitido, incluindo a necessidade de restrição de uso do relatório;
- comparabilidade e inclusão de informações suplementares;
- outras informações apresentadas em conjunto com demonstrações condensadas; e
- cuidados com referência à associação do auditor às informações condensadas.

N – Comunicação das deficiências

Esse tópico está apresentado no fim do fluxograma apenas por questão didática, mas na prática as comunicações de deficiências devem ocorrer quando elas são identificadas, pois assim a administração tem chance de eliminá-las antes que gerem distorções nas demonstrações financeiras ou outros problemas.

O que muitas vezes ocorre na prática é que esses assuntos são comunicados verbalmente, de forma oportuna, quando identificados, e somente evidenciados no fim do trabalho, quando são elaborados relatórios formais. O requisito essencial da NBC TA 265 está relacionado com o julgamento sobre a significância ou não das deficiências identificadas.

Elas são significativas quando, isoladamente ou em conjunto com outras deficiências, no julgamento do auditor, podem provocar distorções de magnitude relevante nas demonstrações financeiras e, portanto, merecem atenção dos responsáveis pela governança.

O – Comunicações com os responsáveis pela governança

Essa comunicação deve ser recíproca e permanente ao longo de todo o processo de auditoria, ou seja, desde a contratação, quando o auditor e a administração formalizam a concordância sobre os termos do trabalho, até o final do trabalho (reunião de encerramento para apresentação dos relatórios finais), quantas vezes forem necessárias.

No fluxograma, essa comunicação está identificada em cada fase relevante do processo de auditoria, mas ela deve ocorrer sempre que for considerada necessária, seja em decorrência de limitações existentes por qualquer que seja o motivo, identificação de deficiências ou de distorções relevantes, indícios ou existência de fraudes ou descumprimento de aspectos legais relevantes, identificação de riscos relevantes e assim por diante, inclusive quando surge algum aspecto que implique na necessidade de salvaguardas para que o auditor consiga cumprir com os requisitos e princípios de ética necessários.

Embora não seja exaustiva, o capítulo que trata dessas comunicações apresenta uma tabela contendo os principais assuntos (e respectivos itens das NBC TAs), que requerem comunicação tempestiva com os responsáveis pela governança.

Principais Mudanças em relação às normas anteriores

Para finalizar este resumo executivo, é importante falar um pouco das principais mudanças havidas em relação às normas que vigoraram até a aprovação e completa aplicação destas novas normas de auditoria.

Algumas normas brasileiras, como por exemplo a que trata de fraudes ou de estimativas, estavam completamente desatualizadas. Por outro lado, alguns assuntos, como por exemplo as comunicações com responsáveis pela governança ou utilização de organizações prestadoras de serviços, não eram tratados de forma específica nas normas que vigoravam anteriormente.

Assim, embora de acordo com o uso e costume em alguns casos já se observava a norma internacional, não existe um inventário completo das diferenças, mas, se tivesse que elencar as principais mudanças, o autor apontaria as seguintes mudanças, sem o objetivo de ser exaustivo.

1 Relatório do Auditor Independente sobre as demonstrações financeiras auditadas

A primeira e mais importante mudança está relacionada com o produto final do trabalho do auditor, que é o seu relatório. Ele muda radicalmente para melhor, tornando mais claras tanto as responsabilidades de cada parte como a própria opinião do auditor. Junto com essas mudanças necessárias, foram embutidas algumas alterações de nomenclaturas, que no início podem provocar algumas dúvidas. Dentre elas, o fato de se chamar de relatório com modificação ou relatório modificado, quando a opinião for adversa, conter ressalva ou não conter opinião (abstenção de opinião).

Ainda com referência ao relatório, embora já previsto na Lei das Sociedades Anônimas e na própria Estrutura Conceitual para Elaboração e Apresentação das Demonstrações Contábeis emitida pelo CPC, o Brasil, de forma similar à comunidade internacional, passa a adotar a **abordagem de informações correspondentes** e, dessa forma, em situação normal em que o auditor atual auditou e emitiu opinião sem modificações sobre os valores correspondentes ao período anterior, seu relatório cobre somente as demonstrações financeiras do período corrente.

2 Normas para emissão de outros tipos de relatórios

Além das mudanças havidas na emissão de relatórios de auditoria sobre demonstrações financeiras de uso geral, preparadas no contexto de apresentação adequada, a NBC TA 700 cobre também relatórios de auditoria sobre demonstrações financeiras apresentadas no contexto de conformidade e as normas da série 800 cobrem outros tipos de relatórios para os quais não existiam normas brasileiras.

As normas da série 800 cobrem relatórios especiais sobre demonstrações financeiras elaboradas de acordo com estrutura conceitual de contabilidade para propósitos especiais, relatórios de auditoria sobre quadros isolados (por exemplo, balanço patrimonial), elementos, contas ou itens específicos das demonstrações financeiras e auditoria sobre demonstrações financeiras condensadas.

Essas normas da série 800, assim como a emissão de relatórios no contexto de conformidade, não eram abordadas nas normas brasileiras de auditoria, vigentes antes das aprovações das novas normas originadas pelo projeto *Clarity* das normas internacionais de auditoria.

3 Proibição de divisão de responsabilidade

A NBC TA 600, que trata da auditoria de demonstrações financeiras de grupos, incluindo o trabalho dos auditores dos componentes, proíbe taxativamente a divisão de responsabilidade com outros auditores que possam ter auditado as demonstrações financeiras de componentes, estabelecendo requisitos para assunção dessa responsabilidade.

4 Identificação e avaliação dos riscos de distorção relevante e respostas do auditor a esses riscos (NBC TAs 315 e 330) × Estudo e avaliação do sistema contábil e de controles internos

As normas atuais, que devem ser lidas em conjunto com as normas que apresentam considerações adicionais sobre fraudes, conformidade com leis, utilização de organização prestadora de serviços, estimativas, inclusive de valor justo, partes relacionadas e outros aspectos, quando comparadas com a norma anteriormente em vigor (NBC T 11.2.5), foram expandidas de forma relevante, não permitindo sua comparação.

Na verdade, existe uma mudança na abordagem do trabalho em si, que procura identificar e avaliar os riscos de distorção relevante nas demonstrações financeiras e com base nesses riscos avaliados determinar o quê, quando, como e quando fazer (respostas do auditor), enquanto anteriormente era mencionado de forma genérica que o auditor deveria efetuar o estudo e a avaliação do sistema contábil e de controles internos da entidade para determinar a natureza, oportunidade e extensão do trabalho.

Nesse estudo e avaliação do controle interno, eram requeridas considerações sobre (i) tamanho e complexidade da entidade, (ii) sistemas de informação, (iii) suas áreas de risco, (iv) a natureza da documentação, (v) o grau de descentralização e (vi) o grau de envolvimento da auditoria interna, mas a norma não apresentava o nível de detalhamento atual e o direcionamento atual para os riscos de distorção relevante nas demonstrações financeiras.

5 Considerações sobre fraudes

Não obstante a norma anteriormente em vigor tenha sido complementada em 22 de fevereiro de 1999 pela Interpretação Técnica aprovada pela Resolução 836 do CFC, essa interpretação foi emitida bem antes dos escândalos corporativos ocorridos em 2002. Dessa forma, a NBC TA 240, ora em vigor, apresenta aspectos significativamente mais extensos do que a norma e a própria interpretação técnica anteriormente vigente.

6 Outras

Não existiam normas que tratavam especificamente da concordância com os termos do trabalho de auditoria nos moldes da NBC TA 210 ou com referência às comunicações com os responsáveis pela governança, conforme NBC TA 260. Essas mudanças, aliadas ao que foi descrito nos cinco itens anteriores, constituem-se nas principais mudanças havidas. As demais mudanças estão principalmente relacionadas com expansão das normas existentes e estão mencionadas ao longo de cada um dos capítulos.

3

Objetivos Gerais do Auditor Independente e a Condução da Auditoria em Conformidade com as Normas de Auditoria (NBC TA 200)

Introdução, objetivos e definições

A norma NBC TA 200 trata dos princípios e responsabilidades gerais que regem a realização de uma auditoria de demonstrações financeiras. Dessa forma, ela pode ser considerada a "mãe das demais normas", pois ela define o alcance, a autoridade e a estrutura das demais normas, que devem ser sempre lidas em conjunto com ela.

Ela parte do princípio de que a auditoria sobre as demonstrações financeiras, consubstanciada na opinião do auditor sobre elas, aumenta o grau de confiabilidade dos usuários nessas demonstrações. Na essência, as demonstrações financeiras (ou contábeis) são representações estruturadas da posição patrimonial e financeira, do desempenho, dos fluxos de caixa, das mutações do patrimônio líquido e do valor adicionado, se requerido.

As demonstrações informam os recursos econômicos ou obrigações de uma entidade numa determinada data (balanço) ou num período de tempo (demais demonstrações financeiras), portanto, históricas. Elas objetivam, também, prestar contas dos resultados da atuação da administração na gestão da entidade. Elas podem ser de uso geral (elaboradas de acordo com uma estrutura de relatório financeiro para fins gerais) ou de propósito específico.

Responsabilidades da administração

Dessa forma, embora a NBC TA 200 não tenha como objetivo impor nenhuma responsabilidade à administração da entidade[1] no processo de elaboração das demonstrações financeiras, ela destaca uma série de aspectos e responsabilidades da administração, que são considerados premissas básicas pelo auditor independente em uma auditoria de demonstrações financeiras, tais como:

- a administração tem pleno conhecimento de que a elaboração das demonstrações financeiras, de acordo com a estrutura contábil que seja aplicável, está sob sua responsabilidade e que o fato de serem auditadas não a exime dessa responsabilidade;
- a administração é responsável pelo controle interno necessário que possibilite preparar demonstrações financeiras livres de distorções, sejam elas provenientes de fraude ou erro;
- a administração deve exercer os necessários julgamentos ao fazer estimativas contábeis, assim como selecionar e aplicar políticas e práticas contábeis que sejam adequadas nas circunstâncias da estrutura contábil aplicável;
- as demonstrações financeiras podem servir a um amplo leque de usuários (fins gerais) ou para atender usuários específicos (demonstrações para propósitos especiais (NBC TA 800)), devendo tal objetivo ser claramente destacado, pela administração, nas notas explicativas que complementam as demonstrações financeiras; e
- a administração deve dar acesso ao auditor a todas as informações que ela possui e que tenha considerado no processo de elaboração das demonstrações financeiras. Esse acesso inclui também o contato direto do auditor com todas as pessoas que possuam tais informações, não podendo existir qualquer limitação.

Essa clara identificação das responsabilidades é extremamente importante, pois ainda hoje alguns usuários de demonstrações financeiras têm um entendimento equivocado de que o auditor é responsável pela elaboração e apresentação das demonstrações financeiras, enquanto a sua responsabilidade está restrita ao seu relatório, que contém sua opinião ou abstenção de opinião sobre essas demonstrações.

A nova redação e o próprio *lay out* do parecer de auditoria, que passa a ser chamado indistintamente de **Relatório do(s) Auditor(es) Independente(s)**, com

---

[1] O termo *administração* (da entidade) é usado no sentido genérico, incluindo não só os administradores (diretores executivos), como também os responsáveis pela governança (Conselho de Administração, Comitês de Governança e outros órgãos), quando aplicável.

certeza, contribuirá enormemente para o entendimento da linha divisória de responsabilidade da administração e do auditor independente.

Estrutura de apresentação adequada × estrutura de conformidade

A NBC TA 200 mostra que uma estrutura contábil pode ser de "apresentação adequada" ou de "conformidade". O tópico Definições da NBC TA 200 conceitua o que é uma estrutura contábil (chamada genericamente de estrutura de relatório financeiro) como sendo a estrutura utilizada que seja aceitável em vista da natureza da entidade e do objetivo das demonstrações contábeis e dos requisitos legais.

Ela distingue uma "estrutura de apresentação adequada" de uma "estrutura de conformidade". A primeira é utilizada para se referir a uma estrutura que exige conformidade com ela própria; todavia, reconhece que, para se conseguir uma apresentação adequada das demonstrações financeiras, podem ser necessárias divulgações adicionais não requeridas pela estrutura ou pode ser necessário algum desvio em relação a tal estrutura, enquanto uma estrutura de conformidade (ou *compliance*) exige a observância da estrutura, mas não reconhece e não admite os dois aspectos acima mencionados.

Conjunto completo de demonstrações financeiras e práticas contábeis adotadas no Brasil

A estrutura contábil também determina o que seja um conjunto completo de demonstrações financeiras. No caso brasileiro, a Estrutura Conceitual para Elaboração e Apresentação de Demonstrações Contábeis emitida pelo CPC[2] e aprovada pelo CFC e órgãos reguladores (CVM, Banco Central e outros) estabelece que as demonstrações financeiras devem fornecer informações sobre a posição patrimonial e financeira, que é proporcionada pelo balanço patrimonial, sobre o desempenho por meio da demonstração do resultado, sobre as mutações do patrimônio líquido e sobre os fluxos de caixa.

Assim sendo, as demonstrações básicas para atender as necessidades gerais compreendem o balanço patrimonial e as demonstrações do resultado,[3] das mutações do patrimônio líquido e dos fluxos de caixa, acompanhadas das respectivas notas explicativas necessárias ao seu completo entendimento. Especificamente no caso de companhias abertas, a legislação brasileira requer mais uma demonstração

---

[2] Comitê de Pronunciamentos Contábeis.
[3] De acordo com o Pronunciamento 26 do CPC, o desempenho da entidade é apresentado em duas demonstrações (do resultado e do resultado abrangente).

compreendendo os valores adicionados (DVA), que em outros países é considerada informação suplementar.

Ainda com referência às demonstrações financeiras, a NBC TA 200 faz referência explícita ao entendimento do que sejam práticas contábeis adotadas no Brasil, que foi inicialmente definida no Pronunciamento do CPC, que tratou da aplicação da Lei nº 11.638 pela primeira vez e ampliada pelo Pronunciamento que trata da Apresentação das Demonstrações Contábeis.

De acordo com este último pronunciamento,

> "as práticas contábeis brasileiras compreendem a legislação societária brasileira, as normas brasileiras de contabilidade editadas pelo CFC, os pronunciamentos, interpretações e as orientações emitidos pelo CPC e homologados pelos órgãos reguladores e as práticas contábeis adotadas em assuntos não regulados, desde que atendam a Estrutura Conceitual para Elaboração e Apresentação das Demonstrações Contábeis e, portanto, em consonância com as normas internacionais de contabilidade (IFRS) editadas pelo IASB".

Essa definição é bastante ampla para incluir as práticas contábeis a serem seguidas pelas empresas de pequeno e médio porte, que não possuem operações complexas e que não se enquadram naquelas que devem seguir todos os pronunciamentos contábeis do CPC.

Uma vez destacados esses aspectos e conceitos sobre as demonstrações financeiras, sobre as responsabilidades da administração e as premissas básicas que são consideradas pelo auditor no processo de auditoria, podemos entrar nos aspectos, definições e nas responsabilidades gerais do auditor no contexto de uma auditoria de demonstrações financeiras.

Responsabilidades do auditor no contexto da auditoria das demonstrações financeiras

O primeiro aspecto importante a se destacar é que a Estrutura Conceitual para Elaboração e Apresentação das Demonstrações Contábeis, aprovada pelo CFC, é uma estrutura de **"apresentação adequada"**. Dessa forma, as demonstrações financeiras de uso geral, preparadas pelas entidades para atender às necessidades dos mais diversos usuários (acionistas, bancos, fornecedores, órgãos reguladores e outros), são auditadas no contexto de **"apresentação adequada"**. Assim, a redação da opinião do relatório de auditoria que estamos acostumados no Brasil é a seguinte: "Em nossa opinião, o balanço patrimonial representa **adequadamente**, em todos os aspectos relevantes, a posição patrimonial e ...", uma vez que esse é o uso e costume no Brasil, que atende aos mais diversos usuários.

Assim, para as demonstrações financeiras de uso geral, esse procedimento continuará a ser seguido e a redação da opinião do auditor, com referência a esse aspecto, continua praticamente igual, todavia é importante ter em mente que uma auditoria de demonstrações financeiras pode, também, ser realizada no contexto de uma estrutura de conformidade.

No caso de uma estrutura de conformidade (algumas vezes referida como estrutura de cumprimento e mais comumente conhecida pelo seu equivalente em inglês *compliance*), a opinião do auditor, em vez de mencionar que as demonstrações financeiras apresentam **adequadamente**, em todos os aspectos relevantes, deve se referir ao fato de que elas (demonstrações) foram elaboradas, em todos os aspectos relevantes, **de acordo com a estrutura de relatório financeiro tal, que seja aplicável nas circunstâncias** ou a uma outra base (lei, regulamentação e outras normas).

Embora essa opção de auditoria no contexto de conformidade seja pouco ou raramente utilizada no Brasil, ela existe e nada impede de um órgão regulador, por exemplo, passe a requerer que as entidades por ele reguladas passem a preparar outro jogo adicional de demonstrações financeiras de acordo com normas específicas estabelecidas por ele (estrutura de conformidade), além das demonstrações financeiras elaboradas de acordo com as práticas contábeis adotadas no Brasil (estrutura de apresentação adequada).

Nessa situação, os relatórios de auditoria, além de diferente redação, serão acompanhados de diferentes demonstrações, que obviamente requererão cuidados adicionais para não confundir o leitor. Para facilitar o entendimento e o necessário cuidado, a Norma NBC TA 700 foi coberta em dois capítulos distintos. O primeiro deles cobre as **demonstrações de uso geral no contexto de apresentação adequada** e no outro foi considerado o **contexto de conformidade** das demonstrações de uso geral, juntamente com a auditoria de **outras demonstrações** financeiras, cobertas pelas normas da seção 800.

Qualquer que seja a estrutura aplicável, o importante é que o auditor expresse sua opinião sobre as demonstrações no seu relatório, contendo de forma concisa a conclusão se as demonstrações financeiras foram ou não elaboradas, em todos os aspectos relevantes, de acordo com a estrutura de relatório que seja aplicável.

Assim, a opinião do auditor não fornece qualquer segurança sobre a viabilidade futura da entidade, nem a eficácia ou eficiência de como são conduzidos os negócios da entidade, pois esse não é o objetivo da auditoria de demonstrações financeiras.

Uma entidade pode ter seus negócios conduzidos de forma péssima, mas o seu balanço patrimonial pode espelhar de forma apropriada a sua péssima posição patrimonial e financeira e, portanto, a opinião do auditor sobre o balanço não conterá qualquer ressalva.

De forma similar, uma empresa pode vir acumulando prejuízos significativos, apresentando riscos de viabilidade futura, que estão **adequadamente divulgados** nas notas explicativas e, dessa forma, a sua demonstração de resultado reflete de forma adequada o seu desempenho operacional. Nessas circunstâncias, a opinião do auditor também não deve conter qualquer ressalva, limitando-se a adicionar um parágrafo de ênfase para chamar a atenção dos usuários das demonstrações sobre aquilo que está detalhadamente divulgado pela administração nas notas explicativas que acompanham e integram as demonstrações financeiras.

Obviamente, existem situações específicas em que é legalmente requerido do auditor que ele se manifeste sobre a eficácia dos controles internos, como nos casos estabelecidos pela legislação norte-americana, *Lei Sarbanes-Oxley*, conhecida como SOX, que requer um trabalho conjugado de opinião sobre as demonstrações financeiras e sobre a eficácia dos controles internos, que é chamada de auditoria integrada.

Para um auditor poder expressar sua opinião sobre as demonstrações financeiras, ele deve obter segurança razoável de que elas estão livres de distorção relevante, quer sejam por fraude ou erro. Conforme já explicado no capítulo relativo à estrutura conceitual dos trabalhos de asseguração, uma asseguração razoável é um nível **elevado** de segurança proporcionado pelo auditor, **mas não absoluto**.

Esse nível é atingido quando o auditor obtém um nível apropriado e suficiente de evidência que lhe permite reduzir o **risco de auditoria** a um nível baixo aceitável para que possa expressar sua conclusão na forma positiva (opinião). "Risco de Auditoria, que está discutido mais adiante, é o risco de o auditor emitir uma opinião inadequada", isto é, concluir que está adequada uma demonstração que contém uma ou mais distorção.

Requisitos da NBC TA 200

Os requisitos aplicáveis em uma auditoria de demonstrações financeiras compreendem os aspectos a seguir descritos:

Exigências éticas

O auditor deve cumprir as exigências éticas, inclusive aquelas pertinentes à independência, implícitas no Código de Ética do Contabilista[4] e demais normas profissionais, em particular na NBC PA 01, que trata do controle de qualidade no

---

[4] O Código de Ética do Contabilista, em 2010, está sendo revisado para incorporar os conceitos e requisitos do Código da Federação Internacional de Contadores (IFAC).

nível da firma de auditoria. Esses princípios estão em linha com o Código de Ética do *IFAC* e compreendem a integridade, objetividade, competência e o zelo profissional e a confidencialidade.

A independência do auditor em relação à entidade, cujas demonstrações estão sendo auditadas, é fundamental, pois salvaguardam a capacidade do auditor em formar uma opinião livre de qualquer influência, agindo de forma objetiva, íntegra e mantendo a postura de ceticismo profissional. Além da norma profissional NBC PA 01, é importante atentar também para os aspectos discutidos na NBC TA 220, que trata do controle de qualidade na auditoria das demonstrações financeiras.

No que tange ao requisito de independência, é sempre bom ter em mente a necessidade de não só ser independente, como mostrar tal independência, lembrando a máxima romana de que "para a mulher de Cesar não basta ser honesta, mas tem que mostrar que é honesta", inclusive na sua aparência.

Ceticismo profissional

A auditoria deve ser planejada e executada com o necessário ceticismo de que existem situações que causam distorções nas demonstrações financeiras.

Quando iniciei na profissão de auditor, tive um supervisor estrangeiro que muito me ensinou, mas que, via de regra, utilizava uma expressão que eu não gostava, pois dizia que: "nós (brasileiros) deveríamos ser menos latinos e mais anglo-saxônicos ao coletar as evidências de auditoria".

No fundo, ele queria dizer que tínhamos o "defeito" de acreditar em certas informações, sem de fato validá-las e comprová-las como evidência apropriada e suficiente. Isso naturalmente implicava em trabalhos adicionais, que exigiam maior dedicação e horas extras.

Obviamente, ninguém gosta de refazer um trabalho e eu não sou exceção, contudo com o tempo aprendi a sempre olhar um assunto pelos seus vários ângulos e perceber, parafraseando um grande compositor da MPB,[5] que um "copo vazio (de líquido) está sempre cheio de ar".

O ceticismo profissional implica estar sempre alerta para outras evidências que possam comprometer um entendimento inicial ou que coloquem em dúvida a confiabilidade de uma informação ou de um documento. Essas situações que comprometem o entendimento inicial geralmente requerem a aplicação de procedimentos adicionais de auditoria, além daqueles requeridos pelas NBC TAs.

Nesse sentido, embora uma auditoria de demonstrações financeiras não seja direcionada diretamente para a descoberta de fraudes, é óbvio que o auditor deve

---

[5] Gilberto Gil, na canção *Copo vazio*.

considerar essa possibilidade, tomando as precauções necessárias de acordo com a norma específica que trata dessas responsabilidades do auditor e considerações relacionadas com fraudes (NBC TA 240).

Essa atitude de ceticismo é necessária ao longo de todo o trabalho, desde a aceitação do serviço até a entrega do relatório final, evitando ignorar circunstâncias não usuais, generalizações excessivas ao atingir conclusões e decidir sobre a natureza, a época e a extensão de procedimentos de auditoria, tomando por base premissas inadequadas.

Obviamente, não se espera e nem se requer que o auditor desconsidere seu conhecimento dos administradores com referência à competência e honestidade deles, todavia isso não o exime de manter o necessário ceticismo profissional, nem permite que aceite evidências menos do que persuasivas na obtenção de segurança razoável para emitir uma opinião sobre as demonstrações financeiras.

Julgamento profissional

O julgamento profissional é, também, exercido ao longo de todo o trabalho e deve ser documentado, de forma a permitir que qualquer outro profissional, sem participação ou responsabilidade direta sobre o trabalho, possa entender e avaliar os julgamentos exercidos.

A principal característica para que o julgamento seja razoável é o treinamento, conhecimento e experiência do auditor, que lhe propicia a competência necessária para exercer tal julgamento, com base nos fatos e circunstâncias que são de seu conhecimento.

Obviamente, por mais experiente que seja o auditor, ele não domina e nem é requerido a ter conhecimento de todos os possíveis assuntos que surgem em uma situação concreta de trabalho. Dessa forma, muitas vezes, para **suportar o seu julgamento**, pode ser necessário consultar outros profissionais da própria firma de auditoria ou fora da firma, principalmente especialistas em determinados assuntos (não auditores).

Essa consulta, como mencionado acima, propicia suporte ao julgamento do auditor, todavia, o julgamento e a conclusão final são do auditor e ele não pode dividir responsabilidade. Para maiores informações, ver o Capítulo 25, que trata da utilização de especialistas (NBC TA 620).

O julgamento do auditor é essencial, principalmente, nas decisões sobre:

- determinação do nível de materialidade e avaliação do risco;
- determinação da natureza, época e extensão dos procedimentos de auditoria;

- avaliação se a evidência de auditoria obtida é apropriada e suficiente;
- avaliação da razoabilidade da seleção de práticas contábeis e da adequação das estimativas pela administração; e
- avaliação das conclusões atingidas.

Evidência de auditoria apropriada e suficiente

A suficiência e adequação das evidências de auditoria se relacionam entre si. A suficiência é a medida da quantidade de evidência de auditoria, enquanto a adequação é a medida da qualidade da evidência.

A quantidade de evidência depende da avaliação, pelo auditor, dos riscos de distorção e da própria qualidade da evidência. Quanto maior o risco, maior será a quantidade de evidência necessária; todavia, quanto melhor for a qualidade de evidência, menor será a quantidade de evidência necessária.

Em outras palavras, por exemplo, uma confirmação direta de um devedor sobre uma conta a receber de uma entidade tem uma qualidade bem superior do que diversas informações obtidas internamente para evidenciar, por meio de um teste alternativo, que a conta a receber existe.

Nesse caso, o teste alternativo poderia incluir a verificação da cópia do pedido assinado pelo devedor, o canhoto da nota fiscal ou conhecimento de embarque evidenciando que a mercadoria foi entregue e outros documentos internos da própria entidade; todavia, nenhum deles é de qualidade superior à confirmação direta do devedor.

As evidências de auditoria são necessárias para suportar a conclusão atingida pelo auditor e a opinião incluída no seu relatório. Elas são de natureza cumulativa e são obtidas principalmente por meio dos procedimentos aplicados durante o trabalho do exercício, todavia não se limitam ao próprio trabalho do ano corrente e podem ter sido coletadas de outras formas.

Dentre essas outras formas, inclui-se todo o histórico de auditorias anteriores, por exemplo, as narrativas ou fluxogramas sobre o funcionamento do controle interno em operações específicas e as análises de riscos nessas áreas elaborados em anos anteriores, que devem ser atualizados e validados para o exercício corrente e utilizados na auditoria deste exercício e não descartados e refeitos como se fossem um novo trabalho.

Uma série de outras evidências de trabalhos anteriores podem ser atualizadas e transportadas para o trabalho do período corrente. Por exemplo, uma análise detalhada de um processo contencioso que ainda não teve seu desfecho deve ser atualizada para o período corrente e não re-analisada, partindo-se da "estaca zero".

Risco de auditoria

Conforme já mencionado anteriormente, risco de auditoria é o risco de o auditor emitir uma opinião inadequada. Trata-se de uma expressão técnica relacionada com o processo da auditoria em si e nada tem a ver com os riscos de uma firma de auditoria (risco do negócio), provenientes de publicidade adversa, perda em um litígio ou outros eventos, cuja origem possa ter sido um trabalho de auditoria.

Na essência, o risco de auditoria é uma função dos **riscos de distorção relevante e do risco de detecção**. Por sua vez, os riscos de distorção relevante podem ocorrer no nível geral das demonstrações financeiras e no nível de afirmação (ou assertiva) para classes de transações, saldos e divulgações. O risco no nível geral das demonstrações afeta as demonstrações de forma generalizada, como um todo, e pode afetar potencialmente muitas afirmações.

Os riscos no nível de afirmação possuem dois componentes (risco inerente e risco de controle) que são riscos da entidade e existem independentemente da auditoria.

Risco inerente

O risco inerente varia de acordo com a atividade da entidade, afirmações e classes de transações, saldos e divulgações. Por exemplo, uma operação envolvendo instrumento financeiro derivativo, cuja avaliação pode envolver processo de estimativa, tem um risco inerente maior do que uma operação de compra de materiais de estoque de um fornecedor.

De forma similar, a existência de uma demanda judicial contra a entidade, cuja análise para determinar se existe necessidade de uma provisão, também, envolve processo estimativo, tem um risco inerente maior do que o saldo de uma operação de financiamento contratada com um banco.

Os estoques de uma empresa que opera em um ramo de rápida mudança tecnológica podem se tornar obsoletos rapidamente e, dessa forma, o seu risco de negócio nesse tocante é muito maior do que o de uma empresa que opera em um ramo tradicional, de mutação tecnológica mais lenta.

Esses exemplos estão todos relacionados com os saldos contábeis, mas em uma análise e considerações sobre o risco de fraude, ativos envolvendo dinheiro ou rapidamente transformáveis em dinheiro apresentam um risco inerente maior do que um item do estoque ou do imobilizado no que tange a fraude. Em suma, o risco inerente deve ser analisado em cada situação específica, pois aquilo que em uma entidade representa um alto risco em outra pode ter um risco menor, independentemente do controle interno existente, que é analisado a seguir.

Risco de controle

O risco de controle depende da eficácia dos controles planejados e implementados pela administração que estão em funcionamento para monitorar os riscos identificados que podem afetar as demonstrações financeiras.

Os riscos de controle podem ser reduzidos, mas não são totalmente eliminados porque existem limitações inerentes ao funcionamento dos controles internos. Por melhor que eles sejam, eles estão sujeitos ao erro humano, ao conluio e podem ser burlados, portanto, algum risco sempre existe.

A identificação e avaliação dos riscos estão analisadas no capítulo que trata da NBC TA 315, enquanto as respostas do auditor (procedimentos de auditoria) a esses riscos estão na NBC TA 330. Essas análises normalmente envolvem os riscos combinados (inerente e de controles).

Risco de detecção

Uma vez entendido o que seja risco de distorção relevante, como ele surge e como é composto, analisaremos o risco de detecção. Esse risco, ao contrário dos outros que estão relacionados com a entidade, está diretamente relacionado com a natureza, a época e a extensão dos procedimentos aplicados pelo auditor.

O auditor, entre as diversas alternativas existentes, pode selecionar e aplicar um procedimento não apropriado na circunstância específica. Ele pode selecionar um procedimento apropriado, mas aplicá-lo de forma errônea ou interpretar de forma errada o resultado conseguido na aplicação de um procedimento de auditoria.

A redução desse risco a um nível baixo aceitável é conseguida com um adequado planejamento, utilização de pessoal com a necessária experiência e conhecimento, ceticismo profissional e uma supervisão adequada, acompanhada de tempestiva revisão dos trabalhos, que estão discutidos no capítulo que trata das NBC TAs 300 e 330.

Limitações inerentes ao processo de auditoria

Conforme já mencionado anteriormente, um trabalho de asseguração razoável (auditoria de demonstrações financeiras) propicia um nível **elevado** de segurança, **mas não absoluto**, em decorrência das limitações inerentes do próprio processo de auditoria, cujas conclusões são atingidas por meio de evidências persuasivas e não conclusivas.

Essas limitações se originam da natureza das informações contábeis e dos procedimentos de auditoria, assim como do fato de que a auditoria deve ser feita em um período limitado de tempo e por um custo compatível com o benefício proporcionado.

As informações contábeis envolvem incertezas, avaliações subjetivas e julgamentos da administração, estando, portanto, sujeitas às limitações inerentes que não podem ser totalmente eliminadas pelos procedimentos de auditoria. Por exemplo, a determinação de uma provisão para créditos de liquidação duvidosa é suscetível a erro decorrente do próprio processo de estimativa que envolve todos os ingredientes mencionados no início deste parágrafo.

Os procedimentos de auditoria também possuem limitações inerentes, uma vez que, além do fato de serem persuasivos e não conclusivos, podem depender de informações que foram omitidas ao auditor, de forma deliberada ou não. O auditor não possui nenhum poder especial como o possuído por uma investigação policial ou uma CPI.[6]

Além disso, uma fraude contábil pode envolver esquemas altamente sofisticados de falsificação de documentos e outras evidências que os procedimentos de auditoria podem não ser capazes de detectar.

Por fim, diferentemente de uma investigação criminal, uma auditoria de demonstrações financeiras deve ser conduzida dentro de um período e custo razoável. Embora esses aspectos não sejam desculpas para que o auditor omita um procedimento ou se satisfaça com evidências menos do que persuasivas, eles acabam provocando certa limitação, que precisam ser contornadas e superadas, por meio de:

- planejamento eficaz da auditoria;
- identificação e adequada avaliação dos riscos de distorção de forma a direcionar o esforço de auditoria a essas áreas, com a correspondente redução em áreas de menor risco; e
- uso eficiente de amostragem para aplicação de testes em grandes populações.

Embora existam limitações inerentes ao próprio processo de auditoria e o auditor pode não detectar todas as distorções (risco de detecção), uma auditoria conduzida de acordo com as normas de auditoria, ou seja, com observância e aplicação adequada de todas as NBC TAs que sejam relevantes a uma situação específica, propicia evidência de auditoria suficiente e apropriada para o auditor fundamentar sua opinião de que as demonstrações financeiras estão livres de distorção relevante, independentemente se causada por fraude ou erro.

Isso é importantíssimo para deixar claro que embora não seja uma **segurança absoluta**, o nível de segurança fornecido em uma opinião de auditoria é elevado, pois está fundamentado em procedimentos apropriados às circunstâncias e, no caso

---

[6] Comissão Parlamentar de Inquérito.

em que o auditor não consegue atingir o seu objetivo, ele deve modificar o seu relatório, incluindo uma ressalva ou mesmo se abstendo de apresentar sua opinião.

Condução da auditoria de acordo com as normas brasileiras (e internacionais) de auditoria

Conforme discutido na Introdução à Parte I, o uso da expressão *normas de auditoria aplicáveis no Brasil* nos relatórios emitidos pelos auditores independentes até a implementação das NBC TAs provocava um sério desconforto aos usuários externos (fora do Brasil) de demonstrações auditadas de empresas brasileiras, similar ao que ocorre em outros países.

Esse desconforto ocorre em função de o usuário não conhecer quais são as normas de auditoria aplicáveis no Brasil (ou em outras partes do mundo) e quais as diferenças que elas apresentam em relação às normas internacionais de auditoria e em relação às normas de auditoria do país do usuário das demonstrações auditadas.

Dessa forma, os relatórios de auditoria, pelo menos na fase de implementação das NBC Tas, incluirão a menção de que a auditoria foi conduzida de acordo com as normas brasileiras e internacionais de auditoria. Essa decisão de se usar ambas as expressões (brasileiras e internacionais) é bastante corajosa e atesta o grau de comprometimento brasileiro de plena adoção das normas internacionais, uma vez que fica implícita a decisão do CFC de acompanhar *pari passu* as emissões de novas normas ou alterações das ISAs e a consequente edição de norma brasileira equivalente.

Além disso, a expressão *normas brasileiras e internacionais de auditoria* implica na aplicação de cada NBC TA que seja relevante no contexto da auditoria. Uma NBC TA é relevante para a auditoria quando ela está em vigor e as circunstâncias tratadas na norma ocorrem na situação específica. Por exemplo, se uma entidade não possui a função de auditoria interna, é claro que a norma que trata da auditoria interna não é relevante no contexto.

O auditor deve entender o texto inteiro da NBC TA, inclusive a parte de aplicação e outros materiais explicativos, pois eles são parte integrante e são relevantes para o entendimento da norma como um todo.

O auditor não pode declarar que a auditoria foi executada de acordo com as normas brasileiras de auditoria (NBC TAs) se ele não as cumpriu totalmente.

Objetivos formulados em cada uma das NBC TAs

Os objetivos em cada NBC TA devem ser entendidos no contexto dos objetivos gerais da NBC TA 200, portanto, é necessário ao auditor considerar as inter-relações entre as diversas NBC TAs. Por exemplo, a NBC TA 200 exige uma postura de ceticismo profissional ao longo de todo o processo de auditoria, todavia isso não é repetido em cada NBC TA (ou pelo menos não precisa ser repetido), pois, conforme já mencionado anteriormente, essas outras NBC TAs devem ser sempre aplicadas em conjunto com a NBC TA 200.

De forma similar, esse inter-relacionamento deve ser também considerado em outras situações como a da NBC TA 315 (identificação e avaliação dos riscos de distorção relevante) e da NBC TA 330 (respostas do auditor a esses riscos), que são aplicadas ao longo de toda a auditoria, enquanto no caso específico de contas ou operações sujeitas a estimativas a NBC TA 540 expande os objetivos e requisitos daquelas duas normas à situação específica.

Conteúdo das NBC TAs

O conteúdo das NBC TAs foi apresentado na Introdução (Parte I), sendo importante destacar que os seus requisitos são sempre estabelecidos pelo uso do termo **deve**, que dá o caráter de obrigatoriedade e não a flexibilidade de fazer isso ou aquilo.

As normas apresentam referências cruzadas entre a sua primeira parte (Introdução, Objetivo, Definições e Requisitos) e a segunda parte (Aplicação e outros materiais explicativos).

Essa estruturação provoca alguma dificuldade no entendimento da norma como um todo, sendo aconselhável ler em conjunto os itens da primeira e da segunda parte que estão relacionados entre si, pois a segunda parte explica de forma mais detalhada o que significa ou a que se destina um determinado requisito, assim como inclui exemplos que permitem o entendimento do requisito.

Considerações específicas para o Setor Público

Embora as NBC TAs sejam relevantes para trabalhos de auditoria do setor público, as responsabilidades do auditor do setor público podem ser expandidas por meio de leis ou regulamentos específicos que ampliem a abrangência do trabalho requerido do auditor, sendo portanto requeridos outros procedimentos, que não são discutidos nas NBC TAs.

Este livro tem como foco principal a realização de trabalhos de asseguração razoável (auditoria de demonstrações financeiras, principalmente de uso geral) e asseguração limitada (revisão de informações históricas, como ITR ou IFT) para entidades que não sejam do setor público. Dessa forma, de uma forma geral não houve a preocupação com o setor público, até porque existe um grupo de trabalho específico do CFC que está trabalhando nesse assunto.

Considerações específicas para entidades de pequeno porte

Primeiramente, é importante partir do princípio de que os objetivos do auditor são os mesmos para trabalhos de auditoria de entidades de diferentes portes ou níveis de complexidade; todavia, isso não significa que todas as auditorias são conduzidas da mesma forma.

Normalmente, uma entidade de pequeno porte opera num ambiente menos complexo, com procedimentos de controle também menos complexos, que permitem que o trabalho seja efetuado pelo auditor de forma direta. Assim, de forma geral, as NBC TAs apresentam uma seção específica para entidades de pequeno porte.

A NBC TA 200 considera uma entidade de pequeno porte aquela que tem a concentração da propriedade e administração em um pequeno número de pessoas e apresenta uma ou mais das seguintes situações:

- transações não complexas;
- manutenção de registros simples;
- poucas linhas de negócios e poucos produtos nessas linhas;
- controles internos não sofisticados e poucos itens no seu desenho;
- pequeno número de níveis hierárquicos com responsabilidades em uma série de controles;
- poucos funcionários, alguns deles também com diversas funções.

Essas características não são exaustivas e as considerações das NBC TAs foram desenvolvidas para entidades não abertas, todavia, podem também ser úteis em auditorias de entidades de capital aberto de pequeno porte. Outro aspecto a considerar é o fato de que as NBC TAs, geralmente, se referem ao proprietário como "sócio-diretor" ou "sócio-gerente".

Não cumprimento de um objetivo

Na hipótese de um objetivo de uma NBC TA relevante no contexto de uma auditoria não puder ser atendido, o auditor deve modificar seu relatório, provavelmente incluindo uma ressalva de limitação de escopo ou até renunciar ao trabalho, se isso for possível.

4

Concordância com os Termos do Trabalho de Auditoria (NBC TA 210)

Introdução

Conforme visto no capítulo relacionado com a Estrutura Conceitual para Trabalhos de Asseguração, um trabalho só deve ser aceito pelo auditor quando ele considerar que as exigências éticas relevantes de independência e competência serão atendidas e o trabalho em si apresentar todas as características contidas no item 17 da Estrutura Conceitual, compreendendo:

- o objeto é apropriado;
- os critérios são apropriados e estão disponíveis aos usuários do trabalho;
- o auditor tem acesso irrestrito a todas as informações necessárias para fundamentar sua conclusão;
- sua conclusão será disponibilizada em um relatório por escrito; e
- o trabalho tem um propósito racional.

Esta norma, considerados esses aspectos, trata da responsabilidade do auditor em estabelecer os termos para a contratação de um trabalho de auditoria com a administração da entidade ou com os seus responsáveis pela governança.

Esta norma está relacionada com a NBC TA 220 no que tange às exigências éticas no processo de aceitação de um trabalho, uma vez que a observância dessas exigências está sob controle do auditor. Adicionalmente, a aceitação ou a continuidade de um serviço está condicionada a dois aspectos fundamentais:

- determinação da existência de condições prévias;
- confirmação de que existe um entendimento comum entre o auditor e a administração[1] da entidade.

Requisitos

Os requisitos desta norma estão relacionados com:

- condições prévias para aceitação do trabalho;
- acordos sobre os termos do trabalho;
- auditorias recorrentes;
- aceitação de mudança nos termos do trabalho;
- condições adicionais para aceitação do trabalho.

Condições prévias para aceitação do trabalho

As condições prévias compreendem a utilização de uma estrutura de relatório financeiro que seja aceitável para os propósitos das demonstrações financeiras e a concordância da administração em relação aos pressupostos em que o trabalho de auditoria será realizado.

Para que uma Estrutura de Relatório Financeiro seja aceitável, ela deve apresentar certos atributos similares às medidas de qualidade dos critérios apresentados no Capítulo 2, que trata da Estrutura Conceitual para Trabalhos de Asseguração. Esses atributos são apresentados e explicados no Apêndice 2 da NBC TA 210, compreendendo:

- relevância, no sentido de que as informações nas demonstrações financeiras são relevantes para a natureza da entidade e o objetivo dessas demonstrações. Por exemplo, no caso de demonstrações financeiras para fins gerais, a relevância é avaliada em termos das informações necessárias para satisfazer as necessidades de informações financeiras comuns de ampla gama de usuários na tomada de decisões econômicas;
- integridade, para que transações, eventos, saldos contábeis e divulgações que poderiam afetar as conclusões tomadas com base nas demonstrações financeiras não sejam omitidas;

---

[1] Neste capítulo, sempre que administração for citada de forma genérica inclui também os responsáveis pela governança.

- confiabilidade, para que as informações nas demonstrações financeiras reflitam a essência econômica da transação e não apenas a sua forma legal. Além disso, os resultados da avaliação, mensuração, apresentação e divulgação são razoavelmente consistentes quando utilizados em circunstâncias semelhantes;
- neutralidade, contribuindo para que as informações nas demonstrações financeiras sejam neutras e não tendenciosas;
- compreensibilidade, para que as informações nas demonstrações financeiras sejam claras e abrangentes e não estejam sujeitas à interpretação significativamente diferente.

Esses atributos estão presentes na Estrutura Conceitual para Elaboração e Apresentação das Demonstrações Contábeis, emitida pelo CPC e aprovada pelo CFC, CVM e demais órgãos reguladores. Essa estrutura atende as necessidades dos usuários das demonstrações financeiras para fins gerais, que apresentam a posição patrimonial e financeira, o desempenho das operações e os fluxos de caixa da entidade.

Na sua essência, uma estrutura de relatório financeiro aceitável significa que os critérios que serão utilizados para elaboração das demonstrações financeiras são adequados e estão disponíveis aos usuários. Esse é o caso das demonstrações financeiras para fins gerais, elaboradas de acordo com as práticas contábeis adotadas no Brasil por uma companhia aberta, que as publica em jornal de grande circulação e as envia à CVM.

A definição de "práticas contábeis adotadas no Brasil" já foi apresentada e exemplificada no Capítulo 3. Essas práticas e a referida estrutura conceitual são os critérios, que são adequados e disponíveis a todos os usuários das demonstrações para fins gerais, ou seja: servem para os investidores, órgãos reguladores, financiadores, fornecedores e todos os demais usuários que possuem pleno acesso e conhecimento dos critérios.

Os itens A2 até A10 da NBC TA 210 apresentam vários aspectos e considerações sobre a estrutura de relatório financeiro.

Os pressupostos, considerados condição prévia para aceitação do trabalho de auditoria, foram analisados no capítulo anterior que tratou da NBC TA 200 e compreendem:

- a assunção da responsabilidade pela administração pela elaboração e apresentação das demonstrações financeiras de acordo com a estrutura de relatório considerada aceitável;
- os controles internos necessários para apresentação das demonstrações financeiras livres de distorção relevante, seja por fraude ou erro; e

- o fornecimento ao auditor das informações e acessos necessários para que ele consiga atingir o objetivo para o qual foi contratado, sem qualquer tipo de limitação.

Os itens A11 ao A14 da NBC TA 210 detalham essa responsabilidade, considerando as diferentes estruturas administrativas e as divisões de responsabilidade entre a diretoria executiva e os responsáveis pela governança que variam de entidade para entidade. Normalmente, a administração é responsável pela execução (Diretoria Executiva), enquanto os responsáveis pela governança são responsáveis pela supervisão geral dos administradores.

O auditor pode solicitar representações dos administradores de que eles cumpriram essas responsabilidades, uma vez que o não cumprimento delas pode não permitir que o auditor obtenha evidência de auditoria apropriada e suficiente.

Nos casos de demonstrações preparadas de acordo com estruturas de apresentação adequada, como é o caso de demonstrações elaboradas com base na estrutura emitida pelo CPC, a responsabilidade da administração por atender o objetivo da apresentação adequada é de tal forma importante que deve constar da carta de contratação ou outro documento firmado entre as partes.

Com referência aos controles internos, a responsabilidade primária pela determinação dos controles necessários para permitir a elaboração das demonstrações financeiras livres de distorção relevante, independentemente se causadas por fraude ou erro, é da administração da entidade. Dessa forma, mais uma vez a administração deve explicitar a concordância com essa responsabilidade na carta de contratação.

Obviamente, a assunção dessa responsabilidade pela administração não possibilita ao auditor o entendimento de que a administração atingiu seu objetivo e que o controle está livre de qualquer deficiência.

É importante considerar que o termo *controle interno* abrange uma vasta gama de atividades, que se refere ao ambiente de controle, ao processo de avaliação de riscos da entidade, ao sistema de informações, incluindo os respectivos processos de negócios relevantes para a elaboração das demonstrações financeiras.

Obviamente, o desenho dos controles varia de entidade para entidade de acordo com o grau de complexidade dos negócios, natureza dos riscos e as leis ou regulamentos que sejam aplicáveis à situação específica. Por exemplo, em uma entidade de pequeno porte, provavelmente os negócios são menos complexos e monitorados de forma direta pelo proprietário, portanto, os controles necessários são normalmente menos sofisticados do que em uma entidade de grande porte.

O item A 20 trata especificamente do uso de terceiros na elaboração das demonstrações financeiras. É bastante comum, principalmente em entidades de pequeno porte, a terceirização dos serviços contábeis e de elaboração das demonstrações financeiras. Não obstante a responsabilidade técnica do profissional de contabilidade, é importante ter em mente que a responsabilidade final pelas demonstrações continua sendo da administração, e isso deve ser explicitado na carta de contratação e nas representações por ela fornecidas.

Não obstante essas considerações, a responsabilidade pelas demonstrações financeiras é da Administração e o auditor não tem qualquer responsabilidade por elas, e sim pelo relatório sobre elas que ele emite. Isso deve ser explicitado na carta de contratação, inclusive no que tange ao fato de que a administração, também, assume a responsabilidade de fornecer representações formais à administração de que ela cumpriu suas responsabilidades.

Se, por ocasião da contratação do trabalho, a administração ou os responsáveis pela governança impõem, de antemão, uma limitação no alcance do seu trabalho de auditoria, o auditor não deve aceitar esse trabalho de natureza limitada como um trabalho de auditoria, a menos que exigido por lei ou regulamento.

Acordos sobre os termos do trabalho

O documento que evidencia a assunção de responsabilidades pela administração e os próprios termos da contratação não precisa necessariamente ser feito por meio de uma carta de contratação. Em algumas situações, essas condições são explicitadas em um contrato ou outra forma de acordo por escrito.

O importante é que esses acordos incluam:

- o objetivo e o alcance (ou escopo) do trabalho, de forma a ficar claro que se trata de auditoria das demonstrações financeiras, incluindo referência às normas e regulamentos que sejam aplicáveis;
- as responsabilidades de cada uma das partes (administração e auditor). Por exemplo, fornecimento de representações pela administração, assim como do auditor com referência à adequação da equipe;
- a identificação da estrutura de relatório financeiro a ser aplicada na elaboração das demonstrações a serem examinadas; e
- o tipo de relatório a ser emitido.

Esses acordos, sempre que forem aplicáveis, devem também incluir aspectos relacionados com o uso de especialistas, envolvimento de auditores internos ou outros auditores independentes (trabalhos em componentes) e acordos adicionais, incluindo a eventual obrigação do auditor de fornecer papéis de trabalho da auditoria a outras partes e a obrigação da administração em informar aos auditores os eventuais eventos que ocorram após a emissão do relatório de auditoria.

O Apêndice 1 da NBC TA 210 apresenta um exemplo de carta de contratação.

Auditorias recorrentes

No caso de trabalhos recorrentes, é de se esperar que poucas mudanças ocorram nos termos do trabalho. Em muitos casos, essas mudanças se limitam aos honorários e outros aspectos comerciais. Nessas circunstâncias, o auditor pode decidir não enviar nova carta de contratação, limitando-se aos aspectos comerciais.

Todavia, existem circunstâncias em que o auditor considera importante relembrar os termos existentes ou explicitar eventuais mudanças nas condições de contratação, tais como: mudança nas pessoas-chave ou no controle acionário da entidade, mudança na natureza ou tamanho da entidade, no tipo de estrutura de relatório financeiro utilizado ou outras mudanças nos requisitos de relatório ou termos do trabalho.

É importante frisar que a mudança nos termos do trabalho referida no parágrafo anterior diz respeito àquelas mudanças entre o exercício corrente e o exercício anterior.

Aceitação de mudança nos termos do trabalho

No caso de mudança no escopo dentro do próprio exercício, atenção especial deve ser dada pelo auditor, pois, em princípio, ele não deve concordar com essas mudanças, a não ser que exista uma razoável justificativa.

Se ele não concordar com a mudança, ele deve se retirar do trabalho, desde que não haja proibição de natureza legal, e deve considerar a necessidade de relatar esse fato a outras partes, como os responsáveis pela governança, órgãos reguladores ou proprietários que não fazem parte da administração ou dos órgãos de governança.

Se ele concordar que a mudança faz sentido e não está relacionada com a tentativa da administração de mudar o nível de segurança a ser fornecido pelo auditor para evitar uma ressalva ou abstenção de opinião, o auditor e a administração devem concordar sobre os novos termos e documentá-los em uma carta complementar ou outra forma de acordo. Nessas situações, o auditor pode, inclusive, utilizar as evidências que são relevantes para o novo trabalho, entretanto, ele não deve fazer referência no seu relatório sobre o trabalho anterior.

Considerações adicionais na aceitação do trabalho

No caso em que as normas de contabilidade são complementadas por lei ou regulamento, o auditor deve determinar se há conflito entre as normas de contabilidade e os requisitos adicionais. No caso de existir conflito, o auditor deve discutir com a administração a natureza dos requisitos adicionais e deve chegar a um acordo se:

a) os requisitos adicionais podem ser cumpridos por meio de divulgações adicionais nas demonstrações financeiras; ou

b) a descrição da estrutura de relatório financeiro aplicável nas demonstrações financeiras pode ser alterada nesse caso.

Se nenhuma das opções acima é possível, o auditor deve determinar se será necessário emitir um relatório com a sua opinião contendo modificação de acordo com a NBC TA 705.

Se o auditor determinou que a estrutura de relatório financeiro prevista em lei ou regulamento não seria aceitável, o auditor só pode aceitar o trabalho se a administração concordar com:

- a inclusão de divulgações adicionais nas demonstrações para evitar que elas sejam enganosas; e

- o fato de o relatório do auditor incluir um parágrafo de ênfase para chamar a atenção dos usuários para divulgações adicionais, de acordo com a NBC TA 706.

A NBC TA 210 cobre, também, aspectos relacionados com auditorias de componentes. Por exemplo, se vai ser feita uma carta de contratação específica para cada componente,[2] dependendo das circunstâncias específicas, assim como considerações relacionadas com entidades do setor público e com a elaboração das demonstrações contábeis de acordo com regulamentação legal ou do próprio relatório de auditoria a ser emitido.

---

[2] Ver Capítulo 23, que trata da NBC TA 600.

5

Controle de Qualidade na Auditoria de Demonstrações Financeiras (NBC TA 220)

Introdução e objetivos

Esta norma parte do pressuposto de que a firma de auditoria possui um sistema de controle de qualidade, conforme requerido pela norma profissional NBC PA 01, equivalente ao ISQC 1 do IFAC, que trata do controle de qualidade no nível da firma de auditoria, como um todo, que, além de serviços de auditoria, executa trabalhos de revisão, outros trabalhos de asseguração e serviços correlatos.

Dessa forma, a NBC TA 220 trata especificamente do controle de qualidade no nível do trabalho de auditoria de demonstrações financeiras, ou seja, os cuidados que o auditor deve tomar desde a aceitação de um cliente de auditoria, durante a execução do trabalho e emissão de relatório de auditoria, incluindo o monitoramento da qualidade após a conclusão e entrega do relatório.

Nesse sentido, as equipes de trabalho de auditoria confiam que o sistema de controle de qualidade da firma está em pleno funcionamento e que as responsabilidades de cada um são cumpridas de acordo com as políticas preestabelecidas, observando os aspectos de competência, independência, aceitação e continuidade no relacionamento com clientes e total aderência aos requisitos legais e regulatórios, aplicáveis à firma como um todo.

O controle de qualidade no nível do trabalho tem como objetivo implementar procedimentos que assegurem ao auditor que a auditoria está sendo executada de acordo com as normas profissionais e normas técnicas editadas pelo CFC, observando-se as exigências legais e regulatórias que sejam aplicáveis na circunstância e que o produto final resultante da auditoria (relatório) é apropriado nas circunstâncias.

É importante ter em mente que, em atividades regulamentadas, não basta apenas atender às normas do CFC, mas deve-se atender, também, às exigências específicas do órgão regulador. Por exemplo, o Banco Central do Brasil prescreve relatórios adicionais a serem elaborados pelo auditor, assim como aspectos de rotatividade da equipe de trabalho que devem ser plenamente observados nas circunstâncias.

Requisitos

Responsabilidade da liderança pela qualidade nos trabalhos de auditoria

A liderança da firma, ou seja, o seu presidente ou sócio-gerente, é responsável pela qualidade no nível da firma, enquanto o sócio encarregado pelo trabalho ou, em algumas situações, o responsável técnico pelo trabalho que assina o relatório é o responsável pela qualidade no nível do trabalho.

Essa responsabilidade pela qualidade inclui o permanente monitoramento pelo sócio responsável pelo trabalho de que a equipe sob sua responsabilidade está cumprindo com as exigências éticas relevantes especificadas no Código de Ética e é estendida a todos os trabalhos designados a ele, como responsável técnico, e suas ações devem enfatizar a importância da qualidade do trabalho de auditoria e o fato de que essa qualidade é essencial ao longo de todo o processo.

Como já foi dito, a importância da qualidade inclui, entre outros, os seguintes aspectos:

- os trabalhos devem ser executados de acordo com as normas técnicas e exigências legais e regulatórias;
- total aderência e cumprimento das políticas e procedimentos de qualidade da firma;
- relatórios devem ser apropriados às circunstâncias específicas; e
- devem ser dadas todas as condições e capacidade para a equipe levantar assuntos que sejam relevantes sem qualquer limitação ou receio de qualquer tipo de represália, parta de quem partir.

Exigências éticas relevantes

Estão implícitos no Código de Ética do Contabilista os princípios fundamentais[1] de ética que tratam da integridade, objetividade, competência e zelo profissional, confidencialidade e o comportamento profissional. O sócio responsável pela auditoria deve estar alerta para que esses princípios sejam observados de forma permanente, tomando ações apropriadas, no caso de qualquer inobservância.

Por exemplo, o sócio responsável pelo trabalho de auditoria tem sob sua responsabilidade a manutenção da necessária independência dele, da equipe e da própria firma no nível do trabalho em si. Nesse sentido, ele deve estar alerta aos possíveis relacionamentos dos integrantes da equipe com as pessoas da entidade e outras situações que podem ameaçar a independência.

Como regra geral, vale a máxima atribuída à mulher de César de que "não basta ser honesta, devendo mostrar que é honesta". Para o auditor não basta ser independente, devendo sempre mostrar que é independente.

No dia a dia do trabalho de auditoria de demonstrações financeiras, surgem situações que requerem rápida decisão do sócio responsável. Algumas são de fácil solução, ou seja, a simples troca de um integrante da equipe já elimina o problema que poderia ameaçar a independência; todavia, existem situações em que requerem a necessidade de se retirar do trabalho.

No contexto dessa análise sobre a manutenção da necessária independência, o sócio responsável deve:

- avaliar o relacionamento da firma com a entidade, cujas demonstrações financeiras estão sendo auditadas. No caso de *firmas de auditoria de rede*, essa avaliação inclui não apenas o relacionamento local, mas também o relacionamento das demais firmas que compõem a rede com a própria entidade ou com entidades ligadas a ela (partes relacionadas);
- avaliar as possíveis violações em relação à política de independência para determinar se elas podem ameaçar a necessária independência. Por exemplo, se a política da firma em vigor proíbe que os integrantes da equipe de trabalho comprem produtos vendidos pela entidade, com um preço favorecido similar ao preço nas vendas para funcionários da entidade, essa proibição deve ser observada por todos os integrantes da equipe; e
- no caso de ocorrências dessas situações, o sócio responsável deve tomar as medidas necessárias para eliminar essas ameaças à independência, mediante a aplicação de salvaguardas, podendo, se for o caso e se for possível, se retirar do trabalho. Situações não resolvidas pelo sócio res-

---

[1] Esses princípios fundamentais fazem parte do Código de Ética da IFAC e estão sendo incorporados no Código de Ética do CFC.

ponsável devem ser levadas tempestivamente à liderança da firma, que é responsável pelo controle de qualidade no nível da firma.

A NBC TA 220 cobre também situações em que a firma não pode se retirar do trabalho que está sendo executado a uma entidade do setor público.

Aceitação de clientes e de trabalhos de auditoria (relacionamento inicial) e continuidade nesse relacionamento ou no trabalho em si

De acordo com a NBC PA 01, as firmas devem possuir uma apropriada política de aceitação de clientes e de trabalhos e de continuidade desse relacionamento ou do trabalho em si. Cabe ao sócio responsável pelo trabalho se satisfazer de que essa política foi estritamente observada para o cliente e tipo de serviço que está sob sua responsabilidade.

Normalmente, essas políticas incluem a obtenção de informações sobre:

- integridade dos principais proprietários e executivos da entidade, incluindo os responsáveis pela governança;
- competência e habilidade dos integrantes da equipe em executar o trabalho e emitir o relatório de forma apropriada;
- avaliação se tanto a firma como a equipe podem cumprir as exigências éticas que sejam relevantes; e
- análise das possíveis implicações de assuntos atuais ou levantados anteriormente em relação à continuidade do relacionamento.

É importante considerar que, se o sócio identificar uma situação que o levaria a declinar do trabalho se essa informação tivesse chegado antes ao seu conhecimento, ele deve discutir *in loco* essa situação com a liderança da firma e tomar as medidas necessárias.

Designação da equipe de trabalho

A equipe de trabalho compreende todos os sócios e demais profissionais do quadro técnico interno ou externo (especialistas contratados) envolvidos no trabalho. A competência e habilidade da equipe como um todo requerem que ela possua os seguintes atributos:

- experiência prática em trabalhos de natureza e complexidade similar ao da entidade;
- especialização técnica e entendimento das normas e exigências legais ou regulatórias aplicáveis; e

- capacidade de exercer julgamento e de entender e aplicar a política de controle de qualidade da firma.

Execução do trabalho e o controle sobre o seu andamento

Excetuando-se a situação pouco comum em que o trabalho é integralmente executado diretamente pelo sócio, sem a utilização de outros profissionais, o trabalho de auditoria de demonstrações financeiras é essencialmente um trabalho de equipe em que os menos experientes acabam recebendo boa dose de treinamento prático dos mais experientes, que possibilita o entendimento dos objetivos das tarefas designadas a esses profissionais menos experientes.

A responsabilidade pela direção, execução de acordo com normas e regulamentos aplicáveis, supervisão e conclusão do trabalho é, em última instância, assumida pelo sócio responsável pelo trabalho que assina o relatório. Nesse sentido, por exemplo, embora o trabalho seja executado por uma equipe, que será maior quanto maior e mais complexa for a entidade, a responsabilidade final é do sócio. Na eventualidade de ocorrência de um problema, o órgão regulador, se for uma atividade regulamentada, ou o órgão fiscalizador da profissão, por exemplo, o CRC, chamará o sócio responsável para explicar a situação e não os outros profissionais que compõem a equipe.

Dessa forma, a qualidade de um trabalho de auditoria e o seu adequado monitoramento pelo sócio requerem um apropriado nível de interação dele com os demais membros da equipe e entre a própria equipe, incluindo a discussão dos assuntos relevantes da auditoria para que haja um apropriado nível de comunicação.

Normalmente, dentre os assuntos importantes de um trabalho de auditoria de demonstrações financeiras, devem ser destacados:

- objetivo do trabalho a ser executado e a responsabilidade de cada um, inclusive de outros sócios, se o trabalho requerer mais de um sócio;
- cumprimento das exigências éticas relevantes e observância do necessário ceticismo profissional ao longo de todo o trabalho;
- entendimento dos negócios da entidade e dos respectivos riscos;
- abordagem do trabalho e discussão de possíveis problemas que possam surgir. Essa abordagem do trabalho deve ser mais detalhada quanto maior for a equipe envolvida e mais complexa ou maior for a entidade.

Direção, Supervisão e Revisão dos Trabalhos

O sócio e os demais membros experientes da equipe (gerentes e supervisores) devem monitorar o trabalho de acordo com o seu progresso. Deixar a equipe solta, sem a necessária supervisão ao longo do trabalho, e revisar o trabalho quando completado é geralmente menos eficaz do que a supervisão *in loco* e acompanhamento do andamento e das principais decisões.

O acompanhamento do trabalho ao longo de sua execução permite ao sócio e demais profissionais de maior experiência mudar a abordagem planejada, sempre que situações requerem tais mudanças, assim como identificar assuntos que possam requerer conhecimentos específicos que a equipe não possui e se é necessário algum tipo de consulta a outro profissional da própria firma ou a especialistas.

A utilização de especialistas é coberta em norma específica (NBC TA 620) e normalmente é um assunto que deve ser identificado na época do planejamento, todavia existem situações imprevistas, por exemplo, uma transação envolvendo um derivativo complexo, de que não se tinha conhecimento na época do planejamento e que a supervisão do trabalho durante sua execução permite identificar tal necessidade em tempo hábil de concluir o trabalho nas datas estabelecidas.

A supervisão é necessária, mas ela por si só não elimina a necessidade de se revisar o trabalho de forma tempestiva. Como regra geral, toda documentação de auditoria deve ser revisada por pelo menos um profissional, diferente daquele que a preparou. Dessa forma, os trabalhos dos assistentes (auxiliares, *juniors*, *semiseniors* ou qualquer que seja a nomenclatura dada a esses profissionais menos experientes) devem ser integralmente revisados pelo auditor sênior ou supervisor responsável pelo trabalho de campo.

Por sua vez, o gerente deve revisar todo o trabalho executado pelo sênior ou supervisor, que obviamente inclui a revisão feita, por esses profissionais, sobre os trabalhos dos assistentes. Essa revisão geralmente inclui a verificação da documentação dos principais procedimentos e conclusões dos assistentes, "endossadas" pelo responsável pelo trabalho de campo, e varia de acordo com vários aspectos, incluindo, mas não se limitando, o conhecimento e confiança que o gerente possui sobre o encarregado do trabalho de campo e demais membros da equipe, a experiência que ele possui da entidade, o grau de complexidade e risco que a entidade apresenta, a qualidade do trabalho como um todo e outros aspectos subjetivos que variam de situação para situação.

Por sua vez, como a responsabilidade final pelo trabalho (e pelo relatório final) é do sócio responsável pelo trabalho, obviamente ele também deve revisar tempestivamente a documentação de auditoria. Essa revisão deve ser feita de acordo com as políticas e procedimentos de revisão da firma de auditoria, requeridas pela NBC PA 01, que trata do controle de qualidade no nível da firma como um todo.

Obviamente, não é requerido que o sócio revise cada um dos papéis de trabalho, sejam eles em papel tradicional ou em meio eletrônico, embora não exista qualquer proibição para assim proceder.

De forma geral, a extensão da revisão pelo sócio é um exercício do seu julgamento profissional dentro dos parâmetros estabelecidos pela política da firma sobre o assunto, todavia deve incluir, no mínimo, os trabalhos executados diretamente pelo gerente, as áreas de risco e áreas críticas de julgamento e áreas que envolvem assuntos complexos ou controversos.

Dentre os trabalhos executados pelo gerente, inclui-se a revisão por ele efetuada, portanto, é sempre salutar que as notas de revisão do gerente sejam disponibilizadas ao sócio para que ele possa avaliar o nível e extensão da revisão do gerente e, dessa forma, possa balizar a profundidade de sua revisão.

A revisão da documentação de auditoria deve satisfazer o sócio responsável com referência aos seguintes aspectos principais:

- o trabalho foi executado com observância das normas técnicas, normas profissionais e exigências legais e regulamentares que sejam aplicáveis, permitindo alcançar os objetivos requeridos;
- foram levantados assuntos significativos e eles foram apropriadamente endereçados. Sempre que esses assuntos possam requerer consultas, elas foram feitas e as conclusões foram apropriadamente atingidas;
- as eventuais mudanças na extensão, época ou natureza dos trabalhos foram consideradas e apropriadamente efetuadas;
- o trabalho executado suporta de forma apropriada as conclusões atingidas e as evidências obtidas são apropriadas e suficientes para fundamentar o relatório a ser emitido.

Consultas

É perfeitamente possível que o sócio ou a equipe de trabalho encontrem situações que requerem conhecimentos ou experiência que eles não possuem. O auditor é um ser humano normal e, dessa forma, não é esperado que ele domine e conheça tudo, todavia ele não pode se omitir, deixando sem a necessária análise assuntos que ele não conheça.

A falta de conhecimento ou experiência de um assunto não é demérito algum, nem é desculpa para não aplicar o procedimento que seja necessário para fundamentar a conclusão de forma apropriada. Dessa forma, o sócio deve ficar satisfeito de que os assuntos que requererem consultas foram identificados pela equipe e que as necessárias consultas foram efetuadas, as conclusões foram apropriadamente atingidas e implementadas.

O sócio como responsável final pelo trabalho deve estar satisfeito de que a parte consultada recebeu toda informação necessária para poder fundamentar sua conclusão e que a parte consultada (interna ou externa à firma de auditoria) possui conhecimento, senioridade e experiência no assunto.

Revisão de controle de qualidade (ou revisão independente)

Se, como regra geral, todo trabalho deve ser revisado por pelo menos um profissional diferente, o trabalho do sócio responsável também deve sofrer uma revisão independente. Dessa forma, uma boa política de revisão no nível da firma deve estabelecer quando é necessário o envolvimento de um segundo sócio para efetuar uma revisão independente de controle de qualidade, antes que o relatório seja concluído e emitido pelo sócio responsável.

A revisão de controle de qualidade de um trabalho tem por objetivo fornecer uma avaliação independente dos julgamentos relevantes exercidos pela equipe engajada no trabalho e de suas conclusões atingidas. Essa revisão deve ser conduzida por um profissional no nível de sócio com independência, experiência e autoridade suficientes para atingir os objetivos de uma revisão dessa natureza.

Normalmente, as políticas das firmas de auditoria determinam a necessidade de revisão de controle de qualidade para os trabalhos de maior risco para a firma de auditoria, incluindo, portanto, aquelas entidades que são companhias abertas e possuem instrumentos de capital ou de dívida negociados em bolsa, bem como atividades regulamentadas, principalmente instituições financeiras, incluindo Fundos de Investimento e outras entidades que captam recursos do público em geral ou do setor de seguros.

O nível e a extensão dessa revisão de controle de qualidade variam de firma para firma e de acordo com o risco envolvido no trabalho, todavia, no mínimo, o sócio revisor deve ficar satisfeito, de forma objetiva, sobre os julgamentos exercidos e sobre as conclusões atingidas que fundamentam o relatório a ser emitido, portanto, ela deve envolver:

- discussão com o sócio responsável e pessoal-chave da equipe sobre os assuntos significativos, incluindo nível de materialidade adotado, análise das diferenças de auditoria identificadas (ajustes e reclassificações) e os assuntos a serem comunicados aos administradores, responsáveis pela governança e, se aplicável, aos órgãos reguladores;
- avaliação de que as consultas necessárias foram efetuadas e as conclusões implementadas;
- revisão da documentação que suporta os principais julgamentos exercidos e as conclusões atingidas;
- avaliação das conclusões atingidas e da adequação do relatório proposto;
- revisão das demonstrações financeiras, inclusive questionamento sobre variações em relação ao exercício anterior ou outros dados de comparação, como por exemplo com o orçamento, assim como a revisão do relatório proposto. Na revisão das demonstrações, deve se efetuar a "amarração" das referências cruzadas das notas explicativas com as demonstrações e vice-versa; e

- avaliação de que foi observada a necessária independência e requisitos específicos do órgão regulador.

A revisão de controle de qualidade deve ser feita de forma tempestiva, ou seja, antes de se concluir o relatório de auditoria. Quanto mais complexa for a entidade ou quanto maior o risco envolvido, mais antecipada deve ser iniciada a revisão de controle de qualidade.

Dessa forma, em um trabalho de auditoria de instituição financeira de grande porte, que é companhia aberta e que possui operações complexas envolvendo derivativos e outras formas de captação de recursos, é de se esperar que o sócio revisor de controle de qualidade deve estar presente ao longo do trabalho, à medida que ele se desenvolve.

Num trabalho dessa natureza, além do envolvimento trimestral, o sócio revisor deve discutir os riscos identificados e avaliados e as respostas a esses riscos antes da execução dos testes de auditoria, ou seja, ainda na fase de planejamento e determinação das respostas aos riscos identificados.

O envolvimento desse segundo sócio aumenta a qualidade do trabalho e diminui o risco de que se emita um relatório não apropriado às circunstâncias específicas; todavia, a responsabilidade final permanece com o sócio que assina o relatório.

Eventuais problemas identificados pelo órgão regulador, por exemplo, Banco Central do Brasil, no caso de instituições financeiras, ou pela fiscalização (CRC), serão respondidos pela firma de auditoria e pelo profissional (sócio) que assinou o relatório.

Diferenças de opinião

Essas revisões podem gerar diferenças de opinião, assim como podem existir tais divergências entre os próprios integrantes da equipe e eventuais profissionais consultados. A firma deve possuir política para solução desses problemas, de forma a poder chegar a uma conclusão e emitir um relatório contendo opinião sobre as demonstrações financeiras examinadas. Na prática, quando isso ocorre, o sócio da área técnica (PPD ou diretor técnico) acaba se envolvendo e, se necessário, pode ocorrer o envolvimento do presidente ou sócio-gerente da firma para dirimir a divergência existente.

Monitoramento do Controle de Qualidade por meio de inspeção periódica

Essa inspeção periódica tem por objetivo fornecer segurança de que as políticas e procedimentos relacionados com o sistema de controle de qualidade no nível da firma e no nível do trabalho são adequados e estão operando de forma efetiva.

Ao contrário da revisão de controle de qualidade, ela não é aplicada de forma preventiva ao trabalho; todavia, a detecção de desvios das políticas e dos procedimentos deve gerar ações por parte da liderança da firma e planos para sanar as deficiências encontradas, incluindo instruções e treinamentos formais.

Quanto mais independente for o profissional e a equipe responsável por essa inspeção em relação à equipe envolvida no trabalho ou à própria prática, mais efetiva e apropriada é essa revisão.

Dessa forma, as firmas de rede normalmente utilizam profissionais de outros países para efetuar tal inspeção. Uma equipe de profissionais europeus com alguma proximidade de idioma (por exemplo espanhóis) poderia efetuar a inspeção de controle de qualidade da firma brasileira ou argentina.

De forma similar, uma equipe de inspeção mexicana poderia efetuar a inspeção na Espanha ou uma equipe inglesa na prática australiana, e assim por diante.

Em firmas de auditoria de pequeno porte, essa inspeção no nível de independência necessário nem sempre é possível, restando a revisão pelos pares requerida pela CVM e coordenada por Comitê Específico do CFC, que efetivamente não substitui a necessidade imposta pela NBC PA 01 para aprimoramento da qualidade.

Documentação da auditoria e das revisões

No próximo capítulo, discute-se a documentação de auditoria conforme NBC TA 230; todavia, é importante deixar claro que o cumprimento dos procedimentos de revisão deve ser documentado por meio de assinaturas apropriadas nos papéis de trabalho, guias de revisão ou outras formas utilizadas para documentar tal revisão, mas as notas de revisão, uma vez analisadas pelo superior, devem ser eliminadas da documentação de auditoria.

Nesse sentido, por exemplo, o gerente ao revisar o trabalho toma conhecimento das notas de revisão preparadas pelo sênior responsável pelo trabalho de campo e as elimina e o sócio responsável faz o mesmo com as notas de revisão do gerente.

Um bom sistema de controle de qualidade, no nível da firma, geralmente possui um formulário (*check-list*) que evidencia os procedimentos de supervisão, revisão e demais responsabilidades de cada um dos membros da equipe.

A NBC TA 220 inclui aspectos relacionados com a documentação sobre as exigências éticas relevantes, aceitação e continuidade, consultas e revisões, inclusive de controle de qualidade (ou independente).

6

Documentação da Auditoria (NBC TA 230)

Introdução e objetivos

A regra básica a ser observada é a de que se o trabalho não estiver documentado, isto é, não existir evidência apropriada de um procedimento adotado, é como se tal procedimento não tivesse sido executado. Explicações verbais do auditor, mesmo que adequadas, não substituem a necessária documentação.

Assim, em uma inspeção de controle de qualidade interna, requerida pela NBC TA 220, ou em uma inspeção externa requerida pelo CFC (Revisão pelos Pares), ou ainda em uma fiscalização de órgãos reguladores (CVM ou Banco Central, por exemplo), um trabalho que não esteja adequadamente documentado teria problemas.

A expressão *documentação* é tradicionalmente conhecida como papéis de trabalho. No passado, o trabalho executado era integralmente documentado de forma física, ou seja, por meio de papéis. Hoje em dia, o trabalho é substancialmente documentado em mídia eletrônica, mas ainda existem alguns documentos em papel, como confirmações de saldos, de advogados, cópias de atas e outros documentos.

A NBC TA 230 trata da responsabilidade do auditor na elaboração da documentação da auditoria. A documentação a ser preparada deve suportar e fundamentar de forma apropriada o relatório emitido, seja ele limpo ou com ressalva. Ela deve, também, evidenciar que o trabalho foi planejado e executado de acordo com as normas técnicas e profissionais, assim como com as exigências legais que possam ser aplicáveis.

Adicionalmente, ela facilita o planejamento da auditoria e sua execução, e permite que:

- os membros da equipe possam revisar o trabalho como requerido pela NBC TA 220;
- seja efetuada revisão de controle de qualidade e inspeções de natureza interna e externa;
- a equipe seja responsabilizada pelo trabalho efetuado; e
- se mantenha um registro de assuntos de importância recorrente para futuros trabalhos.

A documentação da auditoria compreende o registro dos procedimentos executados e das conclusões atingidas. Ela deve ser armazenada de forma eletrônica (CDs, DVDs) ou na forma física tradicional (pastas contendo papéis de trabalho).

Requisitos

Tempestividade

O primeiro aspecto a ser considerado é a preparação da documentação de forma tempestiva, ao longo do trabalho, de forma que suporte adequadamente o relatório que está sendo emitido pelo auditor; portanto, fica implícita a necessidade de ela estar substancialmente completa antes da emissão de relatório, restando apenas cruzamentos de informações, isto é, referência entre um e outro papel de trabalho e outros aspectos administrativos de montagem final dos arquivos, discutidos mais adiante.

Forma, conteúdo e extensão da documentação dos procedimentos e das evidências de auditoria obtidas

A documentação deve ser suficiente para permitir que um auditor experiente, sem qualquer envolvimento anterior com o trabalho, possa entender a natureza, a época e a extensão dos procedimentos executados pelo auditor, seus resultados e suas conclusões atingidas, incluindo os assuntos significativos que foram por ele identificados.

A forma, o conteúdo e a extensão da documentação dependem substancialmente do tamanho e complexidade da entidade, cujas demonstrações estão sendo auditadas. Nesse sentido, um trabalho em um banco de grande porte obviamente conterá um volume maior de documentação do que em uma entidade de pequeno porte. Além do tamanho e da complexidade, os outros principais fatores que influenciam a documentação são:

- natureza dos procedimentos de auditoria, metodologia e ferramentas utilizadas;
- tipos de riscos de distorção que foram identificados;
- natureza das exceções identificadas e extensão das investigações efetuadas; e
- importância em si da evidência de auditoria obtida e da conclusão atingida, quando ela não for prontamente identificável pelos procedimentos em si.

A documentação de auditoria inclui os programas de trabalho, as análises que documentam os procedimentos efetuados (por exemplo, teste de cálculo da depreciação de um bem), os memorandos sumariando um assunto, resumos de atas (assembleia de sócios, reuniões de diretoria), cartas de confirmações de saldos de bancos, clientes e de outras partes, cartas de representações, correspondências, incluindo correio eletrônico (e-mails) e outros.

Cuidado especial deve ser tomado com correspondências e outros documentos recebidos por intermédio de fax, uma vez que elas se apagam com o passar do tempo, portanto, esses documentos devem ser copiados (xerox) para serem arquivados.

A documentação de auditoria não tem por objetivo substituir os registros contábeis nem os arquivos de documentos da entidade, cujas demonstrações estão sendo auditadas, portanto, normalmente não deve incluir cópia de registros contábeis (folhas do livro razão) ou cópias integrais de contratos; contudo, não existe proibição para inclusão desses documentos. Em certas situações, esses documentos facilitam a evidenciação do trabalho e conclusão, portanto, nada impede sua inclusão pelo auditor.

De forma similar, também, não precisam ser mantidos no arquivo da documentação da auditoria aquelas informações incompletas ou que ficaram superadas, por exemplo, um contrato preliminar ou um memorando com entendimento preliminar ou documentos que sofreram correção ortográfica, como várias versões de demonstrações e respectivas notas explicativas até se atingir a versão final.

A documentação de assuntos significativos depende da extensão do julgamento profissional exercido ao longo do trabalho e da avaliação do resultado obtido. Ela serve para suportar a conclusão atingida e reforçar a qualidade da decisão, portanto, são extremamente importantes para os revisores do trabalho (supervisão corrente, revisão independente e inspeções subsequentes, inclusive em trabalhos futuros e por terceiros).

O julgamento sobre a importância de um assunto requer análise objetiva dos fatos e circunstâncias. De uma forma geral, assuntos relevantes incluem:

- assuntos que dão origem a riscos de distorção relevante (NBC TA 315), inclusive situações que envolvem aspectos subjetivos de julgamento, como em estimativas (NBC TA 540);
- resultados de procedimentos que indiquem a possibilidade de existência de distorções relevantes ou que requerem modificação na avaliação de risco anterior;
- circunstâncias que causam dificuldades na aplicação de procedimentos de auditoria necessários ou que exigem investigações adicionais para se concluir sobre a autenticidade de um documento; e
- constatações que impliquem em ressalvas na opinião a ser emitida pelo auditor ou mesmo adição de parágrafos de ênfase ou de outros assuntos em seu relatório.

Ao documentar a natureza, a época e a extensão dos procedimentos de auditoria, o auditor não precisa e não deve obter cópia dos documentos testados (pedidos de compra, notas fiscais etc.), mas deve identificar as características dos documentos testados, facilitando a investigação de exceções ou inconsistências e fixação de responsabilidades.

A identificação dos documentos examinados em base de teste varia de acordo com a natureza dos procedimentos de auditoria, destacando-se:

- em um teste detalhado de pedidos de compra, devem ser identificados os números e as datas deles;
- em um teste cuja base de seleção seja todos os itens acima de um valor X, essa base de seleção deve ser identificada;
- em um teste de seleção sistemática (amostragem do tipo documentos do período tal a tal começando pelo de número X com intervalo entre um e outro documento de 130, 150 ou outro intervalo qualquer). Nessa situação seria identificado o primeiro item e cada um dos demais de acordo com o intervalo selecionado;
- em procedimentos que exigem indagações a empregados, seriam identificados as datas, nomes e funções por eles exercidas; e
- para um procedimento de inspeção, o auditor pode identificar o item do ativo fixo ou do estoque, por exemplo, que foi testado.

Além das características dos itens testados, a documentação de auditoria deve identificar quem executou o trabalho e a data em que foi concluída a execução do procedimento, assim como o(s) revisor(es) e a(s) data(s) de revisão.

Por sua vez, as discussões de assuntos significativos com a administração, órgãos de governança e outros devem ser documentadas, identificando-se a natureza dos assuntos e com quem foram discutidos. As eventuais inconsistências entre a conclusão final e a documentação devem ser eliminadas, ou seja, os papéis de trabalho devem suportar a conclusão atingida. Dessa forma, papéis com informações preliminares que se tornaram superados devem ser eliminados.

No caso de auditorias de entidades de pequeno porte, é normalmente eficiente preparar um memorando que faça a ligação por meio de referências cruzadas entre as diversas atividades executadas pelo auditor. Por exemplo, o entendimento da entidade e avaliação de seu controle interno e dos riscos de distorção, a estratégia global da auditoria e o plano de auditoria, a materialidade estabelecida, a descrição dos assuntos relevantes e as conclusões atingidas podem ser documentadas em um único memorando referenciado para os papéis que documentam cada uma das atividades.

De forma similar, algumas firmas de auditoria requerem a elaboração de um memorando conclusivo resumindo os assuntos significativos identificados e como foram tratados, os eventuais ajustes e reclassificações não considerados e as conclusões atingidas que fundamentam o relatório emitido.

Não atendimento de um requisito relevante

Em situações excepcionais, pode ocorrer que um requisito relevante não seja atendido. Nessas circunstâncias, o auditor deve sempre documentar qual a razão para o não atendimento e quais foram os procedimentos alternativos e a conclusão atingida. A exigência de documentação é apenas aplicável aos requisitos que sejam relevantes nas circunstâncias. Por exemplo, como já discutido na norma NBC TA 200, um requisito de avaliação do trabalho efetuado pela auditoria interna não seria aplicável nas circunstâncias em que a entidade não possui tal função.

Assuntos surgidos após a data do relatório de auditoria

Esse assunto está mais bem explorado no Capítulo 20, que trata de eventos subsequentes (NBC TA 560), que cobre diversas situações excepcionais que incluem fatos que chegaram ao conhecimento do auditor após a emissão do relatório e que, se fossem de conhecimento antes de emitir o relatório, teriam ocasionado alterações no relatório emitido.

No caso dessas situações requererem aplicação de novos procedimentos ou procedimentos adicionais de auditoria e esses procedimentos propiciarem uma conclusão diferente por parte do auditor, este deve documentar as circunstâncias identificadas, os novos procedimentos executados e as conclusões atingidas, quem executou e quem revisou esses papéis e, obviamente, as consequências advindas, inclusive, se necessário, a mudança no relatório anteriormente emitido ou providências para a sua não utilização, conforme melhor explicado na NBC TA 560.

Montagem do arquivo final da documentação da auditoria

Como discutido no Capítulo 5, que trata do controle de qualidade na auditoria das demonstrações financeiras, a firma deve estabelecer política específica sobre a conclusão tempestiva da montagem dos arquivos de papéis. O período de 30 dias após a emissão do relatório é razoável e é normalmente observado pelas firmas, **não devendo ultrapassar 60 dias,** de acordo com a norma.

Essa montagem final normalmente não envolve qualquer procedimento adicional de auditoria. Ela se limita a atividades do tipo referências entre informações, eliminação de papéis superados, preenchimento de *check lists* e outras atividades administrativas.

Após essa montagem final, a documentação de auditoria deve permanecer inalterada durante o período de retenção requerido pela política da firma, conforme exigido pela norma que trata do controle de qualidade no nível da firma de auditoria (NBC PA 01). No Brasil, esse período é de cinco anos.

Podem existir situações decorrentes de questões levantadas em inspeções internas ou externas em que é necessário incluir novas documentações após a montagem final. Nessas circunstâncias específicas, o auditor deve documentar as razões para inclusão de documentação adicional, quando isso foi feito, quem efetuou e quem revisou essa documentação adicional.

Na essência, essa documentação adicional é para esclarecer alguma dúvida levantada e não deve provocar efeito na conclusão anteriormente atingida, portanto, a documentação anterior que serviu de base para a conclusão deve ser mantida com essas informações adicionais.

No caso de impactar na conclusão atingida, teríamos uma situação similar à de assuntos surgidos após a data do relatório do auditor, com a agravante de que ficaria caracterizada uma falha de auditoria em que o relatório foi indevidamente emitido e requererá ações da firma para evitar que o relatório seja utilizado.

Essa situação seria absolutamente grave, pois provavelmente o relatório já teria sido divulgado e requereria providências similares àquelas estabelecidas na NBC TA 560 para eventos surgidos após a divulgação do relatório.

Exemplos de assuntos específicos que requerem documentação

Embora não seja exaustiva, a NBC TA 230 apresenta em seu Apêndice uma lista contendo requerimentos específicos de documentação contidos nas diversas NBC TAs editadas pelo CFC, assim resumidos:

a) NBC TA 210: carta de contratação do trabalho, como os detalhes requeridos nos itens 10 a 12 dessa NBC TA;

b) NBC TA 220: assuntos relacionados com o cumprimento de exigências éticas, incluindo independência, aceitação e continuidade de relacionamento com o cliente, bem como evidência de revisão de controle de qualidade, quando aplicável, com as informações requeridas pela política da firma para essas revisões;

c) NBC TA 240: principais decisões tomadas com referência à suscetibilidade de distorção relevante proveniente de fraude e dos riscos de fraude no nível das demonstrações ou afirmações que foram identificados e avaliados de acordo com a NBC TA 315, bem como as respostas globais aos riscos de fraude no âmbito das demonstrações financeiras, contendo a natureza, a época e a extensão dos procedimentos de auditoria, além da ligação entre esses procedimentos e os riscos avaliados de distorção relevante decorrente de fraude nas afirmações, assim como a conclusão atingida, conforme requerido na NBC TA 330;

d) NBC TA 250: identificação ou suspeita de não conformidade de leis e regulamentos identificada, assim como os resultados da discussão com a administração, responsáveis pela governança e, se aplicável, fora da entidade (órgãos reguladores);

e) NBC TA 260: assuntos comunicados verbalmente aos responsáveis pela governança ou, se comunicados por escrito, cópia da comunicação;

f) NBC TA 300: estratégia global de auditoria, plano de auditoria e eventuais mudanças havidas;

g) NBC TA 315: evidência de discussão com membros da equipe e as decisões tomadas, aspectos básicos do entendimento da entidade e de seu ambiente (item 11 dessa NBC TA) e componentes do controle interno (itens 14 a 24 dessa NBC TA), bem como os riscos identificados e avaliados, conforme itens 25 e 27 a 30 dessa NBC TA;

h) NBC TA 320: valores e fatores considerados na determinação da materialidade das demonstrações tomadas em conjunto, o nível (ou níveis), se aplicável, de materialidade para classes específicas de transações, saldos ou divulgações, bem como a materialidade para execução da auditoria e as eventuais alterações havidas ao longo do trabalho;

i) NBC TA 330: as respostas globais para tratar os riscos avaliados de distorção relevante no nível das demonstrações financeiras e a natureza, a época e a extensão dos procedimentos de auditoria, o relacionamento desses procedimentos com as afirmações e a conclusão atingida. Se o auditor planeja usar evidência de auditoria a respeito da efetividade operacional dos controles obtida em auditorias anteriores, ele deve documentar a atualização havida e a conclusão atingida;

j) NBC TA 450: identificar o valor considerado trivial para distorções identificadas, ou seja, o valor abaixo do qual os eventuais ajustes e reclassificações são automaticamente desprezados, todas as distorções identificadas acima desse valor, identificando as corrigidas e não corrigidas e a conclusão final sobre as distorções não corrigidas, considerando o seu impacto no relatório de auditoria;

k) NBC TA 540: base para conclusão sobre estimativas contábeis e divulgações que geram riscos significativos e conclusão sobre a inexistência de tendenciosidade (vício) nessas estimativas;

l) NBC TA 550: identificação das partes relacionadas, transações havidas e divulgações necessárias;

m) NBC TA 600: análise dos componentes, identificando aqueles que são significativos, os trabalhos que serão efetuados nesses componentes, a natureza, época e extensão do envolvimento da equipe coordenadora em relação ao trabalho desenvolvido nesses componentes por outros auditores, bem como a revisão e as comunicações; e

n) NBC TA 610: se o auditor independente usar um trabalho específico dos auditores internos, ele deve incluir na documentação as conclusões atingidas relacionadas com a avaliação da adequação do trabalho dos auditores internos e os procedimentos de auditoria executados por ele para aceitar esse trabalho como se tivesse sido por ele executado.

7

Responsabilidade do Auditor em Relação a Fraude, no Contexto da Auditoria de Demonstrações Financeiras (NBC TA 240)

Introdução e definições

Os escândalos corporativos do início deste século, onde o da Enron nos Estados Unidos seja talvez o mais emblemático, pois dizimou uma das principais firmas de auditoria do mundo, cujo nome (Arthur Andersen) era extremamente admirado, inclusive por seus concorrentes, são um importante divisor de águas na caracterização da responsabilidade do auditor no que tange à fraude no contexto da auditoria das demonstrações financeiras.

Até então, prevalecia a máxima de que uma auditoria de demonstrações financeiras não é conduzida com o objetivo da descoberta de fraude, o que continua a ser verdadeiro, todavia existe sim a responsabilidade do auditor independente de avaliar a possibilidade de existência de fraude e tomar as precauções necessárias.

A norma NBC TA 240 foi batizada com a inclusão da expressão **no contexto da auditoria** de demonstrações contábeis para não levar um leitor da norma menos avisado a entender que poderia se tratar de fraude em uma auditoria de demonstrações contábeis, que seria a sua tradução ao pé da letra.

Primeiramente, é importante diferenciar fraude de erro. Fraude é algo intencional, proposital, enquanto erro é algo fortuito que ocorre sem qualquer intenção das partes envolvidas. Assim um cálculo indevido no cálculo de uma provisão, por exemplo, provisão para férias ou para qualquer outro encargo, é um erro. Por sua vez, uma estimativa feita propositadamente de forma equivocada, geralmente com a inclusão de premissas para dar certo toque de razoabilidade na estimativa, é geralmente uma fraude contábil.

Fraude é o ato intencional de um ou mais indivíduos da administração, dos órgãos de governança, dos empregados ou de terceiros que envolva dolo para obtenção de vantagem. Fatores de risco de fraude são eventos ou condições que propiciem oportunidade, incentivo ou pressão para que a fraude seja perpetrada.

Na essência, existem dois tipos de fraudes, uma relacionada com informações contábeis fraudulentas e outra relacionada com apropriação indébita de ativos. Dessa forma, como veremos mais adiante, um sistema frágil de controle interno é geralmente um incentivo e uma oportunidade para que ocorram fraudes.

Por sua vez, a existência de pressões pode propiciar a ocorrência tanto de apropriação indevida de ativos como de informações contábeis fraudulentas. Por exemplo, um indivíduo, diretor ou empregado, que viva além de suas posses e que não consiga honrar seus compromissos financeiros, se não possuir caráter, pode se sentir **pressionado** a furtar ou cometer desvios de ativos da entidade para a qual trabalha.

Pressões também são sentidas por administradores para atingir certas metas de resultado, que se não conseguidas podem afetar sua remuneração ou até mesmo sua continuidade no cargo ocupado, levando-os a "produzir informações contábeis fraudulentas".

A apropriação indébita ou indevida de ativos geralmente envolve roubos de bens e valores de pequeno valor cometidos por empregados, mas também pode envolver administradores que possuem maior possibilidade de ocultar esses desvios, como por exemplo apropriação indevida de valores recebidos de clientes por contas a receber já baixadas contra provisões.

Por sua vez, a "produção de informações contábeis fraudulentas" geralmente envolve administradores ou empregados graduados, que têm maior possibilidade de burlar os controles internos. Essas fraudes decorrem da manipulação ou até falsificação de registros, omissões intencionais e aplicação de práticas contábeis inadequadas de forma intencional.

Responsabilidade pela prevenção e detecção de fraude e objetivos do auditor

A responsabilidade primária pela prevenção e detecção de fraudes é da **administração** da entidade e dos **responsáveis pela governança**, que não apenas devem analisar os riscos de fraudes e implementar controles apropriados para prevenção e detecção delas, como disseminar uma cultura de honestidade e comportamento ético em toda a entidade, enfatizando a prevenção e medidas efetivamente rigorosas no caso de detecção.

Essa atitude e o efetivo exemplo da administração e dos responsáveis pela governança é extremamente relevante para um ambiente sadio e são considerados pelo **auditor,** cuja responsabilidade com relação à fraude no contexto da auditoria de demonstrações financeiras é caracterizada pela necessidade dele de obter segurança razoável de que as demonstrações financeiras não apresentam distorções relevantes decorrentes de fraudes ou erros.

A detecção de fraude, pelo auditor, é mais difícil do que a detecção de erro, uma vez que no caso de fraude pode envolver aspectos sofisticados, conluios e outros aspectos, de forma que sempre existe a possibilidade de que ela não seja detectada pela própria limitação inerente do processo de auditoria, já discutido no capítulo que trata da NBC TA 200.

Essa maior dificuldade não é justificativa para a não adoção de procedimentos apropriados pelo auditor. Pelo contrário, o auditor deve considerar essas dificuldades tendo em vista os objetivos estabelecidos nesta norma, no sentido de:

- avaliar os riscos de distorção relevante causada por fraudes;
- obter evidência de auditoria suficiente e apropriada sobre esses riscos por meio de respostas apropriadas a esses riscos, ou seja, pela aplicação de procedimentos de auditoria eficazes na situação específica; e
- tomar as providências apropriadas no caso de identificação efetiva de fraude ou suspeita de sua existência.

Requisitos

Ceticismo profissional

Conforme já discutido e explicado no Capítulo 3, que trata da NBC TA 200, o **ceticismo profissional** é primordial e deve estar presente durante todo o processo de auditoria, não obstante sua experiência passada com relação à honestidade e integridade da administração. Além do necessário ceticismo, os requisitos desta norma estabelecem os seguintes aspectos que são a seguir analisados:

- discussão entre a equipe de trabalho;
- procedimentos de avaliação de risco e atividades relacionadas;
- identificação e avaliação dos riscos de distorção relevante decorrentes de fraudes;

- respostas aos riscos avaliados de distorção relevante decorrentes de fraude;
- avaliação da evidência de auditoria;
- representações da administração;
- comunicações à administração e órgãos de governança;
- comunicações aos órgãos reguladores;
- documentação;
- situações de impossibilidade do auditor em continuar o trabalho.

Discussão entre a equipe de trabalho

A equipe como um todo deve estar consciente de que existe a possibilidade de ocorrência de fraude. O sócio responsável pelo trabalho, como membro mais experiente da equipe, deve conduzir essa discussão, deixando de lado sua convicção de que os membros da administração são honestos e íntegros, pois se existisse suspeita que contrariasse essa convicção a entidade não teria sequer sido aceita como cliente no processo de aceitação e de avaliação periódica da continuidade de relacionamento.

Os seguintes aspectos são normalmente discutidos:

- quais contas ou operações são mais suscetíveis a fraudes?
- quais são os fatores que podem criar incentivos ou pressão para fraudes ou que propiciem tal oportunidade?
- qual o nível de supervisão existente sobre as pessoas que operam transações que envolvem caixa ou ativos facilmente transformáveis em dinheiro?
- existem mudanças comportamentais e no estilo de vida de executivos e demais empregados?
- quais os tipos de circunstâncias que podem ser indicadores de fraude ou que provoquem suspeita de fraude?
- foi disseminado pela equipe a necessidade de se manter alerta e em estado mental sempre aberto à possibilidade de fraude?
- existe possibilidade de se considerar o elemento surpresa na aplicação dos procedimentos e testes de auditoria, por exemplo, contagem de caixa, títulos e inspeções em momentos não esperados?
- como e por quem os controles podem ser burlados?

Procedimentos de avaliação de risco e atividades relacionadas

Considerando que a responsabilidade primária pela prevenção e detecção de fraude é da administração e dos órgãos de governança da entidade, o auditor deve indagar sobre a avaliação dos riscos de fraudes e dos controles implementados para prevenir a existência de fraudes, assim como da periodicidade dessa avaliação pela administração.

Além da prevenção, o auditor deve considerar também os casos em que a fraude efetivamente ocorre, de forma a avaliar os controles implementados pela administração para detectá-la em tempo hábil.

Essas indagações à administração incluem o processo que ela usa para identificar os riscos de fraude e as respostas a tais riscos, assim como as comunicações feitas pela administração para enfatizar a necessidade de comportamento ético apropriado dos executivos e demais empregados e as comunicações aos órgãos de governança sobre as ações tomadas no caso de ocorrências efetivas de fraudes.

Além da análise do processo, o auditor deve indagar de forma direta aos administradores sobre o conhecimento ou suspeita de fraude que afete as demonstrações financeiras de forma relevante.

Como existe a possibilidade de que fraudes sejam perpetradas pela administração, esse questionamento deve ser estendido ao pessoal operacional que não esteja ligado diretamente ao processo de preparação de demonstrações financeiras, às pessoas específicas que têm sob sua responsabilidade lidar com denúncias e indicadores de existência de fraudes, ao responsável pela ética na organização, aos profissionais do Departamento Jurídico, da Auditoria Interna e aos demais empregados com diferentes níveis de alçada e responsabilidade.

Além dos administradores (diretoria executiva e empregados graduados), as indagações devem ser estendidas aos responsáveis pela governança, principalmente no que tange a como eles supervisionam a administração na tarefa de identificar, avaliar os riscos de fraude e implementar controles para a prevenção e detecção. Esse questionamento deve incluir, também, a indagação direta e objetiva sobre o conhecimento da existência de fraudes e as medidas tomadas.

A indagação aos diversos níveis, desde empregados em nível de execução, passando pelos executivos (empregados categorizados), administradores, até atingir os responsáveis pela governança da entidade, faz parte do necessário ceticismo profissional do auditor, além de corroborar o entendimento obtido.

Essa persistência nas indagações aos vários níveis faz-me lembrar quando iniciei na profissão e trabalhei com supervisores vindos da Europa, que eram considerados "chatos" pelos empregados dos clientes, pois "perguntavam várias vezes as mesmas coisas para pessoas diferentes". Uma vez comentei isso com o nosso supervisor europeu e ele me respondeu que "nós, profissionais brasileiros, deveríamos ser menos latinos para sermos mais eficazes".

Como já mencionei em outra parte do livro, na época, não gostei da resposta, mas com o tempo e a experiência obtida percebi que nem sempre a primeira resposta obtida a uma indagação aborda todos os ângulos do assunto e, dessa forma, fui me tornando cada vez mais "chato" na visão do auditado, todavia mais eficaz e eficiente na profissão que abracei.

O processo de indagação inclui também a obtenção de uma primeira justificativa para variações inesperadas ou não usuais identificadas na aplicação dos procedimentos de revisão analítica. Essas explicações iniciais devem ser investigadas e corroboradas, atentando para a possibilidade delas indicarem riscos de distorção relevante decorrente de fraude.

Concluindo esta parte que trata dos Procedimentos de Avaliação de Risco e Atividades Relacionadas, temos a necessidade de identificar e avaliar os **fatores de risco de fraude**. O Apêndice I da NBC TA 240 apresenta de forma ilustrativa uma quantidade significativa de exemplos de fatores de risco de fraude relacionados aos dois tipos de fraude que interessam ao auditor (informação contábil fraudulenta e apropriação indevida de ativos).

Esses exemplos estão classificados com base nas três condições que geralmente estão presentes nos casos de fraude, a saber:

- incentivo ou pressão para perpetrar fraude;
- oportunidade percebida para cometer fraude; e
- capacidade de racionalizar a ação fraudulenta, isto é, dar uma razão razoável à ação fraudulenta, de forma a torná-la palatável.

Os fatores de risco de fraude variam de entidade para entidade e, dessa forma, é impraticável tentar qualquer classificação por ordem de importância. Assim, a determinação de se um fator está presente em uma situação concreta e se deve ser considerado na avaliação de riscos requer uma boa dose de julgamento profissional, que requer experiência do auditor.

Essa experiência pode não estar presente em um profissional específico da equipe tomado isoladamente, todavia espera-se que os executivos (sócios e gerentes envolvidos) possuam tal experiência, entrelaçando-se, dessa forma, este requisito com o da necessidade de discussão entre os membros da equipe, apresentado anteriormente.

Embora não exaustivo, o Apêndice I da NBC TA 240 é bastante rico, incluindo diversas situações e, dessa forma, com algumas adaptações pode ser utilizado como *check list* para analisar os diversos fatores de risco que, na prática, uma entidade pode enfrentar.

É importante ter em mente que um *check list* dessa natureza não é um documento para ser respondido na base do Sim ou Não. Pelo contrário, é um documento que deve ser utilizado para uma análise, em grupo, da situação da entidade, cujas demonstrações financeiras estão sendo auditadas. Nesse sentido, é importante que seja dada oportunidade a todos os membros da equipe para contribuir com os seus *inputs*.

O tamanho, grau de complexidade e como está formada a propriedade da entidade têm influência significativa na consideração dos fatores de risco. Em uma entidade de grande porte, acabam existindo fatores compensadores (auditoria interna, supervisão eficaz pelos responsáveis pela governança e códigos formais de conduta ética) que limitam a possibilidade de conduta imprópria dos administradores.

Ao contrário, em uma entidade de pequeno porte, onde normalmente existe maior concentração de poder nas mãos de um ou poucos administradores, é de antemão uma deficiência, uma vez que os controles são mais facilmente burlados e maior atenção deve ter o auditor para a existência de fraude.

Identificação e avaliação dos riscos de distorção relevante decorrentes de fraudes

Historicamente, os casos conhecidos de informação contábil fraudulenta compreendem situações de superestimação de receita, seja pelo seu reconhecimento antecipado ou pela criação de receitas fictícias. Dessa forma, no processo de identificação e avaliação dos riscos de distorção, é requerido que o auditor considere em sua análise a presunção de que existe esse risco no reconhecimento da receita, identificando os tipos de receitas e quais delas geram tais riscos.

Esses riscos variam de entidade para entidade em decorrência da existência de pressões ou incentivos. Por exemplo, em uma companhia aberta, onde o desempenho dos administradores é medido pelo crescimento da receita e lucros, existe uma pressão ou incentivo para que os administradores inflem esses itens e possam aumentar sua remuneração ou mesmo se manter no cargo ocupado.

Em uma entidade de pequeno porte, pode existir situação inversa onde o objetivo do administrador, que também é o proprietário do negócio, possa ser o de diminuir o lucro da entidade, reduzindo a carga tributária e desviando recursos livres de tributação para a sua conta pessoal.

Essa avaliação deve levar em consideração os aspectos anteriormente discutidos, inclusive os fatores de risco de fraude que estão detalhados no Apêndice 1 da NBC TA 240, quando da identificação e avaliação de riscos requeridos pela NBC TA 315.

Respostas aos riscos avaliados de distorção relevante decorrentes de fraude

Primeiramente, nos termos da NBC TA 330, o auditor deve determinar respostas globais, incluindo a necessidade de maior ceticismo profissional, seja pelo reconhecimento de que as explicações e representações da administração devem ser corroboradas, seja pela necessidade de ser mais criterioso na natureza e extensão da documentação a ser examinada.

Além disso, na alocação da equipe ao trabalho devem ser levados em consideração o conhecimento, a aptidão e a capacidade dos indivíduos que assumirão responsabilidades pela avaliação dos riscos de distorção relevante decorrentes de fraude, assim como o nível de supervisão.

Ainda em termos globais, deve se analisar a adequação das políticas contábeis relacionadas com medições subjetivas e transações complexas e a incorporação do caráter de imprevisibilidade na decisão da natureza, época e extensão dos procedimentos de auditoria.

Essa imprevisibilidade é conseguida pela aplicação de procedimentos de auditoria em itens que normalmente não seriam selecionados por não serem relevantes, pela mudança na época ou data base de aplicação de certos procedimentos, pela mudança nos critérios estatísticos de seleção ou mudanças de locais a serem examinados (filial X em vez da filial Y) sem avisar previamente.

A resposta do auditor no nível de afirmações, isto é, os procedimentos adicionais de auditoria a serem aplicados, pode implicar na mudança da natureza, época ou extensão desses procedimentos. O Apêndice 2 da NBC TA 240 apresenta inúmeros exemplos de possíveis procedimentos de auditoria para tratar dos riscos avaliados de distorção relevante decorrentes de fraude.

Esses exemplos estão relacionados com as duas formas de fraude (informação fraudulenta e apropriação indevida de ativos) e incorporam o elemento de imprevisibilidade, que é importante nas respostas a esses riscos de fraude.

Mais uma vez, é importante ter em mente que em uma situação real, as respostas específicas do auditor variam de situação para situação, dependendo dos tipos ou combinações de fatores de risco ou condições identificadas (pressão, incentivo, oportunidade), assim como as transações, saldos contábeis, divulgações e afirmações que possam ser afetadas.

Dentre os exemplos específicos de respostas contidos no Apêndice 2, são destacados os relacionados com estoques, fornecedores, lançamentos no período imediatamente anterior ao encerramento do exercício, partes relacionadas, procedimentos analíticos em dados não agregados, isto é, transações por localidade, linha de negócio ou de um dado período, entrevistas com empregados e profissionais de outras áreas para obter entendimento sob outra perspectiva, análise de transações entre os componentes de um grupo, uso de especialistas e outros exemplos.

No caso de respostas específicas ao risco de distorção proveniente de informação fraudulenta, destacam-se os seguintes:

a) reconhecimento de receitas: aplicação de procedimentos analíticos sobre dados não agregados, confirmações de outras informações com clientes, além do saldo (por exemplo, existência de vendas em consignação que poderiam ser revertidas após a data do balanço), indagações ao pessoal operacional (marketing, vendas) ou até mesmo em relação ao pessoal do Departamento Jurídico para identificar condições não usuais de vendas e outros aspectos específicos;

b) existência física de estoques: observar contagens físicas em localidades não programadas (sem aviso prévio) e em data próxima ao encerramento do exercício, executar procedimentos adicionais durante a contagem, abrindo caixas de embalagens fechadas e outros procedimentos específicos;

c) estimativas da administração: utilizar especialistas externos e independentes para realizar estimativas para comparação com aquelas fornecidas pela administração, assim como confirmar certas premissas e outras informações da administração com empregados que não pertencem à contabilidade ou que não estejam ligados ao processo estimativo; e

d) apropriação indevida de ativos: contagens de valores ou confirmações de saldos em data próxima ao fim do exercício, analisar as recuperações de contas, investigar variações (falta) de estoques, analisar descontos e devoluções de vendas, confirmar termos específicos da operação e não apenas o seu saldo na data do balanço, rever despesas de valor alto e não usuais, rever relatório de gastos de executivos e administradores e outras respostas específicas.

Como vimos anteriormente, a administração está em posição privilegiada para perpetrar fraudes pelo fato de sua capacidade de manipular os registros contábeis, burlando controles. Dessa forma, o auditor deve planejar procedimentos específicos em relação aos lançamentos contábeis, tanto de fim de ano como ao longo do exercício, a fim de se satisfazer sobre os controles existentes que possam mitigar esse risco.

Esses procedimentos específicos incluem a avaliação dos controles internos sobre os lançamentos contábeis. Quanto melhor for o controle, menor será a extensão dos testes. Cuidados especiais são necessários sobre aqueles lançamentos feitos em contas não usuais, de "valores redondos", feitos por indivíduos que normalmente não fazem lançamentos contábeis, lançamentos de fim de período, principalmente durante o processo de encerramento das demonstrações, ou fora do curso normal do negócio.

Dessa forma, os testes geralmente incluem valores lançados no fim do período, todavia, o auditor deve considerar se tal teste é necessário, também, ao longo do período.

Além dos testes de lançamentos contábeis, as estimativas precisam ser analisadas em busca de possíveis vícios (critérios tendenciosos) que possam representar riscos de distorção. Essa análise normalmente compreende a avaliação se os julgamentos exercidos pela administração apresentam tendenciosidade. Essa análise pode compreender a revisão retrospectiva, isto é, analisar os acontecimentos subsequentes em relação a estimativas da administração do ano anterior.

Essa análise retrospectiva, por exemplo, pode incluir a comparação dos acontecimentos subsequentes durante o ano corrente em relação às premissas consideradas no anterior por ocasião da constituição de uma determinada provisão.

Por fim, para as operações significativas fora do curso normal dos negócios, devem ser analisadas com o cuidado necessário para concluir que não foram engendradas para produzir informações contábeis fraudulentas.

Exemplos de fraudes

A experiência prática me faz lembrar algumas fraudes contábeis e as prováveis razões que levaram à sua detecção pela auditoria e, em outros casos, a não detecção.

1º Caso – Vendas e valores a receber fictícios

Esse caso ocorreu em uma indústria têxtil. Na seleção das contas a receber a serem confirmadas diretamente com os devedores, um dos devedores chamou a atenção de um dos assistentes da equipe, primeiramente pelo fato de o endereço ser muito próximo ao da sua residência e ele nunca ter ouvido falar naquela empresa e em segundo lugar pelo valor envolvido.

Naquela época o trabalho era dividido em três visitas (ínterim, pré balanço e final). No ínterim foram despachadas as cartas de circularização e, antes da visita de pré-balanço, o assistente notou que poucas respostas haviam sido recebidas e providenciou a remessa do 2º pedido, mas notou que aquele devedor que havia chamado sua atenção tinha confirmado o saldo.

Como o endereço que constava na carta era bem próximo à sua casa, ele resolveu, por sua conta e risco, investigar algo que lhe parecia estranho. Sondou alguns vizinhos, inclusive estabelecimento comercial próximo, e concluiu que ali era de fato uma residência e que ninguém havia ouvido falar no nome da empresa (fictícia) que constava na carta de confirmação.

Naquela época era procedimento de auditoria coletar autógrafos das pessoas autorizadas a assinar pela empresa. Isso era feito em uma ficha (papel de trabalho arquivado na pasta permanente) que continha o nome, assinatura e rubrica dessas pessoas que assinavam pela empresa. Ele comparou a assinatura que contava na carta de confirmação de saldo e, mesmo não sendo perito ou "expert" no assunto, não teve a menor dificuldade em identificar a pessoa que tinha assinado aquela resposta.

Com o nome da pessoa, também não foi difícil descobrir que aquele endereço era residência de um parente da pessoa que assinou a carta. Reuniu essas informações e antes da visita final mostrou ao sênior do trabalho tudo o que ele havia coletado. O sênior analisou e levou o assunto ao gerente. Para encurtar a história e passar para um segundo caso, a descoberta era a ponta de um grande "iceberg".

A firma de auditoria acabou renunciando ao trabalho e algum tempo depois a indústria têxtil entrou num processo fraudulento de concordata e em seguida faliu. Este primeiro caso envolveu uma grande dose de sorte e aventura policialesca que não é função do auditor, mas a lição que fica é a necessidade de manter sempre aceso o **ceticismo profissional**.

2º Caso – Conta de empréstimos a receber incluía valores fictícios

Esse caso ocorreu em um banco e permaneceu não detectado por um longo período de tempo. A bem da verdade, nunca foi descoberto pelos auditores, pois pelo que se pôde apurar, o procedimento de seleção de itens para aplicação de teste substantivo (confirmação de saldos) era aplicado sobre uma população apenas parcial que não correspondia a todos os itens e, dessa forma, cometia-se uma falha ao não dar chance para que todos os itens da população pudessem ser selecionados.

Aparentemente, a falha correspondeu ao fato do auditor não ter "somado" todos os itens que compunham aquilo que lhe era informado como população total da carteira de empréstimos para se assegurar de que o valor total correspondia ao saldo da conta de empréstimos. Todo trabalho dele, por vários anos, tomava como base uma população apenas parcial, de onde era extraída a amostra para o seu teste de existência.

Como os itens com problema não estavam inclusos naquela população apenas parcial, nunca seriam selecionados e, portanto, puderam permanecer com problemas por vários anos. Os totais de longas listagens impressas pelo computador de um grande banco de varejo **podem ser manipulados da mesma forma** que uma fita de soma, gerada por uma máquina de somar daquelas que quase não existem mais, com a prestação de contas pelo "office boy" de uma entidade de pequeno porte.

Dessa forma, o auditor deve sempre incluir nos seus testes todos os procedimentos necessários para se assegurar sobre a correção da massa de dados com os quais está trabalhando. Em algumas situações como a de um grande banco de varejo, é inviável **somar manualmente** as listagens de computador, mesmo porque uma operação dessa natureza está bastante propensa ao erro humano e o auditor não chegaria a lugar algum com o procedimento manual, mas esse procedimento seria rapidamente resolvido com a aplicação de um "programinha de soma por meio de um TAAC" (técnica de auditoria assistida por computador) que somasse todos os arquivos para compor o saldo do razão e emitisse de forma independente, diretamente pelo auditor, uma listagem absolutamente confiável para o propósito do trabalho.

Esse exemplo é um caso em que o auditor não teve o zelo necessário e que por vários anos não aplicou os procedimentos de auditoria com o necessário ceticismo profissional, aceitando a informação dada pelo cliente como informação válida, falta de discussão entre os membros da equipe para discutir as possibilidades de existência de fraudes, onde fatalmente alguém da equipe aventaria essa possibilidade (risco) e se determinaria uma resposta adequada a esse risco.

3º Caso – Desvio significativo de valores em decorrência de pagamentos fictícios de compras de imobilizado, registradas em obras em andamento

Esse terceiro caso ocorreu em uma empresa de serviço público que tinha várias obras em andamento em decorrência de seu programa de expansão. O exame de adições ao imobilizado incluiu um exame documental bastante extenso das compras de bens e serviços para essas obras durante o período.

A descrição do trabalho executado pelo auditor nos papéis de trabalho incluiu a identificação do número da nota fiscal e nome do fornecedor (do serviço). Na revisão efetuada pelo sênior do trabalho, chamou a atenção dele a grande quantidade de notas fiscais de um mesmo fornecedor de serviço em diferentes obras.

Dessa forma, antes dele passar as pastas do trabalho (visita preliminar) ao gerente, ele decidiu gastar algum tempo nesse assunto, voltou com o assistente no cliente, estendeu o exame documental, tabulou as notas desse mesmo fornecedor e concluiu que algo muito estranho estava ocorrendo, pois existia sequência de notas alocadas a várias obras, permitindo concluir que pelo menos entre março e setembro daquele ano aquele fornecedor só havia trabalhado para o seu cliente de auditoria, o que não era normal.

Na visita às obras e outras investigações, fechou-se o cerco e o assunto foi levado à atenção da Presidência da Empresa. Aparentemente, apenas um dos diretores estava envolvido na fraude, mas toda "diretoria caiu". O trabalho de auditoria das demonstrações financeiras foi interrompido e iniciado um trabalho de investigação da fraude em conjunto com a auditoria interna da controladora.

Mais uma vez, deve se destacar a importância da manutenção do ceticismo profissional, entretanto neste caso não houve sorte ou investigação policialesca e sim um trabalho **adequadamente documentado, como requerido pela NBC TA 230,** que possibilitou a identificação do problema pelo sênior durante a sua revisão das evidências coletadas.

4º Caso – Realização de lucro extraordinário em data próxima ao encerramento do exercício

Este caso também foi em um banco com grande rede de agência e só foi descoberto no ano seguinte, após a emissão e divulgação do parecer de auditoria. A fraude consistiu na "venda" de títulos e valores mobiliários para um "terceiro" com um grande "lucro" representado pelo diferencial entre o valor contábil e o valor de "venda".

O grande e não usual "lucro" não foi detectado e, portanto, não investigado pelo auditor, pois ele foi distribuído pelas mais de 300 agências que o banco possuía no país e, dessa forma, o valor que entrou no resultado foi diluído e não chamou a atenção do auditor, que aplicou procedimentos de revisão analítica, comparando as receitas do último trimestre com os valores de períodos anteriores, tendo sido atribuída a variação havida, relativamente pequena em cada agência, aos aspectos de sazonalidade pela proximidade de fim de ano e aumento das operações de empréstimo.

Esse caso deixa claro que a parte auditada sabe que o auditor vai direcionar seu trabalho e seus questionamentos para itens não usuais e com grandes variações e, dessa forma, as escondeu, diluindo o efeito que não foi detectado no procedimento de revisão analítica. Nesse caso específico, a falha do auditor foi a de não ter obtido entendimento do processo de encerramento das demonstrações financeiras, que detectaria a possibilidade de existência de lançamentos não rotineiros, efetuados diretamente na direção geral (contabilidade central na matriz), que poderia efetuar "acertos" nos saldos das agências.

Se o auditor tivesse entendido o referido processo de encerramento e tivesse aplicado teste apropriado, fatalmente teria sido identificado e investigado o procedimento não rotineiro que poderia indicar a existência de irregularidade e, com isso, ter sido detectado, servindo de lição a necessidade de atenção especial a esses lançamentos contábeis de encerramento de exercício.

5º Caso – Tentativa de esconder do auditor problemas no processo de estimativa desenvolvido pela empresa

Esse caso envolveu contratos de longo prazo, onde o reconhecimento da receita e da despesa era feito pelo método da percentagem completada, calculada pela proporção dos custos contratuais incorridos em cada etapa e dos custos totais orçados e pela medição do trabalho executado, conforme a natureza do contrato.

Dentre os diversos projetos em curso, envolvendo valores altíssimos, um deles estava com problema de realização em que a entidade auditada não ia conseguir concluir o projeto dentro do volume de custo estimado e, dessa forma, fatalmente iria realizar uma grande perda, que não estava sendo considerada pelo fato de usar algumas premissas otimistas na avaliação do projeto, que não gostaria de discutir com os auditores e, dessa forma, tentava manter os auditores longe desse item.

Para desviar a atenção do auditor sobre esse projeto que apresentava problema, o executivo responsável pela divisão provocou várias reuniões com os auditores envolvendo uma série de especialistas da divisão que tocavam outro projeto que tinha sofrido grande alteração em relação à sua concepção original, lançando uma "cortina de fumaça" para que os auditores se dedicassem a analisar esse outro projeto, onde se discutia um reajuste com a compradora em decorrência das mudanças havidas no projeto.

Nesse outro caso, o executivo gostaria de reconhecer essa receita adicional ainda no balanço que estava sendo encerrado, mas como a entidade, segundo esse executivo, tinha uma "política bastante conservadora", ele só reconheceria se o auditor considerasse certo tal reconhecimento, sem ter obtido a concordância da outra parte, que ainda estava analisando a situação e avaliando o que era efetivamente proveniente de mudança de projeto (passível de negociação e parcialmente reembolsável) e o que era erro da entidade na forma de direcionar o projeto e, portanto, custo da entidade.

Como o assunto estava sendo analisado pela outra parte, o assunto permaneceu pendente de solução até próximo à data de conclusão do trabalho do auditor, tendo sido marcada uma reunião com esse cliente exatamente na data prevista para conclusão do trabalho de auditoria e remessa de informação ao exterior.

O sócio responsável pelo trabalho de auditoria tomou uma decisão apropriada nas circunstâncias, levando o assunto aos responsáveis pela governança, de que em decorrência do assunto que vinha sendo discutido com o responsável da Divisão X, o prazo para entrega do relatório não iria ser cumprido, pois o grande volume de reuniões envolvendo vários profissionais de sua equipe não tinha permitido que a equipe analisasse a situação de outros projetos em curso e que precisaria de mais tempo.

Obviamente, isso provocou uma "chiadeira geral", mas o sócio "salvou" o trabalho, pois, ao conseguir mais tempo, foi possível aplicar os procedimentos para avaliar as demais estimativas e o problema acabou sendo identificado, detectando-se uma grande distorção, que não foi ajustada e implicou em ressalva no parecer.

Esse caso trouxe como principal consequência uma perda adicional ao auditor pelas horas incorridas e não remuneradas pelo cliente, mas infinitamente menor do que se o problema tivesse passado e a reputação da firma viesse a ser abalada.

Bem, na longa carreira profissional como auditor, teria uma grande infinidade de outros casos interessantes de que acabei tomando conhecimento, mencionando, por exemplo, operações de renda fixa "travestidas" em renda variável para gerar ganho artificial, fraudes em processos licitatórios, desvios de ativos, descoberta por meio de circularização de devedores, cujo débito já havia sido baixado contra a provisão, em que o devedor liquidou a dívida após ter sido baixada, mediante a entrega de bens em dação de pagamento, que foram negociados com terceiros, e tanto os bens como o dinheiro recebido não entraram na entidade, e inúmeros outros casos que ilustrariam a necessidade de atenção aos requisitos da NBC TA

240, cujos apêndices com pequenas adaptações podem ser utilizados como *check lists* para auxiliar o auditor na sua tarefa de avaliar os riscos de distorções decorrentes de fraudes.

Avaliação da evidência de auditoria

A NBC TA 330 requer que o auditor considere se as avaliações de risco de distorção relevante no nível das afirmações continuam apropriadas. O Apêndice 3 da NBC TA 240 contém uma série de exemplos de circunstâncias que podem indicar a possibilidade de fraude.

Esses exemplos são divididos de acordo com as seguintes naturezas:

- **discrepâncias entre os registros contábeis**, envolvendo transações registradas de forma não tempestiva, incompleta, sem autorização e outras situações;
- **falta de evidências necessárias**, envolvendo problemas de documentação, itens significativos sem explicação em conciliações, respostas incoerentes ou vagas da administração e outras situações; e
- **relações problemáticas entre a administração da entidade e o auditor**, incluindo limitações a registros, documentos, pessoas, atrasos no fornecimento de informações pela administração, relutância em melhorar o nível de divulgações nas demonstrações e outras dificuldades impostas pela administração para o desenvolvimento da auditoria da forma que seria necessária.

Análise de distorções identificadas para se satisfazer de que não envolvem fraudes

Sempre que for identificada a existência efetiva de uma distorção, o auditor deve estar atento para analisá-la e concluir se ela poderia estar relacionada com fraude e, em particular, se a eventual fraude envolve a administração.

Em caso positivo, isso é extremamente problemático, pois colocaria em "xeque" a confiabilidade nas representações da administração e em outras evidências anteriormente obtidas.

Representações da Administração

A NBC TA 580 estabelece requisitos e fornece orientações específicas sobre a necessidade de obtenção de representações da administração que cubram:

- reconhecimento por parte da administração sobre a responsabilidade pela implementação de controles internos que previnam e detectem eventuais fraudes; e
- a obrigação da administração em revelar aos auditores a avaliação de risco decorrente de fraude por ela efetuada, assim como a existência efetiva de fraudes ou mesmo a suspeita, envolvendo empregados categorizados ou não e a própria administração, independentemente de como o conhecimento desse problema chegou à administração.

Tendo em vista os problemas relacionados com fraudes, que podem ser perpetrados pela própria administração, a obtenção de representações deve ser sempre estendida aos órgãos de governança.

Comunicações à administração e aos responsáveis pela governança

Na hipótese de identificação da existência de fraude ou obtenção de informação que indique a suspeita de fraude, o auditor deve comunicar esse fato de forma tempestiva à pessoa de nível apropriado da entidade.

A determinação da pessoa de nível apropriado é uma questão de julgamento profissional e depende de certas considerações do tipo, existência de conluios, natureza da fraude e a magnitude do valor envolvido. Como regra geral, a pessoa a ser informada deve estar pelo menos um nível acima daquele que perpetrou a fraude ou que parece estar envolvido. Nesse sentido, se a suspeita recai sobre o gerente financeiro e o auditor entende que o diretor financeiro não está envolvido, normalmente, o diretor financeiro seria o primeiro a ser comunicado.

Como esse assunto é sensível e de alto interesse do órgão de governança, normalmente a comunicação seria estendida aos responsáveis pela governança. Além da comunicação em si, devem ser discutidas com esses responsáveis as investigações necessárias, ou seja, qual a natureza dos procedimentos a serem aplicados, quando serão aplicados (época) e qual a extensão necessária para poder concluir a auditoria, sem qualquer limitação em seu alcance.

Nas circunstâncias em que o auditor passe a ter dúvidas sobre a honestidade e integridade dos membros da administração ou dos órgãos de governança, o auditor deve considerar a obtenção de assessoria legal para determinar o curso de ação necessário que pode implicar na não continuidade do trabalho, pois o auditor não teria o grau necessário de confiabilidade para executar uma auditoria de demonstrações financeiras.

A NBC TA 260 traz orientações específicas sobre as comunicações envolvendo fraudes ou suspeitas de fraudes, assim como sobre outros assuntos e preocupações do auditor, relacionadas com:

- avaliações de risco pela administração e eventuais falhas nesse processo;
- ambiente de controle interno, incluindo competência e integridade da administração; e
- decisões tomadas pela administração que podem indicar tentativas de manipulação de dados ou "produção" de informações enganosas.

Comunicações aos órgãos reguladores

Está implícito no Código de Ética do Contabilista, editado pelo CFC, a necessária confidencialidade que o auditor deve manter; todavia, existem situações em que, por dever legal, o auditor é obrigatório a relatar certas informações que chegaram ao seu conhecimento em decorrência da auditoria.

No segmento financeiro, o Banco Central do Brasil determina a obrigatoriedade de o auditor relatar a ele os casos conhecidos de fraudes que tenham sido identificados. Em outros segmentos também pode existir tal obrigatoriedade, portanto, normalmente o auditor deve consultar sua assessoria legal para determinar o curso de ação a ser tomado.

Documentação

As documentações necessárias para evidenciar o cumprimento dos requisitos desta norma estão estabelecidas na:

- NBC TA 315 (decisões tomadas durante a discussão com a equipe e os riscos identificados e avaliados de risco de fraude no âmbito das demonstrações financeiras);
- NBC TA 330 (respostas globais aos riscos avaliados e a natureza, época e extensão dos procedimentos, fazendo a ligação destes com os requisitos da NBC TA 315);
- resultados dos procedimentos aplicados, inclusive aqueles planejados para monitorar o risco de que os controles sejam burlados pelos administradores;
- comunicações efetuadas aos administradores, órgãos de governança e reguladores; e
- no caso em que o auditor concluir que deve refutar a presunção de risco de fraude no reconhecimento de receita, ele deve explicar as razões que o levam a tal conclusão.

Exemplo de planilha para documentar a análise dos riscos de fraude:

- Coluna 1 – listar os eventos ou fonte de riscos de fraude, classificando-os por tipo de causa – Pressão, oportunidade, racionalização.
- Coluna 2 – identificar possíveis áreas ou contas das DFs que seriam afetadas e de que maneira.
- Coluna 3 – afirmações que poderiam ser afetadas (Integridade, Precisão, Existência, Avaliação... ou se o efeito é generalizado).
- Coluna 4 – índice de 1 a 5 para indicar a possibilidade de ocorrência, sendo 1 remota, 2 improvável, 3 provável, 4 muito provável e 5 quase certo.
- Coluna 5 – índice de 1 a 5 para indicar o possível efeito (1 imaterial, 2 pequeno, 3 moderado, 4 grande e 5 material).
- Coluna 6 – efeito combinado (coluna 4 multiplicada pela coluna 5) – Quando o resultado combinado (multiplicação) for igual ou superior a 16, o risco de fraude é considerado significativo, enquanto que quando a multiplicação for inferior a 12, o risco de fraude é não significativo, restando a situação em que o resultado for 12 (3 × 4 ou 4 × 3) em que o risco poderá ser considerado moderado.

Situações de impossibilidade do auditor em continuar o trabalho

Como visto anteriormente, podem existir circunstâncias que podem impossibilitar a continuidade de um trabalho de auditoria de demonstrações financeiras. Um exemplo típico dessa circunstância é quando o auditor passa a não ter mais a necessária credibilidade nas pessoas que integram a administração ou órgão de governança.

Problemas dessa natureza normalmente envolvem a necessidade de assessoria legal para determinar se existe a possibilidade de o auditor se retirar do trabalho e quais as medidas necessárias, inclusive no que tange às comunicações que possam ser necessárias tanto no âmbito da entidade como de órgãos reguladores, se aplicável.

8

Considerações de Leis e Regulamentos na Auditoria de Demonstrações Financeiras (NBC TA 250)

Introdução, efeito das leis e regulamentos e definições

As leis e regulamentos a serem observados pelas entidades podem afetar diretamente as demonstrações financeiras, como aquelas que determinam como os assuntos devem ser reportados nas demonstrações financeiras, ou podem estar relacionados com a permissão de operação ou condução operacional do negócio, sem um efeito **direto** nas demonstrações financeiras.

Algumas entidades operam em setores altamente regulamentados, como o segmento financeiro e de seguros, enquanto outras não. A não conformidade com leis e regulamentos pode resultar em penalidades à entidade e, dessa forma, afetar de forma relevante as demonstrações financeiras.

A não conformidade com leis e regulamentos é definida pela NBC TA 250 como atos intencionais ou não que são contrários a legislação e regulamentações vigentes aplicáveis à entidade. Os atos de conduta pessoais dos administradores ou responsáveis pela governança que não afetem a entidade não são alcançados por esta Norma.

Responsabilidade pela conformidade com leis e regulamentos

A responsabilidade primária de que os negócios da entidade são realizados com estrita observância das disposições legais e regulamentares é da **administra-**

ção (e dos responsáveis pela governança), independentemente de essas leis e esses regulamentos afetarem diretamente as demonstrações financeiras ou estarem relacionados apenas com aspectos operacionais.

O monitoramento do cumprimento de normas legais e regulamentares em entidades de grande porte é feito por departamento específico (por exemplo, pelo Departamento de *Compliance* de Instituições Financeiras), Departamento de Auditoria Interna ou diretamente pelo Comitê de Auditoria.

Em outras entidades, o monitoramento pode ser menos formal; todavia, a administração não pode negligenciar com referência ao seu dever de cumprir com todas as normas legais e regulamentares que sejam relevantes para a operação da entidade. A NBC TA 250 traz exemplos de como a administração monitora essa conformidade.

Responsabilidades do Auditor Independente e objetivos a serem atingidos

De acordo com a NBC TA 200, o auditor é responsável pela obtenção de segurança razoável de que as demonstrações financeiras, como um todo, estão livres de distorção relevante, sejam elas provenientes de erro ou fraude. Como será visto, a seguir, os requisitos desta Norma destinam-se a auxiliar o auditor na identificação de distorções relevantes provenientes de não conformidade com leis e regulamentos; todavia, a segurança obtida pelo auditor não é absoluta e podem existir não conformidades que não sejam detectadas pelo auditor.

A exemplo das situações de fraude, discutidas no Capítulo 7, que trata da Norma 240, as limitações inerentes ao processo de auditoria das demonstrações financeiras podem não permitir que tais descumprimentos sejam detectados pelo auditor, seja pelo fato de que existem muitas leis e regulamentos relacionados com a operação em si da entidade que não são capturadas pelo sistema de informações, seja pela existência de conluios, falsificações ou até mesmo em decorrência da burla dos controles pelos administradores.

Obviamente, essas limitações inerentes não são desculpas antecipadas pela não detecção e, portanto, o auditor não pode negligenciar o cumprimento de suas responsabilidades, mantendo-se alerta e com o necessário ceticismo profissional. A NBC TA 250 distingue a responsabilidade do auditor com referência à conformidade de duas categorias diferentes de leis e regulamentos:

- aquelas que afetam diretamente as demonstrações financeiras (por exemplo, legislação tributária aplicável ao Imposto de Renda ou outro tributo), em que a responsabilidade do auditor é de obter evidência de auditoria apropriada e suficiente quanto à conformidade com leis e regulamentos, ou seja, de que o Imposto de Renda ou outro tributo vem sendo computado, provisionado e pago de acordo com a legislação aplicável; e

- aquelas que não afetam diretamente as demonstrações financeiras, mas que podem ser fundamentais para a operação da entidade, inclusive de sua própria continuidade operacional, como as que tratam de solvência em seguradoras e limites de operação em instituições financeiras. Nesses casos, o auditor executa certos procedimentos para ajudá-lo a identificar descumprimentos com efeito relevante nas demonstrações financeiras.

Em termos de **objetivos**, a NBC TA 250, além das responsabilidades acima, trata também sobre como o auditor deve responder, isto é, quais as ações que ele deve tomar, no caso da identificação de não conformidade ou suspeita de não conformidade.

Requisitos

Consideração pelo auditor da conformidade com leis e regulamentos

A NBC TA 315 requer o entendimento da entidade e de seu ambiente, o que inclui o entendimento da estrutura legal e regulamentar que seja aplicável à entidade e o seu cumprimento. É inimaginável, por exemplo, que um auditor possa conduzir uma auditoria de demonstrações financeiras de um banco sem um profundo entendimento das normas legais e regulamentares aplicáveis a esse segmento.

Esse entendimento é requerido qualquer que seja o setor em que a entidade opera. Obviamente, em alguns casos, como o segmento financeiro, as operações e a própria forma de contabilizar e divulgar as transações são altamente regulamentadas, enquanto em outras o nível de regulamentação é menor. A NBC TA 250 apresenta exemplos de como o auditor obtém esse entendimento.

Os procedimentos diretamente aplicados para ajudar o auditor a identificar eventuais descumprimentos incluem indagações diretas aos administradores e análise das trocas de correspondência entre a entidade e o órgão regulador. Por exemplo, o resultado das inspeções do Banco Central do Brasil ou a simples análise das informações prestadas pelas instituições financeiras ao Banco Central geram comunicações oficiais.

Essas comunicações devem ser analisadas pelo auditor uma vez que são indicadores de possíveis descumprimentos de normas legais e regulamentares.

Além dos procedimentos diretamente aplicados pelo auditor para atingir o seu objetivo, ele deve permanecer alerta aos resultados de outros procedimentos de auditoria, aplicados com outros objetivos, que podem indicar não conformidade ou indício de não conformidade. Dentre esses outros procedimentos destacam-se a leitura de atas, indagações sobre litígios e testes substantivos em classes de transações, saldos ou divulgações.

O auditor deve obter representações formais da administração de que os eventuais casos de não conformidade foram levados ao conhecimento do auditor, todavia, a obtenção de representações sozinhas não se constitui em evidência apropriada e suficiente, portanto, o auditor deve executar os procedimentos diretos anteriormente mencionados e deve permanecer alerta ao resultado de outros procedimentos de auditoria não relacionados diretamente com o objetivo desta Norma.

Procedimentos requeridos quando o auditor identifica situações de não conformidade ou de suspeita de não conformidade

No caso de efetiva identificação ou suspeita de descumprimento, o auditor deve aplicar os procedimentos necessários para obter um completo entendimento da não conformidade e do seu efeito nas demonstrações financeiras. O item A 13 da NBC TA 250 traz exemplos específicos de assuntos a serem considerados pelo auditor.

Quando a não conformidade afetar de forma relevante as demonstrações financeiras, o relatório de auditoria sobre as demonstrações (opinião) conterá modificações (ressalva, adverso ou abstenção de opinião), conforme discutido mais adiante no que tange às comunicações da não conformidade.

Os assuntos relevantes para avaliação do auditor sobre o possível efeito nas demonstrações financeiras estão relacionados com os potenciais efeitos que a não conformidade provoca nessas demonstrações (multas pecuniárias ou até mesmo a descontinuidade), divulgações que possam ser requeridas e o efeito em termos de produção de informações enganosa.

No caso de suspeitas de não conformidade, esse fato deve ser discutido com os administradores e com os responsáveis pela governança. No caso dessa discussão não resultar em evidência apropriada e suficiente de que não houve tal descumprimento, o auditor deve considerar discutir o assunto com a assessoria legal da própria entidade ou do próprio auditor e analisar o impacto em sua opinião sobre as demonstrações financeiras.

No caso de não conformidade efetiva, além de analisar o impacto na opinião, o auditor deve também considerar as implicações em relação a outros aspectos, incluindo a sua avaliação de risco e a confiabilidade nas representações da administração.

Em casos excepcionais, em que a administração não adote medidas para a solução de não conformidade, mesmo que tais descumprimentos não sejam relevantes em relação às demonstrações financeiras como um todo, o auditor pode considerar a renúncia ao trabalho, se isso for possível, ou a adição de um parágrafo de outros assuntos em seu relatório para enfatizar a não conformidade.

Comunicações da não conformidade (efetiva ou suspeita), inclusive no próprio relatório de auditoria sobre as demonstrações financeiras

Os casos identificados devem ser comunicados aos responsáveis pela governança, a não ser quando todos os membros da governança façam parte da administração e já tenham conhecimento da não conformidade, principalmente nos casos em que a não conformidade seja intencional.

Se o auditor suspeitar que os administradores ou responsáveis pela governança estão envolvidos, essa comunicação deve ser feita ao órgão imediatamente superior. Por exemplo, ao Comitê de Auditoria ou ao próprio Conselho de Administração.

Além da comunicação do fato, o auditor deve também considerar o impacto desse descumprimento em seu relatório de auditoria sobre as demonstrações financeiras. Se o auditor concluir que o não cumprimento tem efeito e não foi adequadamente refletido nas demonstrações financeiras, ele deve considerar a NBC TA 705 e ressalvar sua opinião ou emitir relatório com opinião adversa.

No caso em que for impedido pela administração ou órgão de governança de obter evidência de auditoria apropriada, ele deve considerar a emissão de relatório com ressalva por limitação no alcance do trabalho ou, até mesmo, abster-se de emitir opinião quando o possível efeito puder estar disseminado nas demonstrações financeiras como um todo.

Comunicações da não conformidade aos órgãos reguladores

De forma similar à situação de fraudes, o auditor deve analisar a sua responsabilidade em relatar eventuais descumprimentos a órgãos externos, não obstante a regra de confidencialidade a que o auditor está sujeito. No caso de instituições reguladas pelo Banco Central do Brasil, o alcance do trabalho contratado deve incluir a obrigatoriedade de relatar eventuais descumprimentos ao Banco Central, portanto, nesse caso a regulamentação específica sobrepõe-se à regra de confidencialidade.

Documentação

As situações de não conformidade que tenham sido identificadas, inclusive suspeitas não confirmadas, devem ser documentadas nos papéis de trabalho, incluindo os resultados da discussão com os administradores, responsáveis pela governança e órgãos reguladores externos, incluindo os efeitos na opinião emitida sobre as demonstrações financeiras.

Essa documentação geralmente envolve a elaboração de memorandos ou atas de reuniões juntamente com cópias de documentos que suportam as constatações.

9

Comunicações com os Responsáveis pela Governança (NBC TA 260)

Introdução, alcance, definições e papel da comunicação

A NBC TA 260 trata das comunicações com os responsáveis pela governança. Responsáveis pela governança são pessoas ou organizações com responsabilidade pela direção estratégica da entidade, incluindo entre outros aspectos a supervisão geral sobre os relatórios contábeis.

Administradores são as pessoas com responsabilidade executiva pela condução dos negócios e operações da entidade. Em algumas entidades os administradores (ou a administração, como normalmente é referido) fazem parte dos órgãos de governança que variam significativamente de uma para outra entidade, não existindo uma estrutura que possa ser considerada padrão.

A NBC TA 260 está focada na comunicação com os órgãos de governança e não inclui aspectos relacionados com a comunicação com a administração, a não ser nos casos em que os administradores também façam parte da estrutura de governança, portanto, as comunicações seriam com a administração no papel de governança, e não de administradores.

A comunicação com o órgão de governança, para ser eficaz, deve ter duas vias, isto é, deve abranger a comunicação de forma recíproca, tanto do auditor para os responsáveis pela governança, como destes em relação aos auditores.

Uma efetiva comunicação recíproca ajuda os auditores e responsáveis pela governança a desenvolverem uma relação construtiva, permitindo aos auditores a obtenção de informações relevantes para a auditoria e aos responsáveis pela governança entenderem aspectos da auditoria e cumprirem a responsabilidade de exercerem a supervisão do processo de preparação das demonstrações financeiras, reduzindo os riscos de distorção relevante.

É importante destacar que a administração também tem suas responsabilidades relacionadas com a comunicação com os responsáveis pela governança. Nesse sentido, o fato do auditor comunicar certos aspectos que devem ser comunicados aos responsáveis pela governança não exime a administração de também os comunicar. De forma similar, a comunicação pela administração de assuntos que devem ser comunicados também não isenta a responsabilidade do auditor de também comunicá-los.

Objetivos

Os objetivos do auditor relacionados com a NBC TA 260 compreendem a comunicação aos responsáveis pela governança de aspectos relacionados com a sua responsabilidade em relação à auditoria, fornecendo tempestivamente uma visão geral do planejamento da auditoria e informações que possibilitem a esse órgão cumprir o seu papel de supervisão na preparação das informações contábeis, assim como obter informações relevantes para a auditoria, de forma a promover uma comunicação efetivamente recíproca entre as partes.

Requisitos

A NBC TA 260 estabelece os seguintes requisitos, que estão apresentados e analisados em detalhe nas próximas seções deste capítulo:

- determinação das pessoas apropriadas para uma comunicação efetiva e recíproca;
- assuntos que devem ser objeto de comunicação;
- processo de comunicação; e
- documentação.

Determinação das pessoas apropriadas para uma comunicação efetiva e recíproca

Essa determinação depende fundamentalmente da estrutura de governança da entidade, que varia de entidade para entidade. Em linhas gerais, existem estruturas de dois níveis, onde o primeiro nível (conselho) não tem qualquer função executiva (exercida pela diretoria ou administradores), e estrutura de nível unitário, onde existe um conselho único com funções de supervisão geral e direção.

A estrutura de nível unitário é muito rara no Brasil, onde temos a predominância da estrutura de dois níveis, todavia, como podemos ver no Apêndice a este capítulo (Exemplos de Conselhos de Administração no Brasil), alguns Conselhos de Administração incluem membros da Diretoria Executiva, inclusive situações em que os cargos de Presidência dos dois órgãos são exercidos simultaneamente pela mesma pessoa.

Essa diversidade na estrutura não permite que a norma estabeleça um padrão com quem o auditor deve se comunicar. A determinação com quem o auditor deve se comunicar e quais assuntos devem ser comunicados devem ser discutidos por ocasião da aceitação dos termos do trabalho e sua contratação.

Essa determinação de comunicação pode recair sobre um subgrupo dos responsáveis pela governança, por exemplo, um Comitê de Auditoria ou o seu presidente.

Comitês de Auditoria também variam de entidade para entidade, todavia, mesmo que suas funções e nível de autoridade possam variar, a comunicação com esse órgão pode ser bastante produtiva, quando o auditor participa regularmente das reuniões desse comitê e periodicamente são realizadas reuniões sem a presença da administração para uma comunicação mais ampla e proveitosa.

Em alguns casos, todos os integrantes do órgão de governança também estão envolvidos na administração. Nessas situações, as comunicações não precisam ser duplicadas.

Assuntos que devem ser objeto de comunicação (ou discussão)

A NBC TA 260 estabelece assuntos específicos que devem ser objeto de comunicação e o Apêndice 1 dela apresenta uma lista de assuntos que devem ser comunicados em atendimento às demais NBC Tas. Dentre os assuntos específicos destacam-se:

a) **Responsabilidades do auditor em relação à auditoria das demonstrações financeiras**

Essa comunicação deve deixar clara a responsabilidade do auditor por formar e expressar sua opinião sobre as demonstrações financeiras, que são elaboradas pela administração com a supervisão geral dos órgãos de governança, e que esse trabalho não isenta os administradores ou responsáveis pela governança de suas responsabilidades. Esses aspectos são normalmente incluídos na carta de contratação (ver Capítulo 4, que trata da NBC TA 210).

b) Visão geral do planejamento da auditoria

Esses aspectos devem ser comunicados para dar uma visão geral do trabalho, do conceito e uso da materialidade na determinação dos testes de auditoria. Como a comunicação tem duas vias, permite também ao auditor obter informações e entender melhor a entidade e o seu ambiente.

Obviamente, o auditor deve tomar os devidos cuidados nessa comunicação, principalmente nos casos em que o órgão de governança inclua administradores com funções executivas, uma vez que a comunicação sobre o alcance e a época dos testes reduz a eficácia da auditoria, que deve contar sempre com uma boa dose de **imprevisibilidade para ser mais eficaz**.

No que tange ao planejamento, são normalmente considerados:

- tratamento dos riscos significativos de distorção relevante decorrentes de fraude;
- abordagem com referência aos controles internos;
- aplicação do conceito de materialidade;
- utilização de trabalhos da auditoria interna;
- entendimento dos responsáveis pela governança com referência à determinação com quem e como serão realizadas as comunicações, os objetivos e estratégias da entidade e os riscos do negócio que podem resultar em distorções relevantes;
- as comunicações com órgãos reguladores e assuntos que requerem atenção especial ou procedimentos adicionais de auditoria de acordo com entendimento dos responsáveis pela governança; e
- as atitudes, consciência e ações dos responsáveis pela governança em relação aos controles internos, a possibilidade de fraude e sua detecção, mudanças nas práticas contábeis, nos regulamentos e *follow up* às comunicações anteriores dos auditores, ou seja, quais as providências tomadas e o nível de atenção que vem sendo dado pelos responsáveis pela governança aos problemas levantados pelos auditores.

c) Constatações decorrentes da auditoria

Os principais aspectos comunicados estão relacionados com as considerações sobre:

- análise da adequação das políticas contábeis seguidas pela entidade considerando as circunstâncias específicas da entidade, assim como considerações sobre o efeito de mudanças havidas;

- identificação das principais estimativas contábeis da administração e análise do processo de estimativa, do risco, da possível tendenciosidade e adequação das divulgações requeridas;
- análise da adequação e neutralidade das principais divulgações em notas explicativas às demonstrações financeiras, relacionadas com o reconhecimento da receita, contingências, eventos subsequentes, continuidade operacional da entidade e outras divulgações relevantes;
- dificuldades significativas que estão sendo enfrentadas pela equipe. Essas dificuldades incluem atrasos no fornecimento de informações pela administração, estabelecimento pela administração de um período muito curto para execução do trabalho, restrições ao alcance do trabalho impostas pela administração e indisponibilidade de informações necessárias à auditoria;
- além das dificuldades, são também discutidos e incluídos nessas comunicações pedidos de informações adicionais para completar a evidência de auditoria já obtida;
- assuntos importantes que tenham sido tratados por meio de correspondência com a administração;
- representações requeridas pelo auditor;
- outros assuntos que o auditor possa entender como relevantes para os responsáveis pela governança cumprirem sua responsabilidade pela supervisão geral do processo de apresentação de relatórios contábeis. Dentre eles, podem ser incluídas as distorções identificadas que foram corrigidas e as que não foram corrigidas, assim como as deficiências no controle interno que serão comunicadas em atendimento aos requisitos da NBC TA 265; e
- distorções relevantes ou inconsistências de um fato que tenham sido corrigidas em informações (documentos de ofertas para captação de recursos pela emissão de instrumentos de capital) que incluem demonstrações financeiras.

d) Assuntos relacionados com independência do auditor e outras exigências éticas

Sempre que surgirem situações que possam ameaçar a independência do auditor e que sejam por ele analisadas para concluir sobre a manutenção da independência, como por exemplo a contratação de um novo serviço para a própria entidade, contratação do auditor por uma entidade concorrente do cliente, mudança na equipe, investimento em outra empresa pela entidade e outras situações, o auditor deve comunicar esse fato e as conclusões atingidas no processo de análise.

Essas análises e comunicações são obrigatoriamente requeridas no caso de companhias abertas, mas são também requeridas em outras situações, principalmente entidades que possam ser de interesse público, como instituições financeiras, seguradoras, fundos de pensão e outras entidades. Essas comunicações incluem as salvaguardas consideradas pelo auditor, bem como uma declaração formal de que a equipe e outras pessoas com funções relevantes na firma de auditoria e a própria firma, incluindo outras firmas da própria rede, cumpriram todas as exigências éticas relevantes.

Como exemplo, podemos ter uma situação bastante comum em que o auditor da entidade venha a ser contratado pelo principal concorrente de seu cliente. Ao mesmo tempo em que isso é um ponto forte do auditor, uma vez que já possui experiência na atividade, essa dupla função normalmente não é bem vista pelas entidades concorrentes e, dessa forma, o assunto é suficientemente relevante para ser levado à atenção dos órgãos de governança, com as providências ou salvaguardas que o auditor tomou para a situação concreta.

Nessa situação, a formação de duas equipes distintas com uma "muralha chinesa" para assegurar que não existem vazamentos de informações pode ser suficiente e aceitável pelas entidades concorrentes; todavia, isso nem sempre é possível e nem sempre é aceito pelas entidades, que obviamente têm o dever de preservar suas informações estratégicas.

A norma indica que é particularmente importante que os responsáveis pela governança recebam informações sobre os honorários de outros serviços prestados pela firma de auditoria à entidade, assim como detalhes sobre a natureza desses outros trabalhos. Dentre esses outros trabalhos, incluem-se aqueles efetuados por outras empresas ligadas à firma de auditoria (por exemplo, empresa de consultoria que opera sob a mesma bandeira). No Brasil, a CVM exige que as companhias abertas divulguem essas informações nas demonstrações financeiras.

Conforme mencionado anteriormente, o Apêndice 1 da NBC TA 260 apresenta uma lista de assuntos que devem ser comunicados em atendimento à NBC PA 01 (controle de qualidade no nível da firma) e às demais NBC Tas. Esses assuntos estão apresentados na tabela a seguir:

Tabela contendo assuntos cuja comunicação (discussão) é requerida pelas Normas de Auditoria

Norma e número da Norma	Item ou Subitem	Descrição do assunto a ser comunicado aos responsáveis pela governança
NBC PA 01	30 (a)	Identificação do sócio responsável e seu papel no trabalho.
NBC TAs		
240	21	Indagação sobre suspeita de fraude.
"	38(c)	Comunicação sobre eventual retirada da firma do serviço.
"	40/42	Fraudes efetivas.
250	14	Indagação sobre o cumprimento de normas legais e regulamentares.
"	19	Suspeitas de não conformidade.
"	22/24	Ocorrência de não conformidade intencional e relevante.
265	9	Deficiências significativas no controle interno da entidade.
450	12	Distorções não corrigidas e efeito que poderão ter na opinião do auditor.
"	13	Idem para distorções de anos anteriores.
505	9	Recusa da administração em permitir que o auditor confirme saldos com terceiros não é razoável e auditor não se satisfaz por meio alternativo.
510	7	Saldos iniciais com distorção que afeta as demonstrações do exercício corrente.
550	27	Transações com partes relacionadas.
560	7 (b)	Indagação sobre eventos subsequentes que afetem as demonstrações financeiras.
"	7 (c)	Indagação sobre assuntos discutidos em reunião do órgão de governança, cuja ata não esteja disponível.
"	9	Representações sobre eventos subsequentes.
"	10 (a)	Assuntos que chegaram ao conhecimento do auditor entre a data do relatório e sua divulgação e que se fossem conhecidos antes afetariam sua opinião.
"	13 (b)	Notificação para que as demonstrações financeiras não sejam divulgadas a terceiros antes de serem feitas as alterações necessárias.
"	14 (a)	Fatos que chegaram ao conhecimento do auditor após a divulgação das demonstrações financeiras e que se fossem conhecidos anteriormente implicariam em mudança no relatório.
"	17	Falta de providências da administração para garantir que todos que receberam as demonstrações financeiras anteriormente sejam informados das alterações necessárias ou caso em que a administração não proceda às alterações.
570	23	Dúvidas quanto à continuidade operacional da entidade, cobrindo aspectos da incerteza, da adequação do pressuposto da continuidade e adequação das divulgações necessárias.
600	49	Principais aspectos relacionados com auditoria de componentes, incluindo visão geral do trabalho, envolvimento do auditor principal, aspectos de qualidade, limitações e casos de fraude ou suspeita de fraude.
705	12	Recusa da administração em retirar limitação imposta ao trabalho.
"	14	Casos de renúncia do auditor do trabalho.
"	19 (a)	Não divulgação considerada necessária.
"	28	Casos em que o auditor prevê emitir relatório com modificação.
706	9	Comunicação sobre a necessidade de adicionar um parágrafo de ênfase ou de outros assuntos.
710	18	Situações em que o auditor atual concluir que existem distorções relevantes nas demonstrações financeiras do exercício anterior sobre as quais o auditor antecessor emitiu opinião limpa.
720	13	Administração se recusa a alterar outras informações que estão sendo apresentadas com distorção junto com as demonstrações financeiras.

Processo de comunicação

Para que as comunicações sejam efetivas e recíprocas, o auditor deve estabelecer com os responsáveis pela governança a forma, a época e o que será incluído nas comunicações. Não existe uma forma padrão para o processo de comunicação. Ele depende de uma série de variáveis, entre elas o tamanho da entidade, a forma de atuação do órgão de governança, sua estrutura e outras variáveis.

O processo de comunicação pode ser formal, seguindo formas estruturadas de apresentação, ou menos formal. Não existe rigidez, mas é importante que ele seja eficaz e recíproco e que atenda aos objetivos de uma comunicação dessa natureza.

A NBC TA 260 também não estabelece de forma rígida a época em que são realizadas as comunicações. Dessa forma, assuntos relacionados com o planejamento do trabalho devem ser discutidos no início do trabalho. Para trabalhos de auditoria inicial, o momento adequado para discutir esses assuntos é por ocasião da própria contratação.

As eventuais dificuldades que possam ser enfrentadas devem ser discutidas com os responsáveis pela governança quando elas surgem. Não é apropriado discutir um assunto dessa natureza na reunião de conclusão do trabalho. Nesse momento, de acordo com o ditado popular "Inês é morta", ou seja, um assunto dessa natureza deve ser discutido antes que seja tarde, permitindo, preferencialmente, a adoção de medidas preventivas e não apenas corretivas.

Deficiências relevantes no controle interno, suspeitas de fraude e possíveis distorções devem ser discutidas (verbalmente) tão logo cheguem ao conhecimento do auditor, mesmo que a comunicação formal seja feita posteriormente. Assuntos dessas naturezas devem ser tempestivamente discutidos, permitindo sua correção ou adoção de medidas em tempo hábil.

De forma similar, comunicações relacionadas com independência do auditor e outras exigências éticas também devem ser discutidas sempre que forem analisadas eventuais ameaças à independência. Seria extremamente inoportuno comunicar um problema de independência por ocasião da conclusão do trabalho.

Por sua vez, assuntos relacionados com a conclusão do trabalho, divulgações requeridas e conclusões alcançadas são necessariamente discutidos ao fim do trabalho, permitindo que os responsáveis pela governança cumpram sua obrigação relacionada com a supervisão geral no processo de elaboração de demonstrações financeiras e demais relatórios requeridos.

Conforme mencionado anteriormente, a comunicação com a governança deve ser eficaz e recíproca. No caso em que esse objetivo não é atingido, o auditor deve considerar esse aspecto na sua avaliação de riscos e na capacidade de obter evidência de auditoria apropriada e suficiente para poder formar sua opinião sobre as demonstrações financeiras.

Não é requerido que o auditor planeje e aplique procedimentos específicos para avaliar a eficácia da comunicação, todavia, existem indicadores que por si só servem para concluir sobre a eficácia ou não das comunicações.

Por exemplo, a adequação e tempestividade de medidas adotadas pela governança em resposta aos assuntos levantados pelos auditores e a própria disposição dos responsáveis pela governança em se reunir com os auditores, assim como a capacidade demonstrada em compreender e procurar soluções para os assuntos, demonstram, de forma tácita, a eficácia da comunicação.

Por sua vez, dificuldades em se reunir e em estabelecer entendimento mútuo demonstrariam problemas na comunicação, lembrando que a NBC TA 315, item A70, identifica a participação dos responsáveis pela governança, incluindo sua interação com auditores internos e externos como um elemento do ambiente de controle interno da entidade. Esses problemas indicam um ambiente de controle insatisfatório que influencia a avaliação do auditor com referência aos riscos de distorção relevante, podendo implicar em limitações no alcance da auditoria, com impacto no relatório de auditoria ou adoção de medida mais radical, como retirar-se do trabalho.

Documentação

A NBC TA 260 não estabelece rigidez quanto ao fato da comunicação ter que ser por escrito. Normalmente, comunicações dessa natureza deveriam ser feitas por escrito. Por exemplo, uma carta com um resumo dos assuntos discutidos ou uma cópia de ata anexa a carta evidenciaria de forma apropriada a comunicação.

Quando for essa a forma adotada, a norma requer que seja retida uma cópia da carta na documentação da auditoria, conforme NBC TA 230.

Caso a comunicação aos responsáveis pela governança seja feita de forma verbal, a norma requer que o auditor identifique quando e para quem os assuntos foram comunicados. Nesses casos, é aconselhável a elaboração de uma ata sumariando os assuntos discutidos, conclusões alcançadas e quais foram os participantes da reunião.

ANEXO AO CAPÍTULO SOBRE A NBC TA 260 CONTENDO EXEMPLOS DE CONSELHOS DE ADMINISTRAÇÃO NO BRASIL

A revista *Capital Aberto* publicou em fins de 2009 uma edição especial contendo 13 situações diferentes de Conselho de Administração do Brasil, cuja leitura na íntegra é fortemente recomendável para enriquecimento do conhecimento de como funcionam esses órgãos de governança no Brasil.

Esses 13 casos ilustram bem a grande diferenciação de tamanho, composição e forma de atuação desses órgãos de governança e do porquê a norma não estabelece procedimentos padronizados de forma rígida de comunicação do auditor com esses órgãos, que varia de situação para situação.

O Instituto Brasileiro de Governança Corporativa (IBGC) tem uma série de recomendações para composição e atuação do Conselho de Administração, recomendando, por exemplo, o máximo de 11 componentes. Por sua vez, as regras da Bovespa para o Novo Mercado recomendam que pelo menos 20% dos membros do Conselho de Administração sejam independentes.

Tanto a revista *Capital Aberto* como este resumo não têm pretensão alguma de indicar qual seja a melhor forma de atuação ou formação desses Conselhos, mas tão somente ilustrar o quão diferente eles podem ser.

Nesse sentido, por exemplo, temos a Comgás e a Renner (rede de lojas de varejo) em situações opostas. A segunda é predominantemente formada por conselheiros independentes, enquanto a primeira não possui nenhum conselheiro independente.

O gigante Itaú/Unibanco formou um super Conselho de Administração com 14 membros e cinco comitês específicos (de auditoria; gestão de riscos e capital; pessoas; nomeação e governança corporativa; e estratégia) e os membros alocados de acordo com a sua especialidade, incluindo, por exemplo, um ex-presidente do Banco Central do Brasil com participação ativa no comitê de gestão de riscos e capital.

O também gigante Bradesco, principal concorrente do Itaú/Unibanco, possui um conselho que herdou muito do estilo próprio de seu fundador, o saudoso Amador Aguiar. Os conselheiros ocupam a mesma sala, sem divisórias, incluem ex-presidentes da diretoria executiva e se reúnem todas as semanas, acompanhando *pari passu* o que acontece no dia a dia da instituição.

Tanto a Natura como a WEG possuem sete membros em seus conselhos, todavia, enquanto a WEG não adota comitês de apoio (radicalmente contra a fragmentação), a Natura possui quatro comitês de apoio e a busca pelo consenso nas decisões, por meio de exaustivas discussões do assunto. Os membros independentes do conselho da Natura possuem remuneração fixa e variável de acordo com o resultado, que pode ser considerado polêmico em decorrência de possível conflito de interesse (possível visão de curto prazo).

O estudo traz o exemplo da vitoriosa Totvs (*softwares*), em que o fundador, presidente da diretoria executiva e provavelmente maior acionista é também o presidente do Conselho de Administração, concentrando super poderes em mãos de uma única pessoa. Como contraponto a essa concentração, os outros conselheiros são independentes.

Não menos interessante que os demais exemplos é o caso da BM&F/Bovespa, cuja principal característica é a de ser uma companhia com o controle superpulverizado, inexistindo a figura do acionista controlador. O Conselho é presidido e majoritariamente formado por conselheiros independentes, que agem como se fossem os proprietários da entidade, pois não possuem a figura do controlador, e sim o interesse de uma grande gama de investidores dispersos pelo Brasil afora.

Embora tenhamos passado por um grande processo de privatização nos oito anos de FHC na presidência do Brasil, o peso das empresas estatais ainda é extremamente relevante no Brasil e, dessa forma, o estudo traz o exemplo de duas estatais, apontando as pressões políticas sofridas pelo Conselho da SABESP e a composição do Conselho da CELESC, que inclui 13 membros. Além dos sete membros indicados pelo Governo do Estado de Santa Catarina, inclui três indicados pelos minoritários, um representante dos empregados e dois indicados pelos consumidores (Federação das Indústrias do Estado e Conselho de consumidores).

O estudo traz um importante exemplo de boa governança de uma companhia fechada (ALOG), onde a existência do Conselho de Administração não é decorrente de imposição legal, e sim da busca pela sincronia entre as três instâncias de governança (assembleia de sócios, conselho e diretoria executiva).

Esse interessante estudo da revista *Capital Aberto* inclui também o exemplo de uma empresa majoritariamente familiar (Rossi, empresa incorporadora no ramo de construção) e da Ideiasnet, cujo conselho inclui representantes dos acionistas que foram adquirindo participação na empresa, dois fundadores e dois conselheiros independentes.

10

Comunicações de Deficiências no Controle Interno (NBC TA 265)

Introdução, definições e objetivo da norma

Esta norma trata da responsabilidade do auditor em comunicar, de forma apropriada, aos administradores e responsáveis pela governança as deficiências identificadas no controle interno.

Antes de entrarmos no assunto de que trata esta norma, é importante entender que os controles internos normalmente são projetados pela administração da entidade para prevenir (ou seja, evitar distorções) ou detectar e corrigir em tempo hábil as eventuais distorções. Eles podem ser manuais (verificação e aprovação de uma requisição de compra, por exemplo) ou automatizados (controles programados para que o próprio sistema informatizado identifique que a transação não atende parâmetros previamente estabelecidos).

Deficiência de controle interno ocorre quando o controle projetado e implementado não consegue, de forma tempestiva, prevenir ou detectar e corrigir as distorções nas demonstrações financeiras ou não existe tal controle, ou seja, falta um controle que seria necessário para prevenir ou detectar e corrigir as distorções.

Uma deficiência pode ser ou não ser significativa. A classificação como significativa é uma questão de julgamento profissional, todavia, existem certos indicadores para uma deficiência ser considerada significativa, tais como:

- probabilidade que ela provoque distorção relevante nas demonstrações financeiras;

- possibilidade de a deficiência provocar perda ou fraude;
- o volume de transações ou magnitude dos saldos contábeis que estão sujeitos a uma determinada deficiência;
- a causa e a frequência das exceções encontradas em decorrência das deficiências; e
- a interação da deficiência com outras deficiências no controle interno.

De acordo com a NBC TA 315, o auditor deve obter entendimento do controle interno relevante para a auditoria, de forma a identificar e avaliar os riscos de distorção relevante nas demonstrações financeiras.

Nessas avaliações de risco, o auditor considera o controle interno para determinar os procedimentos de auditoria, ou seja, a natureza, a época e a extensão em que os procedimentos de auditoria serão aplicados para permitir ao auditor formar sua opinião sobre as demonstrações financeiras, não tendo como objetivo opinar sobre a eficácia do controle interno.

Deficiências no controle interno são identificadas principalmente nessa fase de avaliação de risco, mas podem também ser identificadas em outras fases. A NBC TA 265 determina que as deficiências significativas devem ser comunicadas aos administradores e aos responsáveis pela governança, mas não impede que o auditor comunique outros assuntos a essas partes.

Requisitos

Identificação de deficiências e determinação se elas são significativas

Em um trabalho de auditoria de demonstrações financeiras, o auditor **deve** determinar se foram identificadas deficiências no controle interno e se elas se constituem, individualmente ou em conjunto, em **deficiências significativas**.

A importância (ou significância) de uma deficiência ou de uma combinação de deficiências não depende apenas do fato de terem causado, de forma efetiva, distorção relevante, mas sim da probabilidade de que a distorção poderia ocorrer e, principalmente, de sua magnitude.

Dessa forma, mesmo que o auditor não tenha identificado distorção na auditoria, a deficiência pode ser considerada significativa. Alguns exemplos de deficiência significativa são a seguir apresentados:

- aspectos ineficazes no ambiente de controle interno (existência de fraude perpetrada pela administração, indicações de que transações significativas não estão sendo analisadas pelos responsáveis pela governança, falta

de implementação de medidas corretivas para deficiências comunicadas anteriormente pela auditoria);
- ausência de processo de avaliação de risco ou evidência de que o processo existente é ineficaz;
- ausência de controles sobre riscos identificados;
- distorção detectada pela auditoria, que não foi prevenida, ou detectada e corrigida pelo controle interno;
- reapresentação de demonstrações para refletir correção relevante decorrente de fraude ou erro; e
- incapacidade da administração em elaborar demonstrações financeiras de acordo com a estrutura que seja aplicável ou do órgão de governança em supervisionar essa tarefa.

Relatar por escrito as deficiências significativas e discuti-las com a administração

As deficiências identificadas pelo auditor devem ser discutidas no nível apropriado da administração. O nível apropriado da administração varia de entidade para entidade, mas como regra geral é aquele que está familiarizado com a área relacionada de controle interno e tem autoridade suficiente para adotar medidas corretivas.

Essa discussão, além de dar oportunidade ao auditor para alertar tempestivamente a administração, permite que ele obtenha informações adicionais para entender o efeito que a deficiência pode provocar.

Em certos casos específicos, como por exemplo assuntos que colocam em dúvida a competência e a integridade dos membros da administração, essa discussão com a própria administração não é praticável, e o assunto deve ser levado diretamente à atenção dos responsáveis pela governança.

A comunicação das deficiências pode ser feita primeiramente de forma verbal aos administradores, mas subsequentemente deve ser feita na forma escrita, demonstrando a importância do assunto, assim como o objetivo de auxiliar o órgão de governança no desempenho de sua responsabilidade de supervisão geral. Além disso, como vimos, em certas situações, cópias dessas comunicações devem ser enviadas ao órgão regulador, ou disponibilizadas, como no caso do Banco Central do Brasil, em que os relatórios ficam à disposição da fiscalização.

Uma cópia dessas comunicações deve fazer parte da documentação da auditoria, portanto, devem ser elaboradas dentro do prazo requerido para montagem do arquivo da documentação de auditoria, que não pode ultrapassar 60 dias (ver NBC TA 230).

Nível de detalhe das comunicações de deficiências

O nível de detalhe é uma questão de julgamento profissional. O conteúdo e o nível de detalhe das comunicações dependem da natureza da entidade, seu porte e complexidade, a natureza das deficiências, a composição do órgão de governança e os requisitos legais e regulatórios que possam ser aplicáveis.

Com exceção do Banco Central do Brasil, que no caso de instituições financeiras por ele reguladas estabelece a forma e o conteúdo dessas comunicações, nem as normas profissionais nem esta norma (NBC TA 265) estabelecem, de forma rígida, o nível de detalhe que o auditor deve observar na comunicação das deficiências à administração e ao órgão de governança. Também não existem modelos para essa comunicação.

Na prática, cada firma de auditoria tem sua política própria e seu estilo de comunicação, todavia, **devem** ser observados os seguintes aspectos mínimos:

- descrição das deficiências e de seus possíveis efeitos, sem a necessidade de quantificá-los; todavia, dentro do possível, deve ser considerada a inclusão de sugestões para as medidas corretivas, os comentários da administração sobre as medidas implementadas ou por que não pretende implementá-las. As sugestões para as medidas corretivas é um importante subproduto da auditoria (relatório de recomendações);
- informações suficientes que permitam à administração e aos responsáveis pelo órgão de governança entender o contexto da comunicação. A carta que apresenta as deficiências deve deixar claro o objetivo da auditoria, que é o de expressar opinião sobre as demonstrações financeiras, que a auditoria levou em consideração o controle interno relevante para a elaboração das demonstrações financeiras e não teve por fim expressar opinião sobre a eficácia desses controles, assim como que os assuntos comunicados estão limitados aos assuntos que foram identificados; e
- adicionalmente, o auditor deve considerar também a indicação de que essa comunicação é destinada aos responsáveis pela governança da entidade e pode não servir para outras finalidades, assim como o fato de que, se tivesse executado procedimentos mais extensivos sobre o controle interno e não apenas aqueles destinados ao seu objetivo de opinião sobre as demonstrações financeiras, outras deficiências poderiam ter sido identificadas.

Forma de agrupamento das recomendações

Em algumas situações, uma vez cumprida a obrigação de comunicar as deficiências, o auditor pode aproveitar para apresentar suas recomendações de forma a gerar um valor agregado a elas. Por exemplo, os assuntos podem ser dispostos de forma a contribuírem com a entidade, classificando os comentários entre:

- aumento da receita;
- melhoria da eficácia e da eficiência;
- redução de despesas;
- melhor apresentação das demonstrações financeiras; e
- cumprimento de normas legais e regulamentares e outros itens que possam despertar mais interesse aos destinatários.

Requisitos específicos estabelecidos por legislação ou regulamentação

No caso de existência de lei ou regulamentação que estabeleça requisito específico para que o auditor comunique aos responsáveis pela governança ou órgãos reguladores um ou mais tipo de deficiência, de acordo com termos e definições específicos, o auditor deve utilizar esses termos e definições. No Brasil, não existem termos específicos ou definições para os diversos tipos de deficiências; todavia, o Banco Central do Brasil, por meio de circular, requer que o auditor prepare relatórios circunstanciados sobre o não cumprimento de normas e regulamentos e sobre a avaliação da qualidade do controle interno, incluindo o sistema de processamento eletrônico de dados e de gerenciamento de riscos.

A Circular do Banco Central do Brasil requer que os auditores, além de relatarem as deficiências que foram identificadas, apresentem nesse relatório uma série de outras informações relacionadas com:

- ambiente de controle;
- identificação e avaliação dos riscos;
- controles;
- informações e comunicações;
- monitoramento; e
- deficiências identificadas.

Essa circular é bastante ampla e, para cada um dos itens acima, ela apresenta informações detalhadas de como os assuntos devem ser abordados.

Esse assunto foi objeto de análise e discussão do IBRACON com o Banco Central do Brasil, uma vez que esses novos requisitos do Banco Central requerem informações, como por exemplo a descrição dos controles internos, que em uma primeira análise são de responsabilidade da administração e não do auditor.

O novo modelo de relatório passou a ser requerido pela Circular 3.467 do Banco Central do Brasil para o exercício que se finda em 31 de dezembro de 2009.

No início de 2010, em decorrência das discussões do IBRACON com o Banco Central, foi alterada a exigência pela Circular 3.482 para o semestre que se finda em 30 de junho de 2010.

O assunto gerou bastante controvérsia e discussão no Grupo de Trabalho específico do IBRACON (GT-1), tendo gerado a elaboração do Comunicado Técnico 03/2010 para orientar os auditores independentes no atendimento desse requisito.

11

Planejamento da Auditoria de Demonstrações Financeiras e Trabalhos Iniciais – Saldos Iniciais (NBC TA 300) e (NBC TA 510)

Planejamento – NBC TA 300

Introdução e objetivos

Em uma auditoria de demonstrações financeiras, assim como em qualquer outra atividade, o planejamento é fundamental para que se atinjam os objetivos desejados. Ninguém deve iniciar uma obra, por menor que seja, sem um projeto delineando aonde se quer chegar. Na auditoria não é diferente, e o planejamento tem como objetivo permitir que a auditoria seja realizada de maneira eficaz e eficiente.

Na prática, é difícil pensar no Planejamento da Auditoria olhando apenas esta norma (NBC TA 300). Um plano de auditoria completo, incluindo, além dos aspectos gerais do alcance do trabalho, equipe, conhecimento da entidade e suas expectativas e estratégia global a ser adotada (cobertos nesta norma), deve levar em conta, também, os aspectos relacionados com:

- a identificação e avaliação de riscos levando em conta o ambiente em que a entidade opera e seus controles para prevenir ou detectar e corrigir as distorções, apresentados na NBC TA 315;
- a definição da materialidade tanto no nível geral das demonstrações financeiras sob exame como no nível de execução da auditoria, apresentados na NBC TA 320, e que são importantes na determinação da ex-

tensão dos procedimentos a serem aplicados como resposta aos riscos identificados;
- a identificação das respostas do auditor (procedimentos de auditoria) aos riscos avaliados, analisados na NBC TA 330; e
- os aspectos específicos de uma primeira auditoria apresentados na NBC TA 510, que estão inclusos neste capítulo.

O planejamento da auditoria das demonstrações financeiras envolve o estabelecimento da estratégia global para o trabalho e a elaboração de um plano de auditoria. O planejamento é um processo contínuo, que em um trabalho recorrente normalmente se inicia por ocasião do término do trabalho do ano anterior, quando se analisam os principais aspectos para o próximo trabalho, ou na conclusão do processo de aceitação de um novo cliente de auditoria, e se conclui no encerramento do trabalho pela análise do cumprimento do que foi planejado.

Natureza e extensão das atividades de planejamento

A natureza e a extensão das atividades de planejamento dependem do porte e complexidade da entidade, assim como da experiência anterior e de eventuais mudanças de circunstâncias. O planejamento é fundamental para:

- determinar as áreas que requerem atenção e que permitirão identificar e resolver problemas potenciais;
- determinar o nível de experiência da equipe a ser designada e sua efetiva alocação para atingir os objetivos de forma eficaz e eficiente;
- concluir sobre a necessidade do envolvimento de outros auditores e especialistas externos e, em caso positivo, coordenar, supervisionar e revisar o trabalho deles e da própria equipe designada de forma tempestiva;
- obter entendimento da estrutura jurídica e operacional da entidade e de seu ambiente regulatório;
- determinar os procedimentos analíticos a serem aplicados para avaliação de riscos e os próprios procedimentos de avaliação de riscos; e
- determinar a materialidade conforme requerido pela norma NBC TA 320.

A Norma NBC TA 300 foi redigida no contexto de trabalhos de auditoria recorrentes. Entende-se por auditoria recorrente quando foi feito exame das demonstrações financeiras de uma entidade no exercício anterior, está sendo efetuado exame no exercício recorrente e pretende-se continuar efetuando exame das demonstrações financeiras dessa entidade no futuro.

Dessa forma, quando foi explicado que o planejamento é uma atividade contínua, utilizou-se como exemplo o fato de que o planejamento da auditoria do ano seguinte é iniciado quando se conclui o trabalho do exercício corrente.

Considerações especiais para novos clientes de auditoria ou novos trabalhos

Essas considerações específicas estão relacionadas com o processo de avaliação e aceitação de novos clientes e novos trabalhos, requerido pelos itens 12 e 13 da NBC TA 220, assim como a necessidade de contatar os auditores anteriores, no caso de as demonstrações financeiras do ano anterior terem sido examinadas por outros auditores.

Na essência, a finalidade e o objetivo do planejamento não mudam em decorrência de ser uma auditoria inicial ou recorrente; todavia, no caso de primeira auditoria o auditor não possui a experiência que normalmente possui em um trabalho recorrente e, dessa forma, deve obter evidência satisfatória e suficiente sobre os saldos iniciais, conforme requerido pela NBC TA 510, que trata especificamente do assunto e, portanto, seus principais requisitos estão no final deste capítulo.

Como exemplo, o controle interno da firma de auditoria pode estabelecer a necessidade de envolver um segundo sócio na avaliação da estratégia global de auditoria para o novo trabalho, mitigando os riscos de auditoria pela falta de experiência anterior com o cliente e com o serviço em si.

Requisitos da NBC TA 300

Envolvimento efetivo do sócio e outros membros-chave da equipe

Conforme já discutido nos Capítulos 3 e 7, que tratam, respectivamente, da NBC TA 200 (Objetivos gerais) e NBC TA 240 (Considerações sobre fraudes), é fundamental que o sócio e outros membros-chave da equipe participem ativamente do processo de planejamento e da discussão do assunto com os demais membros da equipe.

A transferência de conhecimentos e experiência aos demais membros da equipe contribui para a eficácia e eficiência do trabalho, colocando todos os membros da equipe "na mesma página" e em condições de "remarem todos para o mesmo lado".

Atividades preliminares do trabalho de auditoria de demonstrações financeiras

Conforme já discutido no capítulo que trata da NBC TA 220, as atividades preliminares incluem o processo de avaliação da continuidade de relacionamento com o cliente (ou de aceitação, no caso de primeira auditoria) e a análise e conclusão sobre o cumprimento dos requisitos éticos, inclusive independência, assim como o entendimento dos termos do trabalho, conforme requerido pela NBC TA 210, que também estabelece a necessidade de se concluir que inexistem desentendimentos sobre os termos do trabalho e inexistem dúvidas quanto à integridade da administração da entidade, cujas demonstrações serão examinadas.

Essas atividades preliminares são reanalisadas sempre que ocorrerem mudanças nas circunstâncias.

Atividades de planejamento

Como pré-requisito para se estabelecer a estratégia global da auditoria, o sócio e demais membros-chave da equipe devem se reunir com administradores da entidade para entender os requerimentos do trabalho (atendimento de órgãos reguladores, legislação societária ou outras finalidades), as expectativas existentes, de forma a determinar o escopo (ou alcance da auditoria), relatórios a serem emitidos, datas em que os relatórios devem ser disponibilizados e demais datas a serem observadas.

Uma vez obtido entendimento desses requisitos básicos, eles devem ser confirmados com os responsáveis pela governança, todavia, tanto nas discussões com os administradores como com os responsáveis pela governança, o auditor deve ter o devido cuidado de não tornar os procedimentos de auditoria previsíveis, pois isso prejudicaria a eficácia da auditoria.

A definição da estratégia global permite a identificação dos recursos (humanos, tecnológicos e outros) a serem utilizados, quando eles devem ser alocados e como serão supervisionados e terão seus trabalhos revisados. Essa definição da estratégia permite também a elaboração do plano de auditoria, que é um documento mais detalhado do que a estratégia em si, uma vez que inclui a natureza, a época e a extensão dos procedimentos de auditoria.

A estratégia global e o plano de auditoria estão relacionados entre si e não são processos estanques e isolados. Na verdade, a mudança em um deles normalmente provoca mudança no outro e as mudanças de circunstâncias provocam mudanças em ambos. Por exemplo, as mudanças conjunturais havidas no segundo semestre de 2008 (crise econômica iniciada nos Estados Unidos da América) tranquilamente tiveram como consequência mudanças na percepção de risco e, por conseguinte, na estratégia global e no plano de auditoria de trabalhos realizados naquele ano.

Considerações para determinação da estratégia global da auditoria

O Apêndice à Norma NBC TA 300 relaciona exemplos de considerações na definição da estratégia global de auditoria. Obviamente, a lista apresentada não é exaustiva e nem aplicável a todos os trabalhos de auditoria. Essas considerações estão divididas em quatro grandes grupos:

- características do trabalho;
- objetivos do relatório, época do trabalho e aplicação dos procedimentos e comunicações com a administração e responsáveis pela governança;
- fatores significativos, atividades preliminares e conhecimento obtido em outros trabalhos; e
- recursos a serem usados, inclusive orçamento do trabalho e em especial para aquelas áreas onde existem mais riscos de distorção relevante.

Dentre as características do trabalho, destacam-se: estrutura de relatório (ou prática contábil a ser seguida), moeda de apresentação das demonstrações, entidade individual ou grupo de entidades. Se for grupo, qual o nível de controle exercido pela sociedade de comando, envolvimento de outros auditores em componentes do grupo, utilização de trabalhos de auditores internos, especialistas externos ou prestadores de serviços, efeito da tecnologia da informação e nível de complexidade, assim como colaboração que os auditores terão da entidade na preparação de análises e fornecimento de informações.

O segundo rol de considerações, além dos aspectos relacionados com a comunicação com a administração e os responsáveis pela governança, cobertos em detalhes no capítulo que tratou da NBC TA 260, inclui o cronograma de datas a serem atendidas, inclusive no que tange ao atendimento aos requisitos externos de órgãos reguladores e outros *stakeholders*.[1]

As considerações relacionadas com fatores significativos e o conhecimento obtido em outros trabalhos incluem, principalmente, a determinação da materialidade no planejamento e na execução da auditoria, discutida em detalhe no capítulo que trata da NBC TA 320, resultado de auditorias anteriores, experiência acumulada e discussões com a equipe, apresentadas a seguir:

Nas discussões com a equipe, devem necessariamente ter a participação de especialistas que possam ser envolvidos no trabalho (informática, impostos, atuários e outros que possam ser necessários). Essas discussões devem ser amplas e cobrir os seguintes assuntos principais:

- relatórios e cronograma de datas a ser cumprido em relação à entidade, incluído datas previstas para as principais reuniões com a administração e responsáveis pela governança;

---

[1] Todos os interessados no Trabalho do Auditor, incluindo, mas não se limitando, a acionistas, órgãos reguladores, fornecedores, banqueiros, administradores, empregados e outras partes.

- análises e demais informações a serem elaboradas e fornecidas pelo pessoal da entidade;
- cronograma de datas a ser observado pela equipe para conclusão de tarefas, inclusive para ajustes e deficiências que possam ser identificados e época de revisão pelos executivos envolvidos no trabalho, inclusive revisão final do sócio responsável;
- objetivos e metas de cada membro da equipe, inclusive dos especialistas que possam ser necessários para se atingir o objetivo do trabalho;
- entendimento dos negócios da entidade e do ambiente em que opera;
- principais riscos do negócio (atividade da entidade), risco inerente, riscos significativos para a auditoria, inclusive fraude;
- aspectos específicos da indústria ou ramo de atividade da entidade, sua estrutura jurídica, principais indicadores de desempenho;
- expectativas de analistas;
- ambiente de tecnologia da informação, sua complexidade e necessidade de envolvimento de especialistas;
- transações ou contas contábeis que apresentam riscos significativos de distorção relevante (ver próximo capítulo, que trata da NBC TA 315);
- ceticismo e cuidados necessários ao longo da auditoria, principalmente em relação a eventuais controles que possam ser burlados pela administração; e, por fim,
- a estratégia de auditoria a ser seguida com observância do elemento surpresa para não tornar os procedimentos previsíveis.

Documentação

Conforme requerido, a documentação deve incluir a estratégia global e o plano de auditoria, bem como os valores estabelecidos como materialidade (NBC TA 320) e as eventuais mudanças havidas em resposta às circunstâncias que ocorrem ao longo do tempo da auditoria. Todavia, conforme mencionado no início deste capítulo, um planejamento de auditoria com maior substância, incluindo a identificação e avaliação de riscos (NBC TA 315) e as respostas a esses riscos (NBC TA 330), depende da aplicação das demais normas (NBC TAs 240, 250, 402, 540, 600, 610 e 620) que se relacionam com o planejamento.

A reunião do sócio responsável pelo trabalho com a equipe envolvida (evento de planejamento) normalmente é feita na forma de discussão aberta (*brainstorm*), em que os assuntos discutidos podem ser documentados em uma ata de reunião, onde se colocam o assunto discutido e a conclusão atingida, cujos principais aspectos são transportados para o Plano de Auditoria e para as análises de risco que determinarão os procedimentos a serem aplicados.

O planejamento está também relacionado com a NBC TA 510, que trata da responsabilidade do auditor independente com referência aos saldos iniciais em um trabalho de auditoria de primeiro ano, cujos aspectos estão a seguir apresentados.

NBC TA 510

Introdução, objetivos e definições

Para entendimento dessa norma, é importante considerar a definição de **trabalho de auditoria inicial**, que compreende a auditoria de demonstrações financeiras, cujos saldos do balanço de abertura **não foram auditados** ou foram **auditados** por **outros auditores**.

Exemplificando para que fique claro, vamos supor que o auditor X está sendo contratado para auditar as demonstrações financeiras da CIA. Z do exercício que se finda em 31 de dezembro de 20X1. Para o auditor X (auditor atual), esse trabalho é uma auditoria inicial, também chamada de primeira auditoria ou auditoria de primeiro ano, independentemente se as demonstrações financeiras do exercício anterior (31/12/20X0) foram auditadas por outros auditores (**auditor antecessor**) ou não foram auditadas.

Em uma auditoria inicial, o auditor tem dois importantes objetivos sobre os saldos iniciais. Primeiramente, ele deve se assegurar de que os saldos iniciais estão livres de distorções relevantes que afetem as demonstrações do ano em curso (sob exame do auditor).

Em segundo lugar, ele também deve se assegurar de que as políticas contábeis refletidas nos saldos iniciais foram aplicadas de maneira uniforme nas demonstrações do período em curso que estão sob exame ou, se foram alteradas, as demonstrações financeiras do ano em curso devem refletir os efeitos das mudanças de práticas contábeis de acordo com a estrutura de relatório financeiro que seja aplicável, o mesmo ocorrendo com as eventuais distorções que forem corrigidas no exercício em curso.

Registro contábil dos efeitos de correção de erro e mudanças de práticas contábeis

Os efeitos das mudanças de práticas contábeis e de correção de erros devem ser apresentados nas demonstrações financeiras de forma **retrospectiva**, conforme requerido pelo Pronunciamento 23 do CPC, que trata de Políticas Contábeis, Mudança de Estimativa e Retificação de Erro.

Esse pronunciamento do CPC define **aplicação retrospectiva** como sendo a aplicação de nova política contábil a transações, outros eventos e condições, como se essa política tivesse sido sempre aplicada, e **reapresentação retrospectiva** como sendo a correção do reconhecimento, da mensuração e da divulgação de valores de elementos das demonstrações financeiras, como se um erro de períodos anteriores nunca tivesse ocorrido.

Dessa forma, se as demonstrações financeiras do exercício anterior (31/12/20X0) apresentavam distorção relevante em decorrência de erro ou essas demonstrações financeiras do exercício anterior foram elaboradas de acordo com uma prática contábil que não é mais seguida em 20X1, o referido Pronunciamento do CPC requer o reconhecimento retrospectivo do efeito da mudança de prática ou da correção do erro.

Esse reconhecimento retrospectivo significa que essas demonstrações que serão apresentadas como informação comparativa com as de 20X1 (valores correspondentes ou demonstrações comparativas conforme NBC TA 710) devem estar livres de distorção e de acordo com as mesmas práticas contábeis aplicáveis em 20X1, portanto, os saldos de abertura de 20X0 devem ser ajustados para que todas as demonstrações dos dois anos sejam totalmente comparáveis e preparadas com uniformidade.[2]

É importante enfatizar que o objetivo do auditor em relação aos saldos iniciais é o de que as demonstrações financeiras do ano corrente, cuja auditoria está sob sua responsabilidade, não sejam afetadas pelo efeito que deve ser reconhecido em anos anteriores em decorrência da correção de erros ou mudanças de práticas contábeis.

Esse objetivo não requer que o auditor examine as demonstrações financeiras do ano anterior nem emita qualquer opinião sobre elas. Assim, os procedimentos aplicados nos saldos iniciais não são os que seriam aplicáveis em uma auditoria para emissão de opinião sobre esses saldos iniciais.

Esses procedimentos dependem de como é caracterizada a primeira auditoria, ou seja, a NBC TA tem **requisitos** específicos para o caso de os saldos iniciais terem sido auditados por auditor antecessor ou para os casos em que os saldos iniciais não foram auditados.

---

[2] O referido Pronunciamento 23 do CPC apresenta situação específica em que a aplicação retrospectiva não é possível.

Requisitos da NBC TA 510

Procedimentos quando as demonstrações financeiras do exercício anterior foram auditadas por auditor antecessor

Nessa situação, o auditor deve ler as demonstrações do exercício anterior e o respectivo relatório de auditoria, assim como revisar os papéis de trabalho[3] do auditor antecessor que suportam os saldos finais do exercício anterior, que em situação normal são os saldos iniciais das demonstrações financeiras do exercício corrente.

A extensão dessa revisão e das indagações pelo auditor atual ao auditor antecessor depende do grau de conhecimento e confiança na independência e competência técnica que ele tem do auditor antecessor. A revisão efetuada pode indicar a necessidade de investigações independentes para que ele conclua sobre os saldos iniciais.

Essas investigações independentes dependem de cada situação específica, mas em linhas gerais estão cobertas no requisito, que se segue, aplicável à situação em que os saldos iniciais não foram auditados.

O auditor atual deve se assegurar de que os saldos finais do exercício anterior foram apropriadamente transferidos para o período corrente como saldos de abertura.

No caso em que o relatório do auditor antecessor contenha ressalva em decorrência de distorção relevante, a entidade deve efetuar as correções requeridas de acordo com o referido Pronunciamento 23 do CPC. Nessa situação, os saldos iniciais passariam a ser diferentes dos valores auditados pelo auditor antecessor.

Dessa forma, conforme apresentado no Capítulo 26, que trata da NBC TA 710, o auditor antecessor deve ser contatado pela administração da entidade para examinar as correções efetuadas e emitir novo relatório de auditoria sobre o exercício anterior, cujo balanço corrigido deve apresentar os mesmos saldos do balanço de abertura sob exame pelo auditor atual.

Esse capítulo cobre também aspectos quando a entidade procede a tais acertos, mas o auditor antecessor não pode ou não tem interesse em examinar tais acertos. Nessa situação, os saldos do exercício anterior não mais seriam os saldos auditados pelo auditor antecessor e o parágrafo do relatório do auditor atual que fala das demonstrações do exercício anterior deve ser adaptado, conforme também explicado no capítulo que trata da NBC TA 710.

---

[3] Papéis de trabalho é o nome dado de forma histórica à documentação da auditoria, que atualmente é substancialmente formada por informações em mídia eletrônica.

A apuração e demonstração de forma retrospectiva dos efeitos de mudanças de práticas contábeis têm tratamento similar e os mesmos aspectos são aplicáveis com referência ao auditor antecessor.

Procedimentos quando as demonstrações financeiras do exercício anterior não foram auditadas

Da mesma forma, o auditor deve, também, obter evidência apropriada e suficiente de que os saldos iniciais foram adequadamente transferidos do período anterior e estão livres de distorção relevante e de que refletem o uso das mesmas práticas contábeis utilizadas no exercício corrente.

Nesse caso, as demonstrações do exercício anterior não foram auditadas e para que ele possa chegar ao objetivo desejado, ele deve aplicar procedimentos específicos sobre os saldos iniciais. Esses procedimentos variam de situação para situação em decorrência de vários aspectos, entre eles a relevância dos saldos iniciais em relação às demonstrações financeiras do período corrente, natureza dos saldos contábeis, ou seja, perfil dos ativos e passivos, tipos de transações e de riscos identificados, assim como o próprio controle interno.

De forma geral, os recebíveis e contas a pagar classificados no circulante são liquidados nos primeiros meses do exercício corrente, portanto, o auditor pode concluir sobre a adequação desses saldos mediante aplicação de testes de pagamentos e recebimentos.

A adequação do saldo inicial das provisões para créditos de liquidação duvidosa e contingências pode ser indiretamente validada quando se analisam as provisões do exercício corrente e se verifica quando os problemas de perda ou contingência surgiram. Nesse caso, devem ser também analisadas as baixas de contas a receber por perdas e as contingências que se materializaram como perda e que foram liquidadas.

Os estoques existentes no fim do exercício anterior são consumidos na produção ou vendidos no ano corrente e a validação da existência física depende do controle interno existente e da possibilidade de os testes retroativos necessários serem executados. Via de regra, esses testes não são praticáveis ou o seu custo é impeditivo, gerando limitação no alcance da auditoria e ressalva quanto aos possíveis efeitos de eventuais distorções que não puderam ser determinadas em decorrência de não ter sido acompanhado o inventário físico.

No caso do ativo imobilizado e de certos intangíveis, o auditor deve analisar como está composto o saldo inicial, examinando de forma retroativa a formação desse saldo. Esse exame compreende tanto a inspeção física como documental dos principais itens, assim como cálculos da respectiva depreciação e amortização, se aplicável.

A extensão desses testes depende não só dos riscos identificados e dos controles internos implementados pela entidade para responder a esses riscos, mas também do valor e do tipo dos bens que compõem o ativo imobilizado e intangível.

Por sua vez, os saldos iniciais de financiamentos de longo prazo podem ser analisados em conjunto com os respectivos saldos do ano corrente, inclusive no que tange à obtenção de confirmações de saldos.

Se o auditor concluir que os saldos iniciais apresentam distorções relevantes que podem afetar as demonstrações do período corrente, além de apurar tais efeitos, ele deve comunicar aos administradores e responsáveis pela governança e concluir sobre a necessidade de corrigir os saldos iniciais, assim como o efeito no seu relatório sobre as demonstrações do período corrente.

Para as mudanças de políticas contábeis, de forma similar ao caso em que as demonstrações do exercício anterior foram auditadas por outros auditores independentes, o auditor deve concluir se os efeitos dessas mudanças foram adequadamente apresentados e divulgados conforme requerido pelo Pronunciamento 23 do CPC.

Requisitos relacionados com as conclusões e relatório de auditoria

Quando o auditor não consegue obter evidência apropriada e suficiente sobre os saldos iniciais, ele deve expressar opinião com ressalva ou abstenção de opinião sobre o desempenho e os fluxos de caixa, conforme vimos no caso dos estoques em que o auditor não conseguiu se assegurar sobre a existência física do saldo inicial. Nesse caso, a limitação se restringe ao saldo inicial e o efeito da ressalva não atinge a posição patrimonial e financeira no fim do exercício corrente.

No capítulo que trata das NBC TAs 705 e 710, são apresentados exemplos de relatórios quando detectada distorção relevante nos saldos iniciais ou casos em que as políticas contábeis não são aplicadas de forma uniforme, assim como quando a mudança de prática contábil não foi adequadamente apresentada ou divulgada de acordo com o Pronunciamento do CPC.

A NBC TA 510 apresenta no seu Apêndice exemplos de relatórios que estão em linha com os exemplos apresentados no capítulo que trata de emissão de relatórios.

12

Identificação e Avaliação dos Riscos de Distorção Relevante por meio do Entendimento da Entidade e de seu Ambiente (NBC TA 315)

Introdução e outras considerações para o entendimento da norma

A NBC TA 315 sofreu algumas alterações, em 2014, decorrentes das alterações havidas na norma internacional de auditoria (*ISA 610*), que era omissa quanto à possibilidade do auditor interno auxiliar diretamente o auditor externo, fazendo parte da equipe. As alterações havidas estão substancialmente relacionadas com o papel dos auditores internos no monitoramento dos controles internos.

A parte A da norma, que inclui informações sobre a sua aplicação e outros materiais explicativos, teve vários itens adicionados para explicar melhor os aspectos relacionados com as indagações e considerações feitas pelo auditor independente quando a entidade possui a função de auditoria interna.

É importante considerar que essas indagações aos auditores internos independem do fato do auditor externo (ou auditor independente) utilizar trabalhos da auditoria interna ou obter assistência direta dos auditores internos, uma vez que o entendimento da função da auditoria interna na organização ajuda na identificação de risco e no entendimento da entidade e de seu ambiente, em decorrência do papel de monitoramento dos controles exercido pelos auditores internos.

A NBC TA 315 está intimamente ligada com as Normas 300, 320 e 330, que tratam respectivamente do planejamento, da relevância (ou materialidade) e das respostas aos riscos avaliados. Ela trata da responsabilidade do auditor na identificação e avaliação dos riscos de distorção relevante nas demonstrações financeiras, por meio do entendimento da entidade, do seu ambiente e de seus controles.

Por sua vez, o entendimento da entidade, de seu ambiente e de seus controles é influenciado por uma série de considerações que o auditor deve levar em conta para efetivamente obter o entendimento e exercer os julgamentos necessários para responder aos riscos identificados.

Essas considerações estão contidas nas NBCs TA listadas abaixo, que tratam especificamente dos seguintes assuntos:

- 240 – responsabilidade em relação a fraudes;
- 250 – consideração de leis e regulamentos;
- 402 – consideração nas entidades que utilizam organização prestadora de serviços;
- 540 – auditoria de estimativas contábeis, inclusive de valor justo e divulgações relacionadas;
- 550 – partes relacionadas;
- 570 – continuidade operacional;
- 600 – considerações em auditorias de grupos, incluindo trabalho dos auditores de componentes;
- 610 – utilização de trabalhos de auditores internos; e
- 620 – utilização do trabalho de especialistas.

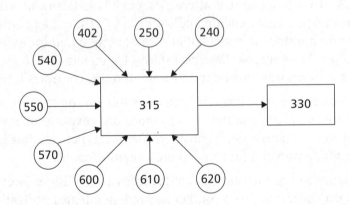

A seção A (Aplicação e outros materiais explicativos) da NBC TA 315 é bastante extensa, repetitiva, mistura conceitos com procedimentos tanto da administração como do auditor e apresenta algumas complexidades, em decorrência da necessidade de certa experiência do auditor para o seu apropriado julgamento na identificação e avaliação dos riscos.

Além disso, não existe uma amarração lógica dos aspectos relevantes desta norma com as demais NBCs TA, que provoca certa confusão ao leitor menos experiente. Se utilizássemos uma figura retórica para ilustrarmos o grau de dificuldade, o que me vem à cabeça é a situação que se enfrenta ao jantar uma lagosta pela primeira vez na vida, onde não se sabe por onde começar, principalmente porque existem muitas novidades em relação às normas de auditoria do CFC vigentes até 31 de dezembro de 2009, que cobriam os aspectos abaixo relacionados e estavam bastante desatualizadas:

- Risco de Auditoria (NBC T 11.2.3);
- Estudo e Avaliação dos Controles Internos (NBC T 11.2.5);
- Aplicação dos Procedimentos de Auditoria (NBC T 11.2.6);
- Fraude e Erro (NBC T 11.1.4).

Dessa forma, para contextualizar esse cenário de novas normas foi incluído um sumário executivo desta Parte II do Livro, complementado por um fluxograma que demonstra de forma didática a aplicação sequencial das normas, desde a contratação do serviço (NBC TA 210) até a conclusão do trabalho e emissão dos relatórios de auditoria.

Adicionalmente, no encerramento deste capítulo foi inserido um roteiro prático ilustrando, passo por passo, como o auditor independente cumpre com os requisitos desta norma e da NBC TA 330 em uma situação de primeira auditoria (ver Capítulo 11) e em um trabalho de auditoria recorrente.

Na prática, a identificação dos riscos começa antes mesmo do auditor ser contratado para examinar as demonstrações financeiras, ou seja, ele começa a obter as primeiras informações no processo de aceitação ou continuidade do cliente e do serviço, portanto, os passos considerados nesse roteiro são os seguintes:

- Aceitação ou continuidade do cliente ou do serviço.
- Identificação dos riscos de distorção relevante nas demonstrações financeiras (mediante conhecimento das fontes de risco e outras informações).
- Evento de planejamento.
- Entendimento do controle interno.
- Avaliação da significância (ou não) dos riscos de distorção identificados.
- Respostas da administração (controles implantados para mitigar os riscos).
- Abordagem da Auditoria.
- Avaliação do controle interno.
- Teste do controle interno.
- Avaliação combinada de riscos.
- Determinação das respostas de auditoria (procedimentos de auditoria em decorrência da avaliação combinada de riscos).

Nas firmas de auditoria de grande porte (*big 4*), esta norma e as que estão a ela relacionadas (NBC TAs 300, 320 e 330) já estão substancialmente incorporadas nas metodologias de trabalho adotadas internacionalmente, mas no caso principalmente das pequenas firmas de auditoria, que ainda seguiam as NBC T 11.2.3; 11.2.5; 11.2.6 e 11.1.4 acima identificadas, as novidades são imensas.

Nessas pequenas firmas de auditoria, é bastante comum o exame de saldos de contas diretamente na data das demonstrações financeiras, sem uma preocupação com o entendimento da entidade, seu ambiente, seus controles e com a identificação de riscos.

Essa estratégia de testes substantivos, usualmente adotada pelas pequenas firmas de auditoria, é normalmente apropriada para o tipo de entidades (também de pequeno porte) por elas auditadas. Essas entidades de pequeno porte apresentam certas características de operações e controles internos não sofisticados, poucas pessoas e um aspecto fundamental que compreende o fato de que normalmente o auditor tem mais tempo para emitir o relatório e, dessa forma, a estratégia de testes substantivos é, nessas circunstâncias, mais eficaz e eficiente.

O fato de ter mais tempo para emitir o relatório permite ao auditor examinar a liquidação das transações no período subsequente entre a data das demonstrações e do relatório. Todavia, restaria a necessidade de evidenciação da análise efetuada para suportar essa decisão, assim como a identificação dos controles estabelecidos pela administração da entidade para responder aos riscos, pois, como apresentado mais adiante, dificilmente uma entidade sobrevive se não monitorar os seus riscos.

No outro extremo, temos as grandes firmas de auditoria, que, como mencionado, suas metodologias já incorporam substancialmente essas normas, todavia, nem sempre existe a participação, na medida apropriada, de pessoas experientes nessas fases de identificação e avaliação de riscos.

Por envolver conceitos complexos, a eficácia da avaliação do risco e das respostas do auditor a esses riscos depende da habilidade do auditor em conseguir correlacionar as afirmações relevantes sobre classes de transações, saldos de contas e divulgações com os riscos identificados e os controles internos que estão em uso pela entidade para prevenir ou detectar e corrigir as distorções relevantes.

Essa análise não depende de *check-lists* ou questionários padronizados, pois cada situação é uma situação e envolve uma análise crítica do que poderia acontecer de errado se um controle não funciona efetivamente e assim por diante.

Isso faz com que muitas decisões sejam tomadas por membros da equipe que conhecem a metodologia das respectivas firmas de auditoria, mas não possuem experiência suficiente para evitar os problemas que a profissão tem sofrido em um passado recente, tanto no Brasil como no exterior.

Esses problemas são detectados em revisões internas ou externas (revisão pelos pares) de controle de qualidade.

Por fim, temos as firmas de auditoria de porte médio. No Brasil, elas operam, principalmente, com algum vínculo que as autoriza a usar manuais técnicos e materiais de treinamento desenvolvidos no exterior, cuja absorção pelos profissionais brasileiros não é de sucesso absoluto, principalmente nessas quatro normas citadas que são relativamente complexas.

Nesse sentido, por exemplo, há de se destacar a preocupação do Banco Central do Brasil em requerer dos auditores independentes que passem a incluir em um dos relatórios por ele requerido (relatório circunstanciado) informações sobre os riscos identificados e avaliados.[1]

Assim sendo, como pré-requisito para um apropriado entendimento e aplicação desta norma, é importante entender alguns conceitos básicos e o efetivo significado de algumas expressões, que estão apresentados no próximo tópico.

Definições e conceitos

Controle interno (componentes, ambiente, propósitos, limitações e tipos de controle)

Controle interno

É o processo destinado a fornecer segurança quanto à realização dos objetivos da entidade no que se refere a confiabilidade dos relatórios financeiros, efetividade e eficiência das operações e conformidade com leis e regulamentos.

Componentes do controle interno

O Apêndice 1 da NBC TA 315 apresenta uma descrição pormenorizada dos cinco componentes do controle interno (ambiente de controle, avaliação de risco, sistema de informação, atividade de controle e monitoramento), que deve ser de pleno domínio dos leitores deste livro, pois sem aquele conhecimento na profundidade necessária é pouco provável que os leitores deste livro possam efetivamente entender e aplicar em situações concretas a NBC TA 315 e a NBC TA 330.

Voltaremos a discutir esses componentes do controle interno quando apresentarmos os aspectos relacionados com o entendimento do controle interno.

Ambiente de controle

O ambiente de controle abrange a comunicação e aplicação de integridade de valores éticos, o compromisso com a competência, a participação dos responsáveis

---

[1] Novo relatório requerido pela Circular 3.467 do Banco Central do Brasil para o exercício findo em 31 de dezembro de 2009. Essa circular foi alterada pela Circular 3.482, que postergou tal requerimento para o semestre que se finda em 30 de junho de 2010.

pela governança, principalmente na disseminação da consciência na observância das leis e dos princípios éticos, a filosofia e o estilo operacional da administração, a estrutura organizacional, a atribuição de autoridade e responsabilidade a cada nível da estrutura organizacional e a própria definição de políticas de recursos humanos.

Propósito do controle interno

Um controle tem como objetivo enfrentar os riscos que possam ameaçar a confiabilidade das informações e demonstrações financeiras, a eficácia e eficiência operacional e o cumprimento de leis e regulamentos. Eles podem ser preventivos (impedem a ocorrência) ou detectivos (detectam a ocorrência em tempo hábil).

Limitações do controle interno

Um controle fornece segurança razoável, mas não absoluta, uma vez que ele está sujeito a falhas humanas, falhas intencionais (burla) e conluio.

Tipos de controle

Os controles podem ser manuais ou automatizados (programados), preventivos ou detectivos, assim como podem estar no nível da entidade como um todo (ambiente de controle) ou no nível específico da transação, do risco identificado ou do processo.

Afirmações (ou assertivas)

Afirmações, também conhecidas como assertivas em algumas firmas de auditoria, são declarações da administração, explícitas ou não, que estão incorporadas às demonstrações financeiras, utilizadas pelo auditor para considerar os diferentes tipos de distorções que possam ocorrer.

As afirmações implícitas nas demonstrações financeiras (BP – Balanço Patrimonial e DR – Demonstração do Resultado) são assim definidas:

Afirmação	BP	DR	Significado e outras considerações para o entendimento
Existência	X		O ativo ou passivo existe na data especificada.
Ocorrência		X	Transação que pertence à entidade ocorreu efetivamente no período especificado.
Avaliação	X		O ativo ou passivo é registrado pelo seu apropriado valor.
Mensuração		X	Transação de receita ou de despesa é registrada pelo apropriado valor e no período adequado.
Integralidade (ou completude)	X	X	Não existem ativos, passivos, resultados (receitas ou despesas) e divulgações que não tenham sido apropriadamente registrados ou divulgados.
Direitos e Obrigações	X		Os ativos e passivos registrados pertencem à entidade.
Apresentação e Divulgação	X	X	São classificados, descritos e divulgados de acordo com a estrutura de relatório que seja aplicável.

Riscos (do negócio, inerentes e de controle, significativos e não significativos)

As definições a seguir apresentadas compreendem os riscos da entidade, cujas demonstrações financeiras estão sendo examinadas, e não os riscos da firma de auditoria.

Risco de negócio resulta de condições, eventos, circunstâncias, ações tomadas ou não tomadas que possam afetar adversamente a entidade de alcançar seus objetivos e executar suas estratégias, ou do estabelecimento de estratégias de forma inadequada.

Risco inerente é a suscetibilidade de um saldo de conta, divulgação ou classe de transação apresentar distorção relevante no nível de afirmação, assumindo que não existe controle relacionado. Esse risco pode ser alto, moderado ou baixo.

Risco de controle é o risco de que o controle interno, em uso pela entidade, não seja capaz de prevenir ou detectar e corrigir em tempo hábil uma distorção relevante nas demonstrações financeiras. Um controle pode ser efetivo/eficaz (previne ou detecta em tempo hábil) ou não efetivo/ineficaz.

Risco significativo resulta de eventos, condições, ações e circunstâncias que afetam adversamente as demonstrações financeiras da entidade, independentemente do nível de controle interno. Em suma, é o risco inerente com grande possibilidade de ocorrer e, se ocorrer, de ter efeito relevante.

Fatores de risco de fraude são eventos ou condições que indiquem incentivos ou pressões para que a fraude seja perpetrada ou ofereçam oportunidade para que ela ocorra. O risco de fraude é sempre considerado um risco significativo, conforme discutido no Capítulo 7, relacionado com a NBC TA 240.

Objetivo e alcance da norma

É importante atentar que o entendimento da entidade e de seu ambiente, incluindo o seu controle interno, tem como objetivo identificar e avaliar os **riscos de distorção relevante nas demonstrações financeiras** e esse entendimento, excetuando-se o caso específico de auditoria integrada,[2] não está direcionado para se emitir qualquer opinião sobre a eficácia ou eficiência do controle interno. Nessa avaliação, assim como em qualquer outra fase do trabalho, é possível que o auditor identifique deficiências no controle interno, que lhe permite apresentar recomendações. Todavia, esse é um objetivo secundário em relação ao seu objetivo principal em uma auditoria de demonstrações financeiras, que é a emissão da opinião sobre essas demonstrações.

Essa identificação e avaliação de riscos são fundamentais para que o auditor possa determinar as respostas adequadas aos riscos identificados. Entenda-se por respostas adequadas a determinação dos procedimentos de auditoria que sejam os mais eficazes e mais eficientes nas circunstâncias específicas do trabalho.

Dessa forma, além da natureza do procedimento, o auditor, com base na avaliação de riscos, deve determinar, também, a época e extensão dos testes de auditoria.

Requisitos

Além da documentação, esta norma compreende três importantes requisitos:

- procedimentos preliminares de avaliação de riscos e atividades relacionadas;

---

[2] Auditoria integrada é quando o auditor é contratado para executar, em conjunto, trabalho que lhe permita emitir opinião sobre a eficácia do controle interno em adição à opinião sobre as demonstrações financeiras.

- entendimento da entidade e de seu ambiente, inclusive de controle interno;
- processo de identificação e avaliação dos riscos de distorção relevante.

1º Requisito – Procedimentos Preliminares de Avaliação de Riscos e Atividades Relacionadas

Indagações, procedimentos analíticos, observação e inspeção

As indagações do auditor devem abranger os mais diversos assuntos que possam gerar riscos à entidade. Por sua vez, as pessoas a serem indagadas também compreendem um universo bastante amplo, não se limitando apenas aos administradores, mas incluindo todos aqueles que, no julgamento do auditor, possam trazer informações úteis ao seu objetivo de avaliar os riscos de distorção relevante nas demonstrações financeiras, como, por exemplo, indagações aos:

- responsáveis pela governança ajudam o auditor a entender o ambiente e a cultura da entidade no que tange aos aspectos de ética, competência, estilo operacional e demais componentes do controle interno;
- auditores internos permitem identificar o envolvimento deles com a revisão e avaliação dos controles internos, as conclusões atingidas, os tipos de relatórios emitidos, assim como a reação dos órgãos diretivos e de governança em relação aos assuntos levantados pelos auditores internos;
- responsáveis pelo Departamento de *Compliance* sobre o cumprimento de leis, normas e regulamentos pela entidade; e
- responsáveis pelo Departamento Jurídico com referência à existência de compromissos e contingências e outras preocupações de natureza legal, assim como quanto ao cumprimento de leis e regulamentos, principalmente naquelas entidades que não possuem um setor específico de *Compliance*.

Na aplicação de procedimentos analíticos, é importante que o auditor entenda quais são os principais indicadores que os administradores consideram relevantes para monitorar a entidade. Assim, para ficar bem claro, vamos utilizar um exemplo que nós, auditores, conhecemos muito bem, ou seja, em uma firma de auditoria, onde a utilização eficiente dos recursos humanos é relevante, um dos objetivos é o de maximizar o volume de horas cobráveis dos clientes, portanto, independentemente de outros objetivos, a gerência da firma de auditoria deve estar atenta a esse indicador.

Nessa hipótese, se estivéssemos auditando as demonstrações financeiras de uma firma de auditoria, deveríamos também estar atentos ao comportamento do referido indicador. Esse exemplo é apenas para ilustrar o fato de que o auditor deve ter em mente que as pessoas que mais conhecem o negócio da entidade são os seus administradores e o seu pessoal-chave, portanto, a execução eficaz e eficiente de um trabalho de auditoria requer que o auditor considere sempre as respostas dos administradores às suas indagações. Isso não significa, em absoluto, que ele sempre aceitará todas as respostas. Pelo contrário, ele deve se manter sempre cético e questionador, mas não deve ignorar o fato de que a administração da entidade é quem a melhor conhece.

Os procedimentos analíticos devem ser aplicados em consonância com a norma específica que trata do assunto (NBC TA 520). Eles compreendem a comparação de dados financeiros com orçamento ou períodos anteriores, assim como certos índices correlacionados, como por exemplo percentual de custo de vendas sobre as vendas, percentual histórico de inadimplência e outros.

Esses procedimentos compreendem dados financeiros e não financeiros e servem para identificar relações não usuais, inesperadas e eventuais problemas que são úteis para a identificação de riscos.

A observação e a inspeção, além de apoiar as indagações, podem fornecer informações sobre a entidade, sua forma de operação e outros, mediante a verificação de documentos, relatórios e acompanhamento de transações.

Mais uma vez, é importante lembrar que o processo de auditoria não é algo estanque e, portanto, o auditor deve utilizar todo o seu conhecimento da entidade na identificação e avaliação de riscos. Essa utilização compreende, por exemplo, aspectos analisados no processo de aceitação e continuidade do relacionamento, em outros trabalhos executados pelo sócio ou pessoal-chave da equipe, na experiência anterior (auditorias ou outros trabalhos anteriormente executados) ou em qualquer outra informação considerada relevante para esse propósito.

Sempre que o auditor usar sua experiência anterior ou informações obtidas em auditoria de períodos anteriores, ele deve confirmar que esse entendimento continua válido. Um bom exemplo seria o uso no ano corrente de uma narrativa ou fluxograma de um processo preparado em período anterior. Esse fluxograma ou narrativa deve ser atualizado para servir de base para a avaliação no ano corrente e compor a documentação de auditoria desse período. Normalmente, essa validação é feita mediante indagações e testes de reexecução, conhecidos como *walk through* (ver Capítulo 16).

Dentro dessas atividades preliminares de avaliação de riscos, inclui-se a discussão com os membros da equipe sobre a suscetibilidade das demonstrações financeiras a distorções. Esse assunto já foi bastante explorado no capítulo anterior, que tratou da NBC TA 300 (Planejamento).

2º Requisito – Entendimento da entidade e de seu ambiente, inclusive do controle interno

Entendimento da entidade e de seu ambiente

Na parte introdutória deste capítulo, foram apresentadas certas definições que são relevantes para permitir o correto entendimento deste requisito. A bem da verdade, o auditor somente consegue identificar e avaliar os riscos de distorção relevante na entidade, cujas demonstrações financeiras estão sendo auditadas, se ele tiver um amplo conhecimento e entendimento das **fontes** que podem gerar riscos de distorção relevante. Além das deficiências no controle interno, devemos considerar a existência de problemas nas seguintes fontes de risco:

a) fatores internos, como a natureza da entidade, incluindo sua operação, sua estrutura societária e de governança, formas de financiamento, investimentos em curso. A natureza da entidade é bastante abrangente e inclui inúmeros aspectos (fontes de receita e como a receita é reconhecida, produtos e forma de produção, alianças estratégicas, clientes-chave, fornecedores e outros);

b) fatores externos como a legislação, fatores regulatórios, mercado, concorrência, sazonalidade, insumos, política governamental para o setor e outros aspectos, inclusive práticas contábeis específicas requeridas por órgãos reguladores;

c) objetivos e estratégias para atingir esses objetivos e análise dos riscos de negócio que possam gerar distorções relevantes nas demonstrações financeiras. Notar que os riscos de negócio que devem ser considerados pelo auditor são aqueles que possam provocar impacto relevante nas demonstrações financeiras. Nesse sentido, por exemplo, se uma entidade tem uma base de clientes em um segmento ou região que se encontra em declínio, provavelmente a entidade terá problemas com a realização de suas contas a receber (risco de crédito), que afetarão a provisão para créditos de liquidação duvidosa;

d) políticas contábeis aplicáveis ao setor de atividade e considerações sobre eventuais mudanças havidas ou tidas como necessárias;

e) mensuração do desempenho da entidade, por meio de indicadores-chave, comparações com orçamento e períodos anteriores e com os indicadores de outras entidades, assim como remuneração de pessoal em decorrência de medidas de desempenho. Essas medições, sejam elas internas ou externas, acabam por criar pressões que podem gerar a elaboração de demonstrações enganosas ou com informações fraudulentas, que requerem atenção do auditor;

f) controle interno.

Entendimento do controle interno

Além das fontes anteriormente mencionadas, a norma requer um amplo entendimento dos controles internos que sejam relevantes para a auditoria. A norma apresenta o controle interno em quatro seções:

- natureza e características gerais;
- controles relevantes para a auditoria;
- natureza e extensão do entendimento dos controles relevantes;[3] e
- componentes do controle interno.

No que tange à natureza e à característica, conforme já mencionado anteriormente, o controle interno tem por propósito enfrentar os riscos que ameacem os objetivos da entidade de ter demonstrações financeiras confiáveis, atuar com eficácia/eficiência operacional e cumprir as leis e regulamentos. Esse propósito pode não ser atingido em decorrência das limitações inerentes e da possibilidade dos controles serem burlados pela própria administração.

Componentes do controle interno

Além disso, a divisão do controle em seus cinco componentes (*ambiente de controle, processo de avaliação de risco da entidade, sistema de informação (TI), atividades de controle e monitoramento de controles*) permite ao auditor identificar como os diferentes aspectos do controle interno afetam a auditoria.

Ambiente de controle

O auditor deve obter entendimento do ambiente de controle (consciência e atitudes de controle das pessoas, envolvendo a honestidade e a conduta ética) e como esse ambiente influencia a operação da entidade. Esse entendimento compreende:

- comunicação e aplicação de valores de integridade e ética;
- compromisso com a competência;
- atributos dos órgãos de governança (independência em relação à administração, reputação, experiência e adequação das ações);

---

[3] Tanto a avaliação da relevância dos controles, como a natureza e a extensão do entendimento, estão explicadas no tópico relacionado com as atividades de controle.

- estrutura organizacional e atribuição de autoridade e responsabilidade;
- filosofia e estilo operacional da administração; e
- políticas e práticas de recursos humanos.

Alguns elementos do ambiente têm efeito significativo na avaliação de risco de distorção relevante. Embora o ambiente não impeça, não detecte nem corrija uma distorção relevante, ele pode influenciar na avaliação de outros controles e, portanto, o ambiente deve ser considerado pelo auditor na avaliação dos controles da entidade.

O Banco Central do Brasil, por meio da Circular 3.467, já mencionada anteriormente, requer que o auditor considere na auditoria das demonstrações financeiras das instituições por ele autorizadas a funcionar os seguintes aspectos relacionados com o ambiente de controle, que estão em linha com a NBC TA 315:

- compromisso com a ética e a integridade: existência de evidência de compromisso da administração da instituição com a ética e a integridade, incluindo, mas não se limitando, estabelecimento de um código de ética e sua divulgação dentro da organização;
- competência técnica: existência de evidência apresentada pela administração da instituição quanto aos critérios adotados para seleção e avaliação dos profissionais de seu quadro funcional;
- políticas institucionais: existência de evidências de tais políticas, bem como de processos que garantam a sua divulgação dentro da organização;
- estrutura de gerenciamento de riscos, controles internos e auditoria interna: existência de estrutura organizacional voltada para o gerenciamento desses aspectos e de outros correlatos, eventualmente presentes na instituição, com indicação de, pelo menos, seus níveis hierárquicos;
- envolvimento da alta administração com as questões de controle interno e gestão de riscos: existência de evidências quanto ao envolvimento da administração relativamente a tais questões; e
- política de treinamento e conscientização do corpo funcional a respeito dos riscos e controles internos: existência de política formal de treinamento e sua abrangência.

Processo de avaliação de risco pela entidade

O segundo componente do controle interno corresponde ao processo de avaliação de risco desenvolvido e implementado pela própria entidade com o objetivo de identificar os riscos de negócio relevantes para as demonstrações financeiras, estimar sua significância, probabilidade de ocorrência e decidir sobre as ações a serem tomadas em resposta a esses riscos.

A responsabilidade primária pela elaboração de demonstrações financeiras livres de distorção relevante, seja por erro ou fraude, é da administração, que deve implementar controles internos que sejam capazes de prevenir, ou detectar e corrigir, as eventuais distorções, e portanto, é condição necessária que ela tenha um processo de avaliação de risco. Por sua vez, o auditor deve entender esse processo e avaliar se ele é apropriado às circunstâncias.

A inexistência desse processo pode representar deficiência significativa a ser considerada na avaliação de risco pelo auditor e passível de ser reportada de acordo com a NBC TA 265.

Sistema de informação (Tecnologia da Informação – TI)

A seguir, são apresentados aspectos relacionados com controles automatizados (ou programados) e o efeito que o ambiente de controle tem na avaliação dos riscos.

De modo geral, a TI beneficia o controle interno ao permitir a aplicação consistente de procedimentos para inúmeras transações, cujo processamento é menos propenso de ser burlado e possibilita a tempestividade, disponibilidade e exatidão de informações, todavia, a área de TI também traz riscos à entidade.

Esses riscos são decorrentes, entre outros, de acessos não autorizados, acessos privilegiados que possam burlar a necessária segregação de funções, modificações não autorizadas nos arquivos-mestres, programas ou sistemas, perda de dados, confiança em sistemas ou programas que estão processando dados imprecisos, incorretos ou ambos.

Assim, primeiramente é importante entender em que extensão a entidade utiliza os recursos de TI em seu negócio e o grau de complexidade para determinar a necessidade do envolvimento de especialistas nessa área.

Os riscos relacionados com a área de TI variam de entidade para entidade e se o sócio responsável pela auditoria ou demais membros da equipe não tiverem o conhecimento necessário dessa área, deve-se programar pessoal com o necessário *expertise*.

Se esses recursos não existirem internamente, o sócio responsável deve considerar a necessidade de utilização de especialistas externos (ver capítulo relacionado com a NBC TA 620).

As decisões relacionadas com o uso de especialistas internos ou externos em TI, assim como o não envolvimento desses especialistas, devem ser documentadas nos papéis de trabalho, juntamente com as razões que as suportam.

As avaliações de risco na área de TI envolvem os controles gerais e os controles sobre os aplicativos relevantes para a auditoria.

Em termos de controles gerais, o auditor deve decidir se é relevante entendê-los e avaliá-los. Em caso positivo, ele deve documentar esse entendimento e avaliação e executar testes de *walkthrough* para confirmar esse entendimento.

A avaliação dos controles gerais deve cobrir as três principais categorias de controles gerais:

a) gerenciamento de mudanças: apenas mudanças apropriadamente autorizadas, testadas e aprovadas podem ser feitas nos sistemas operacionais, aplicações, base de dados e *interfaces*. Além de mudanças, são também objeto de avaliação a aquisição (de terceiros), o desenvolvimento (interno) e a manutenção de *softwares* e outros aplicativos;

b) acessos: apenas pessoas autorizadas podem ter acesso aos dados e aplicativos (incluindo programas, tabelas e recursos relacionados) e apenas tarefas especificamente autorizadas (execução e atualizações, por exemplo) podem ser realizadas; e

c) segurança quanto à recuperabilidade de informações por meio de *back-ups*.

Por sua vez, o sistema de informação utilizado pela entidade, pelo menos aquele que seja relevante para a preparação das demonstrações financeiras, também deve ser objeto de avaliação pelo auditor, incluindo:

a) classes de transações que sejam relevantes para as demonstrações financeiras (por exemplo, processo de receitas, custeio da produção e das vendas);

b) procedimentos informatizados e manuais que suportam o início, registros analíticos manuais ou eletrônicos, processamento, correções e transferências para o razão geral para preparação e divulgação das demonstrações financeiras;

c) como o sistema de informações captura eventos e condições que sejam significativos para as demonstrações financeiras;

d) processo de elaboração das demonstrações, inclusive estimativas e divulgações e o entendimento dos lançamentos contábeis de natureza padrão e fora desse padrão para ajustes não usuais e não recorrentes; e

e) controles sobre esses lançamentos fora de padrão, principalmente os não rotineiros.

Atividades de controle

São as políticas e os procedimentos estabelecidos para assegurar que as orientações da administração são observadas. Eles incluem autorizações, revisões de desempenho, processamento de informações, controles físicos e segregação de funções.

A determinação da relevância é matéria de julgamento profissional e depende, entre outros, da importância do risco relacionado, sua materialidade, grau de complexidade dos sistemas que fazem parte do controle interno, características da entidade, inclusive sua forma jurídica, e se é uma atividade regulamentada ou não.

As atividades de controle relevantes se relacionam com riscos significativos e para os quais apenas testes substantivos não fornecem evidência apropriada e suficiente. Em um trabalho de auditoria não é requerido que o auditor entenda todas as atividades relacionadas a cada afirmação, classe de transação, saldo de conta ou divulgação nas demonstrações.

Para esse entendimento e avaliação, o auditor deve avaliar o desenho desses controles e confirmar que efetivamente foram implementados e estão sendo utilizados. Para o auditor, só faz sentido avaliar os controles que estão em uso.

A avaliação do desenho compreende analisar e concluir se ele individualmente ou em conjunto com outros controles é capaz de efetivamente impedir, ou de detectar e corrigir, distorções relevantes. Nessa avaliação, o auditor aplica os procedimentos de indagação, observação da efetiva aplicação, inspeção de documentos e relatórios e acompanhamento de transações.

Monitoramento dos controles

É um processo para avaliar a efetividade do desempenho ao longo do tempo, que deve ser analisada e avaliada pelo auditor, principalmente no que tange a adoção de medidas corretivas. Esse monitoramento pode envolver comunicações externas (reclamações, inspeções de órgãos reguladores) ou por meio da função de auditoria interna.

Auditoria interna

Se a entidade possuir essa função, o auditor deve avaliar como ela está posicionada na estrutura organizacional e as atividades por ela realizadas. Conforme mencionado na introdução deste Capítulo, a NBC TA 610 sofreu alterações em 2014, sendo importante reenfatizar que o entendimento da função da auditoria interna é importante para o próprio entendimento da entidade pelo auditor independente. Quando as atividades da auditoria interna estiverem relacionadas com as demonstrações financeiras, é provável que o auditor independente utilize trabalhos da auditoria interna ou obtenha assistência dos auditores internos e, nesse caso, a NBC TA 610 seria aplicável.

Processo de identificação e avaliação dos riscos de distorção relevante

Uma vez entendidos os conceitos, a importância do entendimento da entidade e de seu ambiente, inclusive de seus controles internos e dos procedimentos de avaliação de riscos, chegamos ao âmago da NBC TA 315, que é o processo de identificação e avaliação dos riscos de distorção relevante que irá indicar os procedimentos de auditoria a serem aplicados (Respostas do Auditor, a ser analisado no Capítulo 14).

Riscos no nível das demonstrações financeiras e das afirmações

Essa identificação e avaliação compreendem os riscos no nível das demonstrações financeiras e no nível de afirmações para classes de transações, saldos de contas e divulgações.

Os riscos no nível das demonstrações financeiras se relacionam de forma generalizada às demonstrações financeiras como um todo, podendo afetar inúmeras afirmações. Eles geralmente derivam de um ambiente de controle deficiente, dúvidas quanto à integridade ou competência do pessoal da entidade, principalmente seus administradores, falta de confiabilidade nos registros e outras circunstâncias que geram ressalvas na opinião do auditor e possível renúncia ao trabalho.

Por sua vez, os riscos no nível das afirmações para as transações, saldos de contas e divulgações irão determinar as respostas do auditor (procedimentos de auditoria) a esses riscos.

Riscos significativos e não significativos

Como parte do processo de avaliação de risco, o auditor deve exercer seu julgamento quanto ao fato de os riscos serem ou não significativos. Obviamente, o auditor está interessado nos riscos significativos, atentando se ele está relacionado com risco de fraude, complexidade da transação, transações não usuais, transações com partes relacionadas ou que possam envolver subjetividade na sua mensuração.

Na análise de transações, é importante diferenciar as transações rotineiras e não rotineiras. Geralmente, estas últimas e as que estão relacionadas com estimativas apresentam maior risco, pois geralmente envolvem situações peculiares e não usuais, que não ocorrem com frequência. As transações rotineiras geralmente são menos complexas e obedecem a um processamento sistemático, gerando menor risco.

Afirmações sobre saldos, classes de transação e divulgação

A NBC TA 315 apresenta as três categorias de afirmações e as respectivas considerações que estão implícitas, a saber:

a) afirmações sobre classes de transações no que tange a sua ocorrência, integridade, exatidão, corte para registro no período correto e classificação nas contas corretas;

b) afirmações sobre saldos de contas no que tange a sua existência, integridade, valorização e alocação adequada nas demonstrações contábeis dos ativos e passivos; e

c) afirmações sobre apresentação e divulgação no que tange à sua ocorrência, integridade, classificação, exatidão e valorização.

Como lembrete, é bom ter em mente que **ocorrência** significa que os eventos registrados efetivamente ocorreram e são da entidade e **integralidade** está relacionada com o fato de que todas as transações, ativos, passivos e divulgações que deviam ser registrados ou divulgados foram efetivamente registrados ou divulgados em sua totalidade.

Conforme afirmado no início deste capítulo, que ora é reproduzido, uma vez que agora o leitor já teve a oportunidade de conhecer os conceitos e os principais aspectos desta norma, temos que:

- a eficácia da avaliação do risco e das respostas do auditor a esses riscos depende da habilidade do auditor em conseguir correlacionar as afirmações relevantes sobre classes de transações, saldos de contas e divulgações com os riscos identificados e os controles internos que estão em uso pela entidade para prevenir ou detectar e corrigir as distorções relevantes; e

- essa análise não depende de *check-lists* ou questionários padronizados, pois cada situação é uma situação e envolve uma análise crítica do que poderia acontecer de errado se um controle não funciona efetivamente e assim por diante.

Avaliação combinada de riscos

Nessa avaliação de riscos, o auditor considera tanto o risco inerente como o risco de controle, que são preponderantes para a adequação das respostas do auditor (procedimentos de auditoria), a serem discutidos no Capítulo 14.

O risco inerente pode ser baixo, moderado ou alto e um controle pode ser eficaz/efetivo (gera risco baixo) e não efetivo/ineficaz (gera risco alto) ou ainda moderado. Na análise combinada de riscos, o auditor leva em consideração o seu julgamento sobre esses riscos e a extensão dos testes de controle que ele executou (extensivos ao longo de todo o período, limitados ao longo de todo o período ou não adotou como estratégia a execução de testes de controle interno).

O efeito dessa análise combinada de riscos é assim demonstrado:

Risco inerente	Risco de controle	Risco combinado
A	A	A
A	M	M
A	B	M ou B
M	A	M
M	B	B
M	M	M
B	A	M ou B
B	M	Baixo
B	B	Baixo

A = Alto, B = Baixo e M = Moderado.

Documentação

A norma requer que os assuntos abaixo indicados sejam documentados, todavia, não apresenta exemplos de planilhas ou papéis de trabalho para documentá-los em uma situação prática:

- discussão com a equipe, inclusive assuntos tratados e conclusões por meio de ata de reunião;
- elementos-chave do entendimento sobre cada um dos aspectos relevantes da entidade (ambiente em que opera) e de cada um dos componentes do controle interno, as fontes de informações e os procedimentos de avaliação de riscos;
- identificação dos riscos avaliados no nível das demonstrações financeiras e no nível das afirmações; e
- riscos identificados correlacionados com as afirmações relevantes sobre classes de transações, saldos de contas e divulgações com os controles internos implementados pela administração para prevenir ou detectar e corrigir as distorções relevantes.

Dessa forma, para auxiliar o leitor no entendimento desta norma e na sua aplicação prática foram adicionados os seguintes aspectos:

Documentação da discussão com a equipe, inclusive assuntos tratados e conclusões

Essa discussão pode ser documentada por meio de uma ata resumindo os assuntos discutidos e as decisões tomadas para cada um dos itens da agenda.

Identificação dos riscos

A identificação é feita mediante a pergunta: o que poderia dar errado e a avaliação é feita mediante a determinação da significância de cada risco?

Os dois principais riscos de distorção relevante são o risco do negócio e o risco de fraude, que correspondem ao risco inerente antes de ser considerado qualquer controle que seja capaz de mitigar tal risco.

A tendência natural do auditor é tomar como base as demonstrações financeiras para efetuar a análise de risco. Por exemplo, a área de estoque é considerada de risco, porque no ano anterior foi identificada distorção nessa área. Isso é equivalente a identificar o efeito e não a causa.

Se a causa não for identificada, é possível que alguns fatores de riscos sejam ignorados, uma vez que a demonstração financeira reflete o resultado das decisões tomadas e das transações que foram registradas.

Dessa forma, essa identificação deve tomar como base as seis fontes que devem ser objeto de entendimento pelo auditor, que são os fatores de risco:

- objetivos e estratégias da entidade;
- fatores internos;
- fatores externos;
- indicadores de desempenho;
- políticas contábeis;
- controles internos.

Essa identificação de riscos permite ao auditor direcionar o seu esforço para as áreas de risco, dedicando menor atenção àquelas com baixo risco.

Avaliação se os riscos são ou não significativos

A análise dos riscos tem por objetivo determinar quais deles são significativos, uma vez que esses riscos significativos requererão consideração especial pelo auditor, conforme melhor explicado mais adiante.

Uma regra prática para a determinação da significância ou não do risco é uma função da probabilidade de sua ocorrência em conjunto com a magnitude do efeito, no caso da efetiva ocorrência, que pode ser quantificado usando, por exemplo, a seguinte tabela:

Valor do índice	Probabilidade de ocorrer	Magnitude no caso de ocorrer
Zero	Remota	Claramente trivial
1	Pouco provável	Menor do que o que seria considerado moderado
2	Provável	Moderado
3	Mais do que provável	Maior do que o moderado
4	Quase certa	Material

As combinações, cujo resultado dê 9 ou um valor maior do que 9 (4 × 4, 4 × 3, 3 × 4 e 3 × 3), com certeza redundariam em riscos significativos, enquanto do resultado 4 para baixo, ou seja, 2 × 2, 2 × 1, 1 × 2, zero × 2, zero × 1 e outros seriam considerados não significativos.

A situação entre 5 e 8 requer o julgamento do auditor junto com outros aspectos que ele possui sobre a entidade para determinar se o risco é ou não significativo.

Planilha sumariando riscos identificados e os índices para classificação como relevante

A identificação, avaliação e determinação das afirmações impactadas podem ser evidenciadas por meio de uma planilha onde seriam listados:

a) na primeira coluna, o risco que foi identificado, complementado por qual afirmação[4] ele impacta;

b) na segunda, o índice que mede a probabilidade de ocorrência;

c) na terceira, o índice que mede a magnitude do impacto, se ele ocorrer;

d) na quarta, o efeito combinado da segunda e da terceira coluna, cujo resultado significa se o risco é significativo ou não; e

e) na quinta, os riscos considerados significativos e não significativos.

---

[4] E (existência), A (acurácia ou exatidão), V (valorização ou avaliação), I (integralidade ou completude), O (ocorrência) e C (corte e registro no período adequado).

Respostas da entidade aos riscos significativos

Para os riscos significativos, que interessam ao auditor, seriam evidenciadas as **respostas que a entidade determinou a esses riscos**, lembrando que a responsabilidade **primária** pela identificação e avaliação de riscos é da administração da entidade e, por fim, o que o auditor fará com referência a esses riscos e com referência ao que a administração determinou que devesse fazer.

Se a administração da entidade não implementou controles para monitorar esses riscos, provavelmente, existe deficiência significativa no controle interno, que, além de ser reportada pelo auditor aos responsáveis pela governança (e para a administração) da entidade, conforme NBC TA 265, deve também gerar procedimentos específicos de auditoria para concluir sobre o possível efeito nas demonstrações financeiras do risco e da falta de controle da administração sobre esse risco, podendo redundar em um problema de limitação no alcance da auditoria a ser considerado conforme NBC TA 705.

Avaliação dos controles projetados (desenhados) pela administração para cada um dos riscos significativos que foram identificados

O auditor deve indagar à administração sobre os controles que ela implementou em resposta aos riscos identificados. Esses controles podem estar diretamente relacionados aos riscos ou podem atuar de forma indireta, em decorrência do ambiente de controle existente, ou seja, por meio de controles no nível da entidade. Essas informações são relevantes para que o auditor desenvolva as respostas adequadas para cada situação específica.

A mera obtenção de respostas às indagações feitas à administração não é suficiente. A bem da verdade, o auditor deve considerar quatro passos ou questões básicas para determinar de forma apropriada as suas respostas, a saber:

- Quais os riscos que os controles devem mitigar?
- Os controles desenhados efetivamente mitigam os riscos identificados?
- Esses controles estão efetivamente em operação?
- Esses controles estão documentados?

Na primeira questão, o auditor deve analisar se os riscos (de negócio e/ou de fraude) afetam afirmações específicas ou se afetam todas as afirmações, mediante as considerações sobre o que pode dar errado, quais as fontes de erro e qual o controle que mitiga o risco.

Na segunda questão, o auditor deve entrevistar o pessoal da entidade, cujas demonstrações estão sendo auditadas, para entender os controles que foram desenhados para mitigar os riscos e avaliar se eles (isoladamente ou em conjunto com outros controles) são de fato capazes de mitigar os riscos identificados, mediante a prevenção ou a detecção e correção deles. Nessa avaliação, o auditor tem a oportunidade de identificar a existência de deficiências relevantes no controle interno.

Na terceira questão, o auditor deve verificar se esses controles foram de fato implementados. A simples indagação e a resposta obtida não se constituem em evidência suficiente de que os controles foram de fato implementados.

Normalmente se aplica teste de *walkthrough* ou de reexecução (observância ou inspeção) para confirmar essa implementação em um dado momento, todavia, um teste dessa natureza (*walkthrough*) não é suficiente para confirmar que o controle operou de forma eficaz ao longo do período sob exame, ou seja, ao longo de todo o exercício.

A evidência de que o controle operou de forma eficaz ao longo do período é somente obtida mediante a realização de teste de controle com a seleção de amostra que cobre o período como um todo.

Os testes de controles somente devem ser aplicados quando se estabeleceu que essa estratégia é relevante para a auditoria e que os controles desenhados para mitigar os riscos foram efetivamente implementados pela administração da entidade e eles podem reduzir a aplicação de testes substantivos (melhorar a eficiência) ou permitir a obtenção de evidência apropriada que de outra forma não seria possível.[5]

Nessa altura, é importante identificar que existem diferenças e são aplicados procedimentos distintos para avaliar o desenho de um controle (entendimento do controle para mitigar um dado risco), sua efetiva implementação (confirmada por meio de um teste de *walkthrough*) e sua efetiva operação de forma eficaz ao longo do período (teste de controle).

O quarto passo compreende a documentação do controle mediante narrativa ou fluxograma do processo ou combinação de ambos, preparada pela entidade ou pelo auditor, identificando os controles internos relevantes.

A natureza e a extensão dessa documentação variam de entidade para entidade ou de trabalho para trabalho, dependendo do tamanho da entidade, nível de complexidade das operações, metodologia de trabalho, nível das informações disponíveis.

A identificação e a documentação dessa análise complementam aquela primeira planilha onde se listaram os riscos e se avaliou a significância deles. Neste complemento ou nova planilha seriam listadas ao lado de cada risco significativo as respostas que a administração deu a cada um dos riscos significativos, ou seja:

---

[5] Essa situação poderia ser exemplificada no caso da auditoria de uma empresa como a Companhia Telefônica ou Eletropaulo, em que a aplicação do procedimento de confirmação de saldo não é eficaz, pois não teria representatividade alguma em decorrência dos inúmeros usuários (clientes) dessas companhias.

a ligação entre o risco e o controle projetado para mitigá-lo, a avaliação se eles de fato mitigam ou não o risco, a avaliação se eles estão de fato operando (resultado do teste de *walkthrough*) e se eles estão documentados, fornecendo detalhes que permitem a avaliação combinada do risco inerente e de controle.

Avaliação combinada do risco inerente e do risco de controle

O passo final na fase de avaliação do risco compreende a ligação dos riscos identificados com os controles desenhados e implementados pela administração para monitorá-los, de forma a se poder efetuar uma avaliação combinada dos riscos inerentes com os riscos de controle, sumariando os controles a serem testados e os possíveis riscos remanescentes tanto no nível das demonstrações financeiras como um todo como no nível das afirmações das classes de transações, saldos ou divulgações, que resultarão nas respostas do auditor a esses riscos.

Antes de concluir essa análise, o auditor deve considerar a experiência passada (histórico de erros), suscetibilidade a fraudes e outras oportunidades em que a administração poderia burlar os controles.

Como resultado dessa avaliação, o auditor pode decidir confiar nos controles, considerando-os como de baixo risco, para reduzir a extensão dos testes substantivos. Nesse caso, o auditor deve testar a eficácia operacional do controle ao longo do período sob exame.

Em outras situações, embora exista o controle interno desenhado e implementado pela administração, o auditor pode decidir não testá-lo, considerando o risco de controle como alto. Essa decisão aumenta a extensão dos testes substantivos, todavia, esse aumento está em linha com a decisão do auditor que provavelmente considera que os testes substantivos lhe propiciarão melhores evidências de auditoria.

Os controles específicos no nível de transações geralmente **funcionam (risco baixo)** ou **não funcionam (risco alto)**, o que indicaria a inexistência de risco de controle moderado, todavia, podem existir circunstâncias em que o auditor considera o controle não totalmente confiável, embora ele possa estar operando em boa parte do tempo.

Nessa situação, geralmente em auditorias de entidades de pequeno porte, ele pode considerar o risco como moderado, lembrando que essa decisão é matéria de julgamento profissional, onde a experiência do auditor é fundamental.

Este último passo na avaliação dos riscos se confunde com o primeiro passo da fase de determinação das respostas de auditoria, uma vez que a decisão de confiar (e testar) os controles internos ou não confiar (e não testar) tais controles já é uma primeira resposta, que está analisada no Capítulo 14, que trata da NBC TA 330.

Complementando a planilha de avaliação do risco, devem ser inseridos ao lado dos riscos considerados significativos as respostas da administração (controles desenhados e implementados) e a avaliação combinada dos riscos (inerentes + riscos de controle) feita pelo auditor.

Essa planilha está pronta para receber as resposta do auditor que está discutida no Capítulo 14. Para que haja ligação entre a avaliação dos riscos e as respostas, essa planilha pode receber a referência cruzada para a outra planilha onde serão apresentados os procedimentos de auditoria (respostas) e as referências para os papéis de trabalho que suportam as respostas do auditor aos riscos.

A documentação de avaliação dos riscos é relativamente extensa; todavia, em auditorias recorrentes, normalmente as análises de um ano podem ser reutilizadas no ano seguinte, desde que sejam atualizadas para refletir as mudanças havidas nos negócios ou nos processos da entidade.

No tempo em que essas avaliações eram feitas manualmente, o que se fazia era obter cópias desses papéis, transferiam-se os originais para a pasta corrente e mantinham-se as cópias na pasta do ano anterior. Os originais eram atualizados e revalidados para o ano corrente, evidenciando-se as alterações.

Atualmente, o procedimento é similar, baixando-se cópia dos documentos a serem reutilizados na auditoria corrente, que sofrem as atualizações necessárias, confirmando que os procedimentos continuam os mesmos ou explicitando as mudanças e as novas avaliações.

Para encerrar este capítulo, está sendo apresentado na tabela que se segue um sumário contendo a forma que pode ser utilizada para documentar o entendimento, referente aos requisitos da NBC TA 315, que é feita por meio de planilhas exemplificadas ao longo deste capítulo, bem como memorandos ou fluxogramas sumariando as seguintes considerações:

NBC TA 315 – TABELA CONTENDO INFORMAÇÕES A SEREM DOCUMENTADAS NOS PAPÉIS DE TRABALHO
01 – Descrição da discussão havida (equipe) relacionada com a suscetibilidade a distorções relevantes no nível das demonstrações financeiras e afirmações (classes de transações, saldos de contas e divulgações), incluindo as decisões tomadas.
02 – Fatores considerados na avaliação relacionada com o setor de atividade, regulamentos e estrutura de relatório financeiro aplicável.
03 – Idem, relacionados com a natureza da entidade, suas operações, estruturas (societária, de capital e de governança), assim como levar em consideração como o desempenho é medido.
04 – Avaliação das práticas contábeis utilizadas e análise das razões para mudanças havidas.
05 – Principais aspectos referentes ao ambiente de controle interno que foram considerados.
06 – Descrição dos principais aspectos usados pela entidade no processo para identificar, mensurar e decidir sobre os riscos de negócios relevantes.
07 – Impacto na auditoria quando a entidade não possui processo de avaliação de risco.
08 – Aspectos relevantes do sistema de informação aplicado na elaboração das demonstrações financeiras.
09 – Avaliação do processo utilizado pela entidade para comunicar as funções e responsabilidades relacionadas com a elaboração das demonstrações financeiras.
10 – Análise de como a entidade reagiu e respondeu aos riscos na área de TI, riscos decorrentes de fraudes e de outras distorções relevantes.
11 – Principais atividades utilizadas pela entidade para monitorar o controle interno.
12 – Existência da função de Auditoria Interna, sua forma de atuação e posicionamento.
13 – Descrição das fontes de informação utilizadas para avaliar e resumir os itens constantes desta tabela.

Adicionalmente, nesta terceira edição, foi inserido um anexo a este capítulo contendo um roteiro com passos práticos para a aplicação das normas 315 e 330.

Anexo ao Capítulo 12

ROTEIRO PRÁTICO PARA IDENTIFICAÇÃO E AVALIAÇÃO DOS RISCOS DE DISTORÇÃO RELEVANTE NAS DEMONSTRAÇÕES FINANCEIRAS E RESPOSTAS DO AUDITOR A ESSES RISCOS

1ª AUDITORIA	AUDITORIA RECORRENTE
1 ACEITAÇÃO DO CLIENTE E DO SERVIÇO A SER EXECUTADO A NBC PA 01 requer que a firma possua política de **aceitação** e continuidade. Especificamente com relação ao cliente ou serviço em potencial, a política deve estabelecer como deve ser avaliada a integridade do cliente, incluindo seus proprietários e executivos, considerando a reputação, a postura, a natureza das operações e as práticas operacionais, a existência de condenações, de processos em andamento, de investigações e de publicidade negativa. As principais fontes de Informação são: a) Próprio pessoal do cliente em potencial para entender a necessidade do serviço, o propósito do relatório, usuários previstos, natureza das operações e práticas operacionais, incluindo eventuais problemas que a política da firma estabeleça para serem verificados. b) Auditores Anteriores – Após o contato com o pessoal do cliente em potencial, os auditores antecessores seriam os primeiros a serem contatados para entender o motivo da troca, se existe algum litígio, honorários pendentes, problemas na emissão da opinião, histórico de ajustes, problemas de relacionamento, políticas e práticas contábeis não aceitáveis, áreas de risco e que possam requerer especialistas e aspectos que impactariam o relacionamento futuro com o cliente em potencial (Fontes – Relatórios, Cartas de Recomendação e Informações obtidas verbalmente). c) Formulário de Referência (CVM) no caso de companhias abertas e outras publicações setoriais. d) Agências de Informações de crédito tipo SERASA. e) Bancos. f) Advogados e outros prestadores de serviços. Todo o processo de aceitação deve ser documentado. A firma deve ter um *checklist* e impressos para evidenciar aprovação, inclusive por um segundo Sócio e Principal executivo da firma de auditoria (presidente ou Sócio Gerente). A Guia de Implantação da NBC PA 01 (disponível no *website* do CFC) apresenta exemplo de formulários.	**1 AVALIAÇÃO DA CONTINUIDADE DO CLIENTE E SERVIÇO** A NBC PA 01 requer que a firma possua política de aceitação e **continuidade**. No caso de auditoria recorrente, a firma deve reavaliar a cada ano a continuidade de relacionamento com o cliente, bem como a continuidade na prestação de serviço de auditoria das demonstrações financeiras. Nessa avaliação, além das considerações efetuadas no processo de aceitação, a experiência obtida no relacionamento com o cliente no trabalho de primeira auditoria deve ser ponderada e analisada para se tomar a decisão de continuidade. O formulário de avaliação da continuidade deve ser preenchido pelo sócio responsável do trabalho de auditoria e revisado por um segundo sócio. Esse evento é tão importante que deve ser analisado e aprovado pelo Presidente ou Sócio Gerente que tenha a responsabilidade pela administração da firma de auditoria. A guia para implantação da norma NBC PA 01 disponível no *website* do Conselho Federal de Contabilidade inclui exemplo do que deve ser considerado.

1ª AUDITORIA	AUDITORIA RECORRENTE
2 IDENTIFICAÇÃO DOS RISCOS DE DISTORÇÃO RELEVANTE NAS DEMONSTRAÇÕES FINANCEIRAS	**2 IDENTIFICAÇÃO DOS RISCOS DE DISTORÇÃO RELEVANTE NAS DEMONSTRAÇÕES FINANCEIRAS**
Uma vez aceito o relacionamento com o novo cliente ou o novo serviço (auditoria das demonstrações financeiras), o auditor deve expandir significativamente o nível de conhecimento obtido no processo de aceitação. O objetivo é identificar os riscos do negócio e de fraudes por meio da análise das seis fontes de risco: Objetivos e Estratégias da Entidade, Fatores Internos, incluindo a Natureza da Entidade, Fatores Externos, Políticas Contábeis, Mensuração do Desempenho e Controle Interno. A análise das fontes de risco deve ser feita mediante o entendimento da entidade a ser obtido por meio de entrevistas ao pessoal da entidade, pesquisa de publicações do setor, das demonstrações financeiras e relatórios da administração, formulário de referência no caso de companhias abertas, atas de reuniões de diretoria, comitês internos de risco, de auditoria, de *compliance* e de outros, bem como relatórios da auditoria interna e outras informações que possam estar disponíveis. Dentre as seis fontes, o entendimento do controle interno é o que requer maior investimento de tempo. Nessa fase, o auditor já deve considerar nas entrevistas com o pessoal da entidade o entendimento do processo de avaliação de riscos da entidade, que inclui a maneira como a administração identifica os riscos de negócio e de fraude que podem provocar distorção relevante nas demonstrações financeiras, lembrando que o processo de avaliação de risco é o segundo componente do controle interno.	De uma forma geral, pode ser dito que o início de um trabalho recorrente de auditoria se dá no término da auditoria em curso. Nesse momento, as informações do trabalho, inclusive as dificuldades encontradas, estão "vivas" na mente da equipe. É o melhor momento para se discutir não somente a avaliação da equipe, mas também do trabalho como um todo e se fazer anotações que serão úteis na próxima auditoria. Nos trabalhos recorrentes, já se possui o conhecimento sobre a entidade e de seus riscos, que já foram identificados, portanto, a preocupação é com o que mudou em relação ao ano anterior. O auditor não deve perder nenhuma oportunidade para atualizar o seu conhecimento. Por exemplo, provavelmente, o último compromisso do auditor em um trabalho de auditoria das demonstrações financeiras em uma companhia aberta é a participação na assembleia de acionistas. O auditor deve aproveitar essa oportunidade de se encontrar com os responsáveis pela governança, principais acionistas e principais executivos da entidade para atualizar o seu conhecimento sobre as mudanças importantes havidas. O mesmo deve ser feito nos contatos para a renovação dos termos da contratação e, posteriormente, quando se realizar a primeira visita do ano para se atualizar as informações. Dentro da medida do possível, o auditor deve aproveitar todo o trabalho de natureza permanente (narrativas, fluxogramas, *checklists* e outros). O importante é que em todo o trabalho reaproveitado seja evidenciado, de forma clara, a revisão e sua atualização para o ano em curso. Todas essas informações serão discutidas no evento de planejamento.

1ª AUDITORIA	AUDITORIA RECORRENTE
3 EVENTO DE PLANEJAMENTO Como mencionado no início do capítulo que trata do Planejamento (NBC TA 300), é impraticável pensar no Planejamento sem considerar os riscos identificados. Dessa forma, sem a pesquisa realizada para identificar os riscos, a atividade de planejamento seria vazia e o evento ficaria restrito a se passar instruções. Em algumas situações (entidades de grande porte e complexas), o evento pode ser dividido em duas ou mais oportunidades. Quando o trabalho envolve muitas pessoas localizadas de forma esparsa, esses eventos podem ser realizados por meio da combinação de reunião presencial da equipe de coordenação com os demais participando a distância, utilizando outras tecnologias disponíveis (reuniões telefônicas e outras formas). Qualquer que seja a forma do evento, é importante que se dê chance para todos os participantes apresentarem seus pontos de vista na forma de "*brainstorm*". No evento de planejamento normalmente se tem a participação dos executivos que possuem maior experiência profissional. Essa experiência é importantíssima para se discutir o que poderia dar errado e se determinar o impacto dos riscos identificados, ou seja, quais as contas e quais as afirmações implícitas nas demonstrações financeiras (existência, avaliação, integralidade...) que poderiam ser impactadas, lembrando que o impacto pode ser abrangente, afetando as demonstrações de uma forma geral. O produto final desse evento deve ser uma planilha contendo os riscos de negócio e riscos de fraude identificados com o provável impacto (contas e afirmações das demonstrações financeiras). Nessa identificação de riscos devem ser considerados os seguintes aspectos cobertos em outras normas: • Fraudes (NBC TA 240). • Leis e regulamentos (NBC TA 250). • Existência de litígios, reclamações e outras contingências (NBC TA 501). • Processo de estimativa da entidade (NBC TA 540). • Transações com parte relacionada (NBC TA 550). • Problemas de continuidade (NBC TA 570). Além dos riscos, deve ser considerada, também, a necessidade do uso de especialistas (NBC TA 620), de auditores internos (NBC TA 610) e de outros auditores no caso de envolverem auditores de componentes (NBC TA 600) ou auditores de organizações prestadoras de serviço (NBC TA 402).	**3 EVENTO DE PLANEJAMENTO** Esse evento é mais eficaz e eficiente quanto maior for o conhecimento da entidade e de seus riscos, portanto, em um trabalho recorrente geralmente esse evento é mais produtivo, pois tanto o sócio responsável como os demais membros da equipe de trabalho já possuem um bom nível de conhecimento da entidade, seu ambiente, seus riscos e os controles implantados para mitigar esses riscos. Em trabalhos recorrentes, normalmente o direcionamento do evento é para as mudanças havidas no ambiente de negócios e nos controles internos. Além das discussões sobre as mudanças havidas na entidade, esse é o melhor momento para se discutir o que deve ser mudado no trabalho. Por melhor que tenha sido o trabalho de auditoria, ele sempre pode ser aprimorado, portanto, os executivos devem estar preparados para mudar o que precisa ser mudado. Aquele velho ditado que diz que "**em time que está ganhando não se mexe**" deve ser encarado com ceticismo e deve ser colocado em "xeque" pelo sócio responsável pelo trabalho, no sentido de se concluir sobre as mudanças que seriam ou não necessárias na abordagem do trabalho de auditoria. O produto final desta fase é a planilha atualizada contendo os riscos de negócio e de fraudes com a identificação do provável impacto (contas e afirmações das demonstrações financeiras).

1ª AUDITORIA	AUDITORIA RECORRENTE
4 ENTENDIMENTO DO CONTROLE INTERNO É importante salientar que existe uma grande diferença entre **entender** o controle interno e **testar** o controle interno para se concluir sobre a sua efetividade e eficácia. O entendimento deve ser obtido em todos os trabalhos de auditoria de demonstrações financeiras, mesmo nos casos de auditoria de pequenas entidades, enquanto que a execução de testes sobre o controle interno depende da abordagem (respostas do auditor) que será adotada. O Apêndice 1 da NBC TA 315 apresenta os cinco componentes do controle interno que devem ser considerados pelo auditor para tal entendimento. O auditor deve documentar o entendimento dos seguintes aspectos: • ambiente do controle; • processo de avaliação de risco da entidade; • sistema de informação; • atividades de controle; e • monitoramento. O entendimento cobre os aspectos gerais dos cinco componentes do controle interno, mas, para aqueles riscos de distorção relevante que vierem a ser identificados e considerados como riscos **significativos**, o investimento no entendimento é maior e o auditor deve identificar as **respostas que a administração** deu a esses riscos.	**4 ENTENDIMENTO DO CONTROLE INTERNO** Da mesma forma que o tópico anterior, a revisão e atualização do entendimento do controle interno e do que mudou em relação ao exercício anterior deve ser evidenciada. A evidenciação da revisão é geralmente feita mediante a identificação de que o entendimento foi atualizado mediante indagações e realização de testes de reexecução (*walkthrough tests*). Não basta simplesmente transferir a documentação de auditoria de um ano para outro.
5 AVALIAÇÃO DA SIGNIFICÂNCIA OU NÃO DOS RISCOS DE DISTORÇÃO RELEVANTE A significância ou não do risco é determinada considerando a probabilidade da ocorrência da distorção e a sua magnitude. A forma prática de evidenciar a decisão quanto à significância pode ser feita complementando a planilha contendo os riscos identificados, colocando ao lado os pontos atribuídos (1 a 5) tanto para a probabilidade de ocorrência (1 = remota, 2 = improvável ou pouco provável, 3 = provável, 4 = mais que provável e 5 = quase certa) como para o impacto em termos de valor (1 = imaterial ou claramente trivial, 2 = pequeno ou menor do que moderado, 3 = moderado, 4 = grande ou maior do que moderado e 5 = material) e calcular o seu efeito combinado. Por exemplo, de acordo com o julgamento do auditor ele pode considerar como significativo quando o efeito combinado (multiplicação dos índices atribuídos para a ocorrência e magnitude) der mais do que 9.	**5 AVALIAÇÃO DA SIGNIFICÂNCIA OU NÃO DOS RISCOS DE DISTORÇÃO RELEVANTE** Na primeira auditoria, geralmente o auditor é mais conservador, pois ele tem pouco conhecimento da entidade, do ambiente em que ela opera e dos seus controles. Dessa forma, ele acaba optando por considerar a maior possibilidade de ocorrência e até mesmo do possível valor envolvido. À medida que o tempo passa existe uma tendência natural de se diminuir esse conservadorismo, todavia, a liderança da firma de auditoria (presidente ou principal executivo) deve estar atenta ao risco que esse **relaxamento natural** pode trazer. Assim, independentemente da existência de imposição de rodízio, como existe no Brasil, no caso de auditoria de demonstrações financeiras de companhias abertas, a política de controle interno da firma de auditoria deve prever a rotação periódica do sócio responsável pelo trabalho.

1ª AUDITORIA	AUDITORIA RECORRENTE
6 RESPOSTAS DA ADMINISTRAÇÃO AOS RISCOS DE DISTORÇÃO RELEVANTE Para os riscos considerados significativos pelo auditor, ele deve evidenciar quais as respostas dadas pela administração da entidade para enfrentar tais riscos. As respostas compreendem os **controles internos preventivos e detectivos** que a entidade implantou para mitigar os riscos de distorção relevante considerados **significativos**. Dessa forma, para cada um dos riscos considerados significativos o auditor deve identificar os controles implantados e a decisão sobre a abordagem de auditoria a ser adotada.	**6 RESPOSTAS DA ADMINISTRAÇÃO AOS RISCOS DE DISTORÇÃO RELEVANTE** Em uma situação normal, não existem grandes alterações de um exercício para o outro exercício nos controles implantados pela administração para responder aos riscos, todavia, assim como nos demais passos a revalidação deve ser apropriadamente evidenciada na documentação da auditoria que está sendo transferida para o ano corrente.
7 ABORDAGEM DA AUDITORIA O auditor pode concluir que é mais eficaz e eficiente adotar uma abordagem composta **exclusivamente por procedimentos substantivos**. Essa abordagem é aplicada quando o auditor decide que não pretende confiar nos controles internos. Ela é particularmente aplicada em auditoria de pequenas entidades onde se tem um tempo maior para se executar o trabalho de auditoria e onde muitas vezes não se consegue um nível adequado de segregação de funções para se confiar no controle interno. Existem **situações em que é inviável** a adoção dessa estratégia de aplicar exclusivamente procedimentos substantivos. Em auditoria de grandes entidades, destacando-se, por exemplo, auditoria de demonstrações financeiras de grandes bancos, de empresas de serviços públicos (telefonia e energia, por exemplo) com milhões de clientes e outras entidades de grande porte. Nessas situações, normalmente se aplica uma abordagem combinada de testes de controles e aplicação de procedimentos substantivos, sendo extremamente importante que o auditor consiga confiar nos controles internos, pois se eles não forem eficazes e não forem efetivos ao longo do exercício, os procedimentos substantivos devem ser bastante extensos. **Não existe situação de abordagem exclusiva de testes de controle**. Em algumas áreas, a aplicação de procedimentos substantivos é obrigatória, como, por exemplo, para se concluir sobre a receita em uma entidade com objetivo de lucro.	**7 ABORDAGEM DA AUDITORIA** De forma similar ao passo anterior, a abordagem da auditoria também não sofre grandes alterações de um ano para o outro, a não ser que existam mudanças relevantes nos riscos e nas respostas da administração a esses riscos. Caso contrário, a tendência é que o auditor utilize a mesma abordagem, excetuando-se, principalmente, o caso de um segundo trabalho de auditoria, onde normalmente o sócio responsável pelo trabalho deve questionar a si próprio e à equipe se a abordagem utilizada na primeira auditoria, quando se tinha pouco conhecimento da entidade, deve continuar a ser utilizada.

1ª AUDITORIA	AUDITORIA RECORRENTE
8 AVALIAÇÃO DO CONTROLE INTERNO Independentemente se serão ou não executados testes de controle interno, o auditor deve avaliar, mediante quatro questões básicas, o desenho e os controles implantados pela administração para os riscos considerados significativos: • (i) **quais os riscos que devem ser reduzidos?** (aqueles considerados significativos) • (ii) **os controles de fato reduzem os riscos?** (julgamento do auditor de que o controle foi adequadamente desenhado para efetivamente **evitar** a ocorrência da distorção (preventivo) ou **detectar e corrigir** a distorção em tempo hábil). • (iii) **esses controles estão de fato funcionando?** (mediante aplicação de *"walkthrough tests"* – ver definição do procedimento de reexecução no Capítulo 16) e • (iv) **foram documentados pelo auditor?** (fluxogramas, narrativas e outras formas) Essa avaliação é **mais eficaz** quando iniciada pelos controles no nível da entidade, que funcionam como pilar para os controles específicos de transações ou sobre as afirmações. Outro aspecto importante é que podem existir vários controles para um mesmo risco ou múltiplos controles para vários riscos. Importante considerar, também, que ainda não se falou em testes de controle, mas apenas em reexecução para confirmar o entendimento. A conclusão atingida pelo auditor a ser identificada na planilha contendo os riscos identificados (riscos inerentes de negócio e fraudes) e as respostas da administração (controles implantados) é se o controle é **eficaz** ou não eficaz e se o auditor **pretende confiar** que, além de eficaz, **o controle é efetivo**, ou seja, funcionou ao longo de todo o período. Os trabalhos de primeira auditoria normalmente requerem um alto investimento em termos de tempo a ser despendido, pois, além da obtenção do conhecimento necessário da entidade e de seus riscos que o auditor ainda não possui, ele gasta um tempo considerável para entender os controles e avaliá-los. Em algumas situações, a avaliação feita na primeira auditoria é mudada ao fim do trabalho da primeira auditoria, pois os testes de controle não confirmaram que de fato os controles são efetivos.	**8 AVALIAÇÃO DO CONTROLE INTERNO** A avaliação do controle interno também não sofre alterações entre um e outro exercício, a não ser que existam mudanças nos riscos e nos controles. Assim, em situação normal, a avaliação do controle interno procedida em um exercício é normalmente atualizada para o exercício seguinte e a documentação dessa avaliação é reutilizada, mediante evidenciação de sua atualização. Dessa forma, o entendimento e avaliação do controle interno devem ser documentados com qualidade para poderem ser utilizados de forma permanente nos trabalhos recorrentes futuros, mediante rápidas reuniões com o pessoal da entidade e testes de *"walkthrough"* para confirmar que o entendimento continua válido. A economia conseguida nos trabalhos futuros justifica e compensa o significativo investimento que se faz nos trabalhos de primeira auditoria.

1ª AUDITORIA	AUDITORIA RECORRENTE
9 TESTES DO CONTROLE INTERNO Para os controles que o auditor decide que precisa confiar que eles funcionaram ao longo de todo o período abrangido pelas demonstrações financeiras ele deve executar testes de controle interno. A determinação do tamanho da amostra depende da frequência em que o controle é exercido e do nível desejado de confiança que se quer atingir. Estatisticamente, o tamanho da amostra é igual ao fator de confiança dividido pela taxa tolerável de desvio. Para se conseguir um **nível alto de confiança nos controles exercidos de forma permanente**, geralmente uma amostra de 25 itens escolhidos de forma aleatória e espalhados ao longo de todo o período é suficiente, desde que não seja encontrado nenhum desvio na amostra. Se for encontrado um único desvio, o nível deixa de ser alto e o auditor teria as seguintes alternativas: a) considerar o controle como não efetivo (o que vai implicar em testes substantivos mais extensos); ou b) dobrar o tamanho da amostra e se não for encontrado nenhum desvio considerar como alto o nível de confiança nos controles e, portanto, requerendo testes substantivos menos intensos. Nas situações em que não é requerido do auditor independente emitir opinião sobre o controle interno, além da opinião sobre as demonstrações financeiras, geralmente o auditor não aumenta o tamanho da amostra nos testes de controle, mas expande os testes substantivos. Para um nível de segurança moderado, geralmente se trabalha com uma amostra de dez itens e com a expectativa de não encontrar nenhum desvio. Um único desvio torna o controle não efetivo e nenhuma segurança é obtida.	**9 TESTES DO CONTROLE INTERNO** Nos trabalhos recorrentes, normalmente o auditor aplica a rotação dos testes de controle, ou seja, os controles não precisam ser testados todos os anos. Como regra geral, os controles devem ser testados, pelo menos, a cada três exercícios, desde que eles: a) não sejam destinados a reduzir um risco considerado significativo; b) não tenha havido mudança significativa na operação do controle ou nas pessoas envolvidas naquele controle especificamente; e c) o ambiente de controle, o monitoramento e os controles de TI não sejam fracos. A existência de informações sobre a rotação dos testes de controle no Plano de Auditoria com as justificativas para a rotação, assim como o que está sendo testado no exercício corrente e o que foi testado nos últimos anos, é suficiente para documentar a decisão tomada, não necessitando que seja transferida documentação de testes dos períodos anteriores, até porque essa transferência mais confundiria do que ajudaria.

1ª AUDITORIA	AUDITORIA RECORRENTE
10 AVALIAÇÃO COMBINADA DE RISCOS Essa avaliação compreende a análise combinada dos riscos inerentes e dos riscos de controles, que podem ser alto, moderado ou baixo. Como vimos para os controles que não foram avaliados pelo auditor (desconsiderados) ou aqueles que ele avaliou e testou, mas em que foram identificados desvios, o risco de controle é considerado alto. Por outro lado, aqueles que ele avaliou como eficazes e o teste indicou que o controle funcionou de forma efetiva para o período todo do exercício o risco de controle é considerado baixo. Normalmente, essas são as duas classificações mais utilizadas, todavia existe, também, a situação em que se testam apenas dez itens e se conclui que o risco de controle é moderado. A combinação de risco inerente alto com alto risco de controle gera **risco combinado alto,** enquanto que o risco inerente baixo com baixo risco de controle gera **risco combinado baixo.** Por sua vez, a combinação de alto risco inerente com moderado risco de controle requer julgamento do auditor e consideração de outros aspectos para se concluir que o risco combinado é moderado, o mesmo ocorrendo com a combinação entre alto e baixo.	**10 AVALIAÇÃO COMBINADA DE RISCOS** Mais uma vez, não existe novidade e normalmente a avaliação combinada do exercício corrente não muda em relação ao exercício anterior, a não ser que tenha havido mudança significativa nos riscos inerentes ou no risco de controle (deterioração dos controles ou melhoria substancial em relação ao período anterior).
11 DETERMINAÇÃO DAS RESPOSTAS DE AUDITORIA As respostas de auditoria compreendem o que as normas de auditoria chamam de procedimentos adicionais de auditoria, que podem ser procedimentos básicos ou estendidos de auditoria, a serem estabelecidos nos planos ou programas de auditoria. Os procedimentos básicos compreendem a verificação da composição do saldo da conta, somatório, "amarração de saldos", testes de corte para verificar a contabilização no período apropriado e aplicação de procedimentos analíticos, comparando saldos com o real do período anterior, com orçamentos ou com expectativas desenvolvidas pelo auditor. Por sua vez, os procedimentos estendidos compreendem testes de detalhes (inspeção, observação, recálculo e outros), obtenção de confirmações com fonte externa, estimativas de intervalos para confirmar a estimativa pontual da administração e outros procedimentos que tenham sido determinados como necessários pelo auditor independente.	**11 DETERMINAÇÃO DAS RESPOSTAS DE AUDITORIA** De forma similar aos itens anteriores, as respostas de auditoria, ou seja, os testes estabelecidos nos planos ou programas de auditoria também tendem a não sofrer alterações relevantes de um exercício para outro, a não ser que ocorram mudanças relevantes nos riscos, ambiente e controles estabelecidos pela administração, todavia, alguns aspectos como a imprevisibilidade de procedimentos devem sempre ser considerados pelo auditor independente. Essa imprevisibilidade pode ser conseguida com a mudança de data-base dos exames e mudanças de procedimentos para que a administração não se sinta soberana em saber aquilo que o auditor pretende fazer.

13

Materialidade no Planejamento e na Execução da Auditoria e Avaliação das Distorções Identificadas durante a Auditoria (NBC TA 320 e NBC TA 450)

Introdução e definições

Antigamente, as normas de auditoria aplicáveis no Brasil não requeriam que o nível de materialidade fosse evidenciado de forma quantitativa. Era tratado exclusivamente como um item de julgamento profissional e nenhuma quantificação era requerida.

A NBC T 11.6, aprovada em 24 de outubro de 2003, que trata da Relevância na Auditoria, embora continuasse reconhecendo que é um item de julgamento profissional do auditor, como de fato é, estabeleceu a necessidade de quantificá-la.

A NBC TA 320, que substitui a NBC T 11.6, trata da responsabilidade do auditor independente de aplicar o conceito de Materialidade no Planejamento e na Execução da Auditoria. Por sua vez, a análise dos efeitos de distorções identificadas é feita com base na NBC TA 450, que permite ao auditor concluir sobre a adequação das demonstrações financeiras e formar a sua opinião, conforme requerido pela NBC TA 700.

Materialidade para Execução da Auditoria significa o valor ou valores fixados pelo auditor, inferiores ao considerado relevante para as demonstrações financeiras como um todo, para reduzir de forma apropriada a probabilidade de que distorções não corrigidas e não detectadas em conjunto possam exceder a materialidade para as demonstrações como um todo.

Distorção é a diferença entre o valor, classificação, apresentação ou divulgação de um item informado nas demonstrações contábeis e o valor, classificação, apresentação ou divulgação requerido para que o item esteja de acordo com a estrutura de relatório financeiro aplicável. Distorção pode ser decorrente de erro ou fraude.

Quando as demonstrações são preparadas no contexto de apresentação adequada e o auditor expressa sua opinião nesse contexto, as distorções também incluem aqueles ajustes de valor, classificação, apresentação ou divulgação que, no julgamento do auditor, são necessários para que as demonstrações financeiras estejam apresentadas adequadamente, em todos os aspectos relevantes.

Distorções não corrigidas são as distorções que o auditor detectou durante a auditoria e que não foram corrigidas.

As estruturas de relatórios financeiros discutem o conceito de materialidade no contexto da elaboração e apresentação das demonstrações financeiras considerando:

- as distorções são relevantes quando elas podem, individualmente ou em conjunto, influenciar as decisões econômicas de usuários das demonstrações financeiras. Por exemplo, um efeito de 12% no valor da cota ou no percentual de rentabilidade de um fundo de investimento com certeza é um efeito relevante para o aplicador;
- os julgamentos sobre materialidade são afetados pela magnitude e natureza das distorções ou a combinação de ambos; e
- a decisão sobre o que é relevante para os usuários normalmente toma como base as necessidades comuns para um grupo de usuários.

A Estrutura Conceitual para Elaboração e Apresentação de Demonstrações Contábeis, editada pelo CPC e aprovada pelo CFC, CVM e outros órgãos reguladores, inclui a definição de materialidade. Ela parte do princípio de que em uma entidade com fins lucrativos os seus investidores (acionistas) que fornecem o capital de risco para o empreendimento são os principais usuários das demonstrações financeiras.

Dessa forma, se as demonstrações financeiras atenderem as necessidades desses usuários (acionistas), com certeza elas atenderão, também, as necessidades de outros usuários (fornecedores, banqueiros, órgãos reguladores e outros usuários de forma geral).

O objetivo do auditor ao examinar as demonstrações financeiras de uma entidade é o de obter segurança razoável de que elas estão livres de distorções relevantes, independentemente se forem provenientes de erro ou fraude. Conforme discutido nos Capítulos 2 e 3, que tratam, respectivamente, da Estrutura Conceitual para Trabalhos de Asseguração e da NBC TA 200, o auditor não promete nem seria capaz de fornecer uma segurança absoluta de que as demonstrações estão livres de distorção relevante, todavia, mediante a obtenção de evidência apropriada e suficiente, ele consegue reduzir o risco a um nível aceitavelmente baixo que lhe permite:

- fundamentar sua opinião sobre essas demonstrações financeiras, no sentido de que foram elaboradas, em todos os aspectos relevantes, de acordo com a estrutura de relatório financeiro aplicável; e
- reportar os assuntos identificados.

Os riscos de auditoria, definidos no Capítulo 2 (Estrutura Conceitual para Trabalhos de Asseguração), e a materialidade são considerados na identificação e avaliação dos riscos de distorção relevante (NBC TA 315), nas respostas do auditor a esses riscos, mediante a determinação da natureza, época e extensão dos procedimentos de auditoria (NBC TA 330), assim como na avaliação dos efeitos (NBC TA 450) e na formação de sua opinião (NBC TA 700).

Requisitos da NBC TA 320

Determinação da materialidade no planejamento e na execução da auditoria

O valor da materialidade para as demonstrações financeiras como um todo é determinado ao se estabelecer a estratégia global de auditoria, por ocasião do planejamento da auditoria. É importante considerar que essa materialidade, por exemplo, 5% do resultado, não significa um valor que leve o auditor a considerar que todas as distorções abaixo desse percentual são sempre consideradas como não relevantes.

Para que fique claro, se o auditor identifica uma distorção que representa 4% do resultado, ele não pode ignorá-la, sob o argumento de que ela está abaixo dos 5% estabelecidos como materialidade no planejamento. Como veremos a seguir, ele deve controlar as distorções para analisar tanto o seu efeito individual como o efeito agregado delas.

Nesse sentido, o auditor considera não apenas a magnitude das distorções não corrigidas, mas também a natureza delas e as circunstâncias de sua ocorrência.

A determinação da materialidade é afetada pela percepção do auditor das necessidades dos usuários das demonstrações financeiras. Ele assume que os usuários:

- possuem conhecimento de contabilidade, dos negócios, das atividades econômicas e a disposição de analisar essas informações com base nesses conhecimentos;
- entendem que as demonstrações são elaboradas, apresentadas e auditadas considerando o conceito de materialidade;

- reconhecem que existem incertezas inerentes ao processo de estimativa, julgamento e à existência de situações que dependem de eventos futuros. Como, por exemplo, a constituição de uma provisão para contingência ou para um crédito de liquidação duvidosa; e
- tomam decisões, como a concessão de um financiamento por um banco, com base nas informações nas demonstrações financeiras sobre a capacidade do financiado em repagar o financiamento.

Quando uma ou mais classes de transações, saldos ou divulgações para os quais poderia se esperar que distorções, mesmo que de valor menor do que a materialidade para as demonstrações como um todo, poderiam influenciar as decisões dos usuários, o auditor deve determinar o nível de materialidade para essas classes de transações, saldos ou divulgação.

Referenciais a serem utilizados

A determinação dos referenciais (*benchmarks*) que servirão para quantificação da materialidade e o seu índice (percentual do referencial) variam de acordo com a situação específica. Os fatores que podem afetar a determinação do referencial apropriado incluem:

- elementos das demonstrações financeiras (ativo, passivo, patrimônio, receita, despesa ou resultado);
- existência de itens que atraiam mais a atenção dos usuários. Como a avaliação do desempenho é um importante objetivo, geralmente, o lucro, as receitas ou o patrimônio líquido acabam sendo referenciais que atraem a atenção;
- aspectos específicos da entidade, como o setor de atuação, seu ciclo de vida ou o ambiente econômico em que atua. Por exemplo, ninguém vai focar sua análise nas rendas eventuais de uma entidade em fase pré-operacional;
- a estrutura societária e como ela é financiada. Por exemplo, em uma entidade financiada por capital de terceiros (dívidas) em vez de capital próprio, o foco de atenção pode ser o total de ativos, mas não o seu patrimônio líquido; e
- a volatilidade relativa do referencial. Uma entidade que alterna lucros em determinados exercícios e prejuízos em outros não deve ter como referencial o seu resultado. Uma boa medida pode ser o total de receitas, a margem bruta, o patrimônio líquido ou outro referencial, mas não o seu lucro ou prejuízo.

Em situação normal, o lucro antes dos impostos em entidades lucrativas ou o total do patrimônio líquido são os principais referenciais utilizados. Quando o lucro é volátil, ele é substituído pela receita de vendas, pelo lucro bruto, ou por outros referenciais menos utilizados, como por exemplo o total de ativos ou até o EBTIDA (Lucro antes dos impostos, juros, depreciação e amortização), que não é recomendável por ser uma medida **não contábil**, mas em certas circunstâncias em que ele pode balizar uma negociação pode ser o melhor referencial.

Estimativas necessárias para o valor dos referenciais a serem utilizados

Como a determinação da materialidade é estabelecida na fase do planejamento, obviamente não se conhece qual será o resultado efetivo do exercício em curso ou o total do patrimônio líquido ou dos ativos no fim do exercício.

Dessa forma, esse valor é estimado, anualizando-se os valores efetivos apurados até o mês imediatamente anterior, ajustados por aspectos cíclicos ou mudanças esperadas ou pela utilização dos valores orçados (futuro) ou efetivamente apurados (passado) em períodos anteriores.

Consideração especial deve ser dada para as situações em que o período das demonstrações financeiras é diferente do período normal de 12 meses. Isso ocorre quando existe mudança de exercício social ou no caso de demonstrações intermediárias, como o balanço semestral de um banco ou a informação trimestral de uma companhia aberta requerida pela CVM.

A materialidade estabelecida na fase de planejamento normalmente toma como base o período anual, portanto, no caso de uma revisão trimestral, não se podem analisar as distorções identificadas no período de três meses em relação à estimativa do valor anual do lucro.

Nesse sentido, para uma análise adequada, deve se trabalhar com bases uniformes, ou seja, o lucro esperado anual ajustado para três meses ou pela anualização do lucro de três meses.

Por sua vez, o percentual em si sobre o referencial envolve boa dose de julgamento profissional e pode variar de acordo com a atividade da entidade, cujas demonstrações estão sendo examinadas ou revisadas, as expectativas dos usuários das demonstrações financeiras, inclusive dos órgãos reguladores.

Por exemplo, atenção especial deve se ter ao se determinar a materialidade em um banco, que é uma atividade regulamentada. Embora se possa considerar que distorções até 3% do patrimônio líquido estariam dentro do limite de materialidade do balanço, esse percentual, com certeza, será inadequado quando se olhar o efeito na demonstração do resultado, pois esse volume de distorção seria significativamente relevante para essa demonstração.

Se a rentabilidade de um banco é de 12% do patrimônio líquido, uma distorção de 3% do patrimônio líquido representaria mais de 25% do lucro anual ou algo como 50% do lucro semestral.

Dessa forma, o percentual sobre o referencial deve levar em consideração o comportamento dos referenciais, os aspectos qualitativos e quantitativos das distorções no passado (histórico) e a expectativa de distorções, portanto, na essência a determinação do que seria relevante para os usuários das demonstrações financeiras é o valor que o auditor considera relevante na formação da sua opinião sobre as demonstrações financeiras.

De forma similar, o auditor deve também considerar se existem informações específicas nas demonstrações financeiras que poderiam influenciar as decisões de seus usuários independentemente de serem inferiores ao nível de materialidade das demonstrações como um todo.

Exemplos dessas situações específicas incluem transações com partes relacionadas, remuneração de administradores, rentabilidade de um negócio recentemente adquirido ou certos itens de uma atividade, como por exemplo o total aplicado em pesquisas em uma indústria farmacêutica. Essa identificação requer um profundo conhecimento das atividades da entidade, portanto, o auditor deve levar em consideração os itens da pauta de análise dos administradores da empresa, dos investidores, financiadores, reguladores e demais *stakeholders*.

Balizadores para determinação da materialidade

Obviamente, um primeiro grande balizador para determinação do nível de materialidade para as demonstrações como um todo e para a execução da auditoria é o fato de a entidade, cujas demonstrações estão sendo auditadas, ser uma companhia aberta ou fechada. Um segundo balizador é o fato de a entidade atuar em uma atividade regulamentada (bancos, seguradoras) ou não.

Uma companhia fechada com poucos acionistas, que não pretende abrir seu capital nos próximos anos, cujas dívidas não estão representadas por valores mobiliários negociáveis (debêntures, por exemplo), terá um valor de materialidade maior do que de uma companhia aberta ou com instrumentos de dívida negociados no mercado e que atue em atividade regulamentada.

Uma vez determinado o nível de materialidade para as demonstrações como um todo, o auditor estabelece a materialidade para a execução da auditoria. Ela significa o valor ou valores fixados pelo auditor, inferiores ao considerado relevante para as demonstrações financeiras como um todo, para adequadamente reduzir a um nível baixo a probabilidade de que as distorções não corrigidas e não detectadas em conjunto excedam a materialidade para as demonstrações financeiras como um todo, portanto, ela (materialidade para execução da auditoria) é um percentual da materialidade para as demonstrações como um todo.

O valor da materialidade para a execução da auditoria tem uma influência direta na determinação da extensão dos procedimentos de auditoria e, portanto, leva em consideração o entendimento que o auditor tem da entidade, sua avaliação de risco e o histórico de distorções identificadas em trabalhos anteriores e pelas expectativas de distorções para a auditoria em curso.

Esse entendimento da entidade e de seu ambiente de negócios começa a ser obtido muito antes de se iniciar a auditoria propriamente dita. Na verdade, ele começa a ser obtido no processo de avaliação de risco para aceitação (novos clientes) ou no processo de avaliação da continuidade do relacionamento com a entidade, conforme requerido na norma profissional que trata do controle de qualidade para as firmas de auditoria (NBC PA 01).

Esse processo de avaliação inclui a análise da estabilidade dos negócios da entidade, o ambiente em que atua, a viabilidade do negócio, a capacidade e integridade do pessoal que administra a entidade, incluindo a idoneidade e reputação dos proprietários.

Quanto maior o risco, menor será o percentual estabelecido para a materialidade para execução da auditoria e, portanto, maior será a quantidade de evidência necessária de auditoria, implicando em maior extensão de testes (tamanho maior de amostras) e procedimentos mais próximos da data base das demonstrações.

Como exemplo, em uma companhia aberta, regulamentada e com uma avaliação de risco considerada normal no processo de aceitação e continuidade, a materialidade para execução da auditoria poderia começar com 50% até atingir 75%[1] da materialidade planejada para as demonstrações financeiras como um todo, de acordo com o histórico de distorções identificadas e expectativa de recorrência dessas distorções.

Como a materialidade para execução da auditoria é a distorção tolerável, quanto maior for esse percentual, maior será a distorção tolerável e menor será o volume de testes, uma vez que o tamanho das amostras será menor, conforme apresentado no anexo ao Capítulo 17, que trata da Amostragem em Auditoria (NBC TA 530).

O caminho inverso deve ser seguido para uma companhia fechada e não regulamentada e com histórico de pouca ou nenhuma distorção identificada, ou seja, nesse caso inicia-se por 75% da materialidade planejada para as demonstrações como um todo e vai se reduzindo esse percentual até atingir 50%, à medida que o risco vai aumentando.

---

[1] Esse intervalo entre 50% e 75% deve ser considerado como um exemplo. A Guia para implementação das ISAs em pequenas firmas de auditoria emitida pelo IAASB da IFAC toma como intervalo percentual de 60% a 85%, que conforme explicado propicia tamanhos menores de amostra, lembrando que ele é aplicável para auditorias de entidades pequenas, portanto, geralmente companhias não abertas e não regulamentadas.

A NBC TA 320 não o determina, mas normalmente, ao se estabelecer o nível de materialidade para as demonstrações como um todo e a materialidade para a Execução da Auditoria, normalmente se estabelece, também, um valor abaixo do qual as distorções serão automaticamente desprezadas, por serem consideradas triviais.

Conforme acima apresentado, a materialidade para a execução da auditoria, dependendo das circunstâncias, varia entre 50% e 75% da materialidade sobre as demonstrações financeiras como um todo. O valor abaixo do qual as distorções são automaticamente desprezadas poderia variar entre 3% e 5% do nível de materialidade para as demonstrações como um todo, ou seja, no caso de companhias abertas, onde o risco é maior e a materialidade para execução da auditoria ficaria em um nível mais próximo dos 50% do que dos 75% da materialidade como um todo, poderíamos considerar o percentual de 5%, e na outra situação seria estabelecido o percentual menor, ou seja, 3% da materialidade como um todo.

A NBC TA 320 requer que a materialidade para as demonstrações financeiras como um todo ou materialidade no planejamento (MP) e a materialidade para execução da auditoria (DT) sejam computadas e documentadas, mas não determina como deve ser feita essa documentação.

Na prática, essa documentação tem sido feita no próprio Plano de Auditoria e nos papéis de trabalho que o suportam, onde seria identificado o referencial a ser utilizado como MP, explicando-se as razões para a sua seleção e o percentual desse referencial que será utilizado.

Exemplos de referenciais a serem utilizados e percentuais sugeridos

A seguir, são apresentados exemplos de referenciais a serem utilizados e os percentuais normalmente considerados:

A = Referenciais para determinação da materialidade sobre as demonstrações como um todo (pela ordem de preferência para entidades com finalidade de lucro, considerando que em situação normal de rentabilidade e de nível de operação, são aproximadamente similares):

- lucro antes da tributação: entre 5% (companhias abertas e regulamentadas) e 10% (companhias fechadas e não regulamentadas);[2]
- receita líquida de vendas ou serviços: idem entre 0,5% e 1%;
- margem bruta: idem entre 1% e 2%;

---

[2] A guia para implementação das ISAs anteriormente referida trabalha com o intervalo de 3% a 7% do lucro, assim como apresenta outros percentuais para outros referenciais. Na prática, o percentual de 5% tem sido bem aceito para companhias abertas e regulamentadas.

- patrimônio líquido: entre 1% e 3%. Em situações de baixo risco pode chegar a 5%, mas isso deveria ser muito bem justificado;
- total dos ativos: entre 0,25% e 0,5%.

Uma vez determinados o referencial e o seu percentual, apura-se o valor da materialidade no planejamento (MP), que servirá de base para a determinação da materialidade para execução da auditoria (ou Distorção Tolerável – DT). Devem ser explicitados o julgamento exercido e as razões para determinar o percentual.

B = Materialidade para Execução da Auditoria (DT) = entre 50% (companhias abertas ou entidades regulamentadas) e 75% (companhias fechadas e não regulamentadas) de A (MP)

Por sua vez, após determinar a DT e a MP, considerando a NBC TA 450 a seguir discutida, determina-se a necessidade de se estabelecer o limite abaixo do qual as distorções serão desprezadas; deve também ser documentada a apuração desse valor:

C = Limite mínimo, abaixo do qual as distorções são desprezadas = entre 3% de A (quando B estiver mais próximo dos 75% de A) e 5% de A (quando B estiver mais próximo dos 50%)

Revisão da materialidade durante o processo de auditoria

O segundo requisito da NBC TA 320 está relacionado com a necessidade de revisão do valor do referencial, pois, como foi mencionado, a determinação da materialidade para as demonstrações como um todo, a materialidade para execução da auditoria e para transações específicas são feitas na fase do planejamento. Ao longo do trabalho, ocorrem inúmeras situações que podem requerer mudança nos valores inicialmente estabelecidos.

Por exemplo, na fase de planejamento o auditor pode ter levado em consideração um cenário que mudou radicalmente em função de fatores exógenos, como os que ocorreram no início do segundo semestre de 2008. Naquela oportunidade, na fase de planejamento, o cenário era de crescimento econômico, enquanto ao fim do exercício tivemos uma retração econômica e a existência de riscos que não foram considerados na época do planejamento.

Em uma situação como essa, é requerido do auditor mudar a materialidade determinada e efetuar uma nova análise de riscos para determinar se a natureza, a época e a extensão dos procedimentos de auditoria continuam adequadas.

Logicamente, esse exemplo foi radical, pois tivemos significativa mudança em relação ao cenário inicial, mas mesmo em situação normal o auditor deve estar alerta às mudanças de circunstâncias e da situação. Por exemplo, se o valor da materialidade é um percentual do lucro e existem fortes indícios de que o lucro será diferente daquele que foi projetado e utilizado na fase de planejamento, o auditor deve revisar e alterar esse valor à nova situação.

Considerações específicas para entidades de pequeno porte ou do setor público

Em uma empresa de pequeno porte, a remuneração do proprietário influencia consideravelmente o resultado líquido, que pode ser consistentemente baixo. Nesse caso, possivelmente o lucro antes da remuneração e da tributação pode ser o referencial a ser utilizado.

Nas entidades do setor público, onde não se tem por objetivo o lucro, o custo total ou o custo líquido (custo menos recuperações) ou o total de ativos podem ser os melhores indicadores para determinação da materialidade.

Requisitos da NBC TA 450

Acumulação das distorções identificadas

Para poder chegar a uma conclusão sobre as distorções identificadas, o auditor deve manter um controle sobre elas. Normalmente, essas distorções são acumuladas em um papel de trabalho onde são listadas todas as distorções identificadas que superam o limite mínimo abaixo do qual as distorções são desprezadas por serem consideradas **claramente triviais** e nem são listadas.

É importante identificar individualmente cada tipo de distorção pela sua natureza. Elas podem ser:

- **factuais:** por exemplo, um erro de cálculo ou imprecisão na coleta ou processamento de informações são distorções factuais, uma vez que sobre elas não pairam dúvidas e devem ser ajustadas;
- **decorrentes de julgamento:** ou seja, uma estimativa contábil incorreta em função de interpretação errada dos fatos, da legislação ou outro tipo de interpretação, inclusive quando a administração opta por uma prática contábil, que no julgamento do auditor não é mais adequada nas circunstâncias. Nesses casos, a necessidade do ajuste não é 100% certa e esses tipos de distorções podem gerar discordância entre o auditor e a administração da entidade; e
- **projeção de distorções:** o item A-23 da NBC TA 530, que trata de Amostragem em Auditoria, apresenta orientações quando o auditor concluir

que a amostra examinada não forneceu uma base razoável para conclusões sobre a população que foi testada. Nessa situação, o auditor pode solicitar que a administração investigue as distorções identificadas e faça as correções necessárias ou ele deve mudar a natureza, a época ou a extensão de seus procedimentos de auditoria para melhor alcançar a segurança exigida. Nesse sentido, é bom ter em mente que projeção de distorções é a melhor estimativa do auditor, mas o valor apropriado do ajuste a ser efetuado para corrigir a distorção normalmente pode requerer um trabalho de análise adicional pela administração, conforme mencionado.

Considerações sobre as distorções identificadas

O segundo requisito estabelece que o auditor deve analisar a origem e as razões das distorções identificadas, pois elas podem não ser decorrentes de um fato isolado e, dessa forma, poderiam afetar a estratégia de auditoria e o plano de auditoria, como por exemplo no caso de elas serem consequência de uma falha sistêmica no controle interno ou do uso de premissas de avaliação inadequadas, que são aplicadas a uma grande quantidade de situações similares e, portanto, poderiam colocar em "xeque" todas essas outras transações.

De forma análoga, no caso em que o valor agregado das distorções identificadas se situar próximo do nível de materialidade para as demonstrações como um todo, isso é um problema adicional a ser considerado pelo auditor, lembrando que todo o trabalho é executado em base de teste, onde existe a presença do risco de amostragem, uma vez que não existe segurança absoluta de que o auditor identificou todas as distorções e, portanto, podem existir distorções não identificadas, de forma que o risco passa a ser maior do que o risco baixo aceitável.

Adicionalmente, tendo em vista o valor projetado da possível distorção identificada na amostra, o auditor deve solicitar à administração da entidade que determine o valor real da distorção e proceda ao acerto necessário. Nessa situação, após o acerto efetuado pela administração da entidade, o auditor deve executar procedimentos adicionais de auditoria para se assegurar de que não mais existem distorções.

Comunicação e correção das distorções

O terceiro requisito estabelece que as distorções identificadas devem ser tempestivamente comunicadas ao nível apropriado da administração, que tem a responsabilidade e autoridade para avaliar as distorções informadas, concluir que elas realmente são distorções e proceder ao acerto necessário.

Essa comunicação tempestiva deve ser feita tão logo a distorção seja identificada, pois dessa forma a administração tem condição de avaliar o problema, informar ao auditor caso não concorde e tomar as medidas necessárias. Essa é a situação normal, todavia, pode existir situação específica em que tal comunicação seja proibida, em função de legislação ou pelo fato de prejudicar uma investigação por uma autoridade. Nessas situações, que são raras, o auditor deve procurar assessoria legal.

A correção de todas as distorções identificadas permite à administração manter os registros contábeis de forma adequada e reduz o risco futuro em decorrência do efeito cumulativo de distorções não corrigidas, portanto, esse objetivo deve ser perseguido pelo auditor.

Na hipótese da administração se negar a efetuar os acertos necessários, o auditor deve obter o entendimento das razões para a administração não proceder aos acertos e considerar essa decisão da administração na sua conclusão sobre se as demonstrações estão livres de distorção relevante.

Conforme requerido pela NBC TA 700, o auditor deve avaliar se as demonstrações financeiras foram elaboradas e estão apresentadas, em todos os aspectos relevantes, de acordo com a estrutura de relatório financeiro aplicável, incluindo, portanto, os aspectos qualitativos das práticas contábeis e a eventual tendenciosidade da administração.

A NBC TA 450 aborda, também, os aspectos relativos à comunicação com os responsáveis pela governança sobre as distorções não corrigidas, tanto do exercício corrente como de exercícios anteriores, que vêm se acumulando. Esses aspectos já foram cobertos no Capítulo 9, que trata especificamente da Comunicação com os Responsáveis pela Governança (NBC TA 260).

Revisão da adequação dos referenciais estabelecidos para a materialidade no planejamento e na execução da auditoria

Embora a norma estabeleça que essa análise deva ser feita antes de avaliar os efeitos das distorções, ou seja, próximo à conclusão do trabalho, é importante que o auditor permaneça atento, ao longo do trabalho, à possibilidade de os referenciais estabelecidos como materialidade deixarem de ser válidos.

Essa atenção é necessária de forma permanente, pois esses referenciais foram estabelecidos na fase de planejamento da auditoria tomando por base valores históricos de anos anteriores ou valores estimados para o exercício corrente, que podem não mais serem apropriados.

Numa situação em que o valor da materialidade para a execução da auditoria devesse ser menor do que o que foi estabelecido, isso poderia afetar a natureza, a época e a extensão dos procedimentos de auditoria. Seria tremendamente lastimável se o auditor descobrisse que tem que aumentar a extensão dos clientes a serem circularizados, ou outro tipo de teste de detalhes, no momento de concluir o trabalho.

Dessa forma, embora antes de analisar os efeitos das distorções deva ser **evidenciada** a revisão da adequação do nível de materialidade, é aconselhável a manutenção da atenção ao longo do trabalho, de forma a não ter surpresa na conclusão do trabalho.

Avaliação do efeito das distorções não corrigidas

Distorções identificadas no exercício e não corrigidas

O auditor deve determinar se as distorções não corrigidas são relevantes individualmente e/ou em conjunto. Nessa determinação, ele considera as circunstâncias específicas de sua ocorrência, assim como a magnitude e a natureza dessas distorções tanto em relação às classes específicas de transação, saldos contábeis ou divulgação, como em relação às demonstrações tomadas em conjunto.

Quando são identificadas e não corrigidas mais de uma distorção de efeitos relevantes e opostos, é possível compensar tais efeitos quando estão relacionados com o mesmo saldo contábil ou na mesma classe de transação, todavia, não é apropriado compensar uma distorção que aumenta de forma relevante as receitas com uma distorção de valor equivalente ou próximo que, também, aumenta de forma relevante a despesa.

Nesse sentido, embora o resultado líquido final possa ser praticamente o mesmo, existem dois componentes relevantes da demonstração de resultado que estão distorcidos. Por sua vez, a existência de diversas distorções, mesmo que não relevantes, em um mesmo saldo contábil ou em uma mesma classe de transações, pode requerer que o auditor reavalie sua análise de identificação e avaliação de riscos.

No caso de distorções provenientes de **classificação**, a conclusão do auditor sobre a sua relevância depende menos do efeito quantitativo e mais da análise do efeito qualitativo e, portanto, envolve mais julgamento do auditor. Se, por exemplo, os erros de classificação afetam índices, cuja manutenção é requerida por cláusula contratual, normalmente há um aspecto qualitativo muito mais relevante do que, por exemplo, uma distorção de classificação de duas linhas do balanço que não afetam tais índices.

Dessa forma, uma distorção de **menor valor absoluto** que envolva duas linhas do balanço que afetam certos índices que devam ser mantidos em cumprimento a um contrato tem uma importância muito maior do que uma distorção de **maior** valor absoluto que afeta duas linhas de balanço equivalentes que não propiciam efeito nos índices e, portanto, não afetam o cumprimento da referida cláusula contratual.

O item A16 da NBC TA 450 apresenta uma série de exemplos que devem ser considerados pelo auditor na determinação da relevância. Entre os exemplos, podem ser destacadas aquelas distorções que afetem:

- o cumprimento de requisitos regulatórios ou contratuais;
- os índices da posição patrimonial e financeira (liquidez, por exemplo), da rentabilidade (margem bruta, por exemplo) ou dos fluxos de caixa (gerados pela operação, por exemplo), assim como que possibilitem outras interpretações sobre o relatório do desempenho da companhia ou de outras informações apresentadas em conjunto com as demonstrações e o relatório do auditor sobre elas;
- as informações por segmento: por exemplo, um erro proposital melhorando o desempenho de um segmento de negócios que a companhia continuará explorando com uma compensação (perda maior) em um segmento que está sendo descontinuado; e
- a remuneração dos administradores: por exemplo, pagamento de um bônus em decorrência de um aumento artificial nas vendas de um segmento e redução em outro.

Logicamente, a lista é apenas ilustrativa e não pretende ser exaustiva, todavia, o auditor deve estar sempre alerta às características da distorção identificada, pois elas podem ter outros objetivos, como por exemplo encobrir tendências, ou até mesmo selecionar propositadamente uma prática contábil que produz efeito não relevante no período corrente, mas que poderá afetar significativamente os resultados futuros.

Por sua vez, conforme já mencionado nos Capítulos 7 e 9, que tratam, respectivamente, da NBC TA 240 (fraudes) e NBC TA 260 (comunicações com responsáveis pela governança), as distorções provenientes de fraudes têm uma consequência muito mais preocupante para o auditor do que a constatação de um erro.

A norma cobre, também, análise da materialidade no setor público e no cumprimento de aspectos de natureza legal.

Efeito acumulado de distorções não relevantes identificadas em períodos anteriores que não foram corrigidas

Essas distorções não relevantes vão se acumulando e em um dado período podem se tornar relevantes, razão pela qual é importante que a entidade mantenha seus registros contábeis livres de erros, acatando os ajustes propostos pelo auditor.

Na discussão sobre as distorções identificadas no período corrente, devem ser considerados os efeitos acumulados das distorções do período anterior.

Representações formais

O requisito específico desta norma é que seja incluído na Carta de Representação, fornecida pela administração aos auditores, um demonstrativo das distorções que não foram corrigidas e a declaração de que de acordo com o entendimento da administração o efeito dessas distorções não é relevante em relação às demonstrações tomadas em conjunto. Essa declaração é importante, pois a responsabilidade primária pelas demonstrações financeiras é da administração da entidade.

Podem existir situações em que a administração e/ou os responsáveis pela governança não concordam que os ajustes apontados pelo auditor sejam de fato distorções e, dessa forma, eles podem incluir uma afirmação destacando tal discordância, contudo, esse fato não exime o auditor de sua responsabilidade de exercer o seu julgamento sobre tais distorções e chegar a uma conclusão para possibilitar formar uma opinião sobre as demonstrações financeiras.

Documentação

Para cumprimento da NBC TA 320, a documentação do trabalho deve incluir:

- valor da materialidade para as demonstrações como um todo, para as classes específicas de transações, saldos ou divulgações, assim como a materialidade para execução da auditoria. Qualquer mudança havida nesses itens também deve ser documentada;
- além desses aspectos, o auditor deve determinar também qual o valor que será considerado para acumular as distorções identificadas, ou seja, o valor acima do qual os ajustes e reclassificações identificados ao longo do trabalho de auditoria permitem analisar o seu impacto (NBC TA 450) e a conclusão (formação da opinião sobre as demonstrações financeiras conforme NBC TA 700).

Por sua vez, a NBC TA 450, em complemento ao requerido na NBC TA 320, requer:

- acumulação de todas as distorções identificadas acima do valor considerado trivial e identificação se foi corrigida ou não; e
- a conclusão do auditor sobre a relevância ou não das distorções não corrigidas, individualmente ou em conjunto, e a base para essa conclusão, incluindo aspectos qualitativos relativos ao cumprimento de cláusulas contratuais, requisitos legais, tendências e outros aspectos.

14

Respostas do Auditor aos Riscos Avaliados (NBC TA 330)

Introdução, objetivos e definições

A NBC TA 330 está intimamente ligada à NBC TA 315, onde são discutidos aspectos relacionados com a identificação dos riscos de distorção relevante por meio do entendimento da entidade e de seu ambiente, inclusive controle interno, enquanto nesta norma são discutidos os aspectos relacionados com as respostas do auditor aos riscos identificados e avaliados.

As principais definições para o entendimento e aplicação desta norma são:

Respostas do auditor aos riscos são os procedimentos de auditoria a serem aplicados na situação específica.

A **natureza do procedimento de auditoria** está relacionada com a sua **finalidade**, que pode ser teste de controle ou procedimento substantivo, e com o **seu tipo**, que assume as várias formas de evidências apresentadas no capítulo que trata da NBC TA 500 (inspeção, observação, indagação, confirmação, recálculo, reexecução ou procedimento analítico).

A **época do procedimento de auditoria** se refere ao momento em que é executado, ao período ou à data a que a evidência de auditoria se aplica, enquanto a **extensão** se refere à quantidade de teste a ser executado, como por exemplo, o tamanho de uma amostra.

O auditor pode executar testes de controle antes ou no fim do período. Os testes substantivos podem ser executados antes do fim do período (por exemplo, confirmação de contas a receber), na data do balanço (por exemplo, procedimentos analíticos e análise da realização de contas a receber) ou mesmo após a data das demonstrações (por exemplo, eventos subsequentes para concluir sobre a existência e realização de contas a receber).

Como regra geral, quanto maior for o risco de distorção relevante, maior é a probabilidade de que os testes substantivos sejam realizados para a data das demonstrações ou o mais próximo possível dela. De forma similar, a extensão dos testes aumenta à medida que os riscos crescem.

Procedimentos substantivos de auditoria são testes planejados para detectar distorções relevantes no nível das afirmações. Eles podem ser teste de detalhes de saldos, transações ou de divulgações ou procedimentos analíticos, enquanto **testes de controle** são planejados para avaliar e concluir sobre a efetividade operacional de controles para prevenção ou detecção e correção de distorções relevantes no nível de afirmações.

Requisitos

Os requisitos desta norma, a seguir discutidos em detalhes, compreendem:

- respostas de caráter geral;
- respostas de caráter específico aos riscos avaliados de distorção relevante no nível de afirmações;
- avaliação da adequada apresentação e divulgações das demonstrações financeiras;
- avaliação da suficiência e adequação das evidências de auditoria; e
- documentação.

Respostas de caráter geral

Essas respostas estão relacionadas com a necessidade de manutenção do ceticismo profissional, designação de equipe com conhecimento e habilidades especiais para atender os riscos identificados, de manutenção de supervisão no nível necessário, incorporação de aspectos de imprevisibilidade e de alterações na natureza, época ou extensão dos procedimentos de auditoria.

Como foi discutido em capítulo anterior, que tratou da NBC TA 315, um ambiente de controle eficaz permite ao auditor confiar no controle interno e aumentar a sua confiabilidade em evidências de auditoria geradas internamente. Por sua vez, deficiências no ambiente têm o efeito oposto e os procedimentos de auditoria devem ser principalmente aplicados na data base das demonstrações financeiras (fim do período) e os procedimentos tendem a ser mais extensos.

Na essência, as respostas de caráter geral indicam a abordagem que o auditor utilizará. Por exemplo, pode ser uma abordagem puramente substantiva (aplicação de testes substantivos, como inspeções, confirmações, recálculos e outros) ou uma abordagem combinada de forma a balancear testes de controle com testes substantivos. Outra resposta de caráter geral diz respeito à época de realização dos exames, que podem ser na data das demonstrações ou em data intermediária.

Por exemplo, se o ambiente de controle interno e os sistemas que controlam os estoques da entidade não são adequados, o auditor provavelmente considerará a realização de testes de existência física dos estoques (ou acompanhamento do inventário) na data do balanço ou em data bem próxima, uma vez que ele não confia nos controles.

Respostas de caráter específico aos riscos avaliados de distorção relevante no nível das afirmações

A natureza, a época e a extensão dos procedimentos são planejadas para atender os riscos de distorção relevante no nível das afirmações. Os procedimentos fornecem um claro relacionamento entre a avaliação de risco (risco inerente e de controle) e os procedimentos de auditoria adotados em resposta aos riscos, assim como da evidência persuasiva que possa ser necessária, quanto mais significativo for o risco identificado, determinando a abordagem (já comentada anteriormente) a ser adotada nas respostas de caráter específico.

Isso é conseguido por meio do desenho de procedimentos específicos, tais como:

- direcionar procedimentos específicos e adicionais de auditoria para cada um dos riscos avaliados;
- direcionar procedimentos para a conta, transação ou divulgação que possa ser afetada pelo risco identificado; e
- iniciar com uma lista padrão de procedimentos de auditoria que vai sendo direcionada de forma específica por meio de adições, eliminações e detalhamentos de forma a desenhar um procedimento específico para o risco identificado para aquela situação.

Os procedimentos planejados de auditoria podem consistir em testes de controles ou testes substantivos, mas devem produzir evidência de auditoria com alto grau de confiabilidade, quando se aplicam aos riscos significativos.

Nessas circunstâncias de risco significativo, o auditor não pode confiar que uma evidência obtida em uma auditoria anterior continua válida, ou seja, ele deve produzir nova evidência por meio de um novo teste no processo de auditoria corrente.

De forma similar, não se podem aplicar apenas procedimentos analíticos, pois eles também não fornecem evidência de auditoria que possa ser considerada apropriada e suficiente para os riscos significativos.

A utilização de procedimentos analíticos como testes substantivos requer o desenvolvimento de expectativas mais acuradas para poder permitir a comparação do valor real com essas expectativas. Esses testes podem ser aplicados, por exemplo, quando se quer chegar no valor total das despesas com mão de obra e se têm as informações relevantes para essa estimativa.

Por exemplo, se no exercício anterior a área de folha de pagamento foi examinada em detalhe e se concluiu satisfatoriamente sobre as despesas de salário e encargos, para o ano corrente, a combinação de procedimento analítico com procedimentos de controle (existência de orçamento e outros aspectos) pode ser suficiente. Essa suficiência é possível desde que existam informações confiáveis sobre o nível de aumento de salário e dos percentuais de encargos que são aplicáveis, que permitiriam ao auditor desenvolver estimativas precisas sobre a despesa do ano corrente, que servirão de *benchmark* para o valor real.

Se a abordagem aos riscos significativos compreender a aplicação exclusiva de testes substantivos, a natureza dos testes pode compreender apenas testes de detalhes ou uma combinação de testes de detalhes com procedimentos analíticos.

Mesmo nos casos em que a abordagem de auditoria consiste na aplicação exclusiva de testes substantivos como resposta aos riscos identificados, o auditor deve obter um entendimento do controle interno que mitiga os riscos existentes, pois é improvável que uma entidade continue existindo se ela não mitiga os seus riscos.

Assim sendo, independentemente do tamanho da entidade, cujas demonstrações estão sendo examinadas, o auditor deve sempre entender o controle interno.

Obviamente, esse entendimento do controle interno está limitado àqueles aspectos que efetivamente são relevantes para a auditoria, ou seja, que podem mitigar (prevenir ou detectar e corrigir) uma distorção relevante nas demonstrações financeiras, seja ela proveniente de fraude ou erro.

Testes de controles

Primeiramente, o auditor deve exercer o julgamento de quais controles devem ser selecionados para teste. O primeiro corte do que testar deve necessariamente incluir aqueles controles que o auditor pretende confiar no fato deles serem capazes de prevenir ou detectar e corrigir distorções relevantes em uma afirmação e que os procedimentos substantivos aplicados isoladamente não fornecem evidência de auditoria apropriada e suficiente.

Os controles a serem testados podem ser distribuídos por classe de transações/processos ou por afirmação e devem cobrir tanto os controles preventivos como os detectivos, de acordo com o julgamento profissional do auditor, considerando aqueles que são mais relevantes para o seu propósito.

A decisão quanto à execução ou não de testes de controle e sua extensão depende do julgamento do auditor para uma situação específica. Ele pode concluir que a execução de testes de controle não é adequada nas circunstâncias e, dessa forma, efetuar testes substantivos extensivos na data das demonstrações.

Nessa estratégia, é como se os controles internos não fossem eficazes ou, mesmo que fossem eficazes, o auditor os ignorou e considera o risco máximo de controle. Por exemplo, o auditor não leva em consideração os controles internos e decide pela observação do inventário físico a ser efetuado na data do balanço, aplicando testes extensivos de existência.

Por outro lado, ele pode adotar uma estratégia oposta de depositar confiança máxima nos controles e, dessa forma, o teste de controle interno será bastante extenso para lhe fornecer segurança razoável de que ele pode confiar nos controles internos e, assim, limitar os procedimentos substantivos a serem aplicados. Apenas a título de exemplo, imaginemos, novamente, o objetivo de concluir sobre a existência das contas a receber de uma companhia de serviços públicos (telefonia, distribuição de energia elétrica ou água) que tem um número imenso de clientes. A aplicação de procedimentos de auditoria substantivos isoladamente não seria eficaz e nem eficiente. Nesse caso, nem se deve utilizar o procedimento de confirmação de saldos, e sim outros procedimentos substantivos combinados com testes de controles, incluindo, mas não se limitando a, área de TI.

Numa abordagem de confiança máxima nos controles internos, é óbvio que o teste deve satisfazer o auditor sobre se o controle funcionou adequadamente ao longo do exercício, portanto um teste de controle executado em uma visita preliminar deve necessariamente ser estendido para assegurar o seu funcionamento ao longo do exercício.

Entre os dois extremos de confiança máxima nos controles ou desconsideração total existe o meio-termo, que compreende a execução de testes limitados dos controles. Normalmente não se deve aplicar testes limitados para controles sobre processos de estimativa, afirmações com riscos identificados como relevantes, controles gerais de TI em um ambiente de uso intensivo de recursos informatizados e quando a aplicação apenas de teste substantivo não fornecer evidência de auditoria apropriada e suficiente.

Os controles no nível da entidade (ambiente de controle) propiciam a base apropriada para o funcionamento dos demais controles específicos no nível das transações, processos.

Por melhor que sejam os controles específicos, se não existir um apropriado ambiente de controle, os controles específicos no nível de transação podem se tornar ineficazes. Por exemplo, a entidade pode ter um excelente controle de autorização e aprovação antecipada de requisições de compra (prevenir a existência de compras não autorizadas); se as pessoas que interagem com esses controles não foram treinadas ou não estão preocupadas em agir de forma apropriada, o controle não vai funcionar.

Considerando que nem todos os controles e nem todos os processos são relevantes, o auditor deve identificar quais são esses processos e controles que podem impactar de forma significativa as demonstrações financeiras.

Essa identificação pode ser feita mediante a tabulação das diversas áreas das demonstrações financeiras (disponibilidades, contas a receber de clientes, imobilizado, contas a pagar a fornecedores, receita de vendas, custo das vendas, despesas com pessoal e assim por diante) e os processos que afetam os saldos dessas áreas das demonstrações financeiras (vendas, contas a receber, recebimentos, compras, contas a pagar, pagamentos, folha de pagamento), inclusive em relação aos controles no nível da entidade (existência de orçamento, análise de acompanhamento do orçamento mediante comparação com o real e assim por diante).

Nas situações em que foram estabelecidos controles-chave que o auditor espera que estejam funcionando de forma efetiva e ele quer confiar nesses controles para poder reduzir o tamanho das amostras nos testes substantivos, o auditor deve efetuar testes de controles.

Existem situações em que o auditor precisa reduzir o risco para o nível moderado; onde seria requerida uma extensão menor de procedimentos, o auditor pode suplementar os testes de controle com testes substantivos para a mesma afirmação.

Determinação do tamanho de amostras em testes de controle

O Capítulo 17, que trata da NBC TA 530 (amostragem em auditoria), contém orientações relevantes, todavia, a extensão dos testes de controle depende fundamentalmente de:

- frequência de realização do controle pela entidade;
- período em que o auditor precisa confiar no controle (normalmente em uma auditoria de demonstrações financeiras ao longo do exercício, mas para outras finalidades pode não precisar cobrir todo o ano);
- taxa de desvio esperada ou nível de confiança desejado;
- relevância e a confiabilidade da evidência a ser obtida; e
- extensão de outros testes de controle.

A tabela a seguir é um exemplo de extensão (tamanho da amostra) de testes de controle de acordo com a frequência, natureza do controle e a abordagem de confiança máxima ou limitada nos controles:

Natureza e frequência de aplicação do controle	Confiança máxima nos controles	Confiança limitada nos controles
Controle manual, várias vezes ao dia	25	10
Controle manual diário (uma vez por dia)	25	5
Controle manual semanal	5	2
Controle manual mensal ou quinzenal	2	1
Controle manual anual	1	1

Para controles automatizados, em decorrência de sua esperada e inerente consistência no processamento, cuja lógica, acesso e outros aspectos de seus controles gerais devem ser objeto de análise e avaliação pelo auditor (ver capítulo anterior), normalmente não se estende os testes para cobrir transações, aplicando-se o conhecido "teste de um", ou seja, funcionou para um item, vai funcionar para os demais.

Obviamente, essa decisão só pode ser tomada se a área de TI estiver efetivamente suportada por controles gerais que foram testados e avaliados pelo auditor. Esses controles na área de TI são também conhecidos por controles indiretos.

O auditor deve executar testes dos controles gerais para se assegurar de que eles funcionaram ao longo do período como um todo e se esses controles são efetivos ou não efetivos, requerendo neste caso a execução de procedimentos adicionais de auditoria.

Rotação dos testes de controle e evidências obtidas em períodos anteriores

O auditor pode usar evidência de auditoria obtida em períodos anteriores, desde que se satisfaça de que os controles continuam em funcionamento mediante, por exemplo, um teste de *walkthrough*. Se houver mudança, essas mudanças devem ser testadas.

Como parte do uso de evidências obtidas anteriormente, o auditor pode aplicar rotação nos testes de controle. Como regra geral, os controles que não sofreram alterações devem ser testados pelo menos uma vez a cada três trabalhos anuais de auditoria. O auditor deve aplicar o seu julgamento profissional e para alguns controles específicos a periodicidade deve ser menor.

De forma análoga, ele também considera outros fatores na rotação ou no lapso de tempo entre um teste e outro, que depende do ambiente e monitoramento do controle, alterações de pessoas e políticas e controles gerais de IT.

Essa decisão de rotação de testes deve ser documentada e não deve ser aplicada nos casos de controles sobre **transações não rotineiras relevantes ou que**

envolvam estimativa, transações rotineiras com riscos relevantes, controles gerais de IT ineficazes ou quando o auditor tem que reportar sobre os controles internos (auditoria integrada).

É importante considerar que uma distorção relevante identificada em um procedimento substantivo pode indicar uma deficiência relevante no controle interno, mas a não identificação de distorção não é garantia de que os controles são efetivos. O conceito da efetividade da operação dos controles pressupõe que podem ocorrer alguns desvios no modo em que os controles são operados em decorrência de flutuações sazonais no volume de transações, alterações no pessoal-chave e erros humanos.

A tabela a seguir é um resumo das considerações a respeito dos testes de controle:

Natureza	Compreende os diversos tipos de evidência de auditoria discutidos no capítulo que trata da NBC TA 500 (indagação, observação, inspeção ou reexecução).
Extensão	Além do julgamento profissional, envolve aspectos relacionados com aspectos estatísticos, descritos no capítulo que trata da NBC TA 530. Ver tabela de extensão de testes de controle a seguir.
Época	Além do julgamento profissional, deve ser considerado o período em que se quer depositar confiança nos controles e as alterações havidas nesses controles, quando testadas anteriormente.
Rotação de testes	Quando os controles não sofrerem alterações, eles devem ser testados pelo menos a cada três anos, todavia, aqueles que mitigam riscos relevantes e os que forem alterados devem ser testados em base anual.
Eficácia operacional	A identificação de uma distorção relevante pode representar deficiência significativa nos controles internos e pode requerer nova avaliação, em que a diminuição da confiança nos controles pode implicar em mais procedimentos substantivos.

Procedimentos substantivos

Primeiramente, é importante destacar que, independentemente da estratégia que se adotar ou do nível de riscos identificados, as classes de transações, saldos de contas e divulgações significativas devem ser objeto de testes substantivos, **portanto, não existe abordagem de auditoria que só inclua testes de controle**.

A inclusão de procedimentos substantivos é exigida pelas normas de auditoria, pois existe o caráter de subjetividade na avaliação de risco pelo auditor que envolve julgamento profissional e pode não identificar todos os riscos de distorção relevante, além do fato de que os controles internos possuem limitações inerentes e podem ser burlados, principalmente pela administração, que normalmente está em posição privilegiada para burlar os controles.

Tipos de procedimentos substantivos

O capítulo que trata da seção 500 das normas apresenta as diversas evidências de auditoria e procedimentos substantivos. Por exemplo, a norma 500 trata dos tipos de evidências e formas de seleção, a norma 520 trata dos procedimentos analíticos, a 505 trata de confirmações com terceiros e assim por diante, que estão apresentados nos capítulos específicos.

A seleção dos procedimentos substantivos a serem aplicados depende das circunstâncias específicas de cada trabalho e o mais comum é a combinação de testes de detalhes e procedimentos analíticos. Estes últimos são principalmente aplicáveis a grandes volumes de transações, cujos controles funcionam e que tendem a ser previsíveis com o tempo.

Procedimentos substantivos básicos

São aplicáveis nas situações em que o risco de distorção relevante é baixo. Exemplos desses procedimentos básicos consistem em:

- obter lista compondo o saldo de uma conta;
- comparar o saldo deste período com período anterior;
- investigar variações e explicá-las;
- aplicar teste de corte para se assegurar que foram registradas no período correto.

Procedimentos substantivos mais extensos

A expressão *mais extensos* significa aplicar procedimentos adicionais de auditoria além daqueles considerados básicos, onde o risco para uma situação particular foi considerado moderado ou alto. Procedimentos mais extensos compreendem aumento no tamanho da amostra ou aplicação de procedimentos direcionados para, por exemplo, identificar se a administração da entidade pode ter burlado os controles.

Época dos procedimentos substantivos

Os testes de detalhes podem ser realizados em data intermediária. Por exemplo, o auditor pode observar o inventário físico de estoques ou confirmar contas a receber em uma data intermediária. Como a sua opinião será sobre os saldos finais, ele deve decidir quais procedimentos serão aplicados para o período entre a data do exame preliminar e a data das demonstrações.

Esses procedimentos podem incluir procedimentos substantivos combinados com testes de controles ou procedimentos mais limitados, compreendendo procedimentos analíticos do tipo comparação dos saldos entre as duas datas e investigação das variações, comparação de reconciliação do saldo final com o saldo também conciliado na data intermediária.

Essa decisão envolve julgamento do auditor, que considera uma série de fatores, inclusive o risco de que quanto maior for o intervalo de tempo maior é o risco de não detecção de distorção relevante. Esses fatores compreendem novas transações ocorridas entre as datas, itens não usuais ou de valores anormais, mudanças nas pessoas, sistemas, processos e outros aspectos.

Ao contrário dos testes de controle, no caso de testes substantivos é menos comum o uso na auditoria corrente de evidências obtidas em auditorias anteriores, mas em alguns casos isso é possível, como por exemplo uma opinião legal sobre um procedimento fiscal que não sofreu qualquer mudança.

Extensão dos testes substantivos

A extensão dos testes substantivos deve ser apropriada a cada circunstância específica de risco avaliado. O capítulo que trata do uso de amostragem em auditoria (NBC TA 530) apresenta as regras a serem observadas na determinação do tamanho das amostras, inclusive com exemplos práticos para a sua apuração.

Procedimentos substantivos no processo de encerramento das demonstrações financeiras e nos lançamentos contábeis

Antes de aplicar os procedimentos substantivos, é importante que o auditor entenda e avalie esse relevante processo, considerando os controles existentes sobre lançamentos padrões gerados pelo sistema, lançamentos específicos de encerramento, registros contábeis, conciliações e a preparação propriamente dita das demonstrações financeiras.

Os testes substantivos desse processo compreendem verificação de conciliações, exame de lançamentos relevantes e de ajustes no fim do exercício.

Avaliação da adequada apresentação das demonstrações financeiras e das divulgações

O auditor deve executar procedimentos de auditoria para concluir se as demonstrações financeiras como um todo, incluindo as divulgações, estão de acordo com a estrutura de relatório que for aplicável.

Avaliação da suficiência e adequação das evidências de auditoria

Como já mencionado em outra parte deste trabalho, a auditoria de demonstrações financeiras não é um processo estanque e sim um processo cumulativo e contínuo. Dessa forma, o auditor, ao fim do trabalho, deve avaliar se as avaliações de riscos efetuadas durante o trabalho continuam válidas, considerando os procedimentos executados e os resultados obtidos.

Nessa avaliação, o auditor não pode assumir de antemão que uma fraude ou erro é um caso isolado. Ela deve ser analisada usando-se o necessário ceticismo profissional e o julgamento de cada situação para concluir se não seria o caso de se considerar uma ressalva ou abstenção de opinião, caso ele não se satisfaça quanto à suficiência e adequação dos procedimentos de auditoria.

Documentação

Os papéis de trabalho devem documentar os riscos identificados, nas classes de transações ou processos, a avaliação dos riscos inerente e de controle e as respostas (procedimentos de auditoria) planejadas e executadas para cada um dos riscos identificados, assim como os resultados obtidos.

A forma e a extensão da documentação da auditoria é uma questão de julgamento profissional e depende da natureza, do porte e complexidade da entidade, todavia é importante não perder de vista que a falta de documentação adequada implica na conclusão de que o procedimento não foi efetivamente aplicado, portanto, se o auditor considerou um risco, mas não o documentou, é como se não tivesse feito a avaliação de risco.

Grande parte das firmas de auditoria possui esse processo de documentação em suas metodologias de trabalho. No Capítulo 12, foram apresentados alguns exemplos de planilhas que demonstram desde a identificação dos riscos, passam pela avaliação de significância ou não, demonstram as respostas da entidade (controles para prevenir ou detectar), até a avaliação combinada dos riscos, que permite ao auditor determinar as suas respostas mais adequadas a cada situação específica. Além dos exemplos de planilhas, o Capítulo 12 inclui, também, um Anexo contendo um roteiro prático para identificação e avaliação dos riscos de distorção relevante nas demonstrações financeiras e respostas do auditor a esses riscos.

Essas respostas do auditor podem ser evidenciadas por meio de breves anotações do tipo, por exemplo, testar os controles tais e confirmar saldos na data X. Essas breves anotações são referenciadas aos programas de trabalho onde são descritos em detalhes os procedimentos a serem efetuados. Quanto mais específico e detalhado for o programa de trabalho, mais apropriado será o procedimento executado, pois existirá menor margem de dúvidas quanto ao que efetivamente deve ser feito.

15

Considerações de Auditoria para a Entidade que Utiliza Organização Prestadora de Serviços (NBC TA 402)

Introdução e informações preliminares para entendimento da norma

Esta norma (NBC TA 402) complementa a norma NBC TA 315, apresentada no Capítulo 12 e que trata da identificação e avaliação dos riscos de distorção relevante por meio do entendimento da entidade e de seu ambiente quando a entidade, cujas demonstrações financeiras estão sendo auditadas, utiliza um terceiro (**organização externa**) para prestar certos serviços.

A utilização de uma organização externa prestadora de serviços é muito comum em entidades de pequeno porte, que normalmente terceirizam totalmente os serviços contábeis e fiscais (manutenção dos registros, elaboração de balancetes mensais e das demonstrações financeiras), uma vez que a relação custo × benefício é mais vantajosa no caso da terceirização, não compensando manter uma estrutura própria em decorrência dos custos envolvidos.

Obviamente, a terceirização não ocorre apenas em entidades de pequeno porte. Uma entidade deve sempre manter o foco de atuação em seu *"core business"* e, dessa forma, sempre que a relação custo × benefício for vantajosa e ela puder liberar seus recursos (humanos, tecnológicos, financeiros) para focar em sua operação, ela pode terceirizar aquelas atividades em que essa decisão seja vantajosa, atentando também para os outros aspectos, como os de natureza legal e trabalhista que possam impactar a sua decisão.

Nesse sentido, uma entidade pode terceirizar uma parte de sua linha de produção, as funções de auditoria e *compliance*, sua área legal, trabalhista ou tributária e outras atividades. A NBC TA 402 trata exclusivamente da utilização pela entidade de uma ou mais organizações que prestam serviços que sejam relevantes para a auditoria das demonstrações financeiras e que, portanto, fazem parte do ambiente em que a entidade opera e devem ser considerados na identificação e avaliação dos riscos (NBC TA 315) e nas respostas a esses riscos (NBC TA 330).

No caso da auditoria de uma entidade de pequeno porte, que terceiriza seus serviços contábeis, o auditor da entidade pode executar boa parte do seu trabalho na própria organização prestadora dos serviços contábeis (escritório de contabilidade), avaliando diretamente os controles mantidos pelo escritório de contabilidade e o processo utilizado na manutenção dos registros contábeis e de elaboração das demonstrações financeiras que estão sendo auditadas, como se o escritório de contabilidade fizesse parte da própria entidade.

Isso não seria possível, por exemplo, no caso da auditoria das demonstrações financeiras de um fundo de investimento, administrado por uma instituição financeira de menor porte, que terceiriza não apenas as funções contábeis (registros contábeis e elaboração das demonstrações financeiras), mas também todo o processamento de dados e controles para gerenciamento, operacionalização, cumprimento de normas legais e regulamentares e a própria salvaguarda dos ativos, utilizando um banco maior.

Para bem caracterizar esse exemplo, temos no mercado brasileiro o Banco Itaú S.A., que normalmente presta esse tipo de trabalho para instituições financeiras de menor porte que captam recursos por meio de fundos de investimentos de renda fixa ou variável.

Seria impraticável que o auditor de cada um desses inúmeros fundos de investimentos administrados por instituições financeiras de pequeno porte executasse diretamente o trabalho no Banco Itaú S.A. para identificar os riscos de distorção relevante por meio do entendimento do ambiente e do controle interno, que no caso em questão seria do Banco Itaú S.A.

A solução para que não exista qualquer limitação no alcance da auditoria desses Fundos de Investimento é que a organização prestadora de serviços (no nosso exemplo o Banco Itaú S.A.) contrate uma firma de auditoria para avaliar os controles internos e emita um relatório assegurando aos diversos interessados (Auditores desses Fundos) a efetividade dos controles desse terceiro (Banco Itaú, no exemplo), de forma a prevenir ou detectar e corrigir, em tempo hábil, as eventuais distorções nas demonstrações financeiras dos Fundos de Investimentos para os quais ela presta os serviços acima mencionados.

Como as normas de auditoria que vigoravam no Brasil antes da adoção integral das normas internacionais de auditoria[1] não incluíam qualquer regra sobre

---

[1] *International Standards on Auditing* (ISAs) aprovadas pelo Projeto *Clarity* do IFAC.

esse assunto, as firmas de auditoria no Brasil acabavam usando a norma americana conhecida por SAS 70.[2]

Para os trabalhos de auditoria de demonstrações financeiras, cujos períodos se iniciam em ou a partir de 1º de janeiro de 2010 e não se encerrem antes de 31 de dezembro de 2010, o auditor da entidade usuária dos serviços (no nosso exemplo o Fundo de Investimento) deverá observar os requisitos da NBC TA 402.

Por sua vez, a organização prestadora do serviço (no nosso exemplo o Banco Itaú S.A.) deverá contratar um auditor para que execute um serviço de asseguração e emita um relatório que atenda as necessidades do auditor do Fundo. Esse serviço de asseguração é um trabalho sobre outras informações não históricas.

Quando da elaboração deste livro, a IFAC já havia aprovado norma específica estabelecendo os requisitos e orientações para execução desse tipo de serviço e emissão de relatório de asseguração sobre outras informações não históricas (ISAE 3402),[3] que no Brasil segue a sigla aprovada na Estruturação das Normas Brasileiras (NBC TO 3402).

Definições

Antes de entrarmos nos objetivos e nos requisitos da NBC TA 402, é importante definir os termos utilizados na referida norma para definir cada parte envolvida na norma. As traduções compreendem expressões extensas na língua portuguesa, que aparecem de forma repetitiva na NBC TA 402, dificultando sua leitura, entendimento e correta aplicação.

Entidade usuária e **organização prestadora de serviços:** de uma forma geral, o termo **entidade** está sempre relacionado com a entidade cujas demonstrações financeiras estão sendo examinadas. Uma entidade pode ser um banco, uma empresa, um clube ou uma associação sem fins lucrativos. No caso específico da NBC TA 402, a entidade é usuária dos serviços de um terceiro que são prestados por uma **organização prestadora de serviços** para a **entidade usuária**.

Auditor da entidade usuária (ou apenas **auditor da usuária**) é o auditor contratado para auditar as demonstrações financeiras da entidade usuária, que deve observar os requisitos da NBC TA 402 em seu trabalho.

Auditor da organização prestadora de serviços é o auditor que executa o serviço de asseguração e emite o relatório de asseguração nos termos da NBC TO

---

[2] *Statement on Auditing Standards* (SAS) emitido pelo AICPA.

[3] *International Standard on Assurance Engagement* com vigência para relatórios cobrindo períodos que se findam em ou após 15 de junho de 2011.

3402 para que o auditor da usuária possa atender os requisitos da NBC TA 402. Esse relatório pode ser do **Tipo 1** ou do **Tipo 2**.

Organização subcontratada para prestação de serviços é uma outra organização contratada pela organização prestadora de serviços para executar parte do serviço para a entidade usuária.

Sistema da organização prestadora de serviços compreende as políticas e os procedimentos projetados e mantidos em uso pela organização prestadora de serviços para poder prestar os serviços à entidade usuária.

Relatórios emitidos pelo auditor da organização prestadora de serviços ou da organização subcontratada:

> **Relatório Tipo 1:** cobre a descrição e desenho de controles projetados por uma organização prestadora de serviços. Ele contém a descrição, elaborada pela administração, da referida organização do seu sistema e de seus controles, incluindo os respectivos objetivos de tais controles, assim como a opinião de seu auditor sobre tal descrição, objetivos de controle e adequação deles para atingir os objetivos para os quais foram projetados.

> **Relatório Tipo 2:** além dos aspectos cobertos no Relatório Tipo 1, ele cobre também a eficácia operacional dos controles durante um período especificado e a opinião do auditor; além de assegurar o que é assegurado no Relatório Tipo 1, descreve os testes que foram aplicados por esse auditor.

Objetivos

Sempre que uma entidade utilizar serviços de terceiros que sejam relevantes para as suas demonstrações financeiras, o auditor deve entender a natureza, a importância desses serviços e seus efeitos sobre o controle da entidade de forma a poder identificar e avaliar os riscos de distorção relevante nas demonstrações financeiras da referida entidade, determinando os procedimentos de auditoria (respostas) que sejam apropriados para os riscos identificados.

Requisitos

Obtenção do entendimento para identificação de riscos e respostas a esses riscos

Na essência, os parágrafos 9 a 14 e A1 a A23 da norma detalham como obter o entendimento dos serviços prestados, dos controles internos da organização prestadora dos serviços e o impacto deles na avaliação de riscos da entidade (primeiro objetivo acima mencionado).

Nesse sentido, o auditor deve entender a natureza do serviço, sua importância, o efeito sobre o controle interno da entidade usuária, a materialidade das transações envolvidas nesses serviços, o grau de interação entre a entidade usuária e a organização que presta o serviço, incluindo os termos contratuais.

Respostas aos riscos avaliados de distorção relevante

Por sua vez, os itens 15 a 17 e A24 ao A39 detalham as respostas, ou seja, os procedimentos de auditoria que devem ser aplicados nas diversas circunstâncias.

Por exemplo, se na avaliação de riscos e na determinação da abordagem da auditoria, o auditor estabelecer que pretende confiar na efetividade operacional dos controles mantidos pela organização prestadora de serviços, ele deve:

a) executar testes de controle na organização prestadora de serviços (exemplo da entidade de pequeno porte que terceiriza os serviços contábeis);

b) obter relatório Tipo 2, caso ele esteja disponível (exemplo do Fundo de Investimentos que usa os serviços do Banco Itaú S.A.);

c) utilizar outro auditor para executar os testes de controles na organização prestadora de serviços.

Nesse caso, da mesma forma que um controle operado diretamente pela entidade, o auditor deve se assegurar de que o controle foi eficaz ao longo do período que ele pretende confiar. A existência de defasagem entre o período das demonstrações financeiras da entidade usuária, cujas demonstrações estão sendo examinadas, e o período coberto do relatório Tipo 2 é item de julgamento do auditor da entidade usuária, que em uma situação normal pode aceitar tal defasagem ou não aceitá-la, dependendo das circunstâncias e do entendimento que o auditor tem sobre a relevância desses serviços terceirizados nas demonstrações financeiras da entidade usuária.

Pode ser que o auditor considere a necessidade de evidências adicionais tanto em função da defasagem como eventuais mudanças havidas e, no caso dele identificar deficiências nos controles exercidos tanto pela entidade usuária como pela organização prestadora de serviços, ele deve comunicar tais deficiências à administração e aos órgãos de governança.

Organização prestadora de serviços subcontratada por outra organização

Tanto o Relatório Tipo 1 como o Relatório Tipo 2 podem incluir ou não aspectos relacionados com a organização subcontratada. No caso de não inclusão dos serviços prestados pela subcontratada e esses serviços forem considerados relevantes pelo auditor da usuária dos serviços, os requisitos descritos no item 9 da NBC TA 402 devem ser considerados para essa subcontratada.

Fraudes, não cumprimento de leis e regulamentos e distorções não corrigidas

De forma similar aos serviços executados interna e diretamente pelos diversos departamentos da entidade usuária, o auditor deve indagar aos administradores se eles tiveram conhecimento sobre qualquer descumprimento de leis e regulamentos, fraudes efetivas ou eventuais suspeitas de fraudes, assim como distorções não corrigidas que afetam as demonstrações financeiras da entidade por eles administrada.

Dependendo das circunstâncias, o auditor pode requerer informações adicionais, inclusive representações formais.

Impacto dos serviços terceirizados no relatório de auditoria sobre as demonstrações financeiras da entidade usuária dos serviços

A terceirização não isenta os administradores da entidade sobre as responsabilidades por ele assumidas com referência às demonstrações financeiras; seja tal função exercida internamente ou por terceiro, a responsabilidade final da administração é a mesma. Guardadas as proporções, a situação é a mesma de um contribuinte que usa os serviços de um contador para preparar sua declaração de Imposto de Renda pessoa física, ou seja, não importa se a declaração foi elaborada pelo próprio contribuinte ou por um terceiro, sua responsabilidade é a mesma perante o fisco.

Voltando à situação de um auditor que está examinando as demonstrações financeiras de uma entidade que usa serviços de terceiros, a responsabilidade do auditor em obter as evidências apropriadas e suficientes para poder emitir sua opinião é a mesma, seja o serviço terceirizado ou feito internamente, portanto, o auditor deve avaliar se conseguiu obter a evidência necessária que lhe permita formar uma opinião e, em caso negativo, ele deve considerar o efeito de tal limitação, ressalvando sua opinião sobre as demonstrações financeiras examinadas ou, se o efeito for considerado suficiente para provocar efeito disseminado e generalizado nas demonstrações, ele deve considerar a emissão de um relatório com abstenção de opinião.

Proibição de divisão de responsabilidade

De forma similar ao uso de especialista externo ou à existência de outro auditor para as demonstrações financeiras de um componente, o auditor não deve fazer referência aos serviços de outro auditor, assumindo total responsabilidade sobre eles se o seu relatório não contém qualquer ressalva ou outra modificação em relação ao relatório limpo.

No caso de emissão de um relatório contendo ressalva ou outra modificação e a referência ao serviço de outro auditor seja necessária para o entendimento do relatório, o auditor deve deixar claro no seu relatório que essa referência não reduz sua responsabilidade.

Documentação

Esta norma não traz requisitos específicos sobre documentação, todavia, são aplicados os mesmos requisitos da NBC TA 315 e 330 independentemente dos serviços serem feitos internamente ou terceirizados.

16

Evidências de Auditoria (NBC TAs 500, 501, 505 e 520)

Introdução e tipos de evidências (Procedimentos) de Auditoria

Este capítulo tem como objetivo apresentar as várias formas de obtenção de evidências de auditoria, ou seja, como são aplicados os diversos procedimentos de auditoria envolvendo os vários tipos de testes efetuados pelo auditor independente que compreendem:

- inspeção;
- observação;
- confirmação externa;
- recálculo;
- reexecução;
- procedimentos analíticos; e
- indagação.

Três desses procedimentos são extensivamente utilizados em uma auditoria de demonstrações financeiras e, dessa forma, estão cobertos em normas específicas, como é o caso das confirmações externas (saldos e outras informações, inclusive contingências), que são cobertas na NBC TA 505 e em parte da NBC TA 501.

De forma similar, também são cobertos em normas específicas os procedimentos analíticos (NBC TA 520) e os procedimentos de observação (inventários físicos de estoques) que estão cobertos na NBC TA 501.

A norma NBC TA 500 cobre os procedimentos de forma genérica, ou seja, não tem como objetivo apresentar sua aplicação em cada uma das áreas das demonstrações financeiras. Dessa forma, para facilitar o entendimento, apresentamos a seguir exemplos práticos de aplicação de cada um desses procedimentos e no anexo foi adicionada uma tabela contendo as áreas e/ou principais contas das demonstrações financeiras e exemplos de tipos de evidências que são aplicáveis.

Inspeção

Os procedimentos de inspeção compreendem o exame físico de documentos, registros ou mesmo de ativos. Eles servem para confirmar a existência de autorização ou aprovação de uma transação de compra ou venda, assim como a existência de um ativo tangível (máquina ou equipamento) ou de um direito (instrumento financeiro, como uma ação ou outro tipo de aplicação financeira não escritural).

É importante considerar que o procedimento de inspeção confirma a existência, mas não a propriedade, do ativo ou de um direito. Dessa forma, ele deve ser aplicado juntamente com outro procedimento, que também pode ser de inspeção.

Por exemplo, para confirmar a propriedade de um veículo (ativo) que foi inspecionado fisicamente, o auditor deve inspecionar, também, a nota fiscal de compra ou o certificado de propriedade, utilizado para transferir a propriedade do veículo. Se tivéssemos falando em um imóvel, o documento legal a ser inspecionado para confirmar a propriedade seria a escritura lavrada em cartório.

Para confirmar a propriedade de uma aplicação financeira que não seja apenas escritural, o auditor deve examinar a nota de corretagem ou contrato de compra e venda.

No caso de inspeção de registros contábeis, eles servem para confirmar a contabilização de uma transação.

Observação

O procedimento de observação compreende a verificação de algo que foi executado por outro, como por exemplo os procedimentos de controle preventivos executados pelos empregados da entidade cujas demonstrações financeiras estão sendo auditadas.

A forma mais tradicional de observação é a que compreende o acompanhamento do inventário físico, que está coberta em tópico específico que cobre a NBC TA 501.

Confirmação externa

Representam respostas às solicitações do auditor compreendendo confirmações de saldos de clientes, de fornecedores, de bancos financiadores; de bens em poder de terceiros (estoques em poder de terceiros); obtenção de informações de litígios ou contingências junto a advogados; ou até mesmo para obter informações adicionais de uma transação ou da existência de condições que possam mudar a natureza da operação (contratos paralelos por meio de *side letters*).

A obtenção de confirmações externas é uma evidência forte de auditoria e é utilizada com bastante frequência nos trabalhos de auditoria de demonstrações financeiras, portanto, está coberta em detalhes em tópico específico deste capítulo que cobre a NBC TA 505.

Recálculo

Esse procedimento consiste na verificação da correção aritmética de um cálculo, como por exemplo da depreciação de um bem ou de uma conversão em litros de uma medição de um tanque contendo produtos líquidos ou de uma pilha contendo minério.

Reexecução

Compreende a reexecução de um procedimento executado pelo empregado ou administração da entidade. Esse procedimento é bastante utilizado em testes de controle interno, particularmente no *"walkthrough test"*,[1] onde se percorre o sistema para conferir evidências de aprovações, autorizações, conferências de cálculo ou outros procedimentos que evidenciam a existência do controle.

Procedimentos analíticos

Compreendem determinações de variações (real × orçado, real do período corrente × real do período anterior), de relações entre dados financeiros e não financeiros (margem bruta, perda histórica com clientes).

Esses procedimentos, a exemplo de confirmações externas, são também utilizados com bastante frequência em um trabalho de auditoria desde o seu planejamento até o seu encerramento (adequação das demonstrações tomadas em

---

[1] Teste de reconstrução que envolve o rastreamento, do início ao fim, de algumas transações pelo sistema de controle como um todo.

conjunto) e, dessa forma, estão cobertos em detalhes neste capítulo em tópico específico que cobre a NBC TA 520.

Indagação

O procedimento de indagação também é bastante utilizado no processo de auditoria ou revisão de informações históricas. No caso de revisões, eles são usados isoladamente ou em conjunto com procedimentos analíticos.

No caso de auditoria, mesmo quando em forma escrita por meio de representações da administração, geralmente não representam evidência suficiente e, dessa forma, são geralmente aplicados em conjunto com outros procedimentos.

As respostas às indagações, sejam orais ou escritas, devem ser avaliadas pelo auditor e geralmente devem ser confirmadas por outros procedimentos.

Definições

Evidências de auditoria servem para suportar ou fundamentar a opinião do auditor. Elas incluem as informações contidas nos registros contábeis e compreendem as informações utilizadas pelo auditor para chegar às conclusões em que se fundamentam a sua opinião.

A **adequação** da evidência de auditoria é a medida de sua qualidade, ou seja, a sua **relevância** e **confiabilidade** para suportar as conclusões em que se fundamenta a opinião do auditor, enquanto a **suficiência** da evidência de auditoria é a medida da quantidade da evidência de auditoria obtida.

A quantidade necessária da evidência de auditoria é afetada pela avaliação do auditor dos riscos de distorção relevante e também pela qualidade da evidência de auditoria.

Especialista é uma pessoa ou organização com especialização em uma área, que não contabilidade ou auditoria. O especialista pode ser da **administração** ou do **auditor**.

O **especialista da administração** é utilizado pela entidade para ajudá-la na elaboração das demonstrações financeiras naquilo que se refere à sua área de especialização, enquanto o **especialista do auditor** é contratado e utilizado pelo auditor para ajudá-lo a obter evidência de auditoria suficiente e apropriada na sua área de especialização.

Confirmação externa é a evidência de auditoria obtida diretamente pelo auditor como resposta, por escrito, de um terceiro. Ela pode ser em papel (carta resposta), no formato eletrônico (*e-mail*) ou por outro meio.

A confirmação pode ser na forma **positiva ou negativa**. Na forma **positiva**, a resposta dada pela parte consultada ao auditor pode:

- indicar se ela concorda ou discorda das informações solicitadas; ou
- fornecer ao auditor as informações solicitadas.

No primeiro caso, temos como exemplo a confirmação de um recebível, em que geralmente é fornecido o saldo (e sua composição) a ser confirmado e, no segundo, ocorre quando se solicitam informações sobre o último pagamento feito ou sobre o estágio de processos em andamento que estão patrocinados por advogados externos, enquanto na forma **negativa** a resposta é somente enviada ao auditor nos casos em que o "circularizado" (parte que confirma) discorda das informações fornecidas na solicitação.

Resposta não recebida é quando a parte que confirma não responde (devolvida pelo correio ou não) ou responde de maneira incompleta a uma solicitação de confirmação **positiva**.

Exceção é a resposta que indica uma diferença em relação à informação que consta dos registros da entidade, cujas demonstrações estão sendo auditadas.

Procedimentos analíticos são avaliações por meio de análise das relações plausíveis entre dados financeiros e não financeiros. Eles compreendem, também, a necessária investigação de flutuações ou relações identificadas que são inconsistentes com outras informações relevantes ou que diferem significativamente dos valores esperados.

Objetivo da NBC TA 500

O objetivo dessa norma é discutir as evidências de auditoria que o auditor deve obter para conseguir fundamentar de forma apropriada e suficiente sua opinião sobre as demonstrações financeiras.

Requisitos da NBC TA 500

Os requisitos dela compreendem os seguintes aspectos relacionados com as evidências de auditoria:

- adequação e suficiência;
- informações a serem utilizadas como evidência de auditoria;
- seleção de itens para testes; e
- inconsistências ou dúvidas quanto à sua confiabilidade.

Adequação e suficiência da evidência de auditoria

É responsabilidade do auditor determinar e executar os procedimentos de auditoria que sejam apropriados em cada circunstância para obter segurança razoável da ausência de distorções relevantes nas demonstrações financeiras sob exame.

A suficiência e adequação das evidências já foram definidas anteriormente e elas estão inter-relacionadas. Quanto maior for o risco de distorção relevante, maior é a necessidade de evidência, e quanto melhor for a qualidade da evidência, menor é a necessidade quantitativa de evidência.

Como regra geral, as evidências obtidas de fonte externa e independente (confirmações de saldos, por exemplo) fornecem um melhor nível de segurança do que uma evidência de fonte interna.

Assim, sempre que possível as evidências obtidas internamente devem ser corroboradas com informações obtidas de forma externa e independente. Além do efeito corroborativo, o uso de diferentes fontes ou de natureza diferente aumenta o grau de segurança obtido pelo auditor.

Já foi mencionado, também, que a evidência gerada internamente tem muito mais valor para o auditor quando o controle interno da entidade que suporta a evidência é eficaz e funciona ao longo do tempo de forma consistente.

Nos Capítulos 12 e 14, em que foram apresentadas as normas NBC TAs 315 e 330, foram mencionadas as formas de obtenção de evidências mediante procedimentos de avaliação de riscos e aplicação de testes de controles e substantivos.

As evidências de auditoria compreendem a aplicação dos diversos procedimentos de auditoria apresentados e exemplificados no início deste capítulo e que estão sumariados no anexo deste capítulo, demonstrando suas aplicações práticas nas áreas das demonstrações financeiras examinadas.

Informações a serem utilizadas como evidência de auditoria

A determinação e execução dos procedimentos de auditoria dependem da **relevância e confiabilidade** das informações a serem utilizadas como evidência de auditoria.

Relevância

Nesse caso, a relevância significa a relação entre o objetivo do procedimento de auditoria a ser aplicado e o resultado que ele propicia. Não existe solução padrão a ser aplicada cegamente pelo auditor, ou seja, existem testes que servem para uma finalidade, mas não servem para outra.

A norma traz um exemplo interessante para o entendimento dessa relação quando compara dois objetivos diferentes a serem atingidos em um teste da adequação dos passivos (contas a pagar a fornecedores, por exemplo).

Se o objetivo do auditor é verificar se existe superavaliação nos saldos de contas a pagar a fornecedores, o exame sobre os valores registrados nessa conta é apropriado, todavia, se o objetivo for verificar se existe subvaliação, ou seja, existência de outras contas a pagar a fornecedores que não estejam contabilizadas, o exame restrito aos valores registrados não seria apropriado, uma vez que o teste sobre os valores registrados obviamente não permitirá detectar itens não registrados.

De forma análoga, existem procedimentos que servem para confirmar uma afirmação, mas não servem para confirmar outra afirmação. Por exemplo, um teste de recebimentos (após a data do balanço) de contas a receber que estavam em aberto na data do balanço serve para confirmar a adequação das afirmações de existência e valorização, mas não fornece evidência sobre o adequado registro das contas em seu período de competência.

Para esse objetivo, o auditor deve desenvolver outro tipo de teste que leve em consideração os procedimentos de corte (*cut off*) da última nota de venda de um período e a primeira do período seguinte.

Confiabilidade

Como já foi discutido neste e em outros capítulos, existem diversas generalizações sobre a confiabilidade. Embora elas estejam sujeitas a exceções, sempre devemos ter em mente que as evidências:

- quando obtidas de fonte externa e independente, são mais confiáveis do que as obtidas internamente;
- obtidas internamente são mais confiáveis quando o controle interno que a suporta é eficaz;
- obtidas diretamente pelo auditor, são mais confiáveis do que as resultantes de indagação ou inferência de forma indireta;
- obtidas de forma documental são mais confiáveis do que aquelas obtidas verbalmente; e
- suportadas por documentos originais são mais confiáveis do que aquelas suportadas por fotocópias.

Por outro lado, sempre que o auditor utilizar uma informação preparada pela entidade, ele deve, de antemão, se assegurar de que aquela informação é exata e completa.

Nos primórdios de minha longa carreira de auditor, ainda nos tempos de "pica-pau", lembro que a primeira coisa que o sênior mandava fazer ao receber uma análise preparada pelo cliente era somar os valores apresentados para se assegurar sobre a exatidão aritmética daquela análise e comparar o seu total com a conta contábil envolvida para se assegurar de que estavam completas.

Os tempos mudaram e os procedimentos se sofisticaram, mas a essência continua a mesma. Se no passado o cliente lhe apresentava uma relação datilografada dos saldos a receber de clientes para que você selecionasse as contas a serem confirmadas, hoje ele extrai uma listagem do sistema de contas a receber, todavia, a necessidade de o auditor se assegurar de sua exatidão e integridade (no sentido de estar completa) é a mesma.

No passado o auditor somava a relação com uma simples calculadora, enquanto hoje ele provavelmente vai desenvolver um TAAC[2] para efetuar um somatório independente, mas o seu objetivo é o mesmo, no sentido de ter certeza que está trabalhando com toda a população de contas a receber para o desenvolvimento de seus testes (seleção de itens ou amostras) das contas a serem confirmadas.

Utilização de especialista pela entidade

Na NBC TA 500, grande parte deste item (confiabilidade) é dedicada para os casos em que a entidade utiliza o trabalho de um especialista em outro campo, que não contabilidade ou auditoria, e o resultado desse trabalho desenvolvido pelo especialista (da administração) é usado pelo auditor.

Como exemplo, podemos citar os trabalhos de atuário na determinação de passivos relacionados com planos de pensão ou mesmo de especialistas no mercado financeiro com conhecimentos de modelos matemáticos para precificação de derivativos ou outros instrumentos financeiros.

Nesses casos de uso de especialista da administração, o auditor deve: (i) avaliar a competência, habilidade e objetividade do especialista; (ii) entender o trabalho efetuado pelo especialista e (iii) avaliar a adequação desse trabalho como evidência de auditoria.

As informações sobre a competência, a habilidade e objetividade podem ser obtidas de diferentes formas, incluindo, mas não se limitando a, a experiência anterior que o auditor teve com esse especialista, o conhecimento e grau de credibilidade desse especialista (reconhecimento público por meio de obras publicadas), a existência de entidades profissionais que monitoram e em alguns casos

---

[2] **Técnicas de auditoria assistidas por computador** – Aplicações de procedimentos de auditoria que usam o computador como ferramenta de auditoria. A sigla TAAC vem do inglês CAAT, que significa **Computer-assisted audit techniques**.

até fiscalizam os trabalhos desses profissionais (por exemplo, OAB no caso de advogados) e outras formas.

Obviamente, a extensão do trabalho do auditor em relação ao trabalho de especialista varia de situação para situação, podendo existir casos em que o assunto seja de tal forma importante para as demonstrações financeiras que estão sendo examinadas que o auditor deve, também, contratar um especialista para que ele revise e forneça informações independentes para que o auditor possa exercer o seu julgamento.

O Capítulo 25, que trata da utilização de especialistas pelo auditor (NBC TA 620), embora não se aplique à situação do uso pela administração da entidade de especialistas em outros assuntos, que não contabilidade, utilizados para ajudar na elaboração de suas demonstrações financeiras, apresenta informações relevantes que devem ser consideradas.

Natureza, época e extensão dos trabalhos do auditor sobre o trabalho de especialistas contratados pela administração

Em linhas gerais, o auditor considera os seguintes aspectos para determinar a natureza, extensão e época dos seus procedimentos com referência aos trabalhos do especialista:

a) **natureza e complexidade do assunto, assim como o grau de conhecimento e experiência que o auditor possui do assunto.** Por exemplo, a entidade pode usar um especialista externo para apurar as provisões para imposto de renda e contribuição social. Como a análise dessas provisões é corriqueira para o auditor, ele próprio pode possuir os conhecimentos necessários ou, por uma questão de eficácia e eficiência, pode utilizar o especialista interno em impostos para efetuar tal apuração e comparar com o valor apurado pelo especialista da administração, não se preocupando com as questões de competência, habilidade ou independência do especialista, pois o trabalho dele (auditor) é suficiente para fundamentar a sua opinião. Sua postura seria diferente se a entidade contratasse um especialista para um assunto em que nem o auditor e nem a sua firma possuam o necessário *expertise*. Por exemplo, a entidade contratou um especialista para avaliar um imóvel relevante ou sua carteira de instrumentos financeiros, envolvendo derivativos sofisticados. Nesses casos, provavelmente, o auditor avaliaria a competência, habilidade e objetividade do especialista, antes de qualquer outra medida;

b) **disponibilidade de fontes alternativas de evidências de auditoria.** O auditor está sempre alerta à relação custo × benefício, ou seja, sempre que existir uma fonte alternativa que produza o mesmo efeito de uma forma mais eficiente, o auditor deve optar por essa alternativa. Assim, o resultado do trabalho do especialista pode ser comparado com outras situações concretas;

c) **tipos de riscos de distorções envolvidos e controles que a entidade possui para prevenir ou detectar e corrigir tais distorções.** Sem dúvida alguma, antes de determinar o que deve ser feito, que como discutido pode envolver a própria contratação de especialista, o auditor deve avaliar os riscos e o monitoramento desses riscos pela administração e os controles por ela implementados; e

d) *com referência ao especialista em si e nos casos em que não se aplica a primeira parte da situação "a", ou seja, o auditor não possua o expertise necessário,* o auditor deve entender o relacionamento existente entre o especialista e a entidade, se é empregado, se é efetivamente independente, se ele está sujeito a padrões de desempenho ou outras exigências profissionais para poder avaliar a sua objetividade, além da competência e habilidade.

A NBC TA 500 inclui uma série de exemplos de situações que podem ameaçar a objetividade (independência) do especialista que são bastante similares às exigências éticas relevantes que devem ser observadas pelo auditor.

Além da competência, habilidade e objetividade, o auditor deve, também, obter entendimento do trabalho do especialista e avaliar a sua adequação para poder servir como evidência de auditoria.

O Capítulo 25, que trata do uso de especialistas pelo auditor (NBC TA 620), apresenta maiores informações acerca do uso de especialistas; todavia, é importante considerar que o auditor deve avaliar o seu próprio conhecimento (e o da estrutura da sua firma, se for o caso) para poder decidir se ele próprio tem o necessário *expertise*, se vai utilizar especialistas **internos** (do departamento de impostos ou atuários internos, por exemplo), ou se será necessário recorrer ao uso de **especialistas externos** para entender o trabalho efetuado pelo especialista da administração e avaliar os resultados alcançados.

Seleção de itens para testes

O terceiro requisito da norma NBC TA 500 trata da seleção de itens para testes, tanto de controles como de detalhes (substantivos). Os critérios de seleção, como quase tudo em auditoria, variam de situação para situação.

Podem existir circunstâncias em que a seleção de todos os itens para exame seja a mais eficaz e eficiente, seja porque a população é pequena e os valores individuais são altos, os riscos envolvidos nessas poucas transações são altos ou o seu processamento envolve cálculos repetitivos ou outros procedimentos executados mecanicamente de forma automática.

Um exemplo de exame de 100% poderia ser aplicado em uma carteira de ações de um fundo de investimento. Obviamente, o mais comum, em decorrência da escassez de recursos, é que o auditor proceda a testes, selecionando amostras representativas da população. Como este item envolve uma série de conceitos estatísticos, ver Capítulo 17, que trata da NBC TA 530.

Uma terceira forma de seleção compreende o uso de seleção específica ou dirigida a itens específicos. Nesse caso, como a seleção é dirigida, a amostra selecionada não é representativa da população e, portanto, está sujeita ao risco de não amostragem e não pode, por exemplo, ser projetada para a população inteira.

A seleção dirigida não fornece evidência de auditoria para os outros itens da população que não foram selecionados. Eles permitem ao auditor concluir sobre aquele extrato específico da população, mas não da população como um todo.

Por exemplo, a seleção e o teste documental (nota fiscal de compra) e físico de todas as adições ao imobilizado de valor superior a X permitem ao auditor concluir que **todas as adições superiores a X** existem fisicamente e foram avaliadas de acordo com o seu custo, mas não permitem ao auditor concluir que **todas** as adições ao imobilizado existem fisicamente e foram avaliadas ao custo, pois ele não deu chance para que itens fora daquele intervalo de seleção fossem selecionados.

Dessa forma, normalmente o teste dirigido é utilizado juntamente com amostragem estatística, ou seja, seleção específica para itens-chave da população, podendo ser o valor como principal parâmetro, ou seja, todas as adições acima de X combinado com um critério estatístico que dê igual chance de seleção a todos os demais itens da população, que está coberto no Capítulo 17.

Inconsistências ou dúvidas quanto à confiabilidade da evidência de auditoria

Como vimos anteriormente, via de regra, o auditor sempre procura obter evidências corroborativas sobre assuntos relevantes. Nesse sentido, ele faz a mesma indagação sobre um assunto aos representantes dos diversos níveis de autoridade, procura obter confirmação externa e independente sobre evidências obtidas internamente e assim por diante.

Sempre que ocorrerem inconsistências ou dúvidas quanto à confiabilidade, ele deve aplicar outros procedimentos que possibilitem concluir sobre a confiabilidade na evidência que está sendo usada para fundamentar sua opinião.

Como já foi visto no Capítulo 6, que trata da documentação da auditoria, a norma NBC TA 230 inclui exigência específica sobre eventuais inconsistências, de forma que a conclusão final sobre assunto relevante esteja suportada por evidência apropriada e suficiente.

Requisitos específicos da NBC TA 505 – confirmações externas

- requisitos específicos aos procedimentos de confirmação externa, comumente chamado de "circularização";
- recusa da administração em permitir que o auditor envie solicitações de confirmações;
- resultado do procedimento de confirmação externa;
- confirmação negativa; e
- avaliação da evidência obtida.

Requisitos específicos aos procedimentos de confirmação externa

A norma estabelece que o auditor deve determinar: (i) quais as informações a serem confirmadas ou solicitadas a terceiros; (ii) quem são as partes externas que serão selecionadas para serem "circularizadas"; (iii) se o endereçamento tanto da remessa quanto do retorno estão adequados: e (iv) controle exercido sobre a remessa e retorno e envio de segundo pedido pelo próprio auditor.

Normalmente, o processo de confirmação compreende a solicitação de confirmação de saldos contábeis ou de informações relacionadas com tais saldos, todavia, como vimos, circularizações podem ser utilizadas para obter outras informações não relacionadas com saldos contábeis, como por exemplo existência de acordos específicos.

Além disso, existem situações em que a parte que está sendo circularizada não tem controle sobre o seu saldo devedor, que na entidade é determinado mediante apropriação de receita de acordo com regime de competência e outros aspectos que fogem do controle do devedor. Dessa forma, o procedimento de confirmação de saldo nessas circunstâncias pode não surtir o efeito desejado.

Apenas para ilustrar essa situação, por exemplo, vamos imaginar a situação em que um indivíduo tivesse um financiamento imobiliário no âmbito do Sistema Financeiro da Habitação e que o contrato definia um sistema de amortização constante para ser repago em 15 anos.

Ele, devedor, não mantém controle sobre o saldo devedor e nem imagina a forma como o agente financeiro reconhece a receita de juros. Dessa forma, a tentativa de obtenção de confirmação de saldo seria frustrada, mas alternativamente o auditor pode conseguir obter certas informações (valor e data da parcela paga durante o mês tal, por exemplo) e, indiretamente, pela verificação do contrato, ficar satisfeito sobre o saldo existente.

A determinação de quem são as partes externas que serão circularizadas está relacionada com a remessa da carta de confirmação para aqueles que possuem conhecimento da operação e que, portanto, podem responder ao que foi solicitado.

Por exemplo, se a entidade que está sendo circularizada possui um controle descentralizado das compras e contas a pagar por unidade de negócio, que pode ocorrer em uma grande rede de supermercado ou em uma empresa com inúmeras unidades, como a Petrobras, não adiantaria mandar a carta para um único local com o saldo total de todas as unidades que provavelmente o circularizado não teria condição de responder.

Isso só seria possível se a entidade circularizada tivesse controle centralizado, portanto, antes de selecionar e enviar as cartas, o auditor deve entender o relacionamento existente entre o seu cliente e a entidade que está sendo circularizada.

Além desse aspecto, a NBC TA 505 não discute especificamente os requisitos aplicáveis ao que confirmar, mas está implícito que isso é item de julgamento profissional e, portanto, tal determinação é feita sempre pelo próprio auditor, da mesma forma que ele também deve exercer controle sobre as remessas e retorno das respostas, assim como do envio de segundo pedido pelo serviço de correio ou, por meio de visita pessoal, quando a obtenção de confirmação externa de terceiro seja fundamental para suportar a sua conclusão.

Recusa da administração em permitir que o auditor envie solicitações de confirmações

O segundo requisito está relacionado com essa recusa da administração da entidade, constituindo-se em uma limitação aos trabalhos do auditor, cujas implicações devem ser consideradas pelo auditor.

Primeiramente, o auditor deve entender a razão para a limitação imposta e a viabilidade de substituir tal procedimento por outro procedimento alternativo,[3] desde que lhe forneça a evidência apropriada e suficiente.

Podem existir situações em que a recusa seja considerada aceitável em decorrência de uma disputa existente com a outra parte, mas essa é uma situação específica que poderia envolver uma ou poucas contrapartes, de forma que a existência de imposição de limitações é, via de regra, problemática em decorrência de seu efeito na avaliação de riscos.

Se o auditor não conseguir obter evidência apropriada e suficiente nos procedimentos alternativos ou a razão da limitação imposta não for razoável, o auditor, além de considerar o impacto da limitação em seu relatório, conforme discutido

---

[3] Ver tópico mais à frente (Respostas não recebidas), que inclui informações sobre a aplicação de testes alternativos.

no Capítulo 26, que trata da NBC TA 705, deve, também, considerar as comunicações aos responsáveis pela governança, conforme discutido no Capítulo 9, que trata da NBC TA 260.

Resultado do procedimento de confirmação externa

Aquilo que normalmente consideramos como resultado dos procedimentos de confirmação externa na norma NBC TA 505 está incluso no requisito que trata da avaliação da evidência obtida. Por sua vez, estão sendo considerados neste item os aspectos, apresentados a seguir, relacionados com (i) confiabilidade das respostas recebidas, (ii) respostas não recebidas e (iii) exceções (divergências) nas respostas.

Confiabilidade das respostas recebidas

A NBC TA 505 apresenta considerações relevantes sobre essa confiabilidade que devem ser objeto de preocupação do auditor e sinalização para o necessário ceticismo, principalmente nos casos em que a resposta do circularizado não foi recebida diretamente pelo auditor ou no caso em que o auditor tenha indicações que o levem a acreditar que a resposta não foi enviada pelo circularizado.

As comunicações de forma geral foram significativamente afetadas pelo uso da mídia eletrônica, e na auditoria isso não é diferente, sendo cada vez mais comum o uso de *e-mails* no processo de confirmação em decorrência de sua grande praticidade.

Não existem restrições a esse procedimento, todavia o auditor deve ter em mente que a praticidade (e melhor eficiência) das confirmações por meio eletrônico traz consigo novos riscos e, dessa forma, ele deve estar preparado para enfrentar esses novos riscos. A prova da origem da resposta e da própria autoridade de quem respondeu é mais difícil e, com isso, podem ocorrer efeitos propositais na integridade da informação, que também são mais difíceis de serem detectados.

Outro aspecto que já está ocorrendo com frequência no exterior e tende a ser utilizado também no Brasil é o uso de um terceiro para coordenar e fornecer respostas às solicitações de informações, que também apresenta novos riscos a serem enfrentados pelo auditor de forma similar ao uso de meios eletrônicos.

Restrições de uso das respostas pelo circularizado

Para finalizar este requisito, deve ser destacado que, provavelmente, em decorrência do aumento de riscos de ações judiciais, as respostas de confirmações de saldos estão cada vez mais incluindo restrições.

Nos casos em que tais restrições são claramente para limitar o risco daquele que responde e tais restrições não afetam o teor da resposta, elas são aceitáveis e ignoradas pelo auditor. Exemplo de redação que se enquadra nessa situação seria:

"Informação fornecida meramente por cortesia sem qualquer responsabilidade ou fornecimento de garantia ao usuário da informação que será utilizada exclusivamente para fins de auditoria."

Por sua vez, existem restrições cuja redação inviabiliza o uso da resposta pelo auditor, pois a confirmação deixa de se constituir em evidência de auditoria. Um exemplo dessa redação inaceitável seria:

"Informação obtida do sistema eletrônico de informações que pode não conter todas as informações requeridas."

ou

"Informação não tem garantia de exatidão e de atualização e pode estar sujeita a julgamento."

Respostas não recebidas

No que tange às respostas não recebidas, o auditor deve executar procedimentos alternativos que lhe satisfaçam sobre a adequação do saldo ou da informação que precisava ser confirmada para cada resposta não recebida.

Se o auditor considerou que era necessário utilizar o procedimento de confirmação de saldo é porque ele concluiu que essa era a melhor forma de obter a evidência apropriada e suficiente, portanto, a extensão e o tipo de teste alternativo dependem da natureza do que está sendo confirmado, o grau de risco de distorção envolvido e a existência de outras formas alternativas, que sejam confiáveis, de se concluir sobre o que deveria ter sido confirmado por terceiro.

No caso de recebíveis, o teste alternativo normalmente inclui a verificação de recebimentos subsequentes (contas vencidas e recebidas) ou provas que evidenciem a efetiva existência do recebível. Se for uma empresa mercantil, o canhoto de entrega da mercadoria na nota fiscal (carimbo e assinatura de quem recebeu) ou o conhecimento de embarque por uma transportadora. Se for uma instituição financeira, o contrato que gerou o recebível e a revisão da contabilização da operação.

Se o auditor da empresa mercantil não se satisfez com a liquidação subsequente e/ou com o canhoto/conhecimento de embarque, ele deve estender o seu teste a outros documentos, como pedido de compra em papel timbrado do devedor, verificação da existência de contrato que gerou o recebível e assim por diante, até se satisfazer da mesma forma que ficaria satisfeito se tivesse recebido a resposta da entidade circularizada.

A NBC TA 505 não estabelece de forma clara a extensão do teste alternativo, por ser matéria de julgamento profissional do auditor e que depende fundamentalmente de sua avaliação de risco e na confiabilidade e relevância das evidências, todavia, considerando que o processo de seleção de saldos a serem confirmados, normalmente, já envolve a seleção de uma amostra, **não seria tecnicamente justificável a seleção de uma amostra da amostra**, razão pela qual o teste alternativo, na prática, envolve todos os itens que compõem o saldo do item objeto de confirmação.

Assim, se estivermos falando de confirmação de saldo de contas a receber e o saldo do cliente circularizado estiver pulverizado em inúmeros itens, todas as notas fiscais ou faturas que compõem o saldo devem ser examinadas, razão pela qual antes da determinação do que se vai confirmar o auditor normalmente avalia a eficácia e eficiência do procedimento, podendo confirmar transações e não saldos.

No caso de um saldo bancário, normalmente o auditor verifica o extrato bancário, todavia, ele tem que se satisfazer da autenticidade desse extrato. No mundo atual a "criação" de documentos muito próximos dos verdadeiros é uma realidade.

No caso de contas a pagar a fornecedores, os procedimentos seriam o reverso daqueles efetuados nas contas a receber, ou seja, evidência do pagamento subsequente, da compra e assim por diante.

No caso de um passivo relacionado com financiamento, a extensão do teste alternativo depende do fato de ser uma nova operação surgida no ano ou uma operação que já existia no período auditado anterior. Nesta última situação, a dívida seria atualizada pelos encargos e pelas amortizações do principal e de juros que podem ser testados com a documentação interna.

No caso de novas operações, além do contrato e dos exames de documentos de pagamentos e atualizações, o auditor deve analisar a origem da contratação, verificando aprovações em atas de reuniões, existência de projetos e aprovações para a operação e assim por diante.

Podem existir situações extremas em que a obtenção da confirmação de fonte externa é fundamental e o auditor deve determinar as implicações para a auditoria e para o seu relatório.

Exceções (divergências) nas respostas recebidas

Conforme já mencionado, as exceções devem ser investigadas pelo auditor para verificar se representam distorções. Se representarem distorções, o auditor deve investigar se a distorção pode ser um indicativo de fraude. Nesse caso, seria necessário recorrer ao Capítulo 7, que trata da NBC TA 240.

Geralmente, a existência de uma distorção dessa natureza representa uma deficiência no controle interno a ser reportada conforme Capítulo 10, que trata da NBC TA 265.

Requisitos relacionados com confirmação negativa

A confirmação do tipo negativa, ou seja, aquela em que a parte circularizada só deve responder ao auditor nos casos em que seja identificada alguma divergência, é menos persuasiva do que as confirmações positivas.

Dessa forma, o procedimento de confirmação do tipo negativa deve sempre ser usado em conjunto com outros procedimentos de auditoria para fornecer evidência apropriada de auditoria.

Embora atualmente o serviço prestado pelo correio nacional seja satisfatório, o auditor nunca tem total segurança de que a confirmação chegou efetivamente à parte alvo e que essa parte alvo efetuou efetivamente a análise que devia ser feita ou simplesmente ignorou o pedido de confirmação de saldo, uma vez que não é requerida a resposta da forma que é requerida na forma positiva.

Além disso, existe a possibilidade da parte circularizada responder apenas quando a diferença é contrária a ela, mas se omita no caso em que a divergência lhe for favorável.

Por essas razões, a forma negativa é utilizada com menos frequência, mas existem situações em que essa forma é utilizada, principalmente, nos casos em que:

- risco de distorção relevante é considerado baixo e o controle operacional é eficaz;
- população composta por grande quantidade de itens de valores homogeneamente pequenos; e
- auditor não tem razões para considerar que as solicitações poderiam ser ignoradas e sua expectativa é de taxa de exceção pequena.

Avaliação da evidência obtida

Este requisito efetivamente trata do resultado alcançado no processo de confirmação externa, ou seja, se ele forneceu evidência de auditoria relevante e confiável.

A norma não especifica quais os procedimentos de controle e apuração do resultado do processo de confirmação de saldos, mas atribui tal responsabilidade ao auditor, que deve manter controle sobre as remessas, recebimentos, envio de pedidos adicionais e contatos telefônicos para obtenção de respostas.

Normalmente, o auditor prepara um sumário contendo o resultado do processo de circularização. Se, por exemplo, o processo de confirmação de saldos envolvesse as contas a receber de clientes, esse sumário poderia conter a quantidade e valores das contas/informações selecionadas para confirmação e seus respectivos percentuais em relação ao total do saldo das contas a receber.

Em uma segunda parte, esse sumário apresentaria o resultado do processo, apurando tanto em valores, como em termos percentuais, o montante de confirmação sem exceção e com exceção resolvida satisfatoriamente (saldo da entidade que está sendo auditado está correto), o montante de confirmações com exceções apontadas pelos circularizados e o resultado alcançado pelo auditor na investigação dessas exceções que serão utilizadas na projeção de distorções, conforme discutido no Capítulo 13, que trata da NBC TA 450, assim como o montante e percentual de respostas não recebidas ou respostas recebidas que foram consideradas não confiáveis, bem como o resultado da aplicação de procedimentos alternativos e o tipo de teste que foi executado.

Na hipótese dos procedimentos alternativos não terem sido satisfatórios, isso deverá ser discutido com a administração e deve ser analisado o eventual impacto na opinião do auditor sobre as demonstrações financeiras como um todo.

A NBC TA 505 não trata da circularização de advogados (carta de indagação aos advogados), que está apresentada no próximo tópico, que trata dos requisitos da norma NBC TA 501 no que tange aos litígios e reclamações.

Requisitos específicos da NBC TA 501 relativos aos litígios e reclamações

Os requisitos compreendem a aplicação de procedimentos para **identificar a existência de litígios e reclamações**, a obtenção de **informações dos advogados** por meio de carta de indagação, obtenção de **representações formais** sobre o assunto que não eximem o auditor de **formar a sua opinião** independente ou apontar no seu relatório as razões que o impediram (**limitações**) de formar a sua opinião.

Identificação da existência de litígios

Os procedimentos aplicados para identificar a existência de litígios e reclamações compreendem:

- indagações aos administradores, pessoal do departamento jurídico interno e áreas envolvidas em litígios e reclamações (setor de RH no caso de demandas trabalhistas, setor comercial no caso de demandas com clientes e outros setores, conforme seja o caso);

- revisão de atas de reuniões da Diretoria Executiva, do Conselho de Administração, dos Comitês relevantes e de correspondências entre a administração e os consultores jurídicos externos; e
- revisão das contas de despesas legais e dos comprovantes de pagamentos que possam indicar o tipo de trabalho executado pelos advogados externos.

Carta de indagação aos advogados

Uma vez identificada a existência de litígios e reclamações, o auditor deve enviar carta de indagação aos advogados, pedindo informações sobre o *status* das causas patrocinadas pelos advogados, riscos existentes e a quantificação dos possíveis efeitos esperados, a serem respondidos diretamente pelos advogados ao auditor.

Essa carta de indagação aos advogados pode ser genérica (não apresenta qualquer informação sobre as causas) ou específica.

A carta específica é utilizada quando o auditor possui alguma indicação de que o advogado não responderá à indagação genérica ou quando ele tiver um ou mais assuntos que deseja que o consultor externo confirme o entendimento da administração sobre aquela causa específica.

No caso de carta específica, ela geralmente inclui o assunto ou lista de assuntos, a avaliação já efetuada pela administração sobre os riscos existentes e a estimativa de implicações financeiras, assim como a solicitação para que o consultor externo confirme que ele não tem conhecimento ou não está patrocinando outras causas e que confirme se as avaliações feitas pelos administradores são razoáveis nas circunstâncias.

Embora a responsabilidade primária pelas avaliações de risco e contingências, assim como sobre as próprias demonstrações financeiras, seja da administração, via de regra, ela se baseia na estimativa do consultor externo para apuração das implicações financeiras e o seu provisionamento.

Dessa forma, no Brasil normalmente as cartas de indagação aos advogados são genéricas, excetuando-se aqueles casos em que o auditor julgou importante se reunir com os advogados para discutir temas relevantes que afetam a entidade e, após essa reunião, solicita representações dos advogados para confirmar e evidenciar formalmente o entendimento dos consultores jurídicos.

Participam dessas reuniões a administração e os consultores jurídicos externos da entidade, o auditor e seu especialista no assunto.

Época da realização de análises sobre litígios

A NBC TA 501 não cobre aspectos relacionados com a época em que a análise dos litígios e reclamações será efetuada. Na prática, isso depende das circunstâncias de cada entidade, dos riscos existentes, inclusive do tempo disponível para o auditor concluir a sua auditoria.

Tendo em vista que esse prazo de conclusão da auditoria é cada vez mais curto e o fato de que as operações são cada vez mais complexas, seja do ponto de vista tributário, legal ou operacional, aumentando significativamente a quantidade de litígios e reclamações, esses trabalhos têm sido antecipados e efetuados em data preliminar, todavia, esses procedimentos de auditoria, principalmente para aqueles litígios e reclamações relevantes, devem ser atualizados para a data mais próxima possível do relatório do auditor.

A extensão dos procedimentos de atualização depende das circunstâncias e de julgamento do auditor sobre os riscos existentes. Dessa forma, podem incluir reuniões com os consultores externos que estão patrocinando as causas e obtenção de novas representações deles (risco alto) ou a simples inclusão na carta de responsabilidade da administração de representações formais sobre as indagações efetuadas à administração e responsáveis pela governança confirmando que não houve alteração relevante nos processos em curso que foram anteriormente examinados pelo auditor, quando o risco for comprovadamente baixo.

A situação mais normal é que o auditor execute exames detalhados em visita preliminar, incluindo análise das respostas às suas indagações aos consultores jurídicos e, em data próxima à conclusão da auditoria, seja obtida carta desses consultores jurídicos, confirmando que a resposta dada anteriormente continua válida e que não existem novas contingências relevantes.

Representações formais da administração

Este último requisito deve ser cumprido, sempre que possível, na própria data do relatório do auditor, evitando-se qualquer defasagem que possa colocar o auditor em situação de risco.

Especificamente com referência aos litígios e reclamações, a carta deve incluir declaração de que todos os eventos dessa natureza que deveriam ser divulgados ao auditor foram divulgados e que estão adequadamente contabilizados e divulgados em notas explicativas.

Requisitos específicos da NBC TA 501 relativos aos estoques

Em uma empresa mercantil, os estoques normalmente são relevantes e, portanto, o auditor obtém evidência de auditoria apropriada e suficiente com referência à sua existência e condições de uso, mediante acompanhamento do inventário físico e execução de *follow up* do resultado das contagens físicas em relação aos registros finais de estoque.

Antigamente, quando não existiam controles permanentes de estoques, as contagens físicas eram realizadas na data do balanço. As empresas chegavam a paralisar as suas atividades para tais contagens e era comum e até engraçado a mensagem para tal paralisação colocada na frente do estabelecimento do tipo "Fechado para balanço".

Atualmente as entidades possuem controles permanentes e as contagens podem e são normalmente realizadas em data diferente do balanço. A administração dessas entidades utiliza as contagens para determinar a confiabilidade do controle permanente e para proceder aos acertos necessários sobre as diferenças identificadas nessas contagens, que são realizadas, pelo menos, uma vez por ano.

Por sua vez, o auditor deve acompanhar essas contagens de forma a concluir sobre o cumprimento das instruções elaboradas pelos responsáveis com referência ao processo de contagem, recontagem e seus respectivos registros para *follow up* subsequente; obtenção de evidência de auditoria a respeito da confiabilidade dos resultados das contagens, assim como a inspeção dos estoques para contagem independente (testes de contagens) e verificação da condição em que se encontram os itens de estoques, com ênfase na existência de itens obsoletos, pouco uso, vencidos e outras condições que possam requerer ajustes de valor relevante.

Como todo procedimento de auditoria, o acompanhamento ou observação do inventário físico deve ser precedido de adequado planejamento, que inclua a época em que tais contagens são realizadas, locais a serem inventariados, incluindo a utilização de equipes de outros escritórios ou até mesmo de terceiros, revisão e avaliação antecipada das instruções preparadas pelos responsáveis pelos inventários, assim como da eventual necessidade de especialistas.

Obviamente, o planejamento depende do conhecimento prévio que o auditor possui dos riscos de distorção relevante relacionados com os estoques e dos controles que a entidade tem para responder a esses riscos, portanto, a extensão, a época e o tipo de cobertura nessas contagens variam de entidade para entidade.

Na prática, o auditor não deve se perder em detalhes quando acompanha um inventário físico, pesando e repesando um item específico ou contando e recontando outro item. O auditor tem que ter em mente que ele está ali para acompanhar o processo como um todo e que sua participação será muito mais efetiva se ele conseguir concluir a adequação do processo em si do que a correção de alguns itens em que ele participou da contagem ou da recontagem.

Avaliação do processo de inventário físico como um todo

Nesse sentido, conforme mencionado, ele deve entender com antecedência as instruções preparadas pelos responsáveis que determinam o *modus operandi* em que o inventário será realizado. Assim, ao se apresentar para o acompanhamento das contagens, ele deve se preocupar primeiramente com os controles que serão exercidos sobre as contagens, incluindo, por exemplo:

- utilização de etiquetas ou outro controle de contagem e os controles exercidos sobre elas, incluindo controle numérico das etiquetas emitidas, utilizadas, canceladas e sobras não utilizadas;
- paralisação das atividades durante o processo de contagem e identificação apropriada do momento da contagem (corte) para permitir um adequado *follow up*. O procedimento de corte (*cut off*) é essencial e, portanto, deve ser efetuado de forma apropriada para cada tipo de contagem. Por exemplo, no setor de produtos acabados, o corte das entradas deve corresponder ao número do documento que transfere o produto da área de produção para o setor de produtos acabados e deste para o cliente (notas fiscais ou outro documento interno que identifique a saída). Por sua vez, no almoxarifado de matérias-primas, o corte de entradas deve corresponder, por exemplo, à nota de entrada ou documento equivalente, e o de saída pode corresponder ao número da requisição que evidencia a saída do almoxarifado e entrada na produção. Obviamente, os procedimentos de corte variam de entidade para entidade, razão pela qual o entendimento das instruções e dos controles da entidade é primordial para um acompanhamento bem sucedido dessas contagens pelo auditor;
- qual a forma que o pessoal da entidade utilizará para identificar o estágio dos produtos em processo ou existência de itens obsoletos, vencidos, danificados ou de pouca utilização para determinar como o auditor vai proceder;
- idem com referência aos estoques pertencentes a terceiros em poder da entidade;
- no caso de uso de especialistas para medição (estimativa de quantidades) ou identificação de teor ou qualidade de produtos, entender o funcionamento e riscos existentes para concluir sobre a necessidade de também usar especialistas independentes;
- entender como as equipes de contagem e recontagem da entidade estão distribuídas por toda a área que está sendo inventariada e observar que essas equipes estão cumprindo aquilo que está determinado nas instruções. Mais uma vez, é importante destacar que o auditor não deve se perder em detalhes, mantendo uma atitude que propicie um efeito psicológico positivo para que as equipes cumpram com rigor as instruções,

ou seja, esse pessoal deve perceber que o seu trabalho está sendo observado e avaliado por um terceiro independente;

- sem se perder em detalhes, ele deve contar alguns itens e fazer suas anotações para posterior *follow up*, deve indagar sobre utilização dos produtos e possibilidade de existirem itens obsoletos ou danificados. Alguns produtos, como alimentos e remédios, por exemplo, possuem data de validade e a identificação é mais fácil. Em outros casos, essa identificação pode precisar da ajuda do pessoal da entidade. Nesses casos, o auditor não deve temer em indagar mais de uma pessoa sobre o mesmo assunto. Pelo contrário, isso propicia um efeito psicológico positivo, no sentido de que a pessoa indagada sabe de antemão que a sua resposta será confirmada; e

- obviamente, esses aspectos mencionados não pretendem cobrir todas as situações possíveis, que variam de entidade para entidade, e outros aspectos poderiam ser destacados, todavia, o importante é ressaltar a necessidade do auditor estar alerta ao processo como um todo e não se perder em detalhes. Dessa forma, além dos registros de seus testes, ele deve obter cópia dos registros completos da contagem realizada pela entidade ou de seu controle para posterior *follow up*.

Existem situações em que em vez do auditor acompanhar a contagem, ele efetua inspeções periódicas e independentes. Por exemplo, podem existir situações em que a entidade utilize contagens cíclicas ao longo do ano, ou seja, em vez de realizar um inventário geral, ela faz uma programação antecipada de contagens ao longo do ano, cobrindo setores e áreas específicas.

Nesses casos, o auditor pode selecionar alguns inventários para acompanhar, cujos procedimentos seriam similares ao apresentado e, para alguns setores, localidades ou mesmo tipo de produtos, ele, em vez de acompanhar o inventário, executa inspeções.

Quando isso ocorrer, ele deve efetuar testes de contagem de "dupla mão", ou seja, partindo dos registros permanentes para o físico e do físico para os controles permanentes, e deve verificar *in loco* a existência de diferença na contagem realizada. De forma similar, ele deve percorrer a área onde os itens estão estocados e indagar sobre a existência de itens obsoletos, vencidos ou de pouca utilização.

Casos em que o acompanhamento das contagens é impraticável

Existem situações em que o acompanhamento pode ser impraticável ou até mesmo afetar a segurança do auditor, inviabilizando o seu acompanhamento. Conforme mencionado no Capítulo 3, que trata da NBC TA 200, isso não é desculpa para não aplicar um procedimento e o auditor deve identificar procedimentos alternativos que lhe propiciem o mesmo grau de segurança que teria se tivesse sido possível acompanhar os inventários físicos. Se isso não for possível, ele deve considerar os impactos dessa limitação em sua opinião, conforme descrito no Capítulo 26, que trata da NBC TA 705, em particular, no item de limitações no alcance da auditoria.

Estoques em poder de terceiros

Por sua vez, existem situações em que o estoque encontra-se em poder de terceiros, seja para beneficiamento ou até mesmo para simples guarda em armazéns gerais. O auditor deve se assegurar quanto à existência desses itens, portanto, ele pode obter confirmações, conforme visto no tópico que trata de confirmações externas neste capítulo, efetuar diretamente testes de contagem onde os estoques estão armazenados ou até mesmo envolver um terceiro (por exemplo, um outro auditor) para tais contagens.

A NBC TA 501, ao tratar do estoque, cobre tão somente a existência (física) e condições em que se encontram os estoques e o exame dos registros finais do estoque para concluir que eles refletem com propriedade o que foi inventariado ou inspecionado, não cobrindo, portanto, as outras afirmações sobre a avaliação dos estoques ao custo, a existência de problemas de realização, a propriedade efetiva e outras afirmações.

Como a norma não cobre esses aspectos, incluímos no anexo uma tabela contendo as principais evidências de auditoria para as principais contas e elementos das demonstrações financeiras.

Requisitos específicos da NBC TA 501 relativos às informações por segmento

As informações por segmento, no Brasil, devem ser apresentadas de acordo com o Pronunciamento CPC 22, equivalente ao IFRS 8, que foi aprovado para uso pelas companhias abertas por meio da Deliberação 582 da CVM.

Esse pronunciamento estabelece que a entidade deve divulgar informações que permitam aos usuários das demonstrações financeiras ou contábeis avaliarem a natureza e os efeitos financeiros das atividades de negócio nos quais ela está envolvida e os ambientes econômicos em que opera.

Um segmento operacional é um componente de entidade:

- que desenvolve atividades de negócio em que pode obter receitas e incorrer em despesas, inclusive obtidas internamente em relação aos outros componentes da mesma entidade;

- cujos resultados operacionais são regularmente revistos pelo principal gestor das operações da entidade para a tomada de decisões sobre recursos a serem alocados ao segmento e para a avaliação do seu desempenho; e
- para o qual haja informação financeira individualizada disponível.

Quando a entidade apresentar informações por segmento, ela deve observar as diretrizes do Pronunciamento 22 do CPC e o auditor deve obter evidência de auditoria apropriada e suficiente sobre as informações divulgadas em relação às demonstrações financeiras como um todo. Assim, não são requeridos procedimentos de auditoria que seriam necessários para expressar opinião sobre essas informações isoladamente.

Procedimentos de auditoria aplicáveis

Os procedimentos de auditoria compreendem o entendimento do método e dos critérios utilizados pela administração para identificar os segmentos e para alocar os ativos, passivos e resultados gerados pelos segmentos identificados.

Os testes aplicados nas circunstâncias dependem dos riscos identificados em cada entidade e compreendem principalmente a aplicação de procedimentos analíticos, comparando valores efetivamente alocados com os orçamentos de cada segmento, os valores observados em anos anteriores e as relações entre itens financeiros e não financeiros, conforme descrito no próximo tópico deste capítulo, que trata dos procedimentos analíticos.

Além da aplicação de procedimentos analíticos, o auditor pode identificar os controles relevantes adotados pela entidade na alocação dos ativos, passivos e contas de resultados, incluindo testes sobre esses controles e sobre as eliminações de valores entre segmentos.

Requisitos da NBC TA 520 – procedimentos analíticos

Os procedimentos analíticos são aplicados em praticamente todas as fases de um trabalho de auditoria de demonstrações financeiras. Eles são aplicados na fase de planejamento, na fase de execução de testes como procedimento substantivo e na fase de conclusão para a análise da consistência das demonstrações financeiras como um todo em relação ao conhecimento e expectativas do auditor.

Eles são também bastante utilizados nos trabalhos de revisões, geralmente, em conjunto com os procedimentos de indagação.

Objetivos e requisitos

A NBC TA 520 trata principalmente da sua utilização como **procedimento substantivo** e como **procedimento aplicado na conclusão** do trabalho pelo auditor para se satisfazer sobre a sua adequação e consistência em relação ao entendimento do auditor.

Os requisitos da norma estão relacionados com esses dois objetivos e com o resultado alcançado pela utilização desse procedimento.

Requisitos relacionados à sua utilização como procedimento substantivo

O auditor deve determinar a adequação desses procedimentos às determinadas afirmações, avaliar a confiabilidade dos dados e informações utilizados, desenvolver expectativas sobre o comportamento de valores ou índices e determinar o valor de variações que seriam aceitáveis sem a necessidade de procedimentos adicionais.

No que tange à adequação, é importante ter em mente alguns princípios básicos que norteiam a utilização desse procedimento de auditoria. Em primeiro lugar, a sua aplicação é mais eficaz quando envolve grandes volumes de transações ou itens, que seguem uma tendência e, dessa forma, podem ser previsíveis ao longo do tempo, estando implícita a existência de relações entre os dados.

Nesse sentido, a NBC TA 520 apresenta um exemplo que deixa bem clara a sua utilização. No referido exemplo, o auditor quer chegar a uma conclusão sobre a razoabilidade da despesa de pessoal, como um todo, em uma entidade que possui uma quantidade constante de empregados ao longo do ano e com salários fixos. Esses dados permitem ao auditor estimar com boa margem de segurança o volume de despesas para comparação com o valor efetivo.

Sem medo de errar, pode-se afirmar que, quanto mais o auditor conhecer a entidade, melhor e mais efetiva em termos de adequação será a utilização de procedimentos analíticos. Dessa forma, no processo de entendimento da entidade e de sua forma de operação, é importantíssimo que o auditor consiga identificar quais são os parâmetros ou referenciais que a administração da entidade considera para monitorar as operações e tomar as decisões.

Se, por exemplo, estivermos auditando um hotel ou uma empresa de transporte aéreo e a taxa de ocupação (apartamentos no hotel e assentos no avião) for o parâmetro relevante adotado pela administração para tomada de decisões, com certeza a entidade possui estatísticas permanentes desse referencial, com acompanhamento da sazonalidade, picos e vales.

Esses dados podem ser utilizados pelo auditor para estimativa da receita e acompanhamento das flutuações mensais, inclusive para estimar o volume de receita nos meses restantes do ano (expectativa do auditor para comparação com o valor efetivo) e determinação da variação que poderia ser aceitável sem a necessidade de executar outros procedimentos de auditoria. Obviamente, para o auditor poder utilizar esses dados, eles **precisam ser confiáveis**.

Como já foi discutido em outros tópicos neste mesmo capítulo, os dados são mais confiáveis quando obtidos de forma externa e independente, que não é o caso do exemplo, cujos dados são obtidos internamente, mas eles também são mais confiáveis quando gerados por um sistema de controle interno efetivo.

Como a própria administração usa esse parâmetro para monitorar as operações, é de se esperar que ela tenha implementado controles para se assegurar quanto à integridade, precisão e validade desses dados. Dessa forma, o auditor pode incluir no seu entendimento e avaliação do controle interno esse item para ser analisado.

Além da fonte das informações e dos controles sobre elas, o auditor também leva em consideração a existência de dados do setor (estatísticas consolidadas do segmento financeiro, por exemplo) e a natureza e relevância das informações disponíveis (orçamentos ou metas a serem atingidas).

Outro aspecto a ser considerado é que normalmente os dados desagregados permitem uma análise mais apropriada e resultados mais confiáveis do que quando se trabalha com os dados agregados. Nesse sentido, se uma entidade opera em diversos segmentos com diferentes características, essa análise deve ser feita de forma desagregada. Por exemplo, em um dado segmento a entidade pode operar com uma margem estreita de rentabilidade em decorrência da grande quantidade de concorrentes, enquanto no outro segmento existem poucos concorrentes e o valor agregado é maior.

De forma similar, se em dada atividade ela usa intensivamente mão de obra, enquanto na outra, ao contrário, se caracteriza por ser capital intensivo, a análise dos dados agregados não permitiria atingir conclusões confiáveis e os dados devem ser desagregados.

Voltando ao assunto que trata da avaliação e aceitação da diferença entre o valor estimado pelo auditor (expectativa) e o valor efetivo, obviamente, o auditor leva em consideração a NBC TA 320 (Materialidade no Planejamento e na Execução da Auditoria) e a NBC TA 330 para concluir sobre a aceitação dessa diferença, lembrando que, quanto maior for o risco, mais persuasiva deve ser a evidência de auditoria.

Requisito relacionado com a utilização de procedimentos analíticos na formação da conclusão geral

O auditor deve aplicar procedimentos analíticos sobre as demonstrações financeiras finais para corroborar que elas estão consistentes com o conhecimento que ele possui da entidade e com as conclusões que ele atingiu, incluindo as expectativas por ele desenvolvidas.

No caso de ser identificada uma variação não esperada ou não consistente com o seu entendimento, o auditor deve efetuar as investigações necessárias (ver próximo tópico a seguir) e, se for o caso, reavaliar os riscos de distorções relevantes e determinar outros procedimentos de auditoria que possam ser necessários.

Requisito relacionado com o resultado atingido na aplicação dos procedimentos analíticos

Sempre que os resultados da aplicação desses procedimentos identificarem a existência de variações ou relações não usuais ou inconsistentes, o auditor deve indagar à administração sobre o entendimento dela sobre esses aspectos, confirmando tal entendimento com as evidências necessárias.

Se as evidências não forem suficientes ou forem inconsistentes com as informações da administração, o auditor deve aplicar outros procedimentos de auditoria que possam ser necessários nas circunstâncias.

Embora essa norma não apresente requisitos de documentação, obviamente que, como qualquer outro procedimento substantivo, esse também deve ser adequadamente documentado, uma vez que a não documentação é considerada como trabalho não efetuado.

A evidenciação desse procedimento é feita mediante a apresentação de valores e índices comparativos, acompanhados das respectivas explicações de variações, com ênfase para aqueles valores ou índices não usuais.

Finalizando este assunto, é importante considerar que o Capítulo 26, que trata das revisões de demonstrações financeiras, apresenta uma série de exemplos de aplicação de procedimentos analíticos, uma vez que a norma de revisão NBC TR 2410 traz exemplos em seu Apêndice 2; todavia, é importante insistir que o próprio auditor deve determinar quais os itens para aplicação de procedimentos analíticos em decorrência do conhecimento obtido da entidade e da forma que a administração, que é quem melhor conhece a entidade, monitora as suas operações.

ANEXO AO CAPÍTULO EVIDÊNCIAS DE AUDITORIA

Com o objetivo de exemplificar os tipos de procedimentos de auditoria utilizados pelo auditor no processo de auditoria das demonstrações financeiras, foi elaborada a tabela anexa, de forma a exemplificar a sua aplicação nas diversas contas ou áreas das demonstrações financeiras.

Áreas, contas ou eventos das demonstrações financeiras	Inspeção	Observação	Conf. Ext.	Recálculo	Reexecução	Proc. Analít.	Indagação
Caixa	✓					✓	✓
Bancos conta movimento	✓		✓			✓	✓
Equivalentes de caixa e Aplicações interfinanceiras de liquidez em Ifs			✓	✓		✓	✓
Recebíveis (clientes, empréstimos em Ifs e Prêmios de seguros em seguradoras)			✓			✓	✓
Duplicatas descontadas			✓			✓	✓
Títulos e valores mobiliários e outras aplicações financeiras	✓		✓			✓	✓
Adiantamentos a fornecedores, empregados e outros	✓		✓			✓	✓
Tributos a compensar ou a restituir	✓			✓		✓	✓
Outras contas a receber	✓					✓	✓
Estoques	✓	✓	✓			✓	✓
Estoques em poder de terceiros	✓	✓	✓			✓	✓
Despesas pré-pagas						✓	✓
Investimentos avaliados pelo método da equivalência patrimonial				✓		✓	✓
Outros investimentos	✓		✓			✓	✓
Valores a receber de partes relacionadas			✓	✓		✓	✓
Outros valores e bens não classificados no ativo circulante	✓		✓	✓		✓	✓
Imobilizado						✓	✓
Adições	✓						✓
Baixas	✓			✓			✓
Saldo acumulado, inclusive de obras em andamento	✓	✓				✓	✓
Depreciações do período e acumuladas				✓		✓	✓
Intangíveis							✓
Adições	✓						✓
Baixas	✓						✓
Amortizações e testes de recuperabilidade				✓		✓	✓
Empréstimos, financiamentos e títulos a pagar e respectivos encargos	✓		✓			✓	✓
Contas a pagar a fornecedores	✓		✓	✓		✓	✓
Salários a pagar	✓			✓		✓	✓
Encargos e retenções a pagar	✓			✓		✓	✓
Provisões para 13º salário, férias e respectivos encargos	✓			✓		✓	✓
Depósitos a vista em bancos			✓			✓	✓
Depósitos a prazo e poupança em Ifs	✓		✓			✓	✓
Depósitos interfinanceiros em Ifs	✓		✓			✓	✓
Captações no mercado aberto de Ifs	✓		✓	✓		✓	✓
Debêntures e outros títulos de dívida	✓			✓		✓	✓
Instrumentos financeiros passivos	✓		✓	✓		✓	✓
Impostos a pagar, exceto imposto de renda e contribuição social	✓			✓		✓	✓
Provisão para imposto de renda e contribuição social	✓			✓		✓	✓
Imposto de renda e contribuição social diferidos, inclusive ativos	✓			✓		✓	✓
Outras despesas a pagar, inclusive outras provisões	✓		✓	✓		✓	✓
Provisão para contingências trabalhistas	✓		✓	✓		✓	✓
Provisão para contingências fiscais	✓		✓	✓		✓	✓
Provisão para outras contingências	✓		✓	✓		✓	✓
Provisões técnicas de seguradoras, previdência e capitalização				✓		✓	✓
Receitas antecipadas	✓		✓	✓		✓	✓
Outros passivos que envolvem estimativas	✓		✓	✓	✓	✓	✓
Capital social	✓					✓	✓
Aumentos de capital	✓					✓	✓
Reduções de capital	✓					✓	✓
Reservas de capital				✓		✓	✓
Lucros acumulados e reservas de lucros				✓		✓	✓
Dividendos provisionados	✓			✓		✓	✓
Outras movimentações no patrimônio líquido	✓			✓		✓	✓
Receitas operacionais (de vendas, serv. de operações de crédito e de outras atividades)	✓			✓	✓	✓	✓
Reduções da receita bruta	✓			✓	✓	✓	✓
Devoluções e cancelamentos	✓			✓	✓	✓	✓
Tributos				✓		✓	✓
Outras						✓	✓
Custo das vendas e dos serviços				✓	✓	✓	✓
Lucro bruto				✓		✓	✓
Despesas operacionais						✓	✓
Salários e encargos	✓			✓	✓	✓	✓
Comissões de vendas	✓			✓	✓	✓	✓
Serviços de terceiros	✓					✓	✓
Depreciações e amortizações				✓		✓	✓
Provisões para encargos trabalhistas	✓			✓		✓	✓
Outras despesas departamentais	✓			✓		✓	✓
Provisão para imposto de renda e contribuição social	✓			✓		✓	✓
Lucro líquido						✓	✓

Indagação

Alguns procedimentos, como a indagação do auditor ao pessoal da entidade ou a aplicação de procedimentos analíticos, são utilizados praticamente em todas as áreas ou contas das demonstrações financeiras a serem auditadas. Esses procedimentos, por si só, não apresentam evidência apropriada e suficiente, todavia, são raras as situações em que o auditor inicia seus exames sem fazer indagações ao pessoal da entidade. Essas raras situações ficam restritas aos casos em que o auditor executa seus procedimentos observando o caráter surpresa, em que as indagações anteriores poderiam prejudicar o trabalho.

Procedimentos analíticos

É também pouco provável que exista alguma área em que não sejam aplicados procedimentos analíticos, pois mesmo que os procedimentos analíticos sejam os mais simples, do tipo análise de variações em relação ao valor real do período anterior ou variação em relação ao valor orçado para o período, esses procedimentos são aplicados em quase todas as contas e áreas das demonstrações **financeiras** e nas mais diversas fases do trabalho de auditoria.

Procedimentos de inspeção

Por sua vez, o procedimento de inspeção é um dos que produz a maior quantidade de evidência apropriada e suficiente, **obtida internamente**. Às vezes são necessários dois ou mais procedimentos de inspeção para fornecer a evidência apropriada e suficiente que o auditor necessita. Por exemplo, ao verificar fisicamente um bem do ativo imobilizado, ele conseguiu confirmar a sua existência, todavia, para confirmar a propriedade, ele precisa conjugar essa **inspeção** do **bem** com a **inspeção** de **documentação** comprobatória da **propriedade** do bem.

Mesmo que o auditor tenha concluído pela **existência** e **propriedade** do bem, se ele quiser, também, ficar satisfeito de que esse bem está livre e desembaraçado, ou seja, que o bem não possui qualquer gravame, ele deverá combinar com outros procedimentos de inspeção, que dependerá do tipo de bem. Se for um automóvel, por exemplo, a inspeção do certificado de propriedade indicará se o bem foi adquirido com reserva de domínio.

Geralmente as regras de governança da entidade estabelecem aprovações para dispor de bens em garantias de dívidas, de contendas judiciais e de outras obrigações. Assim, nessas circunstâncias, os procedimentos de inspeção podem ser, também, aplicados em conjunto com outros procedimentos, entre eles o de indagação.

O procedimento de inspeção, como vimos, é o que proporciona a maior fonte de evidência de auditoria obtida **internamente**. A inspeção envolve, por exemplo:

- a verificação física de bens, como no exemplo anterior (exame de adições ao imobilizado);
- a verificação de pessoas em um teste de folha de pagamento para confirmar a inexistência de "funcionários fantasmas", ou seja, de que todos os funcionários que constam na folha de pagamento existem;
- a verificação de documentos, como por exemplo a nota fiscal de compra para confirmar o valor da transação;
- a verificação de contratos para confirmar as condições de compra de bens ou serviços, de empréstimos ou de outra natureza, para se assegurar da inexistência de gravames ou outras condições de compra;
- a verificação de registros contábeis ou auxiliares para se assegurar que a transação foi apropriadamente registrada; ou
- a verificação de aprovações para se assegurar que a transação foi realizada dentro das condições estabelecidas pelo sistema de controle interno.

Confirmações externas

Como vimos, as inspeções representam a maior fonte de evidências internas de auditoria, todavia, as evidências obtidas de fonte externa e independente possuem maior valor em termos qualitativos dos que as evidências obtidas internamente. Assim, sempre que seja possível confirmar a afirmação (existência, ocorrência, avaliação, mensuração, exatidão, integridade ou qualquer outra que seja) com fonte externa e independente, esse procedimento deve ser utilizado pelo auditor, pois ele produz evidências superiores em termos de qualidade.

Dessa forma, a forma mais eficaz de confirmar a existência de uma conta a receber é por meio da obtenção da confirmação do saldo ou da transação que deu origem a esse recebível junto ao devedor, o mesmo ocorrendo com uma dívida junto a uma instituição financeira; todavia, mais uma vez o procedimento é eficaz para uma ou mais afirmação, mas não para todas as afirmações.

Nesse caso, por exemplo, não basta confirmar a **existência** da conta a receber ou do passivo junto à instituição financeira. O auditor deve concluir sobre a realização financeira do recebível e da apropriada valorização do passivo.

Dessa forma, outros procedimentos devem ser aplicados de forma conjugada com o procedimento de confirmação de saldo. Por exemplo, para concluir sobre a realização da conta a receber, seria necessária a análise do histórico de relacionamento da entidade com o devedor, inspeção de outros documentos que comprovem a possibilidade de recebimento do valor devido ou a necessidade de constituição de provisão para fazer face à eventual perda.

De forma similar, além de confirmar a existência do empréstimo e condições junto à instituição financeira, o auditor deve aplicar outro procedimento de auditoria, que nesse caso poderia compreender o recálculo de juros e outros encargos.

Recálculo

Esse procedimento é também bastante comum no processo de auditoria das demonstrações financeiras. Como vimos no exemplo que concluiu o item anterior, o auditor aplica o procedimento de recálculo sempre que ele precise concluir sobre a exatidão do cálculo procedido pela administração. No exemplo em questão, o auditor recalcula os juros e outros encargos de acordo com as condições contratuais que podem, ou não, ter sido confirmadas.

Outros exemplos bastante comuns em uma auditoria de demonstrações financeiras seriam o recálculo de depreciações, de amortizações, de provisões para férias, décimo-terceiro e respectivos encargos e outras contas ou transações que envolvem cálculos para se chegar ao valor registrado pela entidade e que o auditor deve recalcular para concluir a sua adequação.

Reexecução

O procedimento de reexecução é principalmente aplicado na avaliação do controle interno, quando o auditor quer confirmar o funcionamento de um sistema ou quer confirmar que um controle é aplicado pela entidade. Por exemplo, se o auditor fez as indagações necessárias ao pessoal apropriado para entender como funciona um determinado processo, por exemplo, de vendas, de folha de pagamento, de custeio ou qualquer outro que seja, ele deve efetuar um *walkthrough test*.[4] Esse teste compreende a reexecução de cada um dos procedimentos aplicados pela entidade, passando por todas as aprovações, autorizações e outros aspectos estabelecidos pelo controle interno.

Em algumas circunstâncias, o teste de reexecução se confunde com o teste de recálculo. Por exemplo, em um processo estimativo do valor justo de um ativo ou passivo ou mesmo de uma provisão, o auditor pode abandonar os critérios e premissas seguidos pela entidade para a apuração desse valor, que seriam reexecutados, de acordo com premissas e critérios diferentes para apuração de um valor pontual ou intervalo para comparação com o valor apurado pela entidade.

Observação

Por fim, temos o procedimento de observação. Nesse caso, ao contrário da inspeção, o auditor observa, de forma independente, aquilo que está sendo feito pelo pessoal da entidade. A aplicação mais comum desse procedimento compreende a observação de contagens físicas de estoques, de bens do imobilizado e de outros itens. Ele pode ser feito nas dependências da entidade ou de forma externa à entidade, como no caso de estoques ou outros itens em poder de terceiros.

---

[4] Já definido anteriormente como **teste de reconstrução**, que envolve o rastreamento, do início ao fim, de poucas transações pelo sistema de relatório contábil e financeiro como um todo.

17

Amostragem em Auditoria (NBC TA 530)

Introdução, objetivos e conceitos básicos

Conforme mencionado no capítulo anterior, que tratou das evidências de auditoria, podem existir circunstâncias em que a seleção de todos os itens de uma população para exame seja mais eficaz e eficiente.

Foi citado como exemplo de exame de 100% o caso de uma carteira de ações de um fundo de investimento, onde a população geralmente é pequena e a verificação da existência (custódia) e da valorização da população toda é rapidamente efetuada, não compensando a utilização de amostragem.

Obviamente, essas situações são raras e o mais comum é que o auditor proceda a testes, selecionando amostras representativas da população.

Para entender o objetivo da norma, vamos considerar inicialmente que um auditor está examinando as adições havidas ao imobilizado e decide testar todas as adições ocorridas no período de valor superior a X.

Esse critério de seleção, **como regra geral**, é inadequado, pois o auditor deveria ter dado chance para que todas as adições havidas no período pudessem vir a ser selecionadas. Assim, mesmo que o exame documental e físico das adições selecionadas não tenha identificado nenhuma exceção, o auditor não tem condição de concluir sobre a população toda.

Nessa circunstância, a conclusão por ele atingida é de que todas as adições ao imobilizado de valor superior a X existem fisicamente e estão suportadas por documentos que comprovam a aquisição, todavia, ele não poderia, **como regra geral**, concluir que a suficiência do procedimento de auditoria (extensão) foi adequada.

Por duas vezes foi incluída propositadamente a expressão **como regra geral**, pois embora **o critério não seja adequado**, a amostra (todos os itens acima de X) poderia representar toda a população ou incluir uma extensão tal que, mesmo aplicando-se os conceitos de amostragem, não seria requerida a seleção de mais nenhum item.

Essa introdução teve como finalidade facilitar o entendimento do **objetivo da NBC TA 530**, que é o de proporcionar, ao auditor, uma base razoável para concluir sobre uma população da qual uma amostra foi selecionada, o que requer alguns conhecimentos básicos de estatística e da teoria geral das probabilidades.

Obviamente, esses conhecimentos **são efetivamente básicos** e não requerem que o auditor seja um especialista em estatística, portanto, apresentamos a seguir algumas definições que serão importantes para a aplicação desta norma.

Definições

População é o conjunto completo de dados sobre o qual o auditor quer concluir, mediante a execução de testes em uma **amostra** (parte da população).

Amostragem em auditoria é a aplicação de procedimentos em uma amostra selecionada de forma que todas as unidades da população tenham a mesma chance de serem selecionadas, proporcionando ao auditor uma base razoável para que conclua sobre a população como um todo.

A amostragem em auditoria pode ser **estatística** ou **não estatística**. Ela é estatística quando a seleção dos itens observa o princípio da aleatoriedade na seleção da amostra, ou seja, todos os itens da população possuem a mesma chance de serem selecionados e o resultado atingido é determinado mediante o uso da **teoria da probabilidade**.

Teoria da probabilidade[1] permite que se calcule a chance de ocorrência de um fato em um experimento aleatório, que no caso específico permite ao auditor formar sua conclusão para a população como um todo, embora essa conclusão esteja sujeita a um **risco de amostragem**.

Risco de amostragem é o risco de que a conclusão atingida com base em amostra seja diferente da conclusão que seria obtida sobre a população total, caso fosse possível examinar a população como um todo. Em outras palavras, é concluir que algo errado está certo ou vice-versa.

---

[1] A história da Teoria das Probabilidades tem seu início com os jogos de cartas, dados e roleta.

O risco de amostragem pode conduzir o auditor a dois tipos de erro. O primeiro atinge a eficácia do seu trabalho e o outro atinge a eficiência do seu trabalho.

No primeiro caso, temos a situação em que existe uma distorção na população que não é detectada mediante os testes substantivos efetuados na amostra ou quando o auditor não identifica qualquer exceção em um teste de controle, concluindo que o controle é mais efetivo do que realmente é. Esse tipo de risco de amostragem é preocupante, pois pode levar o auditor a confiar no controle interno mais do que deveria confiar ou até conduzi-lo a emitir um relatório de auditoria não apropriado às circunstâncias.

O segundo caso, embora também seja preocupante, ocorre quando, por exemplo, em um teste de controle o auditor conclui que o controle não é eficaz (quando ele de fato é) e estende de forma significativa e desnecessária a extensão de seus testes, afetando a eficiência, pois acaba gastando mais tempo do que seria necessário.

Essa ineficiência prejudica o auditor, pois estaria empregando recursos, de forma desnecessária, que por definição são escassos, afetando sua competitividade.

Anomalia é uma distorção ou desvio acidental que efetivamente não representa um desvio ou distorção e, portanto, é desconsiderado na formulação da conclusão ou projeção de distorções.

Estratificação é o processo de dividir a população em subpopulações, cada qual contendo unidades de amostragem de característica homogênea ou similar para permitir uma análise mais apropriada da população como um todo.

O processo de estratificação é bastante utilizado na prática, pois ele contribui para a eficácia e eficiência do trabalho de auditoria. Por exemplo, em um exame da existência das contas a receber, o auditor pode segregar e selecionar itens-chave da população (maiores saldos) e aplicar base aleatória de seleção para os demais itens.

Normalmente esse procedimento é eficaz, pois propicia uma cobertura maior em termos de valor e geralmente permite um tamanho de amostra menor, afetando a eficiência do trabalho, pois será exigido menor esforço e, portanto, menos horas de trabalho.

Distorção tolerável e **taxa tolerável de desvio** representam o valor monetário ou a taxa (percentual, quantidade de casos) que o auditor estabelece de antemão para obter um nível de segurança de que a distorção real ou a taxa real de desvio não seja excedida na população como um todo.

A fixação do valor da distorção tolerável é geralmente aplicada em testes substantivos, enquanto a taxa é aplicada em testes de controles.

No Capítulo 13, que trata da determinação da materialidade (NBC TA 320), já foi mencionado que a distorção tolerável corresponde ao valor estabelecido como materialidade na execução da auditoria, que é utilizada na determinação da extensão de testes e tamanho de amostras.

Requisitos

A NBC TA 530 apresenta os seguintes requisitos a serem observados pelo auditor:

- definição e tamanho da amostra e seleção de itens para teste;
- execução dos procedimentos de auditoria;
- análise da natureza e causa dos desvios e distorções;
- projeção de distorções;
- resultado da amostragem.

Definição e tamanho da amostra e seleção de itens para teste

A **definição** de uma amostra depende da característica da população e da finalidade do procedimento de auditoria. Antes de qualquer coisa, o auditor deve se assegurar de que está trabalhando com a população toda, ou seja, a população está completa.

No Capítulo 7, em que foram apresentadas as considerações sobre fraudes (NBC TA 240), foi exemplificado um caso de fraude não detectado pelo auditor pelo fato de ele não ter se assegurado de que estava aplicando o procedimento de confirmação de saldos para uma amostra extraída de uma listagem que compreendia a totalidade da população das contas a receber.

Por sua vez, no Capítulo 16, que trata da NBC TA 500 (evidências de auditoria), foi explicado que determinado procedimento de auditoria pode servir para um objetivo, mas não necessariamente serve para o outro.

Por exemplo, a inspeção de uma máquina comprova que ela existe, mas não comprova que seja da propriedade da entidade, portanto, geralmente o trabalho do auditor compreende a combinação de mais de um procedimento de auditoria para concluir sobre um item da demonstração financeira.

Dessa forma, a definição da amostra depende dessa combinação de procedimentos que fornece a evidência desejada e permite ao auditor estabelecer o que de fato se constitui em desvio ou distorção, desprezando aquelas exceções que a rigor não se constituem em desvio ou distorção e não devem ser utilizadas na avaliação dos desvios ou projeção de distorções.

Essa consideração é extremamente importante e a norma apresenta como exemplo a situação em que o auditor recebe uma resposta de uma confirmação de saldos de contas a receber, onde o devedor aponta que ele não deve aquela importância na data base da confirmação, pois a conta foi paga alguns dias antes da data base e a entidade só a baixou quando o banco efetuou o crédito na conta, que ocorreu no primeiro dia útil após a data base da confirmação.

Em uma situação dessas, o auditor deve examinar os documentos que comprovam o que aconteceu, mas não consideraria essa exceção (resolvida satisfatoriamente) na análise e extrapolação do resultado do procedimento de circularização, pois isso levaria o auditor a cometer um erro.

O **tamanho da amostra** deve permitir reduzir o risco de amostragem ao nível mínimo aceitável, portanto, quanto menor for o risco que o auditor quer correr, maior será o tamanho da amostra.

O tamanho da amostra depende de uma série de fatores. Os Apêndices 2 e 3 da NBC TA 530 apresentam considerações relevantes para a determinação do tamanho da amostra que foram sumariadas e estão apresentadas nas tabelas que se seguem:

Tabela contendo exemplos de fatores que influenciam o tamanho da amostra para os testes de controles

Fator	Efeito provocado no tamanho da amostra como consequência do fator considerado
Avaliação de risco leva em consideração os controles relevantes.	Quanto mais segurança o auditor pretende obter da efetividade operacional do controle, maior será a amostra (quantidade de itens para o teste de controle). De forma similar, quanto maior for a confiança que o auditor deseja depositar nos controles (na avaliação dos riscos), maior deve ser a extensão dos testes de controle.
Aumento na taxa tolerável de desvio.	Reduz o tamanho da amostra.
Aumento na taxa esperada de desvio da população.	Provoca aumento no tamanho da amostra para permitir ao auditor estimar a taxa efetiva de desvio. A taxa esperada de desvio é afetada pelo conhecimento que o auditor tem da entidade e de seus negócios, a experiência passada, mudanças no pessoal ou no controle da entidade.
Aumento no nível de segurança desejado de que a taxa tolerável de desvio não seja excedida pela taxa real de desvio da população.	Aumenta o tamanho da amostra.
Aumento na quantidade de itens da população.	Em grandes populações esse aumento pode ser desprezado, pois tem pouco efeito na determinação do tamanho da amostra. Em pequenas populações, provavelmente, outras formas alternativas de seleção podem ser mais eficientes e eficazes do que o uso de amostragem estatística.

Tabela contendo exemplos de fatores que influenciam o tamanho da amostra para testes de detalhes (testes substantivos)

Fator a ser considerado	Efeito provocado no tamanho da amostra
Aumento na avaliação de riscos.	Aumenta o tamanho da amostra, pois, quanto maior for o risco, maior deve ser a extensão dos testes.
Aumento na aplicação de outros procedimentos substantivos para a mesma afirmação.	Diminui o tamanho da amostra, pois o auditor precisa de menor nível de segurança naquele procedimento em particular.
Aumento no nível de segurança desejado de que uma distorção tolerável não seja excedida pela distorção real da população.	Aumenta o tamanho da amostra.
Aumento na distorção tolerável.	Redução no tamanho da amostra.
Aumento no valor de distorção esperado.	Maior deve ser o tamanho da amostra para permitir ao auditor estimar o valor real da distorção na população.
Estratificação da população, quando for apropriado.	Geralmente reduz o tamanho da amostra.
Quantidade de unidades de amostragem (itens) da população.	Para grandes populações, de forma similar ao teste de controle, a quantidade de itens em si tem pouco efeito no tamanho da amostra. Todavia, um aumento no valor monetário da população geralmente aumenta o tamanho da amostra, a menos que haja uma compensação pelo aumento no nível de materialidade.

Passos para determinar o tamanho da amostra

A NBC TA 530 apresenta os conceitos estatísticos que estão por trás da determinação do tamanho da amostra e os fatores que influenciam esse tamanho, mas não exemplifica como se chega a ele. As metodologias das empresas internacionais de auditoria normalmente incluem *softwares* que calculam o tamanho da amostra por meio da inserção de algumas informações.

Por sua vez, a NBC TA 320 explica como se determina a materialidade para as demonstrações financeiras como um todo (ou materialidade no planejamento – MP) e a materialidade para execução da auditoria (ou distorção tolerável – DT).

No Capítulo 13, que trata da NBC TA 320, foi mencionado que esse valor estabelecido como DT influencia o tamanho da amostra de testes substantivos de detalhes e, quanto maior for seu valor, menor será o volume de testes, uma vez que o tamanho das amostras será menor, mas também não apresentou exemplo numérico para facilitar o entendimento de como se chega ao tamanho da amostra.

Dessa forma, apresentamos a seguir os passos a serem considerados para determinação do tamanho da amostra, que é dado pela fórmula:

Tamanho da Amostra = N = População a ser testada dividida pelo intervalo amostral (*sampling interval*)

Por sua vez, o intervalo amostral é definido estatisticamente pelo erro tolerável dividido pelo fator de confiança, sendo que o erro tolerável (estatística) representa a materialidade para execução da auditoria (ou DT – Distorção Tolerável) e o fator de confiança varia de acordo com o nível de confiança desejado.

Por exemplo, um nível de confiança de 95% indica que, se um particular teste for realizado 100 vezes, em 95 vezes o resultado será preciso, enquanto em 5 vezes será impreciso.

Associando esses conceitos estatísticos aos conceitos de auditoria, temos que o nível de confiança de 95% indica que, se existir uma distorção, com 95% de chance, ela será detectada em um teste de auditoria.

O estabelecimento do nível de confiança depende de fatores como a experiência anterior, o grau de evidência conseguido por meio da aplicação de procedimentos analíticos e o resultado obtido nos testes de controles internos.

A Guia de Implementação das ISAs do IAASB da IFAC apresenta tabela contendo o Fator de Confiança para cada nível de confiança desejado, sendo que o nível de confiança desejado varia de acordo com o risco. Para exemplificar, foram extraídos os seguintes exemplos da referida tabela:

Nível de confiança desejado	Fator de confiança a ser aplicado na determinação do intervalo amostral
Entre 65% e	1,1
75% quando o risco é considerado baixo	1,4
Entre 80%	1,6
e 90%	2,3
95% quando o risco é considerado alto e	3,0
99%	4,7

Com base nesses conceitos e informações, podemos calcular a quantidade de itens (tamanho da amostra) que seria necessária, por exemplo, para poder concluir sobre a existência das contas a receber, mediante o processo de confirmação dos saldos junto aos clientes, considerando os seguintes dados da entidade que está sendo auditada:

1. MP (Materialidade no Planejamento) = 5% do Lucro = R$ 50.000
2. DT (Distorção Tolerável ou Materialidade para Execução da Auditoria) = 50% da MP = R$ 25.000
3. Valor da população total de contas a receber = R$ 295.344
4. Itens-chave (seleção direcionada para os maiores itens) = R$ 63.901
5. Intervalo de amostragem = DT dividido pelo fator de confiança para o nível de confiança de 95% = R$ 25.000 dividido por 3 = R$ 8.333
6. Tamanho da amostra (N) = população a ser testada dividida pelo intervalo de amostragem. Como a população a ser testada é a população total menos os itens chave, temos que N = (295.344 – 63.901) dividido por 8.333 = 231.443 dividido por 8.333 = 27,77 ou 28 itens a serem testados.

No caso da materialidade para execução da auditoria (DT) ficar em 75% da materialidade para as demonstrações financeiras como um todo (MP), isto é, R$ 37.500, como mencionado anteriormente, a extensão dos testes (N) seria reduzida, a saber:

N = 231.443 dividido por (37.500/3) = 231.443/12.500 = 19 itens

De forma similar, se o auditor concluir que o risco é menor, seja pela eficácia comprovada do controle interno, pelo menor risco inerente e/ou por procedimentos analíticos com resultados satisfatórios, ele poderá diminuir o fator de confiança, trabalhando com um nível de confiança menor, digamos, por exemplo, de 80%, que de acordo com a tabela acima tem um fator de confiança de 1,6.

Nesse caso, utilizando os mesmos dados com a DT = 50% da MP, o intervalo amostral seria aumentado para 15.625 e o tamanho da amostra reduzido para 15 itens, assim calculado:

N = 231.443 dividido por (25.000/1,6) = 231.443 dividido por 15.625 = 14,81 ou 15 itens

Se no caso de testes substantivos detalhados utilizou-se a distorção tolerável para a quantificação do tamanho da amostra, nos testes de controles usa-se a taxa de desvio tolerável.

Conforme mencionado no Capítulo 14, que trata da NBC TA 330, o tamanho das amostras nos testes de controle normalmente segue a seguinte tabela:

Natureza e frequência de aplicação do controle	Confiança máxima nos controles	Confiança limitada nos controles
Controle manual, várias vezes ao dia	25	10
Controle manual diário	25	5
Controle manual semanal	5	2
Controle manual mensal ou quinzenal	2	1
Controle manual anual	1	1

Os principais métodos de seleção de amostras compreendem:

- seleção aleatória: propicia igual chance de seleção a todos os itens da população e, dessa forma, é bastante utilizada. Geralmente toma como base tabelas de números aleatórios para efetuar a seleção;
- seleção sistemática: também é bastante utilizada por propiciar igual chance de seleção, desde que a população não esteja estruturada de acordo com um padrão particular da população. Esse método consiste em dividir a quantidade de itens da população pela quantidade de itens da amostra, apurando um número que será sistematicamente aplicado na população. Por exemplo, se a divisão apresentou o resultado 100, a seleção será feita a partir do centésimo item da listagem total e a cada intervalo de 100;
- seleção com base em valor: é bastante utilizada na execução de testes de detalhes e é bastante eficaz quando combinada com seleção aleatória ou sistemática de outros itens; e
- seleção ao acaso ou em bloco: não recomendadas por não serem apropriadas quando se usar amostragem estatística.

Execução dos procedimentos de auditoria

O segundo requisito da NBC TA 530 está relacionado com a execução dos procedimentos de auditoria para o item selecionado, abordando especificamente duas situações.

A primeira delas quando o procedimento de auditoria não for aplicável ao item selecionado, sendo requerida sua substituição. Como exemplo, o auditor está procedendo a um teste de controle do procedimento de aprovação do pedido de compra pela diretoria, onde essa aprovação é requerida para todas as compras de valor superior a X, e na seleção cai um pedido de menor valor.

A segunda situação é quando o auditor não puder aplicar o procedimento definido e nem um procedimento alternativo ao item selecionado, devendo tratá-lo como uma exceção.

Análise da natureza e causa dos desvios e distorções

O auditor deve investigar a natureza e a causa dos desvios ou distorções identificadas, concluindo se representam anomalias que podem ser ignoradas ou que tais desvios ou distorções tenham uma característica em comum, de forma a se estender os procedimentos aos itens que apresentem essa característica.

Anomalias não são comuns e para poder ignorar tais desvios ou possíveis distorções o auditor deve obter um alto grau de certeza de que efetivamente não sejam representativos da população. Isso requer a execução de procedimentos adicionais de auditoria para obter evidência apropriada e suficiente de que o resto da população não é afetado pelas divergências apuradas.

Projeção de distorções

O auditor, ao identificar distorções em uma amostra, deve projetá-la para a população total, todavia, conforme mencionado no Capítulo 13, que trata da NBC TA 450 (Avaliação das Distorções Identificadas), uma projeção não representa um valor a ser ajustado, pois é uma mera estimativa do efeito na população total e normalmente requer que a entidade investigue e apure o efeito efetivo para se proceder ao ajuste efetivamente necessário.

A guia de implementação das ISAs emitido pela IFAC complementa a NBC TA 530 com um exemplo de projeção de distorção, que é assim resumido:

Tomando por exemplo o resultado de um teste de 50 itens extraído de uma população que apresenta um saldo de R$ 250.000, cujo resultado identificou 3 distorções, assim sumariadas:

Valor correto (R$)	Valor apurado (R$)	Diferença (R$)	Diferença percentual
500	400	100	20,00%
350	200	150	42,86%
600	750	(150)	(25,00)%
I			Total 37,86%

Passos para apuração da projeção:

1º Calcule a percentagem de distorção de cada item, conforme indicado na quarta coluna da tabela acima.

2º Efetue a soma das percentagens de diferença de forma a apurar a diferença percentual líquida. No exemplo acima foi apurado 37,86%.

3º Apure o percentual médio de erros, considerando o número de itens que compõe a amostra. No caso, temos 37,86% dividido por 50 itens = 0,7572%.

4º Aplique o percentual encontrado (0,7572%) sobre o valor da população (R$ 250.000), apurando o valor projetado para a população, que é de R$ 1.893.

Para testes de controles, não é necessária qualquer projeção, uma vez que a taxa de desvio da amostra é a taxa de desvio esperada da população.

Resultado da amostragem

O auditor deve avaliar os resultados da amostra e se o uso da amostragem forneceu base razoável para fundamentar a sua conclusão sobre a população total. Se ele não conseguiu base para fundamentar sua conclusão, como apresentado no Capítulo 13 da NBC TA 450, o auditor deve:

- solicitar à administração da entidade que investigue o que foi identificado, o potencial para distorções adicionais e proceder aos ajustes necessários; e

- modificar a natureza, a época ou a extensão dos procedimentos adicionais de auditoria, aumentando o tamanho da amostra ou aplicando procedimentos alternativos.

Quando se apura uma alta taxa de desvio em testes de controle, temos um aumento no risco de distorção relevante que requer uma nova análise de risco, que geralmente afeta os procedimentos de auditoria (resposta do auditor ao aumento do risco).

Quando se apuram distorções inesperadamente altas nos testes de detalhes de uma amostra, é sinal de que o saldo da conta está distorcido e, também, requer extensão dos testes.

18

Auditoria de Estimativas Contábeis, inclusive do Valor Justo, e Divulgações Relacionadas (NBC TA 540)

Introdução e definições

Quando estava pesquisando o atual volume de estimativas envolvido no processo de elaboração de demonstrações financeiras para redação deste capítulo, encontrei um colega que já era supervisor na época em que iniciei na profissão como *trainee* de auditoria em uma das *"big 8"* que existiam na época.

Comentei que a vida de auditor não estava nada fácil em decorrência do processo de adoção das normas internacionais de contabilidade e de auditoria, que culminaram com a emissão de uma grande quantidade de pronunciamentos contábeis pelo CPC e de auditoria pelo CFC. Em particular, as complexidades de certas estimativas que envolvem o uso do valor justo na avaliação de ativos e passivos. Ele riu e comentou que, na época em que ele era auditor, nem a provisão para créditos de liquidação duvidosa envolvia estimativa. Aplicava-se o percentual de 3% estabelecido pela legislação fiscal do Imposto de Renda e todos aceitavam como adequado.

No caso da depreciação do imobilizado, a vida útil de um bem só era considerada em teoria nos livros de contabilidade, pois na vida prática a depreciação era computada pelas taxas aceitas pelo fisco e, também, não se discutia.

Realmente era outro mundo! O processo de estimativa na elaboração de demonstrações financeiras era pouco utilizado em algumas poucas contas que envolviam incertezas, como por exemplo contingências e garantias, e, em adição, o processo de correção monetária utilizado na época de hiperinflação tornava quase tudo irrelevante. Não vou dizer "bons tempos", pois na verdade a boa técnica era deixada de lado, adotando-se procedimentos contábeis inadequados.

Atualmente, a situação é bem diferente. A adoção do conceito de valor justo implica em que a maior parte das contas de um balanço patrimonial está sujeita a processos estimativos. Apenas a título ilustrativo, os seguintes principais Pronunciamentos do CPC envolvem processos estimativos:

CPC nº	Nome do Pronunciamento ou exemplo de processo estimativo
1	Redução ao Valor Recuperável
4	Intangíveis
10	Pagamento Baseado em Ações
13	Ajuste ao Valor Presente (estimativas do prêmio pelo risco e dos fluxos de caixa)
15	Combinação de Negócios
16	Estoques (Provisão para obsolescência e outros)
17	Contrato de Construções a Longo Prazo (estimativa de perda esperada, projeção da data de encerramento do contrato, valor justo das receitas do contrato, custos estimados, garantias e outros)
23	Mudanças de Estimativa
25	Provisões, Ativos e Passivos Contingentes
27	Ativo Imobilizado (estimativa da vida útil para determinação do período em que o bem deve ser depreciado, redução ao valor recuperável)
28	Propriedade para Investimentos
29	Ativos Biológicos
30	Receitas
31	Ativos Não Circulantes Mantidos para Venda ou Operação
32	Imposto de Renda Diferido
33	Benefícios a Empregados
38,40	Avaliação de Instrumentos Financeiros

Para entendimento e aplicação da NBC TA 540, é importante entender os seguintes conceitos:

Valor justo: o Apêndice da NBC TA 540 reproduz a definição de valor justo contida no Pronunciamento 38 do CPC, que trata de Instrumentos Financeiros, aprovada pelo CFC por meio da NBC T 19.19, como sendo: "o montante pelo qual um ativo poderia ser trocado, ou um passivo ser liquidado, entre partes independentes com conhecimento do negócio e interesse em realizá-lo, em uma transação em que não há favorecidos".

O conceito de valor justo normalmente supõe uma transação corrente, em vez de uma liquidação em alguma data no passado ou futuro. Dessa forma, o processo de mensuração do valor justo é uma busca pelo preço estimado pelo qual a transação ocorreria.

Estimativa contábil é a aproximação de um valor monetário na ausência de um meio de mensuração preciso. Este termo é usado para um valor mensurado do valor justo quando existe **incerteza de estimativa**, bem como para outros valores que requerem estimativas.

Estimativa pontual ou intervalo é o valor, ou intervalo de valores, respectivamente, derivado de evidências de auditoria, portanto, elaborado pelo auditor, para uso na avaliação da estimativa pontual da administração.

Incerteza de estimativa é a susceptibilidade da estimativa contábil e das respectivas divulgações à falta de precisão inerente em sua mensuração.

Tendenciosidade da administração é a falta de neutralidade da administração na elaboração e apresentação de informações.

Estimativa pontual da administração é o valor selecionado pela administração para registro ou divulgação nas demonstrações financeiras como estimativa contábil.

Desfecho de estimativa contábil é o valor monetário **real** resultante da resolução da transação, evento ou condição de que trata a estimativa contábil.

Algumas estimativas contábeis envolvem pouca incerteza de estimativa e geram menor risco de distorção relevante, tais como aquelas relacionadas com:

- atividades rotineiras que geram estimativas não complexas feitas com certa frequência;
- dados prontamente disponíveis, como por exemplo, taxa de juros ou valor de mercado de ações; e
- uso de modelos de precificação bastante difundidos no mercado e de uso frequente.

Todavia, o mais comum é que as estimativas envolvem boa dose de incerteza e, por conseguinte, a determinação é geralmente complexa por envolver subjetividade, principalmente nos casos de desfecho de litígios, instrumentos financeiros não negociáveis e que, portanto, não possuem valor de mercado e, por vezes, nem instrumento similar para servir de parâmetro, requerendo a utilização de modelos de precificação não difundidos no mercado.

As estimativas contábeis nem sempre envolvem o valor justo. As tradicionais provisões para garantia, crédito de liquidação duvidosa, obsolescência de estoques, vida útil de bens do imobilizado e contingências, por exemplo, não envolvem apuração de valor justo.

Independentemente de envolver valor justo ou não, o processo de estimativa envolve julgamentos que devem ser exercidos com base em informações disponíveis quando são computadas. Esses julgamentos devem ser neutros, ou seja, livres de qualquer tendenciosidade da administração.

A tendenciosidade pode ser com intenção de enganar os usuários das demonstrações financeiras. Nessas situações, estamos falando de objetivo fraudulento por parte da administração, o que requer os mesmos cuidados já discutidos no capítulo que trata das considerações de fraudes (NBC TA 240).

Alcance e objetivo da norma

A norma aborda a responsabilidade do auditor independente em relação a estimativas contábeis, incluindo aquelas do valor justo e respectivas divulgações.

É importante frisar que essa responsabilidade do auditor se situa no momento em que ele conclui o seu trabalho,[1] incluindo a análise das estimativas contábeis com base nas informações que eram disponíveis quando a administração da entidade elaborou as demonstrações financeiras.

É muito fácil, decorrido algum tempo, quando se conhece o desfecho final, apontar eventual problema na estimativa, por isso que é importante ter em mente sempre as informações disponíveis no processo de estimativa pela administração e quando ela foi analisada no processo de auditoria.

Muitas estimativas envolvem premissas sobre assuntos incertos na época da estimativa e o auditor não é responsável por prever condições, transações ou eventos futuros que, se fossem efetivamente conhecidos na época da auditoria, poderiam ter provocado mudanças nas ações, premissas e, por conseguinte, no valor da estimativa.

A norma explica também que uma diferença entre o desfecho da estimativa contábil e o valor originalmente estimado pela administração e aceito pelo auditor como razoável na época em que efetuou a auditoria não representa uma distorção nas demonstrações financeiras, pois normalmente está afetado por eventos e condições posteriores ao momento em que foi estimada ou analisada pelo auditor.

---

[1] Obviamente o momento em que ele conclui o trabalho de auditoria inclui o período subsequente à data das demonstrações financeiras, mas não inclui qualquer "exercício de futurologia" pelo auditor.

Tanto é assim que o Pronunciamento 23 do CPC, que trata, entre outros aspectos, das mudanças de estimativa, requer que as mudanças de estimativas sejam reconhecidas de forma prospectiva, ao contrário dos erros ou mudanças de práticas contábeis também abordados nesse pronunciamento, que são reconhecidos de forma retrospectiva.

Esses aspectos destacados na norma são importantes para situar a responsabilidade do auditor, todavia, não são desculpas para que haja negligência por parte do auditor.

Pelo contrário, ciente do risco existente, o auditor, para atingir os seus objetivos, deve dedicar especial atenção a esses riscos, que podem ser materializados por meio de erros não intencionais ou tendenciosidade da administração no processo estimativo.

Considerado esse contexto, os **objetivos** do auditor compreendem a obtenção de evidência de auditoria apropriada e suficiente para concluir se as estimativas contábeis, incluindo as de valor justo, registradas ou divulgadas nas demonstrações financeiras, **são razoáveis e se essas divulgações são adequadas**, no contexto da estrutura de relatório financeiro aplicável, destacando que a Estrutura Conceitual para Elaboração e Apresentação das Demonstrações Financeiras, emitida pelo CPC e aprovada pelo CFC, CVM, SUSEP e demais reguladores, requer neutralidade nos processos estimativos e que os itens somente devem ser reconhecidos nas demonstrações financeiras quando puderem ser estimados de forma adequada.

Requisitos

Os auditores devem atender os seguintes requisitos relacionados com a auditoria do processo de estimativa:

- entendimento dos procedimentos de avaliação de risco e atividades relacionadas desenvolvidos pela entidade;
- identificação e avaliação de riscos de distorção relevante;
- respostas aos riscos identificados de distorção relevante;
- procedimentos substantivos adicionais para responder a riscos significativos;
- avaliação da razoabilidade da estimativa contábil e determinação de distorção;
- divulgações relacionadas com estimativa contábil;
- indicadores de possível tendenciosidade da administração;
- representações formais; e
- documentação.

Entendimento dos procedimentos de avaliação de risco e atividades relacionadas desenvolvidos pela entidade

O primeiro requisito da NBC TA 540 complementa o estabelecido na NBC TA 315, que trata do entendimento da entidade e de seu ambiente no que tange aos processos estimativos, requerendo:

a) **Entendimento das exigências da estrutura de relatório financeiro** aplicável às estimativas. No caso específico de demonstrações de uso geral, apresentadas dentro de um contexto de adequação, a Estrutura Conceitual de Elaboração e Apresentação de Demonstrações Financeiras emitida pelo CPC estabelece os aspectos a serem considerados no reconhecimento e mensuração de ativos, passivos, receitas e despesas que dependem de estimativa, existindo situações em que em decorrência do alto grau de incerteza envolvido, a estimativa não pode ser registrada, mas apenas divulgada.

b) **Entendimento de como a entidade identifica as transações, eventos e condições** que requerem reconhecimento ou divulgação de estimativas contábeis. O auditor deve indagar à administração da entidade sobre mudanças em circunstâncias e necessidades de revisão de estimativas. Existem situações em que a entidade possui formalmente a função de gerenciamento de risco. Nessa situação, o processo de estimativa da entidade é mais estruturado e o auditor pode direcionar sua revisão para avaliar os riscos nos métodos e práticas, seguidos pela administração, que originam estimativas contábeis.

c) **Entendimento de como a administração elabora efetivamente as estimativas contábeis,** incluindo os dados utilizados, compreendendo:

- método ou modelo utilizado, atentando para aqueles modelos desenvolvidos pela própria entidade ou modelos padronizados alterados pela entidade, onde o risco é maior;

- controles relevantes, incluindo a integridade dos dados utilizados, a revisão e aprovação das estimativas e das premissas utilizadas, a segregação de funções entre quem executa as transações e quem elabora a estimativa e, no caso de utilização de modelos, o controle que existe sobre o desenho, desenvolvimento e manutenção do modelo utilizado, incluindo o gerenciamento de mudanças;

- utilização de especialista pela administração em decorrência da natureza especializada do assunto que precisa ser estimado ou em função dos modelos ou da própria natureza não usual da estimativa;

- premissas relacionadas com a estimativa, onde a sua consistência, inclusive no que tange à determinação do valor justo de forma similar à que seria determinada por participantes independentes do mercado e a documentação que a suporta, é relevante para o entendimento e avaliação do auditor;

- determinação se houve mudança ou se deveria ter havido mudança no método de estimativa em relação ao período anterior. Em certas situações, mudanças podem ser necessárias em resposta às mudanças havidas nas circunstâncias. Sempre que houver mudanças, o auditor deve se assegurar que essa mudança é apropriada; e
- verificação se a entidade avaliou o efeito da incerteza de estimativa e como ela foi avaliada, considerando a existência de premissas, cenários e desfechos alternativos. Nesse sentido, é importante entender como a entidade monitora o desfecho de estimativas contábeis.

No caso de entidades de pequeno porte, tanto o entendimento do processo de **identificação da necessidade** de estimativas como o entendimento de **como são elaboradas** são normalmente mais simples em decorrência de transações menos complexas e do conhecimento que o proprietário possui da entidade, uma vez que ele diretamente identifica e calcula a estimativa ou identifica a necessidade de utilização de especialista. Assim, nessas entidades de pequeno porte é fundamental a discussão desses aspectos com o proprietário da entidade logo no início do trabalho de auditoria.

Como parte integrante do entendimento do processo de estimativa, é importante comparar efetivos desfechos de assuntos com processos estimativos realizados em períodos anteriores.

Obviamente, essa comparação e análise não têm por objetivo questionar os julgamentos feitos anteriormente, mas sim entender, com base nas informações que eram disponíveis na época da estimativa, se pode ter havido tendenciosidade da administração.

Como mencionado anteriormente, uma diferença entre o desfecho da estimativa e o valor estimado geralmente não representa distorção, mas pode ser um importante indicador de tendenciosidade, que poderá requerer um aumento no grau de ceticismo do auditor ao analisar novas estimativas da administração.

Identificação e avaliação de riscos de distorção relevante

Uma vez entendido pelo auditor como a administração, que tem a responsabilidade primária pelas estimativas, identifica a necessidade e calcula as estimativas, o auditor deve avaliar os riscos de essas estimativas provocarem distorção relevante nas demonstrações financeiras.

Nesse sentido, o auditor, além de considerar a magnitude da estimativa, a necessidade de envolver especialista e a confiança na administração em decorrência da experiência anterior, deve entender o **grau de incerteza** existente associado à estimativa, que é influenciado, entre outros, pelos seguintes aspectos:

- grau de julgamento envolvido;
- sensibilidade em decorrência de mudanças nas premissas;
- existência de técnicas de mensuração e de dados confiáveis de fonte externa;
- duração do período de previsão (futuro) e a importância dos dados passados para utilização na previsão; e
- extensão em que a estimativa é baseada em dados observáveis ou não observáveis.

O grau de incerteza na estimativa geralmente gera um maior risco de distorção, portanto, quanto maior esse grau de incerteza, maior é a possibilidade de distorção, principalmente nos casos de **litígios**, estimativas que **não** foram calculadas com base em técnicas de mensuração ou computadas com base em modelos especificamente preparados pela própria entidade.

Como já mencionado anteriormente, existem situações onde o grau de incerteza é tão alto que as práticas contábeis adotadas no Brasil, em consistência com a Estrutura Conceitual do CPC, não requerem o registro contábil, mas sim a sua divulgação.

Esse é o caso, por exemplo, abordado no item 26 do Pronunciamento 25 do CPC, que trata de Provisões, Passivos e Ativos Contingentes, e estabelece a existência de um passivo contingente para os casos em que nenhuma estimativa confiável possa ser feita para a possível obrigação.

Nesse caso, o passivo contingente deve ser divulgado conforme item 86 do referido pronunciamento, mas não registrado como passivo.

Respostas (do auditor) aos riscos de distorção relevante

Conforme mencionado no Capítulo 14, em que foi discutida a NBC TA 330, a determinação da natureza, época e extensão dos procedimentos de auditoria (respostas do auditor) depende dos riscos identificados. Antes de qualquer coisa, deve ser determinado se a entidade aplicou adequadamente as exigências contábeis requeridas pela Estrutura Conceitual, se os métodos utilizados no processo de estimativa são apropriados às circunstâncias, inclusive quanto a eventuais mudanças, e se houve a necessidade de envolvimento de especialista.

Por outro lado, já foi também mencionado que devem ser observados os aspectos estabelecidos na Estrutura Conceitual para reconhecimento (ou divulgação) e mensuração das estimativas. Por sua vez, os métodos para computar as estimativas devem ser apropriados às circunstâncias e aplicados de maneira **uniforme**. As mudanças devem se restringir aos casos em que as circunstâncias são outras e possam justificar mudança no processo de estimativa ou **correções** que sejam efetivamente necessárias no processo de mensuração.

Os principais passos a serem seguidos pelo auditor em resposta aos riscos identificados de distorção relevante são:

Análise dos eventos subsequentes

O alcance dessa análise e o seu resultado dependem do período de tempo que o auditor tem para concluir e entregar o seu relatório de auditoria. Nas situações em que o auditor tem mais tempo para concluir o seu trabalho, ele pode conseguir evidências de auditoria que corroborem ou contradizem a estimativa contábil.

Por exemplo, o recebimento subsequente das contas a receber de clientes são indicadores da não necessidade de provisão na data do balanço. Esse período mais longo ocorre principalmente em trabalhos de auditoria em pequenas entidades, mas mesmo assim não é garantia de obtenção de evidências apropriadas, pois normalmente o processo de maturação de incertezas e as estimativas relacionadas demandam maior tempo.

Teste sobre a adequação da apuração da estimativa

Além do cálculo propriamente dito, um teste dessa natureza deve incluir, também, a adequação dos dados utilizados. Esse teste é particularmente apropriado quando a estimativa é decorrente do uso de dados processados de forma rotineira, o auditor possui experiência histórica de que o processo estimativo é eficaz e envolve uma grande quantidade de itens similares, cujos valores individuais não são significativos.

Esse teste deve incluir a verificação de que o **método de mensuração é apropriado** e que as **premissas utilizadas são razoáveis**, tendo em vista os objetivos da mensuração.

A adequação do **método de mensuração** depende de circunstâncias que variam de situação para situação. Quando são usados modelos matemáticos na mensuração da estimativa, além de verificar a origem do modelo e a confiabilidade, é importante avaliar a lógica do modelo, sua integridade matemática e a consistência dos dados utilizados com as práticas de mercado.

A verificação da razoabilidade das premissas utilizadas pela administração deve se basear exclusivamente nas informações que eram disponíveis no momento da estimativa, confirmadas pelos eventos subsequentes que continuam válidos na época em que o trabalho de auditoria foi executado.

A razoabilidade das premissas depende, principalmente, da consistência delas com o ambiente econômico em que a entidade opera, com os objetivos da estimativa e com as condições observáveis no mercado.

Quando não existem essas condições observáveis no mercado, o auditor deve combinar esse procedimento de avaliação das premissas com outros passos de auditoria, incluindo a revisão dos controles aplicáveis e aprovação pelos órgãos de governança desse processo estimativo.

Teste da efetividade operacional dos controles que suportam a estimativa combinado com aplicação de procedimentos substantivos

Esse teste é particularmente importante quando o auditor estabelece em sua estratégia de auditoria o objetivo de confiar na efetividade dos controles e a aplicação de testes substantivos de forma isolada não forneceria evidência apropriada e suficiente.

Por sua vez, a efetividade do controle depende da adequação do processo implementado e mantido pela entidade, incluindo procedimentos de revisão e aprovação do processo pelos responsáveis pela governança. Essa efetividade é facilitada quando derivada de dados processados de forma rotineira

Desenvolvimento independente pelo auditor de uma estimativa pontual ou intervalo para avaliar e concluir sobre a estimativa determinada pela administração da entidade

Ao contrário da estratégia apresentada no tópico anterior, que inclui o objetivo do auditor em confiar nos controles, neste caso, o auditor entende que é necessário desenvolver uma estimativa pontual ou intervalo para concluir sobre a estimativa feita pela administração da entidade.

Essa decisão está geralmente relacionada com a experiência anterior do auditor de que os processos estimativos não são eficazes, de que os dados que suportam as estimativas não são derivados de processamentos rotineiros, de que os controles não foram bem projetados ou implementados.

A adoção dessa abordagem de cálculo independente do auditor é também recomendada quando eventos subsequentes possam contradizer as premissas utilizadas pela administração e, portanto, o valor apurado, ou quando existem outras informações que podem propiciar uma estimativa de melhor qualidade pelo auditor.

O auditor pode desenvolver diretamente a estimativa ou pode contratar um especialista para calculá-la. No desenvolvimento da estimativa, podem ser utilizados premissas ou métodos diferentes daqueles usados pela administração.

Qualquer que seja o caso, ele deve entender o método e premissas utilizados pela administração para poder concluir sobre a comparação e adequação da estimativa. Obviamente, esse entendimento é particularmente mais importante no caso do uso de premissas e método diferentes, pois provavelmente acarretarão em um valor também diferente.

Quando o auditor conclui pelo uso de intervalo em sua estimativa, ele deve procurar utilizar em sua análise os desfechos que são razoáveis de ocorrer e não os possíveis desfechos de forma a reduzir o intervalo da estimativa. Para ser eficaz, esse intervalo deve ser igual ou inferior ao valor da Materialidade na Execução da Auditoria, determinado de acordo com a NBC TA 320, possibilitando ao auditor concluir sobre a existência ou não de distorção relevante na estimativa pontual que foi registrada pela entidade.

Para a maior parte das estimativas contábeis, o auditor tem condições de entender como são identificadas pela entidade as necessidades de estimativas, como são computadas para atender o objetivo da estrutura de relatório aplicável, assim como os controles, premissas e métodos utilizados; todavia, existem situações complexas com alto grau de incerteza de estimativa em que são necessários conhecimentos especializados ou habilidades específicas.

Esses aspectos devem ser considerados já na fase de planejamento, programando o pessoal que possua o necessário *expertise*. Nos casos em que a firma de auditoria não possui esses recursos no seu quadro de pessoal, o sócio responsável pelo trabalho deve considerar a necessidade de envolver especialistas no trabalho.

Esses especialistas, além de estarem sujeitos aos requisitos da NBC TA 620, que trata especificamente do uso de especialistas no trabalho de auditoria, devem observar, também, a NBC TA 220, que trata do controle de qualidade no nível do trabalho de auditoria.

Procedimentos substantivos adicionais para responder a riscos significativos

Incerteza de estimativa

Este quarto requisito complementa o terceiro e é aplicável nos casos em que as estimativas geram riscos significativos em decorrência de incerteza de estimativa, que deve ser avaliada no sentido de determinar o efeito que ela provoca na estimativa e a adequação das respectivas divulgações.

Além disso, é importante avaliar, também:

a) como a administração considerou premissas ou desfechos alternativos. Uma das formas de se proceder a essa avaliação é por meio da análise de sensibilidade, por meio de diferentes cenários, envolvendo normalmente os extremos (otimista e pessimista) e em algumas situações o cenário provável;

b) se as premissas significativas são razoáveis. Uma premissa é considerada significativa quando uma variação na premissa afeta de forma relevante a mensuração da estimativa contábil; e

c) se a entidade tem capacidade e intenção de realizar cursos de ação específicos, considerando o histórico sobre a realização de intenções, as indagações necessárias, eventos subsequentes e circunstâncias econômicas.

Quando a administração não tiver considerado de forma apropriada a incerteza de estimativa, o auditor deve estimar um intervalo para analisar a razoabilidade da estimativa da administração, que pode implicar em reconhecimento contábil ou não da estimativa nas demonstrações financeiras.

Quando ocorre o reconhecimento pela administração, o foco da avaliação do auditor é se a mensuração é confiável para satisfazer o critério de reconhecimento, enquanto, quando não são reconhecidas, o foco é se os critérios de reconhecimento foram efetivamente considerados.

No caso de não reconhecimento, em que o auditor concorde com esse não reconhecimento, normalmente é necessária adequada divulgação das circunstâncias da incerteza e o auditor deve considerar a adição de um parágrafo de ênfase em seu relatório, referenciado para a nota explicativa que efetua tal divulgação.

Avaliação da razoabilidade da estimativa contábil e determinação da distorção

Este quinto requisito requer que o auditor avalie, com base nas evidências obtidas, se as estimativas são razoáveis no contexto da estrutura de relatório ou se apresentam distorção.

O auditor pode efetuar uma estimativa pontual ou um intervalo de estimativa. Se a estimativa pontual for adequadamente suportada por evidência de auditoria e ela apresentar diferença em relação à estimativa pontual da administração, essa diferença é uma distorção.

Quando a estimativa pontual da administração (valor contabilizado) se situar fora do intervalo da estimativa do auditor, a distorção não é menor do que a diferença entre a estimativa pontual da administração e o ponto mais próximo do auditor.

Divulgações relacionadas com estimativa contábil

O auditor deve obter evidência de auditoria apropriada e suficiente se as divulgações relacionadas com estimativas contábeis estão de acordo com a estrutura de relatório financeiro.

Os itens 125 a 133 do Pronunciamento 26 do CPC, que trata da apresentação das demonstrações financeiras, apresentam as principais fontes de incerteza e os requerimentos de divulgação em uma estrutura de apresentação adequada. Essas divulgações incluem as premissas, o método de estimativa e a razão da escolha desse método ou de mudanças e as fontes e implicações de incertezas.

Análise e identificação de indicadores de possível tendenciosidade da administração

O auditor deve efetuar as análises necessárias para identificar a possível existência de tendenciosidade da administração. Os indicadores desse problema são:

- mudanças de estimativa ou do método de estimativa em decorrência de avaliação subjetiva de mudanças nas circunstâncias;
- utilização de premissas próprias para o valor justo quando elas são inconsistentes com premissas de mercado observáveis;
- seleção de premissas que produzem estimativa pontual de acordo com o desejo da entidade; e
- seleção de estimativa pontual que pode ser considerada otimista ou pessimista.

Representações formais da administração

Essas representações incluem informações de que a administração e os responsáveis pela governança acreditam que as premissas são razoáveis, inclusive para as estimativas não passíveis de reconhecimento contábil.

Documentação

Os papéis de trabalho devem documentar a base para a conclusão sobre a razoabilidade de estimativas contábeis e divulgações que geram riscos significativos, assim como a conclusão das investigações sobre possível tendenciosidade da administração.

19

Partes Relacionadas (NBC TA 550)

Introdução, responsabilidades do auditor independente e definições

Considerando que as partes relacionadas se caracterizam pela não existência de independência entre elas, geralmente, as estruturas de relatórios financeiros aplicáveis a elaboração e apresentação de demonstrações financeiras determinam como as transações entre essas partes devem ser contabilizadas e divulgadas nas demonstrações financeiras

Embora a Estrutura Conceitual para Elaboração e Apresentação das Demonstrações Contábeis emitida pelo CPC e aprovada pelo CFC, CVM e demais reguladores não defina especificamente o que seja parte relacionada ou os aspectos relacionados às transações com partes relacionadas, o Pronunciamento 5 do CPC, que trata especificamente das divulgações sobre partes relacionadas, define **parte relacionada** como sendo a parte que está relacionada com a entidade:

 a) de forma direta ou indireta, por meio de um ou mais intermediários, quando a parte: (i) controlar, for controlada ou estiver sob o controle comum da entidade; (ii) tiver interesse na entidade que lhe propicia influência significativa sobre a entidade; ou (iii) tiver controle conjunto sobre a entidade;

 b) se for coligada da entidade;

 c) se for empreendimento conjunto (*joint venture*) em que a entidade seja investidora;

d) se for membro-chave da administração da entidade ou de sua controladora;

e) se for **membro próximo da família** ou de qualquer pessoa referida nos itens (a) ou (d);

f) se for entidade controlada, controlada em conjunto ou significativamente influenciada por qualquer pessoa referida nos itens (d) ou (e) ou, ainda, no caso em que o poder de voto significativo nessa entidade pertença, direta ou indiretamente, a qualquer pessoa referida nos itens (d) ou (e); ou

g) se for plano de benefícios pós-emprego para benefício dos empregados da entidade ou de qualquer entidade que seja parte relacionada dessa entidade.

Membros próximos da família de uma pessoa: são aqueles membros da família que se espera que influenciem ou sejam influenciados por essa pessoa nos seus negócios com a entidade. Podem incluir: (i) seu cônjuge ou companheiro(a) e filhos; (ii) filhos de seu cônjuge ou de companheiro(a); e (iii) seus dependentes ou os de seu cônjuge.

Transação com partes relacionadas: é a transferência de recursos, serviços ou obrigações entre partes relacionadas, independentemente da existência ou não de um valor alocado à transação.

Substância da transação: esse pronunciamento está em linha com a Estrutura Conceitual, não apresentando nenhum conflito. Ele estabelece, também, que ao considerar cada um dos possíveis relacionamentos, a atenção deve ser dirigida para a **substância da transação**, e não meramente para a sua forma legal. As partes relacionadas podem efetuar transações que partes não relacionadas normalmente não realizariam. Por exemplo, a entidade que venda bens à sua controladora ou investidora pelo custo pode não vender nessas mesmas condições a outro cliente. Além disso, as transações entre partes relacionadas podem não ser feitas pelos mesmos valores que são transacionados entre partes não relacionadas.

O item 17 desse Pronunciamento do CPC estabelece que se tiver havido transações entre partes relacionadas, a entidade deve divulgar a natureza do relacionamento com as partes relacionadas, assim como informações sobre as transações e saldos existentes para a compreensão do potencial efeito desse relacionamento nas demonstrações financeiras. Esses requisitos de divulgação são adicionais aos referidos no item 16 desse Pronunciamento para divulgar a remuneração do pessoal-chave da administração.

No mínimo, as divulgações devem incluir o **montante das transações e dos saldos existentes** na data das demonstrações financeiras, assim como os **termos e condições** dessas transações, incluindo: aspectos relacionados com garantias dadas ou recebidas e provisões ou despesa reconhecida a respeito de dívidas incobráveis ou de liquidação duvidosa de partes relacionadas.

O item 20 do Pronunciamento 5 do CPC apresenta os seguintes exemplos de transações com partes relacionadas a serem divulgados:

- compras ou vendas de bens (acabados ou não acabados);
- compras ou vendas de propriedades e outros ativos;
- prestação ou recebimento de serviços;
- locações;
- transferências de pesquisa e desenvolvimento;
- transferências mediante contratos de cessão de uso de marcas e patentes ou licenças;
- transferências de natureza financeira (incluindo empréstimos e contribuições para capital em dinheiro ou equivalente);
- fornecimento de garantias, avais ou fianças;
- liquidação de passivos em nome da entidade ou pela entidade em nome de outra parte;
- novação, perdão ou outras formas pouco usuais de cancelamento de dívidas;
- prestação de serviços administrativos e/ou qualquer forma de utilização da estrutura física ou de pessoal da entidade pela outra ou outras, com ou sem contraprestação financeira;
- aquisição de direitos ou opções de compra ou qualquer outro tipo de benefício e seu respectivo exercício do direito;
- quaisquer transferências de bens, direitos e obrigações;
- concessão de comodato de bens imóveis ou móveis de qualquer natureza;
- manutenção de quaisquer benefícios para funcionários de partes relacionadas, tais como: planos suplementares de previdência social, plano de assistência médica, refeitório, centros de recreação etc.; e
- limitações mercadológicas e tecnológicas.

Algumas transações realizadas no curso normal dos negócios não trazem qualquer risco adicional e as condições em que são realizadas podem ser facilmente comparadas com as condições aplicáveis às transações similares realizadas com partes não relacionadas, todavia, não se pode ignorar que as partes relacionadas podem operar de forma complexa, dificultando sua identificação, e as transações podem não ser necessariamente realizadas de acordo com termos e condições normais de mercado, razão pela qual é enfatizada a necessidade de divulgação de informações sobre essas transações. Por sua vez, os itens 21 e 22 do referido Pronunciamento do CPC estabelecem que:

- as divulgações de que as transações com partes relacionadas foram realizadas em termos equivalentes aos que prevalecem nas transações com partes independentes **são feitas apenas se esses termos puderem ser efetivamente comprovados**;
- para quaisquer transações entre partes relacionadas, faz-se necessária a divulgação das **condições** em que elas foram **efetuadas**. **Transações atípicas** com partes relacionadas após o encerramento do exercício ou período também devem ser **divulgadas**.

A NBC TA 550 define parte relacionada de forma análoga ao Pronunciamento 5 do CPC, que é bastante abrangente, e o que significa **Transação em condições normais de mercado** como sendo aquela transação conduzida em termos e condições similares àquelas realizadas entre comprador e vendedor que são independentes (ou seja, não são partes relacionadas) e estão agindo de maneira mutuamente voluntária (não existe qualquer pressão para que realizem a transação) e ambas as partes estão buscando os seus melhores interesses.

Conforme mencionado no Capítulo 3, que trata da NBC TA 200, as demonstrações financeiras podem ser elaboradas no contexto de apresentação adequada ou no contexto de conformidade. A NBC TA 550 apresenta a situação em que uma demonstração pode deixar de atender o objetivo de **apresentação adequada** se, por exemplo, uma entidade vende uma propriedade ao acionista controlador por um preço bem acima ou bem abaixo do seu valor justo ou de mercado, apurando um lucro ou prejuízo, quando na sua essência foi feito indiretamente uma chamada de capital do acionista (venda por um valor acima do mercado ou valor justo), ou no caso inverso, um pagamento de dividendo, representando, portanto, uma transação com o acionista e não um lucro ou prejuízo que deva transitar pela demonstração do resultado.

Por sua vez, a não divulgação dos termos e condições de uma transação com parte relacionada no contexto de conformidade pode representar uma informação enganosa.

Uma vez entendido o que seja parte relacionada e os riscos originados nas transações com essas partes, é importante entender os requisitos da NBC TA 550 que ampliam os aspectos de avaliação dos riscos de distorção relevante contidos nas normas NBC TA 315, 330 e 240 quando se referirem a transações com partes relacionadas.

Requisitos

Conforme mencionado, os requisitos da NBC TA 550 estão relacionados com os seguintes aspectos:

- procedimentos de avaliação de riscos e atividades relacionadas;
- respostas aos riscos de distorção relevantes;
- avaliação da contabilização e da divulgação dos relacionamentos e transações com partes relacionadas;
- representações formais;
- comunicação com os responsáveis pela governança; e
- documentação dessas considerações.

Procedimentos de avaliação de riscos e atividades relacionadas

Se, em uma situação normal, o processo de auditoria possui limitações inerentes que podem não permitir a identificação de distorções, essas limitações são ainda maiores quando ocorrem transações relevantes com partes relacionadas, pois essas transações podem não ser realizadas em termos e condições normais de mercado e são mais suscetíveis às oportunidades de conluio, ocultação ou manipulação por parte da administração.

Dessa forma, um dos aspectos mais difíceis da auditoria das demonstrações financeiras é a **identificação das partes relacionadas que transacionam com a entidade**, pois o auditor fica dependente da administração da entidade no que tange ao fato de ela divulgar a ele, de forma completa, esses relacionamentos e as transações ocorridas.

Responsabilidade primária da administração na identificação e divulgação de transações com partes relacionadas

Atualmente, esse grau de dificuldade é menor em decorrência da emissão do Pronunciamento 5 do CPC e sua aprovação pela CVM e demais órgãos reguladores, que imputa responsabilidade à administração pela divulgação de partes relacionadas e das transações realizadas com essas partes.

Anteriormente, as divulgações se limitavam aos requisitos da Lei das Sociedades por Ações, que estavam praticamente restritas às controladas e coligadas e, portanto, não eram tão abrangentes para incluir todas as partes relacionadas, conforme definido pelo Pronunciamento 5 do CPC.

Dessa forma, o auditor deve fazer indagações específicas à administração[1] sobre **quem são** as partes relacionadas da entidade, especificando as inclusões e

---

[1] Administração está no sentido genérico e inclui não só os diretores executivos, como também os responsáveis pela governança e os diversos executivos em nível gerencial que possam ter tal conhecimento, incluindo, mas não se limitando a, os responsáveis pela auditoria interna, *compliance*,

exclusões e as razões para essas alterações em relação ao ano anterior, **quais são as transações realizadas, a finalidade delas**, incluindo o racional para tais transações, **como** elas são realizadas e como são autorizadas e **aprovadas**.

Obviamente, a simples indagação não é suficiente e o auditor, como parte do processo de avaliação dos riscos de distorção relevante por meio do entendimento da entidade e de seu controle interno, deve entender como a entidade identifica as partes relacionadas, como são realizadas tais transações, a finalidade delas, sua autorização e aprovação de acordo com os níveis apropriados que permitam a necessária segurança de que essas transações não trarão riscos adicionais de distorção.

Além de entender, o auditor deve avaliar e testar esse processo, pois ele é absolutamente relevante para o atendimento do requisito de divulgação das transações com partes relacionadas imputado à administração pelo Pronunciamento 5 do CPC. Nessa avaliação, o auditor considera:

- existência de código interno de ética, que tenha sido efetivamente comunicado aos empregados e que seja efetivamente observado que determinam como essas transações podem ser realizadas;
- existência de procedimentos internos que permitam denúncias anônimas de eventuais desvios aos código de ética ou conduta e não observância das políticas e procedimentos;
- políticas e procedimentos para divulgação transparente e tempestiva sobre os interesses que a administração ou a governança possam ter nessas transações;
- fixação de responsabilidade para identificação, registro e divulgação dessas transações;
- evidenciação de análise crítica pelos órgãos de governança sobre essas transações, principalmente quanto à racionalidade dessas transações fora do curso normal dos negócios e requerimentos de aprovações formais por subcomitês formados por pessoas que não participam da administração;
- implementação de um sistema de verificação interna pela auditoria interna, setor de *compliance* ou até mesmo por um subcomitê específico como o mencionado no item anterior; e
- ação proativa da administração com discussão aberta e transparente com os auditores sobre tais transações.

Como a administração tem a responsabilidade primária pela adequada elaboração e apresentação das demonstrações financeiras e existe norma contábil específica (CPC 5) que imputa à administração a responsabilidade sobre a identificação

---

departamento jurídico, ética e outros profissionais que tenham conhecimento ou supervisionam tais transações.

e apropriado registro, bem como divulgação sobre as transações com partes relacionadas, a existência de deficiências nos controles internos sobre a identificação dessas transações deve ser considerada como deficiências relevantes e, portanto, reportada de acordo com a NBC TA 265 e considerada na formação da opinião, uma vez que, conforme a NBC TA 705, podem representar limitações ao alcance da auditoria e, portanto, podem requerer modificação na opinião do auditor sobre as demonstrações financeiras.

As indagações e a avaliação do processo também não são suficientes para assegurar ao auditor que ele tem conhecimento de todas as partes relacionadas e de todas as transações com essas partes relacionadas, portanto, ele deve estar atento para as transações que não estão relacionadas com o curso normal dos negócios.

Nesse sentido, além das indagações, o auditor deve proceder à leitura dos razões, principalmente das contas de receitas e despesas na busca de transações não usuais e que geram receitas ou despesas de valor relevante, assim como compras ou vendas de ativos que não são usuais, como por exemplo venda de bens do imobilizado, pois a entidade tem como objetivo utilizar esses bens na produção de outros bens e serviços e não negociá-los.

De forma similar, também não são usuais as alienações de investimentos permanentes e de outros ativos, que também devem ser objeto de investigação pelo auditor. Assim, o auditor deve permanecer alerta e cético durante todo o processo de auditoria, utilizando qualquer informação que possa indicar a existência de partes relacionadas não divulgadas anteriormente.

Algumas transações fora do curso normal dos negócios chamam mais atenção e devem com certeza ser objeto de análise e investigação pelo auditor, destacando-se:

- transações com entidades localizadas no exterior (*offshores*), principalmente em paraísos fiscais ou com leis corporativas fracas, onde podem ser realizadas transações sem identificação das partes envolvidas (ao portador);
- prestação de serviços ou arrendamento de instalações sem remuneração ou com remuneração apenas simbólica;
- transações com descontos não habituais e devoluções atípicas;
- transações que não são definitivas, pois envolvem compromissos de recompra ou com cláusulas de renegociação.

Os itens A 22 e A 23 da NBC TA 550 apresentam alguns exemplos de documentos e acordos que podem ajudar o auditor a identificar partes relacionadas e transações realizadas com elas.

Divulgação das partes relacionadas para a equipe envolvida

Uma vez identificadas as partes relacionadas, elas devem ser objeto de divulgação para toda a equipe envolvida no trabalho de auditoria, inclusive outros auditores, no caso de trabalhos de auditoria de grupos, onde outros auditores são utilizados no exame de componentes do grupo, conforme mencionado na NBC TA 600. Relembrando o que foi mencionado nos capítulos relacionados com o Planejamento da Auditoria das Demonstrações financeiras (NBC TA 300), Considerações de Fraude (NBC TA 240) e da própria Identificação e Avaliação de Riscos (NBC TA 315), que requerem a realização de reuniões com a equipe envolvida.

A existência de partes relacionadas e de transações com essas partes pode representar fatores adicionais de risco, portanto, nas discussões com a equipe, além da divulgação das partes relacionadas, devem ser discutidas as possibilidades de distorções decorrentes de fraudes nas transações realizadas com essas partes relacionadas, pois, como apresentado anteriormente, elas são mais passíveis de conluios e manipulações, principalmente nos casos em que existe domínio das decisões por uma única pessoa na administração ou grupo reduzido de administradores, já entrando dessa forma no segundo requisito.

Resposta aos riscos de distorção relevante associado ao relacionamento e transações com partes relacionadas

Primeiramente, vamos considerar a situação em que a administração da entidade possui controles adequados e divulgou de forma apropriada ao auditor quem são as partes relacionadas e quais as transações realizadas.

Nessas circunstâncias, o auditor, além de divulgar quem são as partes relacionadas a toda equipe (inclusive outros auditores, no caso deles estarem envolvidos nos trabalhos de componentes do grupo), deve aplicar os procedimentos (respostas) que sejam considerados apropriados às circunstâncias para enfrentar os riscos de distorção relevante nas demonstrações que possam ser causados por essas transações, inclusive o risco de fraude.

Transações com partes relacionadas não são proibidas e nem se constituem em problema por si só. Como vimos, existem transações absolutamente normais, realizadas no curso normal dos negócios, todavia isso não significa que o auditor deva ignorar os riscos que elas trazem pelo fato de se poder criar situações artificiais e, nesse contexto, o auditor deve aplicar os procedimentos que ele julgar necessários para entender o propósito da transação, isto é, o seu racional, avaliar se elas estão sendo realizadas em condições normais de mercado ou não, se em decorrência disso elas estão sendo adequadamente registradas e divulgadas conforme requerido.

Por exemplo, as vendas de produtos fabricados pela entidade para uma parte relacionada podem ser facilmente confirmadas que foram negociadas de forma similar à que seria aplicável na negociação com terceiros, pois podem se comparar os preços, os prazos de pagamento, as garantias e outras condições de forma objetiva.

Essa mesma situação de facilidade não ocorre na venda de um bem do ativo imobilizado ou em uma transação fora do curso normal dos negócios, onde o auditor deverá entender a transação, o seu racional, as condições em que foram realizadas, e determinar se a forma de registro contábil é adequada, isto é, trata-se efetivamente de um lucro ou prejuízo, ou se a transação deveria ser tratada como uma transação com proprietários no patrimônio líquido.

Além do registro de forma apropriada, uma transação dessa natureza deve ser adequadamente divulgada e, portanto, o auditor deve também avaliar se esse objetivo foi atendido.

Complicando um pouco, vamos imaginar a situação em que o auditor se depara com a existência de uma transação relevante com uma parte relacionada que não foi informada anteriormente pela administração.

Além de informar aos demais membros da equipe (e outros auditores de componentes do grupo) e tomar as providências de avaliação da transação de forma similar às demais transações informadas pela administração, o auditor considera também o impacto que essa falha de comunicação pode causar na credibilidade que ele tem sobre a administração.

De certa forma, o efeito provocado por uma falha dessa natureza é comparável à situação em que o auditor identifica uma distorção nas demonstrações financeiras por uma fraude provocada por um ou mais membros da administração, colocando em xeque toda a credibilidade que ele tinha na administração.

Dessa forma, independentemente da análise a ser efetuada sobre a transação em si, ele deve investigar a natureza e as causas dessa falha e concluir se ela ocorreu por **erro**, por **deficiência no controle** interno implementado para identificar transações com partes relacionadas ou de forma **intencional** da administração, ou seja, propositadamente a administração omitiu essa informação do auditor.

Qualquer que seja a causa, o auditor deve reconsiderar e reavaliar o risco de distorção relevante, todavia, os procedimentos de auditoria e a extensão em que serão aplicados variarão de acordo com a natureza da falha. De forma similar às distorções por fraude, neste caso, também a falha proposital é mais problemática do que uma falha sistêmica (deficiência nos controles) e muito mais problemática ainda do que um erro acarretado por falha humana.

Como resultado dessa reavaliação de riscos e análise detalhada das transações que não haviam sido informadas, o auditor pode concluir que as informações da administração sobre tais transações são incompatíveis com os termos da transação.

Nessas circunstâncias, o auditor deve reconsiderar as explicações e representações da administração sobre outros assuntos, conforme requerido pelo item 11 da NBC TA 500, considerando os impactos que esse problema de perda de credibilidade causa tanto no relatório a ser emitido, como na própria continuidade de relacionamento com a entidade, comunicações com os responsáveis pela governança das providências a serem tomadas.

Avaliação da contabilização e da divulgação dos relacionamentos e transações com partes relacionadas

Mais uma vez, deve ser repetido que a existência de transações com partes relacionadas não é um problema por si só; todavia, como essas transações estão suscetíveis a maior risco, o auditor deve ter um entendimento completo dessas transações, incluindo o seu propósito para poder concluir sobre a adequada contabilização e adequada divulgação, inclusive no que tange ao objetivo de atingir uma apresentação adequada no contexto de estruturas de apresentação adequada, como é o caso da Estrutura Conceitual do CPC anteriormente mencionada, e de não ser enganosa no contexto de estruturas de conformidade.

Na avaliação da adequação da divulgação, o auditor deve ficar satisfeito de que o relacionamento e as transações foram adequadamente resumidos e apresentados de forma compreensível pelos usuários das demonstrações. Uma informação não compreensível ocorre quando ela não divulga de forma clara a razão do negócio, os termos-chave e condições da transação e, obviamente, o seu efeito nas demonstrações financeiras.

A afirmação da administração em uma nota explicativa de que as transações com partes relacionadas foram realizadas em termos e condições equivalentes àquelas realizadas com terceiros independentes deve ser passível de ser examinada e comprovada pelo auditor.

Para que fique claro, o auditor deve ter condição de examinar e comprovar essa afirmação, todavia, a responsabilidade primária de fundamentar essa afirmação é da administração da entidade, que deve evidenciar a comparação dessas transações com aquelas realizadas com terceiros, deve comparar as condições prevalecentes na transação com condições aplicáveis a transações com terceiros e, se necessário, deve providenciar a contratação de especialista externo para suportar tal afirmação.

Representações formais

Considerando que a responsabilidade primária pela identificação de partes relacionadas, pela contabilização e divulgação das transações com essas partes, é da administração da entidade, o auditor deve obter representações da administração de que eles identificaram todas as partes relacionadas e todas as transações com elas realizadas e que tais transações foram apropriadamente contabilizadas e divulgadas nas demonstrações financeiras sob exame.

A obtenção de representações pode ser estendida aos responsáveis pela governança, principalmente nos casos em que eles aprovaram as transações ou possam ter qualquer interesse nessas partes relacionadas ou na transação em si.

O auditor pode também decidir obter representações específicas sobre condições e que não existem acordos paralelos (*side letter*) que poderiam modificar o efeito da transação.

Comunicação com os responsáveis pela governança

Os assuntos envolvendo transações com partes relacionadas são geralmente sensíveis e, dessa forma, os eventuais problemas identificados devem ser prontamente comunicados aos responsáveis pela governança, conforme mencionado no Capítulo 9, que trata das comunicações com esse órgão.

Documentação

A documentação da auditoria deve incluir a relação das partes relacionadas fornecida pela entidade, os tipos de transação que foram realizados e as evidências de que essas informações foram disseminadas pela equipe envolvida no trabalho, inclusive auditores de componentes, assim como os testes realizados pelo auditor sobre a adequação das informações que estão sendo divulgadas em notas explicativas às demonstrações financeiras, relacionadas com essas transações.

20

Eventos Subsequentes (NBC TA 560)

Introdução

Aspectos relacionados com as práticas contábeis adotadas no Brasil

O entendimento e apropriada aplicação da NBC TA 560, que trata das considerações e das responsabilidades do auditor em relação aos eventos e transações que ocorrem após a data das demonstrações financeiras, depende do completo entendimento da prática contábil que rege o assunto.

Dessa forma, vamos iniciar este capítulo pela discussão de alguns itens relevantes contidos no Pronunciamento 24 do CPC, que tem como objetivo determinar:

- quando uma entidade deve ajustar suas demonstrações financeiras com respeito a eventos ocorridos após a data dessas demonstrações; e
- as informações que devem ser divulgadas sobre a autorização para conclusão das demonstrações financeiras e sobre os eventos ocorridos entre a data das demonstrações e a data de sua conclusão.

Esse pronunciamento estabelece, também, que as demonstrações financeiras não devem ser elaboradas com a observância do pressuposto da continuidade operacional quando os eventos subsequentes à data das demonstrações indicarem que esse pressuposto não é apropriado.

Esse pronunciamento identifica dois tipos de eventos que podem ocorrer entre a data das demonstrações financeiras, isto é, fim do exercício ou do período contábil a que as demonstrações se referem, e a data de autorização para sua conclusão:

- eventos que evidenciam condições que já existiam na data final do período a que se referem as demonstrações e, portanto, passíveis de ajustes contábeis nas demonstrações que estão sendo elaboradas; e
- eventos que são indicadores de condições que surgiram após o período contábil a que se referem as demonstrações e, portanto, não são passíveis de ajustes contábeis nessas demonstrações, mas que devem ser divulgados.

Data da autorização para conclusão das demonstrações financeiras

O referido pronunciamento define a data de autorização para conclusão das demonstrações financeiras como sendo a data em que a administração (diretoria executiva) revisa e autoriza sua emissão. Para deixar claro qual é essa data, o pronunciamento inclui dois exemplos práticos, que foram assim consolidados e adaptados:

- o Departamento de Contabilidade conclui em 28 de fevereiro de 20x2 a minuta das demonstrações financeiras referentes ao período contábil encerrado em 31 de dezembro de 20X1;
- **em 18 de março de 20X2, a diretoria examina as demonstrações e autoriza a sua emissão em forma final**;
- em 19 de março de 20X2, a entidade anuncia ao mercado, por meio de *press release*, o seu lucro e algumas informações financeiras selecionadas;
- em 21 de março, os membros do Conselho de Administração se reúnem com os auditores independentes e aprovam as demonstrações financeiras a serem publicadas;
- em 25 de março de 20X2, os auditores concluem o seu trabalho de auditoria, emitindo o seu relatório nessa data;
- em 31 de março de 20X2, as demonstrações financeiras são disponibilizadas aos acionistas e a outras partes interessadas, por meio de publicação em jornal de grande circulação;
- as referidas demonstrações são formalmente aprovadas pelos acionistas na sua reunião anual (Assembleia Geral Ordinária) realizada em 30 de abril de 20X2; e
- em 17 de maio de 20X2, as demonstrações aprovadas são encaminhadas para registro no órgão competente.

Como se vê no exemplo anterior, a data em que a administração (diretoria executiva) autorizou a emissão das demonstrações foi 18 de março de 20X2, portanto, essa é a data de conclusão das demonstrações.

Essa data é extremamente relevante no processo de encerramento das demonstrações financeiras, pois delimita as responsabilidades da administração e, portanto, deve ser divulgada nas notas explicativas às demonstrações financeiras.

A divulgação dessa data deixa claro ao usuário das demonstrações financeiras que a administração considerou e analisou o possível impacto nessas demonstrações de todos os eventos ocorridos até essa data. Esse ato é tão importante que deve ser formalmente registrado em uma ata de reunião da diretoria executiva.

Obviamente, se, por qualquer razão, as demonstrações que foram aprovadas em 18 de março de 20X2 tivessem que ser reabertas e ajustadas, em decorrência de ajustes propostos pelos auditores independentes, conselheiros ou da própria administração, as demonstrações teriam uma nova data de conclusão e essa nova data, apenas essa, é que deve ser divulgada em notas explicativas.

Mudanças nas práticas contábeis brasileiras relacionadas com eventos subsequentes

Uma vez entendido o aspecto relacionado com a data de conclusão das demonstrações financeiras, é importante considerar que os Pronunciamentos Contábeis emitidos pelo CPC trouxeram algumas mudanças em relação às práticas contábeis que eram seguidas no Brasil.

Essas mudanças ocorrem em decorrência da adoção pura e simples da prática contábil internacional sem qualquer adaptação ao uso e costume brasileiro, que era vulgarmente chamado de "tropicalização" da norma internacional.

Nesse sentido, é importante notar que a NPC 27 do IBRACON, que tomou por base a versão de 2003 do IAS 1, apresentava algumas diferenças em relação ao normativo internacional, o mesmo ocorrendo com a NPC 10 (IAS 10) com referência aos eventos subsequentes.

Essas diferenças foram eliminadas pela edição dos Pronunciamentos do CPC, aprovados em 2009 pela CVM e CFC, destacando-se:

a) a NPC 27 permitia que acordos formais de refinanciamento ou reparcelamento de dívidas ocorridos após a data das demonstrações financeiras, mas antes da data de autorização para sua conclusão, podiam ser reclassificados e apresentados como dívida de longo prazo, enquanto o parágrafo 72 do CPC 24 requer que sua classificação seja mantida no Passivo Circulante, limitando-se a divulgar o fato em nota explicativa;

b) descumprimentos de cláusulas contratuais que tornam uma dívida de longo prazo vencida e, portanto, classificável no Passivo Circulante. Anteriormente, de acordo com a NPC 10 do IBRACON, essa dívida podia ser mantida no Passivo não Circulante se a entidade conseguisse uma concordância formal do credor em não considerar como vencida a referida dívida, desde que essa concordância ocorresse entre a data das demonstrações financeiras e a data de autorização para conclusão. Em decorrência da mudança trazida pelo parágrafo 76 do CPC 26, esse evento subsequente (concordância do credor) deve ser apenas objeto de divulgação em nota explicativa, mas não deve gerar ajuste contábil, a dívida deve permanecer no passivo circulante;

c) os dividendos declarados após a data das demonstrações financeiras, mas antes da data da autorização para a sua conclusão, não devem ser reconhecidos como passivo ao final daquele período, pois não atendem aos critérios de obrigação presentes na data das demonstrações, como definido no Pronunciamento Técnico CPC 25, que trata das Provisões, Passivos Contingentes e Ativos Contingentes. Tais dividendos devem ser divulgados nas notas explicativas em conformidade com o Pronunciamento Técnico CPC 26, que trata da Apresentação das Demonstrações Contábeis.

Obrigação legal de pagar dividendos e dividendos adicionais

Ainda no que tange ao dividendo, por determinação expressa na Lei das Sociedades por Ações, a administração deve propô-lo à Assembleia Geral Ordinária, que analisará e colocará em votação a aprovação das demonstrações financeiras pelos acionistas, o valor a ser pago como dividendos, observando o valor mínimo obrigatório.

Dessa forma, o dividendo proposto sempre foi considerado como passivo circulante pelas empresas brasileiras na data do balanço elaborado de acordo com as práticas contábeis adotadas no Brasil, todavia, eliminavam esse passivo quando convertiam para as normas internacionais (IFRS) ou norte-americanas (US GAAP) as suas demonstrações financeiras.

Essa eliminação ocorria porque essas normas estrangeiras consideram que a aprovação formal do dividendo ocorre na data da assembleia geral dos acionistas e não na data da conclusão das demonstrações financeiras e, portanto, não atendem à definição de obrigação presente na data do balanço.

Esse fato foi considerado como diferença de prática contábil por muito tempo, pois no exterior não havia o entendimento de que no Brasil temos uma diferença de natureza legal, pois a proposição de dividendos no limite estabelecido pela Lei das Sociedades por Ações é uma obrigação legal e, como tal, o valor proposto até o limite da obrigação legal deve ser reconhecido como passivo na data do balanço.

Para que fique claro, vamos supor que uma companhia aberta tem a obrigação legal de pagar dividendos de pelo menos 25% de seu lucro líquido, estabelecido em seu estatuto social em linha com a Lei das Sociedades por Ações, e ela decide propor à assembleia o pagamento de dividendos na ordem de 30% de seu lucro líquido.

Nessa situação, temos que, de acordo com as práticas contábeis brasileiras e internacionais, o valor correspondente a 25% do lucro líquido representa uma obrigação legal e deve ser provisionado e apresentado no Passivo Circulante, enquanto o dividendo adicional de 5% não deve ser provisionado na data do balanço.

Esse dividendo adicional deve ser divulgado em nota explicativa e somente reconhecido como redução do patrimônio líquido quando for efetivamente aprovado pela assembleia geral de acionistas ou reunião de sócios, pois ele não representa uma obrigação presente na data das demonstrações financeiras.

Eventos subsequentes passíveis de registro contábil ou apenas divulgação

Além desses aspectos, é importante, também, considerar que esse pronunciamento do CPC estabelece quando os eventos subsequentes devem ser ajustados nas demonstrações financeiras e quando eles devem apenas ser divulgados.

A norma apresenta uma série de exemplos, assim resumidos:

Exemplos de eventos que requerem ajustes

- pagamento ou conhecimento de uma decisão definitiva, após a data do balanço, relacionado a um processo judicial, confirmando que a entidade já tinha uma obriga**ção presente na data do balanço**;
- obtenção de informação, após a data do balanço, indicando que um ativo estava deteriorado na data do balanço ou que o montante de um prejuízo por deterioração já reconhecido em relação àquele ativo precisa ser ajustado. Como por exemplo: (i) falência de um cliente ocorrida subsequentemente à data do balanço normalmente confirma que já existia um prejuízo em uma conta a receber na data do balanço ou (ii) a venda de estoques com prejuízo, após a data do balanço, pode proporcionar evidência sobre o valor líquido de realização desses estoques na data do balanço;
- determinação, após a data do balanço, do valor final a ser pago de participação nos lucros ou gratificações, no caso de a entidade ter, na data do balanço, uma obrigação presente de fazer tais pagamentos em decorrência de eventos ocorridos antes daquela data; e

- descoberta de fraude ou erros que mostram que as demonstrações financeiras estavam incorretas.

Esses eventos requerem ajustes, pois evidenciam condições que já existiam na data das demonstrações financeiras, ou seja, a conta a receber do cliente que faliu subsequentemente já tinha realização duvidosa na data do balanço e já deveria estar provisionada, o mesmo ocorrendo com os demais exemplos.

Exemplos de eventos que devem apenas ser divulgados, não requerendo ajustes nas demonstrações financeiras que estão sendo encerradas

- reorganizações societárias, aquisição e venda de entidades após a data do balanço;
- anúncio de um plano para descontinuar uma operação, vender ativos ou liquidar passivos relacionados com as operações que estão sendo descontinuadas;
- incêndio e destruição de uma instalação de produção importante após a data do balanço;
- anúncio ou início de uma reestruturação importante;
- transações importantes, efetivas ou potenciais, envolvendo ações ordinárias ou preferenciais após a data do balanço;
- mudanças extraordinariamente grandes nos preços dos ativos ou nas taxas de câmbio subsequentes à data do balanço;
- mudanças nas alíquotas de impostos ou na legislação tributária, promulgadas ou anunciadas após a data do balanço, que tenham efeito significativo sobre os ativos e passivos fiscais correntes e diferidos;
- assunção de compromissos ou de contingência passiva significativa, por exemplo, por meio da concessão de garantias significativas;
- início de litígio significativo, proveniente exclusivamente de eventos que aconteceram após a data do balanço.

Objetivos e definições constantes da NBC TA 560

Os objetivos do auditor independente compreendem a obtenção de evidência de auditoria apropriada e suficiente sobre os eventos ocorridos entre a data das demonstrações que estão sendo auditadas e a data de seu relatório, considerando, em particular, se esses eventos estão adequadamente refletidos nas demonstrações financeiras (ajustados ou divulgados, de acordo com o requerido pela prática contábil que seja aplicável).

Adicionalmente, essa norma tem, também, como objetivo estabelecer que o auditor responda adequadamente aos fatos que chegaram ao seu conhecimento após a data de seu relatório, os quais, se fossem conhecidos naquela data, poderiam ter provocado alterações no seu relatório.

Para o entendimento dos requisitos da NBC TA 560 e sua aplicação prática, os seguintes conceitos e definições devem ser considerados:

Data das demonstrações financeiras se refere à data do balanço e de encerramento do exercício ou do período que se está reportando.

Data da aprovação das demonstrações financeiras é a data em que a administração autorizou a conclusão das demonstrações financeiras, conforme discutido e exemplificado na parte introdutória sobre o Pronunciamento 24 do CPC.

Data do Relatório do Auditor Independente é a data em que ele conclui o seu trabalho e emite o seu relatório, conforme o Capítulo 26, que trata da NBC TA 700. Essa data não pode ser anterior à data de aprovação das demonstrações financeiras pela administração, que tem a responsabilidade primária sobre elas.

Responsabilidades implícitas nessas duas datas. Para o usuário das demonstrações financeiras, está implícito que:

- a administração considerou todos os fatos e eventos que ocorreram entre a data das demonstrações financeiras e a data de sua aprovação (autorização para conclusão das demonstrações); e
- o auditor independente considerou em seu relatório todos os eventos e fatos que ocorreram entre a data das demonstrações financeiras e a data de seu relatório.

Data da divulgação das demonstrações financeiras é a data em que tanto as demonstrações financeiras como o relatório do auditor sobre elas são disponibilizados para terceiros, como por exemplo a data da publicação em jornal de grande circulação, como requerido pela legislação brasileira.

O gráfico a seguir apresenta de forma sumária a linha do tempo em que ocorrem essas datas e eventos:

NBC TA 560 – EVENTOS SUBSEQUENTES PARA O AUDITOR

- LINHA DO TEMPO

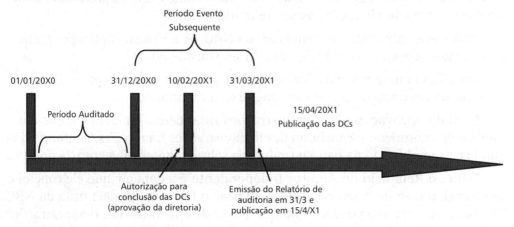

Requisitos estabelecidos na NBC TA 560

Os requisitos a serem observados pelo auditor independente compreendem os aspectos relacionados com:

a) eventos ocorridos entre a data das demonstrações financeiras e a data do relatório do auditor independente;

b) fatos que chegaram ao conhecimento do auditor independente após a data do seu relatório, mas antes da sua divulgação; e

c) fatos que chegaram ao conhecimento do auditor independente após a divulgação das demonstrações financeiras.

Eventos ocorridos entre a data das demonstrações financeiras e a data do relatório do auditor independente

Um dos últimos procedimentos de auditoria aplicados e concluídos no último dia de trabalho no campo (na entidade cujas demonstrações estão sendo auditadas) compreende os procedimentos relacionados com a obtenção de evidência sobre os eventos subsequentes.

A extensão e o tipo de procedimentos a serem aplicados dependem de uma série de circunstâncias que são consideradas pelo auditor, incluindo, por exemplo, a avaliação de risco e o entendimento que ele tem tanto do processo de encerramento das demonstrações financeiras, como dos procedimentos utilizados pela administração para analisar os eventos subsequentes ocorridos até a data em que ela (administração) autorizou a conclusão das demonstrações e subsequentemente a essa data.

O auditor também considera o tipo de evidência que está disponível, ou seja, se já foram levantados balancetes para os períodos subsequentes, se as atas de reunião estão disponíveis ou se ainda não foram emitidas, a existência de extratos de contas bancários ou de controles sobre pagamentos e recebimentos subsequentes.

Dessa forma, a norma não estabelece de forma rígida o que deve ser feito pelo auditor, mas sim a responsabilidade que ele (auditor) tem de analisar os eventos e transações subsequentes para atingir o seu objetivo de obter evidência apropriada e suficiente sobre tais eventos, de forma que possa concluir sobre os que devem ser ajustados, divulgados ou ignorados.

Em princípio, não é requerido que o auditor execute procedimento adicional para os assuntos que ele já conseguiu concluir satisfatoriamente, contudo, ele deve confirmar e testar o seu entendimento sobre o processo que a administração da entidade utiliza para se assegurar de que os eventos subsequentes são identificados e deve fazer indagações específicas sobre os eventos que poderiam afetar as demonstrações sob exame. Essas indagações incluem questões específicas sobre os seguintes assuntos:

- novos compromissos, empréstimos ou garantias;
- vendas ou aquisições de ativos importantes (efetivadas ou planejadas);
- aumentos de capital ou emissão de instrumentos de dívida ou se foi feito ou está planejado um acordo de fusão ou de liquidação;
- desapropriação de propriedade ou instalação relevante da entidade pelo governo ou destruição (por incêndio ou inundação);
- novas contingências envolvendo transações já realizadas;
- ajuste contábil não usual;
- ocorrência de algum evento que levantará a questão da adequação das políticas contábeis utilizadas nas demonstrações financeiras, como seria o caso, por exemplo, se esse evento levantasse a questão da validade do pressuposto de continuidade dos negócios da entidade;
- evento relevante para a mensuração de estimativas ou provisões feitas nas demonstrações financeiras;
- evento relevante para a recuperação dos ativos.

Além das indagações, o auditor deve ler as demonstrações financeiras ou balancetes subsequentes, inclusive informações gerenciais de fluxos de caixa ou outras informações utilizadas pela administração no gerenciamento dos negócios da entidade, discutir com advogados internos sobre o *status* dos processos em curso e considerar a necessidade de incluir determinados assuntos nas representações formais a serem obtidas da administração.

Conforme definições anteriormente apresentadas, a data de autorização para conclusão das demonstrações financeiras pela administração torna implícito que a administração tomou os cuidados necessários de analisar todos os eventos que ocorreram até aquela data.

Como o auditor tem responsabilidade até a data da emissão de seu relatório, ele deve, além de aplicar os procedimentos acima mencionados, obter representações formais dos administradores da entidade sobre os eventos ocorridos até a data (ou a mais próxima possível) do seu relatório.

Na prática, normalmente a carta de responsabilidade da administração (ver Capítulo 22, que trata da NBC TA 580) é emitida com a mesma data do relatório do auditor.

Fatos que chegaram ao conhecimento do auditor independente após a data do seu relatório, mas antes da sua divulgação

A divulgação das demonstrações financeiras (publicação em jornal de grande circulação ou disponibilização por outros meios) pode ser feita com alguma defasagem em relação à data de emissão do relatório do auditor.

Uma vez entregue o relatório, o trabalho do auditor está concluído e ele, com exceção de situações específicas,[1] não tem nenhuma responsabilidade de acompanhar o que está acontecendo na entidade ou determinar algum procedimento de monitoramento dos eventos que possam ocorrer após a emissão do seu relatório.

Conforme mencionado no Capítulo 4, que trata da concordância com os termos do trabalho, normalmente o auditor deve inserir na carta de contratação um item especificando a responsabilidade da administração da entidade em informar ao auditor a ocorrência de eventos subsequentes que, se conhecidos antes da emissão do relatório de auditoria, poderiam afetar as demonstrações examinadas e, por consequência, o relatório do auditor.

Ao tomar conhecimento desses eventuais eventos, o auditor deve discuti-los com os administradores (e responsáveis pela governança) e concluir sobre a necessidade de alterar as demonstrações financeiras, seja por meio de ajuste contábil ou de inclusão de divulgação adicional em nota explicativa.

---

[1] Na situação em que as demonstrações são incluídas em outros documentos (oferta pública de ações, por exemplo), o auditor pode ter responsabilidades adicionais até a data de divulgação desses outros documentos.

Relatório do auditor com dupla data

Se as demonstrações financeiras forem alteradas em data subsequente ao seu relatório, o auditor, além de analisar a situação específica, deve efetuar as alterações necessárias em seu relatório.

No início de 2012, houve uma interpretação comum entre as grandes firmas internacionais de auditoria de que, de acordo com a Norma Internacional de Contabilidade (IAS 10), as alterações em demonstrações financeiras anteriormente aprovadas requerem uma nova aprovação e essa nova aprovação passa a ser a (**única**) data de **autorização para conclusão das demonstrações financeiras**.

De acordo com essa interpretação em nível internacional, as demonstrações financeiras elaboradas de acordo com as normas internacionais de relatório financeiro (**IFRS**) possuem uma única data de aprovação e, portanto, o auditor não pode mais utilizar o recurso de dupla data em seu relatório sobre as demonstrações financeiras alteradas.

Como as práticas contábeis adotadas no Brasil são similares às **IFRS** (no caso específico, Pronunciamento CPC 24), essa interpretação foi estendida ao Brasil e, dessa forma, o auditor deve examinar todos os eventos subsequentes ocorridos até essa nova data que será a única data constante de seu relatório de auditoria.

Essa interpretação não se aplica aos relatórios de auditoria sobre demonstrações financeiras elaboradas de acordo com outras estruturas de relatório financeiro (*US GAAP*, por exemplo), onde continua sendo utilizada a dupla data.

Em 22-4-2013 foi emitido pelo IBRACON o Comunicado Técnico 03/2013 confirmando a proibição do uso de dupla data, uma vez que o movimento no sentido de mudar essa interpretação de única data de aprovação não vingou. Dessa forma, pelo menos por enquanto permanece a necessidade do auditor examinar todos os eventos ocorridos entre a data do relatório original e a do novo relatório de auditoria.

Como vimos anteriormente, a data do relatório torna implícito o entendimento de que o auditor assume responsabilidades sobre os eventos ocorridos até a data de seu relatório, portanto, caso ele não limite a sua responsabilidade pela inclusão de dupla data, ele deve aplicar novos procedimentos sobre todos os eventos até a nova data, incluindo a substituição da carta de representação para a nova data.

Na hipótese em que a administração se negue a efetuar as alterações necessárias e o auditor ainda não tenha fornecido o seu relatório de auditoria, ele deve efetuar as modificações requeridas pela NBC TA 705 (inclusão de ressalva ou emissão de relatório com opinião adversa ou com abstenção de opinião) ou NBC TA 706 (adição de parágrafo de ênfase).

Se o auditor já tiver fornecido o seu relatório, ele deve notificar a administração (e órgãos de governança) para que o relatório não seja divulgado, especificando as responsabilidades sobre o não cumprimento.

Adicionalmente, ele deve analisar a necessidade de tomar outras providências junto aos órgãos reguladores. No Brasil, por exemplo, se ocorresse uma situação dessas e estivermos falando de uma companhia aberta, o assunto deveria ser notificado à CVM ou, no caso de um banco, ao Banco Central do Brasil.

Se, mesmo assim, a entidade não tomar as providências consideradas necessárias, o auditor deve consultar seus assessores jurídicos para determinar as medidas legais que devam ser adotadas para não assumir responsabilidades adicionais.

Fatos que chegaram ao conhecimento do auditor após a divulgação das demonstrações financeiras (com o seu relatório)

Conforme já mencionado no tópico anterior, o auditor não tem responsabilidade em executar procedimentos após a emissão de seu relatório, todavia, podem vir ao seu conhecimento fatos que se fossem conhecidos antes da emissão de seu relatório, esse relatório teria sido emitido de forma diferente.

Assim, de forma similar ao tópico anterior, o auditor deve analisar a situação específica, discutir com a administração (e responsáveis pela governança) e concluir sobre a necessidade ou não de alteração nas demonstrações financeiras.

No caso da administração alterar as demonstrações financeiras, também de forma similar ao tópico anterior, o auditor deve analisar os acertos procedidos e reemitir o seu relatório, adicionando parágrafo de ênfase que faça referência à nota explicativa onde o assunto foi detalhadamente explicado.

Todavia, diferentemente do tópico anterior, neste caso o relatório de auditoria emitido já foi divulgado e, dessa forma, o auditor deve discutir com os administradores e com os responsáveis pela governança quais as medidas concretas que serão adotadas para garantir que todos os que receberam ou tiveram acesso ao relatório anteriormente emitido sejam informados da situação.

Na situação em que o relatório anterior tenha sido publicado em jornal de grande circulação, obviamente o relatório e as demonstrações financeiras se tornaram públicas e, portanto, a divulgação deve ser similar.

Caso a administração não adote as medidas necessárias, o auditor, além de oficialmente notificar os administradores, órgãos de governança e reguladores, deve tomar as providências legais para limitar suas responsabilidades.

21

Continuidade Operacional (NBC TA 570)

Introdução e responsabilidades da administração e dos auditores independentes

O item 23 da Estrutura Conceitual para Elaboração e Apresentação das Demonstrações Contábeis emitida pelo CPC e aprovada pelo CFC, CVM e demais órgãos reguladores estabelece que as demonstrações financeiras devem ser normalmente preparadas no pressuposto de que a entidade continuará em operação no futuro previsível.

Dessa forma, presume-se que a entidade não tem a intenção nem a necessidade de entrar em liquidação, nem reduzir de forma relevante a escala das suas operações. Se tal intenção ou necessidade existir, as demonstrações financeiras teriam que ser preparadas numa base diferente, divulgando-se essa base.

Por sua vez, o item 25 do Pronunciamento 26 do CPC, que trata da apresentação das demonstrações financeiras, estabelece que, quando da elaboração dessas demonstrações, a **administração** deve:

- fazer a avaliação da capacidade da entidade continuar em operação no futuro previsível;
- elaborar as demonstrações no pressuposto da continuidade, a menos que a administração tenha intenção de liquidar a entidade ou cessar seus negócios, ou ainda não possua uma alternativa realista senão a descontinuação de suas atividades;

- ao fazer a sua avaliação, quando tiver ciência de incertezas relevantes relacionadas com eventos ou condições que possam lançar dúvidas significativas acerca da capacidade da entidade continuar em operação no futuro previsível, divulgar essas incertezas;

- quando as demonstrações não forem elaboradas no pressuposto da continuidade, divulgar esse fato, juntamente com as bases com as quais elas foram elaboradas e a razão pela qual não se pressupõe a continuidade da entidade.

Adicionalmente, o item 26 desse Pronunciamento estabelece que, ao avaliar se o pressuposto de continuidade é apropriado, a administração deve levar em consideração toda a informação disponível sobre o futuro, que é o período mínimo (mas não limitado a esse período) de doze meses a partir da data do balanço. O grau de consideração depende dos fatos de cada caso.

Dessa forma, em linha com a NBC TA 200, que estabelece a linha divisória entre as responsabilidades da administração e dos auditores independentes, temos que a responsabilidade primária por essa análise da capacidade de continuidade da entidade é da sua administração, enquanto o auditor tem por objetivo e cabe a ele:

- obter evidência de auditoria apropriada e suficiente sobre o uso de forma adequada, pela administração, do pressuposto da continuidade na elaboração de suas demonstrações financeiras;

- concluir se existe incerteza significativa sobre a continuidade operacional; e

- determinar as implicações desse assunto no relatório contendo sua opinião sobre as demonstrações financeiras.

Para que o auditor possa alcançar o seu objetivo, ele precisa que a administração exerça seu julgamento sobre eventos futuros inerentemente incertos, que dependem do tamanho e complexidade da entidade e da própria condição do negócio. Essa incerteza é maior quanto mais distante for o período futuro levado em consideração.

O julgamento é exercido pela administração tomando por base as informações disponíveis no momento do julgamento. Todavia, devem ser levados em consideração os eventos subsequentes que possam ser inconsistentes com o julgamento exercido.

Em suma, é um assunto bastante complexo, pois o auditor não pode prever com precisão as condições que podem levar a entidade a interromper a sua continuidade e, como consequência, a ausência de referência à incerteza de continuidade operacional no relatório de auditoria não é uma garantia dessa continuidade.

O reconhecimento dessas limitações, no entanto, não exime o auditor de sua responsabilidade, portanto, os requisitos dessa norma são extremamente importantes na condução do trabalho de auditoria de demonstrações financeiras.

Requisitos

Avaliação do risco de distorção relevante

Nessa avaliação, executada de acordo com a NBC TA 315, o auditor deve verificar se existem eventos ou condições que possam levantar dúvidas quanto à capacidade de continuidade operacional da entidade.

O item A2 da NBC TA 570 apresenta uma série de indícios que individual ou coletivamente podem levantar dúvidas sobre a continuidade de uma entidade. Entre eles podem ser destacados:

- patrimônio líquido negativo e demais índices financeiros adversos;
- prejuízos operacionais significativos e fluxos de caixa negativos;
- atrasos nos pagamentos aos credores;
- falta de crédito de fornecedores, bancos e perda de suporte financeiro, linhas de financiamento e crédito;
- não cumprimento de cláusulas contratuais de empréstimos;
- perda de pessoal chave e de fontes de suprimento de insumos importantes;
- surgimento de concorrente competitivo, perda de clientes importantes, de franquia, licença ou outras condições operacionais;
- perda de processos ou existência de processos relevantes, que se perdidos podem representar perdas significativas;
- mudanças na legislação, regulamentação ou política governamental que afetam a entidade de forma adversa; e
- perdas por incêndio, inundação e outras intempéries não cobertas por seguros.

Esses exemplos são aplicáveis a entidades de uma forma geral. Para entidades regulamentadas, como por exemplo instituições financeiras, o referido item A2 cita o descumprimento de exigências de capital, incluindo outras exigências legais.

Poderia ser incluída a dificuldade na obtenção de linhas de crédito de liquidez junto ao mercado interbancário, que poderia acarretar a necessidade de recorrer ao Banco Central (redesconto) e o procedimento de desespero de não repassar imediatamente, conforme legalmente requerido, os recebimentos de impostos ou contas de terceiros, caracterizando apropriação indébita e que colocaria a instituição financeira em situação de intervenção pelo órgão regulador, o mesmo ocorrendo com companhias seguradoras que não atendam os índices de solvência estabelecidos pela SUSEP.

O auditor deve permanecer atento, ao longo de todo o trabalho de auditoria, a eventuais eventos que possam indicar problemas de continuidade da entidade e que requeiram uma mudança na análise de risco e nas respostas aos riscos identificados.

A norma apresenta considerações específicas a entidades de pequeno porte que, embora possam responder com mais agilidade às condições adversas, podem enfrentar problemas de falta de recursos em decorrência de cortes nas linhas de financiamento, assim como outros riscos (perda de fornecedor ou cliente importante, de empregado chave ou licença, franquia e outros acordos).

O principal indicador de problemas de continuidade está nas próprias demonstrações financeiras (perdas, deficiências de capital ou de liquidez), todavia, o primeiro passo do auditor para cumprir esse primeiro requisito da NBC TA 570 é obter e analisar a avaliação feita pela administração quanto à capacidade da entidade continuar operando ou solicitar que seja procedida tal avaliação.

É importante notar que, com exceção desse primeiro passo, que é especificamente direcionado ao assunto, os demais passos para atender a esse primeiro requisito ocorrem de forma natural, ou seja, nos trabalhos de auditoria, normalmente, o auditor deve ler as atas de reuniões de sócios, da diretoria e de comitês relevantes. A norma requer que nessa leitura, o auditor atente para a existência de assuntos que possam indicar a existência de dificuldades financeiras ou riscos de descontinuidade.

Na indagação que o auditor normalmente faz aos consultores legais sobre a existência de litígios e processos, ele deve verificar se as implicações financeiras foram adequadamente estimadas e se existem eventos subsequentes que possam indicar problemas de continuidade ou modificar circunstâncias consideradas na avaliação da continuidade pela entidade.

Outra fonte relevante a ser considerada pelo auditor diz respeito aos relatórios de órgãos reguladores e troca de correspondências desses órgãos com a administração da entidade. Essa verificação, também, não é feita exclusivamente para atender o primeiro requisito da NBC TA 570, mas obviamente o auditor deve estar atento aos eventuais problemas levantados pelos referidos órgãos.

Revisão da avaliação da administração

Quando a entidade tiver histórico de lucratividade e acesso tempestivo a recursos financeiros, a conclusão acerca da adequação do pressuposto da continuidade pode ser atingida sem a necessidade de análise pormenorizada.

Todavia, existem situações, principalmente quando estão presentes os indícios mencionados no requisito anterior, em que a **administração** precisa efetuar análise de vasto conjunto de fatores relacionados com a rentabilidade corrente e esperada, cronogramas de liquidação de dívidas e potenciais fontes alternativas de financiamentos para que possa suportar sua conclusão de que o pressuposto de continuidade no futuro previsível é adequado para essa entidade.

Dessa forma, os procedimentos do auditor variam de situação para situação, mas devem compreender o mesmo período de análise coberto pela administração, que por sua vez deve abranger pelo menos 12 meses a partir da data das demonstrações financeiras.

Em entidades de pequeno porte, provavelmente, a administração não tem condições de elaborar uma análise detalhada e o auditor precisa aplicar procedimentos alternativos de obtenção de evidência que lhe permita concluir sobre a continuidade, como por exemplo confirmação de que a entidade tem capacidade de conseguir financiamentos compatíveis com a capacidade de repagamento, confirmação de que a carteira de pedidos inclui vendas futuras que são factíveis, continuidade ou possibilidade dos sócios da entidade manterem seus financiamentos ou concederem novos recursos.

Período posterior ao período de avaliação procedida pela administração

Esse requisito está relacionado com a indagação para obtenção de informações para o período após o período coberto na avaliação efetuada pela administração, ou seja, se a administração fez uma análise sobre os 12 meses seguintes (ano 20X1) ao balanço que serviu de base para avaliação (31/12/20X0), a NBC TA 570 requer que o auditor indague à administração sobre condições que poderão ocorrer nos primeiros meses de 20X2.

Em situação normal, o auditor não tem responsabilidade de aplicar outros procedimentos além de indagações, todavia, se forem identificadas circunstâncias que indiquem risco de descontinuidade, o auditor deve aplicar os procedimentos adicionais do quarto requisito, a seguir.

Procedimentos adicionais de auditoria quando são identificados eventos ou condições que possam levantar dúvidas quanto à continuidade da entidade

Nessas circunstâncias, em que são identificados problemas na continuidade da entidade, o principal procedimento do auditor é analisar se os planos da administração são viáveis e se existem evidências apropriadas e suficientes de que seja provável que a situação da entidade melhore para conseguir manter a sua continuidade operacional.

A viabilidade da recuperação da capacidade de continuidade da entidade depende largamente da habilidade de sua administração (ou de seus consultores) em identificar os efetivos problemas que provocaram o risco de descontinuidade e determinar as ações necessárias para recuperar a entidade.

Nesse sentido, por exemplo, se a entidade vem acumulando perdas operacionais significativas em um segmento ou linha de negócios e a entidade consegue tomar as ações necessárias para estancar esse problema, seja reorganizando ou se desfazendo desse negócio, existe uma grande probabilidade de a entidade ter êxito e continuar em marcha, dependendo de outros fatores como a obtenção de recursos financeiros para dar o fôlego necessário de concluir a operação com sucesso.

Nessas circunstâncias, o auditor deve obter evidência que lhe permita concluir sobre a possibilidade de a entidade continuar em marcha. Essas evidências variam de situação para situação e podem incluir:

- análise de demonstrações de resultado e fluxos de caixa projetados;
- comparação dessas projeções com informações reais subsequentes que estejam disponíveis;
- comparação de projeções anteriores para períodos passados com informações reais apuradas;
- confirmação da possibilidade de captação de recursos, seja por meio de instrumentos de capital ou de dívida. Esses fatos podem ser confirmados por meio da leitura de contratos, ofertas e outras informações que possam estar disponíveis;
- confirmação da existência de acordos com partes relacionadas ou terceiros para fornecimento de suporte financeiro;
- análise dos pedidos em carteira e das possibilidades de a entidade continuar atendendo seus clientes;
- no caso de o plano de recuperação incluir a venda de outros ativos, além daqueles que geravam perdas, para conseguir recursos, o auditor pode verificar os procedimentos que foram e estão sendo adotados para atingir tal objetivo; e
- quando os pressupostos da administração incluem o suporte contínuo de terceiros, seja mediante subordinação de empréstimo, fornecimento de garantia ou até insumos para a entidade continuar operando, o auditor deve considerar a possibilidade de obter confirmação por escrito desse compromisso.

Esses e outros eventuais procedimentos que possam ser aplicados nas circunstâncias específicas, que sempre incluem a obtenção de representações da administração e dos responsáveis pela governança com relação aos planos da entidade e sobre a viabilidade desses planos, têm como objetivo permitir ao auditor concluir sobre:

- a existência ou não de incerteza quanto a continuidade;
- o uso apropriado ou não do pressuposto da continuidade operacional; e
- o impacto no relatório de auditoria.

Conclusão sobre a existência (ou não) de incerteza relevante, do uso apropriado (ou não) do pressuposto da continuidade e da inclusão (ou não) de divulgações adequadas e o impacto no relatório de auditoria

Se **não** existir incerteza relevante quanto à continuidade da entidade, a entidade deve elaborar suas demonstrações financeiras de acordo com o pressuposto da continuidade, conforme estabelecido no item 23 da Estrutura Conceitual, apresentado no início deste capítulo, e o **relatório de auditoria não tem nenhum impacto em decorrência desse assunto**.

Quando **existir incerteza relevante**, o auditor deve concluir se o uso do pressuposto da continuidade operacional na elaboração e apresentação das demonstrações financeiras é ou não apropriado.

Se for apropriado, as demonstrações financeiras devem:

- descrever os principais eventos ou condições que possam levantar dúvida (incerteza) quanto à continuidade e o plano da administração para tratar desses eventos ou condições; e
- divulgar claramente essa incerteza e que a entidade pode não ser capaz de realizar ativos e saldar seus compromissos no curso normal dos negócios.

No caso das demonstrações financeiras incluírem as **divulgações** requeridas de forma **adequada**, o auditor deve emitir um relatório contendo opinião **sem ressalvas**, mas deve ser **adicionado um parágrafo de ênfase** para destacar a incerteza e para chamar a atenção do usuário das demonstrações **para a nota explicativa que divulga os assuntos** (ver exemplo "A" no fim da explanação).

No caso das demonstrações financeiras **não incluírem as divulgações** requeridas, o auditor deve emitir um relatório contendo sua opinião com **ressalva ou adversa**, dependendo das circunstâncias, conforme NBC TA 705 (ver exemplos "B" e "C" a seguir).

Se as demonstrações forem elaboradas de acordo com o pressuposto da continuidade, mas esse **pressuposto não for apropriado**, o auditor deve expressar opinião **adversa**, independentemente das demonstrações financeiras incluírem ou não a divulgação do uso inadequado desse pressuposto.

Quando o pressuposto da continuidade não for apropriado, a entidade pode elaborar e apresentar suas demonstrações financeiras de acordo com base alternativa, por exemplo, base de liquidação. Nesse caso, o auditor pode auditar as demonstrações elaboradas nessa base, desde que ele considere essa base aceitável.

Nessa hipótese, o seu relatório pode apresentar opinião sem ressalva desde que todas as divulgações tenham sido apresentadas de forma adequada, todavia, normalmente, o auditor deveria adicionar um parágrafo de ênfase para chamar a atenção dos usuários das demonstrações de que as demonstrações foram elaboradas e apresentadas em uma forma alternativa e as razões para utilização dessa base alternativa.

Quadro-resumo da análise e impacto no relatório de auditoria

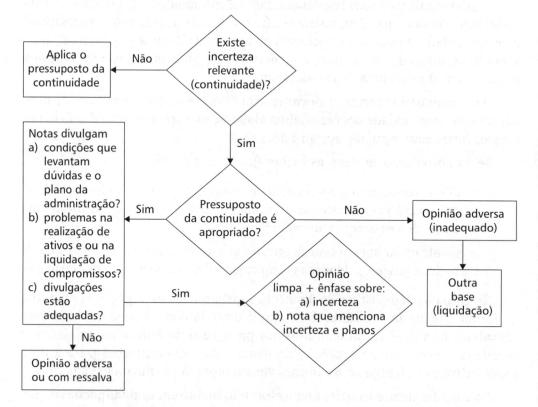

Exemplos de relatórios

Exemplo "A" – Adição de parágrafo de ênfase a um relatório com opinião sem ressalva

Ênfase

Sem ressalvar nossa opinião, chamamos a atenção para a Nota Explicativa X às demonstrações financeiras, que indica que a Companhia ABC incorreu no prejuízo líquido de $ durante o exercício findo em 31 de dezembro de 20X1 e que, nessa data, o passivo circulante da Entidade excedeu o total do ativo em $. Essas condições, juntamente com outros aspectos, conforme descrito na Nota Explicativa tal, indicam a existência de incerteza relevante que pode levantar dúvida significativa quanto à capacidade de continuidade operacional da entidade.

Exemplo "B" – Relatório contendo opinião com ressalva

Base para opinião com ressalva

Os acordos de financiamento da Companhia ABC vencem em 31 de março de 20X1, com montantes a pagar naquela data. A Entidade não conseguiu renegociar ou obter novo financiamento. Essa situação indica a existência de incerteza significativa que pode levantar dúvida relevante quanto à capacidade de continuidade operacional da entidade e, portanto, ela pode não ser capaz de realizar seus ativos e liquidar seus passivos no curso normal dos negócios. As demonstrações financeiras (e as notas explicativas) não divulgam integralmente esse fato.

Opinião com ressalva

Em nossa opinião, exceto pela divulgação incompleta das informações referidas no item base para opinião com ressalva, as demonstrações financeiras apresentam adequadamente, em todos os aspectos relevantes, a posição patrimonial e financeira da Entidade em 31 de dezembro de 20X0, o desempenho de suas operações e os fluxos de caixa para o exercício findo naquela data, de acordo com práticas contábeis adotadas no Brasil.

Exemplo "C" – Opinião adversa

Base para opinião adversa

Os acordos de financiamento firmados anteriormente pela Companhia expiraram e os montantes devidos estavam vencidos em 31 de dezembro de 20X0.

A Companhia não conseguiu renegociar ou obter novos financiamentos e está considerando declarar falência, indicando a existência de incerteza significativa que levanta dúvida relevante quanto à capacidade de continuidade da Companhia, que pode não ser capaz de realizar seus ativos e saldar seus passivos no curso normal do negócio. As demonstrações financeiras e as notas explicativas não divulgam integralmente este fato.

Opinião adversa

Em nossa opinião, em decorrência da omissão das informações mencionadas na seção **base para opinião adversa***, as demonstrações financeiras não apresentam adequadamente a posição patrimonial e financeira da Companhia em 31 de dezembro de 20X0, o desempenho de suas operações e os seus fluxos de caixa para o exercício findo naquela data de acordo com as práticas contábeis adotadas no Brasil.*

Relutância da administração em estender a sua avaliação

Conforme mencionado anteriormente, o item 26 do Pronunciamento 26 do CPC estabelece que, ao avaliar se o pressuposto de continuidade é apropriado, a administração deve levar em consideração o período mínimo (mas não limitado a esse período) de 12 meses a partir da data do balanço.

Podem ocorrer situações em que o auditor considere necessário que a entidade estenda essa análise além do período mínimo de 12 meses além da data do balanço. Caso a administração da entidade se negue a complementar essa análise, o auditor pode concluir pela emissão de um relatório com ressalva ou abstenção de opinião em decorrência da limitação no alcance da auditoria.

Comunicação com os responsáveis pela governança

O auditor deve comunicar os eventos ou condições identificados que possam colocar em dúvida a continuidade da entidade, incluindo a informação se tais eventos ou condições se constituem em incertezas significativas, se o uso do pressuposto da continuidade operacional é apropriado e se as divulgações são adequadas às circunstâncias.

Atraso significativo na aprovação das demonstrações financeiras

O auditor deve estar atento a eventual atraso na aprovação das demonstrações financeiras, uma vez que pode estar relacionado com problemas de continuidade operacional.

Nessas circunstâncias, pode ser necessário aplicar passos adicionais de auditoria, conforme descrito no requisito que trata dos Procedimentos Adicionais de Auditoria quando são identificados eventos ou condições que possam levantar dúvidas quanto à continuidade da entidade.

22

Representações Formais (NBC TA 580)

Introdução e objetivos

As representações formais obtidas da administração e, em algumas circunstâncias, dos responsáveis pela governança são importantes fontes de evidência de auditoria, todavia essas representações, por si só, não fornecem evidência de auditoria apropriada e suficiente e não substituem os procedimentos de auditoria que possam ser necessários.

As representações têm como objetivo evidenciar que a administração cumpriu com sua responsabilidade sobre as demonstrações financeiras e pela integridade das informações fornecidas ao auditor, assim como dar suporte a outras evidências de auditoria e possibilitar ao auditor a adoção de medidas apropriadas em resposta às representações ou na falta delas.

Na vida prática, há um ditado que traduz fielmente a importância das representações formais ao auditor, pois, como se diz, "o auditor não conhece os documentos que estão nas gavetas dos executivos e nem o que está em suas cabeças", portanto, a não obtenção de representações para certos assuntos não permitiria ao auditor conseguir formar sua opinião sobre as demonstrações financeiras.

Requisitos

Os requisitos da NBC TA 580 incluem os seguintes aspectos a serem observados:

- determinação de quem deve fornecer as representações formais;
- assuntos a serem incluídos nas representações formais, inclusive outras representações suplementares;
- data e período abrangido pelas representações;
- forma das representações; e
- dúvidas sobre a confiabilidade das representações ou representações não fornecidas.

Determinação de quem deve fornecer as representações formais

Devem ser solicitadas àqueles membros da administração que são responsáveis pela elaboração das demonstrações financeiras e que possuem conhecimento dos assuntos que interessam ao auditor obter representações, portanto, Presidente (Principal Diretor Executivo ou Gerente Geral) e Diretor Financeiro.

No Brasil, normalmente, obtêm-se representações também do contabilista responsável pelas demonstrações financeiras, uma vez que esse profissional deve observar o Código de Ética do Contabilista do CFC.[1]

Espera-se que esses três profissionais possuam o conhecimento necessário e suficiente de todos os assuntos passíveis de representações, todavia, nada impede que eles se apoiem em outros profissionais para assuntos que envolvem especialização e façam indagações a eles.

Como exemplo, a norma cita atuário, engenheiro especializado em obrigações ambientais e advogados, mas poderia incluir quaisquer outros profissionais, como por exemplo especialista em impostos diretos ou indiretos, assim como especialista em produtos financeiros para suportar avaliação de instrumentos financeiros mediante modelo matemático.

Assuntos a serem incluídos nas representações formais

O Apêndice 2 da NBC TA 580 apresenta exemplo de carta de representação que deve ser adaptado às circunstâncias específicas de cada trabalho. Em linhas gerais, as representações formais devem incluir:

a) declaração de cumprimento pela administração de sua **responsabilidade pela elaboração das demonstrações financeiras**[2] de acordo com

---

[1] O Código de Ética do CFC, na época em que este material foi preparado, encontrava-se em processo de atualização para incorporação de regras internacionais constantes do Código de Ética do IESBA (*International Ethics Standards Board for Accountants*).

[2] No caso do Setor Público, as representações podem incluir afirmação de que as transações e eventos foram executados de acordo com a legislação ou regulamentação que seja aplicável.

a estrutura de relatório financeiro aplicável, conforme estabelecido na carta de contratação (ver Capítulo 4, que trata da NBC TA 210). Essa declaração é sempre necessária para deixar clara a responsabilidade assumida pela administração na contratação do trabalho e é particularmente importante no caso de a carta de contratação ter sido assinada por outros que já não possuem responsabilidade pelas demonstrações ou exista indicação de que possa não ter havido completo entendimento das responsabilidades;

b) declaração de que todas as transações foram registradas nos livros e estão refletidas nas demonstrações financeiras e que todas as informações necessárias foram fornecidas ao auditor, que não teve qualquer limitação de acesso às pessoas ou às informações necessárias ao seu trabalho.

É importante destacar que o auditor não tem condições de concluir que a administração forneceu a ele todas as informações que deveriam ser fornecidas, conforme estabelecido no acordo sobre os termos do trabalho (NBC TA 210), sem lhe perguntar e sem receber a confirmação de que tais informações foram fornecidas.

Além disso, a administração deve reconfirmar seu conhecimento e entendimento sobre aquelas responsabilidades normalmente assumidas nos termos da contratação. Essa reconfirmação é particularmente relevante quando os termos do trabalho foram firmados pela administração anterior que não está mais na entidade, quando esses termos foram firmados em anos anteriores, ou quando existem indícios de que não houve um correto entendimento dessas responsabilidades, assim como mudanças nas circunstâncias que requerem essa reconfirmação sobre as responsabilidades.

Em adição a essas representações requeridas pelos itens 10 e 11 da NBC TA 580, que tratam das responsabilidades da administração, do registro das transações nos livros contábeis e da apresentação nas demonstrações financeiras, assim como de que todas as informações necessárias ao auditor foram fornecidas a ele, o auditor deve considerar se é necessário obter uma ou mais representações formais que suplementem, mas que não fazem parte, os referidos itens da norma. Essas outras representações servem para confirmar outras evidências de auditoria e compreendem, por exemplo:

- declaração de que as práticas contábeis são apropriadas nas circunstâncias;
- informação sobre o reconhecimento, mensuração, apresentação e divulgação de assuntos específicos (planos sobre ativos e passivos, contingências, titularidade de ativos, ônus ou gravames sobre eles e aspectos relacionados com leis, regulamentos e acordos contratuais);
- declaração de que o auditor foi informado de todas as deficiências no controle interno;

- confirmação de afirmações específicas nas demonstrações financeiras, principalmente aquelas que envolvem intenções, destacando-se por exemplo a situação específica de avaliação de instrumentos financeiros que depende da intenção da administração, ou seja, se tais instrumentos são para negociação, a avaliação é pelo valor de mercado na data das demonstrações financeiras, enquanto se a intenção for de manter tais instrumentos até o vencimento, sua avaliação será de acordo com o custo amortizado, conforme pronunciamento específico do CPC; e
- declaração de que a entidade entende que as distorções não corrigidas não são relevantes em relação às demonstrações financeiras tomadas em conjunto.

No que tange às representações que envolvem intenções, o auditor deve considerar o histórico de cumprimento, pela administração, das intenções, das razões e da capacidade dela perseguir certos cursos de ação.

No caso de entidades do setor público, as responsabilidades da administração podem abranger outros aspectos, como por exemplo o cumprimento da lei e regulamentações e, dessa forma, as representações devem ser adaptadas às circunstâncias.

As outras normas de auditoria (NBC TAs) requerem que o auditor obtenha outras representações formais apresentadas na tabela a seguir:

Tabela contendo as NBC TAs que requerem representações

NBC TA	Item	Descrição das representações a serem obtidas da Administração ou dos responsáveis pela governança
240	39	Responsabilidade por: (i) desenho, implementação e manutenção de controle interno para prevenir e detectar fraude; (ii) revelar ao auditor a avaliação de risco de fraude; e (iii) revelar ao auditor as fraudes ou suspeitas de fraude perpetradas pela administração ou empregados-chave e de valores relevantes em relação às demonstrações financeiras.
250	16	Revelar ao auditor as não conformidades com leis e regulamentos, inclusive as suspeitas.
450	14	Entendimento da administração de que as distorções não corrigidas são não relevantes em relação às demonstrações financeiras, incluindo resumo dessas distorções.
501	12	Confirmação de que todos os litígios e reclamações, cujos efeitos deveriam ser considerados na elaboração das demonstrações, foram divulgados ao auditor, assim como registrados e divulgados nas demonstrações, conforme requerido pelas práticas contábeis adotadas no Brasil (ver Pronunciamento 25 do CPC).

540	22	A administração acredita que as premissas significativas utilizadas nas estimativas são razoáveis, incluindo entendimento de que o processo de mensuração é adequado, que as divulgações são completas e adequadas e que não ocorreu nenhum evento subsequente que afete a estimativa.
550	26	Foram identificadas e divulgadas ao auditor as transações com partes relacionadas e que essas transações foram apropriadamente contabilizadas e divulgadas nas demonstrações financeiras. Em situações específicas podem incluir confirmação de que não existem acordos paralelos (*side letters*) que mudem a forma da transação.
560	9	Eventos subsequentes que requerem ajuste ou divulgação foram devidamente ajustados ou divulgados.
570	16 e	Planos de ação e viabilidade deles para a continuidade operacional em decorrência de incerteza relevante sobre esse risco.
710	9	As representações devem abranger os períodos cobertos pelo Relatório de Auditoria e a correção de distorção relevante nas demonstrações do período anterior que afeta as informações comparativas. No caso de demonstrações financeiras comparativas, as representações cobrem os dois períodos.

Data e período de abrangência das representações

A data do fornecimento de representações formais normalmente é a própria data do relatório do auditor, pois ela cobre os eventos subsequentes e, portanto, é mais seguro ao auditor que seja a mesma data, todavia, isso nem sempre é possível e em alguns casos é antes, mas nunca após a data de emissão do relatório de auditoria, devendo ser a mais próxima possível da data do relatório de auditoria.

As representações devem cobrir os mesmos períodos das demonstrações financeiras cobertas no relatório de auditoria, ou seja, se o relatório cobre demonstrações comparativas de dois exercícios, as representações devem, também, cobrir dois exercícios.

Isso é importante porque a administração deve reafirmar a adequação das representações fornecidas anteriormente. Mesmo no caso em que houve troca de administradores, a atual administração tem responsabilidade sobre as demonstrações como um todo, devendo, portanto, fornecer as representações para os dois exercícios, apresentados de forma comparativa.

Por sua vez, no caso em que o relatório do auditor cobre apenas o período corrente, de acordo com a abordagem de informações correspondentes, a carta de representações, também, cobre apenas o período corrente.

Formato das representações formais

As representações formais seguem o formato de uma carta dirigida aos auditores, conforme exemplo constante do Apêndice 2 da NBC TA 580, que deve ser adaptado à situação específica.

Os seguintes aspectos principais devem ser destacados no exemplo constante no referido apêndice:

a) carta em papel timbrado da entidade;

b) mesma data do relatório ou data anterior (a mais próxima possível da data do relatório);

c) referência ao período abrangido pelas demonstrações financeiras que estão cobertas no relatório de auditoria;

d) valores que identificam as demonstrações financeiras. Por exemplo, total do ativo, do patrimônio líquido e resultado;

e) declaração de que a administração fez as indagações necessárias para estar em posição de fornecer as representações;

f) declaração de cumprimento das responsabilidades assumidas na contratação, incluindo, em particular, a responsabilidade pela adequada apresentação das demonstrações de acordo com a estrutura de relatório que seja aplicável;

g) representações sobre assuntos relevantes (ver quadro apresentado anteriormente), incluindo: transações com partes relacionadas, estimativas contábeis, eventos subsequentes, não relevância das distorções não corrigidas;

h) declaração de que permitiu ao auditor acesso irrestrito às pessoas e às informações consideradas necessárias, incluindo registros, documentos, avaliação de riscos de distorção motivadas por fraude;

i) declaração sobre existência de fraudes ou indícios de fraude perpetrados pela administração ou empregados (executivos) com funções relevantes nos controles internos, assim como aquelas fraudes perpetradas por outros empregados, mas que sejam de valor relevante; e

j) declaração sobre casos conhecidos de não conformidade ou suspeita de não conformidade com leis e regulamentos e outras representações consideradas necessárias pelo auditor.

Dúvidas sobre a confiabilidade das representações formais ou representações não recebidas

A existência de dúvida quanto à confiabilidade das representações, motivadas por desconfiança da competência, integridade, falta de ética ou diligência da administração, normalmente é um assunto grave e pode requerer que o auditor se retire do trabalho, pois a confiança na administração e nos responsáveis pela governança é fundamental para a consecução da auditoria.

Se os eventuais problemas dessa natureza forem resolvidos satisfatoriamente, o que na prática é pouco provável, a norma NBC TA 230, que trata da Documentação da Auditoria, requer que esse assunto seja apropriadamente documentado.

No passado, quando a obtenção de representações não estava inclusa nas normas de auditoria, não existia um claro entendimento da importância das representações, e muitas vezes o auditor enfrentava problemas em obter as necessárias representações, surgindo uma limitação no alcance da auditoria.

Como essa limitação não pode ser substituída por procedimentos alternativos, ela acaba gerando a emissão de um relatório com abstenção de opinião, conforme NBC TA 705. Nesse sentido, é importante destacar que a NBC TA 580, originalmente aprovada em fins de 2009, conteve uma troca indevida do verbo **deve** por **pode**, regularizada em 2010, que possibilitava o entendimento de que não seria obrigatória a abstenção de opinião, que é requerida em decorrência da importância da limitação existente, que não permite ao auditor formar uma opinião sobre as demonstrações financeiras examinadas nos casos de falta de representações ou representações não confiáveis.

Representações inconsistentes com outras evidências de auditoria

No caso de o auditor identificar inconsistências entre as representações da administração e as evidências de auditoria, ele deve investigar essas inconsistências para poder chegar a uma conclusão.

Se as inconsistências estiverem representadas por inadequação na documentação da auditoria, a documentação deve ser acertada; **todavia**, se o problema estiver nas representações, o auditor deve reavaliar sua confiabilidade na competência, integridade, valores éticos ou diligência da administração, ou do seu compromisso com esses valores e, se concluir pela não confiabilidade nas representações, tem-se novamente o problema de limitação e da necessidade de abstenção de opinião.

23

Auditoria de Demonstrações Financeiras de Grupos, incluindo o Trabalho dos Auditores dos Componentes (NBC TA 600)

Introdução e definições

A NBC TA 600 tem como objetivo apresentar os requisitos e os procedimentos que devem ser observados na auditoria de demonstrações financeiras de grupos de empresas ou de uma entidade formada por diferentes componentes.

Grupos e componentes

Para facilitar o entendimento, vamos imaginar um grupo de empresas que tem uma *holding*, com diversas controladas, coligadas e empreendimentos em conjunto,[1] como as grandes corporações brasileiras do tipo da Petrobras, Grupo Votorantim, ou um conglomerado de empresas que possui atividades tanto na área financeira como industrial, como por exemplo o Grupo Itaú.

De forma similar, poderíamos exemplificar essa situação para grandes corporações multinacionais, como os gigantes da área automobilística (Ford, GM, Honda), Unilever, Citibank, Nestlé ou até mesmo o McDonald's, onde também temos a figura da controladora (*parent company*) em algum país do mundo e suas diversas subsidiárias ao redor do mundo, incluindo o Brasil.

---

[1] Empreendimentos em conjunto ou *joint ventures* são entidades com controle compartilhado ou, também, entidades de propósito específico.

Nesses exemplos, os **componentes** são as diversas investidas das empresas brasileiras ou das *parent companies* multinacionais. Esses componentes também poderiam ser filiais, segmentos ou outras formas de relacionamento, assim como outras formas legais de associação, sendo importante considerar que essa norma se aplica quando se tem a situação em que o auditor da controladora, matriz, *parent company* ou investidora, que tem a responsabilidade sobre a auditoria das demonstrações financeiras do grupo (consolidadas, combinadas ou com aplicação do método de equivalência patrimonial), aceita um trabalho que inclui componentes (controladas, filiais e outras formas) cujas demonstrações sejam auditadas por outros auditores.

Proibição da divisão de responsabilidade com outro auditor

A grande novidade dessa norma é que ela, a exemplo da norma que aborda a utilização de especialistas (atuário, avaliadores e outros especialistas não contábeis), não mais permite a divisão de responsabilidade, ou seja, o auditor da investidora (demonstrações consolidadas ou que incluem o investimento avaliado pelo método da equivalência patrimonial) assume total responsabilidade pela auditoria, não podendo mais mencionar em seu relatório que a sua opinião com referência ao investimento tal, avaliado pelo método da equivalência patrimonial, ou que parte dos ativos e passivos, inclusos na consolidação, esteja baseada no trabalho de outros auditores.

Antes desta norma, era bastante normal a existência de relatórios de auditoria onde se incluía uma informação adicional antes do parágrafo da opinião, explicando-se que as demonstrações financeiras da investida tal no valor tal foi examinada por outro auditor. Para as demonstrações financeiras consolidadas, em vez do **valor**, normalmente o parágrafo mencionava o **percentual** dos ativos e do resultado que tinha sido examinado por outros auditores independentes.

Esse parágrafo era complementado pela imputação de toda a responsabilidade sobre o referido valor ou percentual dos ativos e resultado ao outro auditor, com uma redação do tipo:

> *Nossa opinião, no que se refere ao investimento tal no valor de $ X, avaliado pelo método da equivalência patrimonial, representando tantos % do ativo consolidado e X% do resultado, está baseada <u>exclusivamente</u> na opinião de outro auditor independente, que emitiu relatório sem ressalva sobre as demonstrações financeiras do exercício findo em tal, que serviu de base para avaliação do referido investimento e sua inclusão nas demonstrações consolidadas.*

Por sua vez, no parágrafo da opinião, a redação incluía o seguinte (em itálico negrito):

Em nossa opinião, *com base em nosso exame e <u>no exame de outros auditores independentes</u>, conforme referido no parágrafo anterior,* as demonstrações financeiras acima referidas representam adequadamente...

A proibição a essa imputação de responsabilidade ao outro auditor é a grande novidade trazida pela NBC TA 600. Em decorrência dessa proibição e da consequente assunção de total responsabilidade pelo auditor da entidade que consolida ou agrega valores auditados por outros, a referida norma estabelece que o auditor deve ficar satisfeito de que coletivamente as equipes, inclusive os componentes, possuem as habilidades necessárias, apresentando uma série de requisitos que devem ser observados por esse auditor responsável pelo consolidado ou pelas demonstrações do grupo.

Conceitos e definições

É importante entender os seguintes conceitos ou nomes que doravante vão ser bastante utilizados, antes de se discutirem o alcance, objetivos e requisitos dessa norma:

Componentes são as diversas unidades de negócios de um **grupo** de entidades, ou seja, no nosso exemplo inicial seriam as controladas, coligadas, filiais ou investidas que, juntamente com a sociedade de comando (controladora, matriz, *parent company* ou outra forma de comando), formam um **grupo**.

O componente geralmente possui uma administração independente identificada como **administração do componente** (responsável pelas **demonstrações financeiras do componente**) que se diferencia da **administração do grupo**, que tem sob sua responsabilidade as **demonstrações financeiras do grupo** (consolidada ou que inclui o investimento no componente avaliado pelo método da equivalência patrimonial).

Quando um ou mais componentes têm auditor diferente daquele que tem a responsabilidade pela auditoria das demonstrações financeiras do grupo, a norma NBC TA 600 se aplica e temos as figuras do **auditor do grupo** e do **auditor do componente ou auditores dos componentes**, que são identificadas por **equipe de auditoria do grupo** e **equipe de auditoria do componente**, que são lideradas, respectivamente, pelo **sócio de auditoria do grupo e pelo sócio de auditoria do componente** ou respectivo plural quando os componentes tiverem diferentes auditores.

Para simplificar, doravante utilizaremos apenas as expressões **auditor do grupo** e **auditor do componente** para diferenciá-los, ficando entendido que o **auditor do grupo** é aquele que tem a responsabilidade sobre as demonstrações financeiras consolidadas do grupo ou das demonstrações financeiras individuais da sociedade de comando (controladora, matriz etc.) que mantém investimentos avaliados pelo método da equivalência patrimonial.

De forma similar, a norma diferencia também materialidade do grupo e do componente, controles no nível de grupo e no nível do componente. Um componente pode ser **significativo** para as demonstrações financeiras do grupo como um todo ou **não significativo**. Essa diferenciação é importante, pois são abordados de forma diferente pelo auditor do grupo.

O componente é significativo quando possui relevância individual em termos financeiros ou quando apresenta risco significativo de distorção nas demonstrações financeiras, ou seja, tem uma representatividade em relação aos ativos, passivos ou resultado total, ou pode gerar distorção mais significativa do que os demais componentes.

Alcance e objetivos da norma

Conforme mencionado anteriormente, a norma tem por objetivo a auditoria das demonstrações financeiras de grupo, incluindo componentes; todavia, com as adaptações necessárias ela também pode ser aplicada nas situações em que um auditor utiliza o trabalho de outros auditores para efetuar trabalhos de auditoria, que não sejam necessariamente sobre as demonstrações financeiras, em componentes situados em outras localidades.

Por exemplo, essa norma poderia ser utilizada por um auditor de uma grande rede de supermercados, que possui pontos de venda (e estoques) em diversas localidades, onde em vez dele designar seus próprios auditores para acompanhar os inventários físicos, por uma questão de economia e maior e eficiência, ele poderia terceirizar esse trabalho com outros auditores da própria localidade onde está situada a unidade.

De forma similar, um auditor de uma entidade que possui diversos pontos de venda de propriedade de "franqueados" poderia terceirizar parte do seu trabalho (visita e execução de exames nos franqueados) com diversos auditores espalhados pelo Brasil.

No Brasil, temos diversos exemplos de negócios explorados por franqueados, destacando-se, entre outros, a rede McDonald's de lanchonetes, a rede Kopenhagen de café e chocolates e a rede Boticário, que atua no ramo de perfumes e cosméticos.

Nesse caso de franqueados, como as unidades não são representadas por investidas (controladas, coligadas e outras formas de associação), não é aplicado o método de equivalência patrimonial ou preparadas demonstrações financeiras consolidadas, mas a proprietária da franquia pode contratar os trabalhos de auditor para efetuar trabalhos de asseguração nas unidades franqueadas, cujo auditor pode eventualmente terceirizar parte do trabalho nessas unidades e, dessa forma, como ele não pode dividir responsabilidade, ele teria que aplicar os requisitos da NBC TA 600 nesses trabalhos.

A NBC TA 600 foi redigida com o objetivo de apresentar os requisitos e orientar os auditores independentes quando estes são os auditores do grupo que vão usar os serviços dos auditores de componentes, mas ela também serve para orientar os auditores independentes que servem como auditores de componentes, uma vez que eles passam a entender melhor os objetivos dos auditores do grupo e os requisitos que eles estabelecem para serem cumpridos pelos auditores de componentes.

Existem situações em que os auditores dos componentes são contratados para examinar, de acordo com requisitos regulamentares, as demonstrações financeiras preparadas de acordo com leis e regulamentos, que podem deferir tanto das normas internacionais de auditoria como das normas contábeis aplicadas pelo grupo. Se essas demonstrações auditadas vierem a ser utilizadas pelo auditor do grupo, a NBC TA 600 também se aplica.

Os fatores que podem afetar a decisão de utilizar tais demonstrações estão relacionados com as diferenças nas práticas contábeis e nas normas de auditoria, assim como se a conclusão do exame será em data compatível com a necessidade do auditor do grupo.

Requisitos

Os requisitos da NBC TA 600 estão relacionados com:

- responsabilidade;
- aceitação e continuidade;
- estratégia global de auditoria e plano de auditoria;
- entendimento do grupo, seus componentes e seu ambiente;
- entendimento dos auditores dos componentes;
- materialidade;
- respostas aos riscos avaliados;
- processo de consolidação;
- eventos subsequentes;
- comunicação com os auditores dos componentes;
- avaliação da suficiência e da adequação da evidência de auditoria obtida;
- comunicação com a administração e com os responsáveis pela governança do grupo;
- documentação.

Responsabilidade

O primeiro requisito está relacionado com a responsabilidade que, conforme já mencionado, é totalmente assumida pelo sócio responsável pela auditoria do grupo, não podendo dividir responsabilidade com o auditor do componente por meio de citação do auditor do componente em seu relatório de auditoria sobre as demonstrações financeiras.

Quando essa citação for necessária, o auditor deve consignar no relatório que esse fato não diminui a sua responsabilidade.

Embora seja proibida a divisão de responsabilidade, existem situações em que é necessário, na seção do relatório contendo a base para a opinião com ressalva, e em outros casos para poder explicar e fundamentar a ressalva, mencionar o relatório do auditor do componente. Nessas circunstâncias, essa menção é possível, todavia, ela não diminui a responsabilidade do auditor do grupo.

Aceitação e continuidade

A aceitação de um trabalho de auditoria em um grupo envolve aspectos relacionados tanto com o controle de qualidade no nível da firma (NBC PA 01) e do trabalho de auditoria (NBC TA 220), como aqueles relacionados com a contratação de um trabalho apresentado no capítulo que trata da NBC TA 210.

O auditor do grupo, ao aceitar um trabalho, parte do princípio de que ele poderá obter evidência apropriada e suficiente do processo de consolidação e de todas as informações dos componentes que forem necessárias para poder fundamentar sua opinião sobre as demonstrações financeiras do grupo.

Dessa forma, quando se trata de um novo trabalho (aceitação), o auditor do grupo deve obter o entendimento dos negócios, do ambiente em que o grupo atua, incluindo seus componentes, os controles e todos os demais conhecimentos necessários para auditar a entidade, de forma similar ao que foi abordado em outros capítulos para uma entidade individual, cujos conceitos, definições e objetivos agora devem ser olhados e considerados na perspectiva do grupo e não da entidade individual. O auditor do grupo deve olhar o grupo como um todo, inclusive daqueles componentes em que ele (auditor do grupo) não é o auditor.

De forma similar, quando o grupo já for cliente, o auditor do grupo deve aplicar os procedimentos para avaliação da continuidade e, nesse caso, em vez de obter o entendimento que ele já possui, ele vai se preocupar em analisar as mudanças havidas.

Como mencionado, o auditor do grupo parte da premissa de que não haverá qualquer limitação tanto no processo de aceitação como de continuidade. Se ele identificar a existência de qualquer limitação, que vai originar ressalva ou abstenção de opinião em seu relatório, ele não deve aceitar o trabalho ou deve renunciar.

Em algumas situações em que a limitação é meramente circunstancial e o componente não é significativo, o auditor do grupo pode se satisfazer por outros meios indiretos, todavia, quanto mais significativo for o componente, menor é a possibilidade de se resolver o assunto satisfatoriamente, portanto, é fundamental que esses assuntos sejam discutidos e destacados nos termos da contratação do trabalho (NBC TA 210).

Assim, na carta de contratação deve se deixar claro os termos do trabalho, destacando, além dos itens já discutidos no Capítulo 4, que trata da NBC TA 210, os seguintes principais aspectos:

- estrutura de relatório financeiro que será aplicada;
- aspectos relacionados com as comunicações com os auditores dos componentes;
- idem no que tange à comunicação com os responsáveis pela governança e administradores dos componentes;
- idem com órgãos reguladores, se for aplicável; e
- acesso direto a eventuais informações que sejam consideradas necessárias pelo auditor do grupo.

Estratégia global da auditoria e plano de auditoria

O auditor do grupo deve estabelecer a estratégia de auditoria do grupo. Essa estratégia será consignada no Plano de Auditoria do grupo, que obviamente incluirá instruções detalhadas aos auditores dos componentes, especificando materialidade, comunicações e outras instruções cobrindo os demais requisitos que estão apresentados a seguir.

Entendimento do grupo, seus componentes e seus ambientes

Como mencionado anteriormente, este quarto requisito requer que o auditor aplique a NBC TA 315 tendo como perspectiva o grupo como um todo e não a entidade (controladora ou sociedade de comando do grupo), considerada individualmente.

O Apêndice 2 da NBC TA 600 apresenta uma série de exemplos sobre os assuntos que o auditor do grupo deve obter conhecimento, destacando-se, entre eles:

- os controles abrangentes no nível do grupo, envolvendo o monitoramento das operações, dos controles e dos riscos dos componentes;
- o sistema de tecnologia da informação do grupo (TI), em particular, se ele é centralizado e se ele propicia um controle uniforme aplicado a todo o grupo, incluindo os controles gerais de acesso, modificações de programas, modificações de dados-fonte e de outros controles;
- existência de manual de procedimentos cobrindo as políticas contábeis do grupo e a preparação de demonstrações financeiras uniformes, inclusive de "pacotes de informações detalhados" para permitir ao grupo adotar e consolidar informações uniformes. Entende-se por "pacote de informações detalhadas" os *reporting packages* que as subsidiárias de empresas multinacionais devem preparar e submeter à auditoria para atendimento das *parent companies* no exterior, que cada vez mais são também utilizados pelos grupos brasileiros para atingir o necessário grau de uniformidade no grupo e preparação de demonstrações financeiras adequadamente consolidadas;
- existência de instruções detalhadas aos componentes sobre preparação de demonstrações financeiras individuais e informações para permitir a consolidação; e
- existência de auditoria interna que cobre o grupo como um todo, inclusive os componentes, com apropriado nível de objetividade para que o seu trabalho seja aceito conforme NBC TA 620.

Na aplicação da norma 315 no nível do grupo, o auditor do grupo deve considerar os riscos de distorção relevante nas demonstrações financeiras do grupo como um todo em decorrência de riscos existentes em cada um dos componentes, sejam eles decorrentes de erros ou fraudes, devendo, portanto, levar em consideração a NBC TA 240, que trata das considerações de fraude.

O Apêndice 3 da NBC TA 600 apresenta uma série de exemplos de considerações sobre possíveis distorções que o auditor do grupo deve dar especial atenção. Dessa forma, o sócio responsável pelo trabalho no nível de grupo deve abordar esses e outros aspectos, que forem considerados relevantes de acordo com o seu julgamento, nas instruções que serão preparadas para os auditores dos componentes.

Além da elaboração e fornecimento de instruções, o sócio responsável pelo trabalho no nível do grupo deve considerar a discussão dessas instruções e outros aspectos, principalmente com referência aos riscos de distorção relevante, com os sócios ou responsáveis pelo trabalho nos componentes.

A norma não exige que sejam feitas reuniões presenciais envolvendo todos os sócios e responsáveis pelas auditorias dos componentes ou mesmo todas as pessoas relevantes da equipe, mas obviamente que elas são mais positivas do que outras formas. Assim, o sócio responsável pelo trabalho no nível de grupo deve considerar a eficácia e eficiência do resultado dessas reuniões *via à vis* com outras formas de reunião, como por exemplo reuniões telefônicas (conhecidas por *conference calls*) e outras formas que os recursos tecnológicos atualmente permitem.

O Apêndice 3 da NBC TA 600 traz uma série de exemplos de assuntos que devem ser considerados, onde foram destacados os seguintes, lembrando que a lista do Apêndice 3 não é exaustiva e nem os exemplos abaixo são os mais relevantes, pois eles variam de situação para situação:

- grau de complexidade da estrutura societária do grupo;
- grau de eficácia dos controles e da governança no nível do grupo, incluindo os componentes;
- grau de autonomia em que os componentes operam;
- envolvimento dos componentes em transações complexas e/ou transações de alto risco;
- existência de transações com partes relacionadas, inclusive outras entidades do grupo, sem qualquer supervisão da administração do grupo;
- utilização de período contábil diferente daquele para fins de consolidação utilizado pela sociedade de comando do grupo, ou seja, datas base de demonstrações financeiras diferentes;
- políticas contábeis ou tributárias agressivas; e
- mudanças frequentes nos auditores do referido componente.

Entendimento sobre os auditores dos componentes

Em um trabalho de auditoria de demonstrações financeiras de uma entidade individual, que não opera na forma de grupo, o sócio responsável pelo trabalho procura designar profissionais que tenham a competência e a experiência apropriada para atender o seu objetivo, de acordo com o risco por ele avaliado.

No caso de auditoria de grupos, podem existir situações em que o auditor de um ou mais componentes do grupo sejam terceiros e, dessa forma, o sócio responsável pela auditoria do grupo não exerce qualquer influência sobre a sua contratação e sobre a designação das pessoas que comporão a equipe de auditoria do componente, selecionadas pelo sócio de auditoria do componente.

Como o sócio de auditoria do grupo assume responsabilidade total sobre o trabalho, a norma estabelece um quinto requisito, que é o entendimento e a avaliação do auditor do componente.

Esse requisito requer que seja avaliada a competência técnica desses outros auditores, o ambiente regulatório em que eles operam, se eles têm condições de cumprir as exigências éticas aplicáveis a um trabalho de auditoria, principalmente, mas não se limitando a, a necessária independência e se ele, como auditor e responsável pelo trabalho como um todo, terá condição de a qualquer tempo, sempre que necessário, ter acesso ao auditor do componente e à sua documentação de auditoria.

A avaliação e a extensão dos procedimentos a serem aplicados pelo auditor do grupo variam de situação para situação, principalmente em decorrência da experiência que ele já possa ter com esses outros auditores.

Para exemplificar esse aspecto, vamos considerar primeiramente a situação que estamos acostumados a vivenciar quando atuamos no Brasil como auditor do componente brasileiro do grupo estrangeiro.

Essa situação ocorre tanto quando o auditor responsável pelo componente no Brasil pertence à mesma rede de firmas de auditoria a que pertence a firma de auditoria responsável pela auditoria do consolidado no nível do grupo como na situação em que a firma brasileira não pertence à mesma rede ou não pertence a nenhuma rede, sendo uma firma local.

Logicamente, quando pertencem à mesma rede, normalmente, as firmas de auditoria seguem políticas e procedimentos comuns de trabalho, utilizando a mesma metodologia, a mesma política de controle de qualidade, o mesmo monitoramento, a mesma política de treinamento, a mesma cultura e linguagem bastante similar.

Nessas circunstâncias, os procedimentos a serem executados pelo auditor do grupo são muito mais simples do que na situação em que a firma pertence a uma rede concorrente e extremamente mais simples do que na situação em que a auditoria do componente não pertence a nenhuma rede, atuando exclusivamente na localidade onde está situado o componente.

Na primeira situação, normalmente o auditor do grupo possui informações sobre o resultado das inspeções de controle de qualidade e os procedimentos de visita e revisão dos trabalhos são menos extensivos do que na situação em que a firma pertence a outra rede de firmas de auditoria, onde essas informações normalmente não são disponíveis e o auditor do grupo deve visitar o auditor do componente com mais frequência, solicitar informações por escrito, por meio de questionários específicos e outras medidas que aumentem o seu grau de confiabilidade.

Temos experiência prática das duas situações e é perceptível a diferença do nível de preocupação e de extensão em cada uma das duas situações, embora o zelo profissional seja o mesmo, a extensão dos trabalhos, quando não pertencemos à mesma rede, é muito maior, incluindo não só a revisão da documentação da auditoria, como também as discussões detalhadas com a administração do componente.

Na situação em que a firma de auditoria atua apenas de forma doméstica e não pertence à nenhuma das grandes redes, o nível de preocupação do auditor do grupo é muito maior e a extensão de sua revisão e envolvimento é também bastante maior, chegando a incluir a análise do ambiente regulatório quanto ao nível de supervisão que os órgãos profissionais exercem e obtenção de confirmações específicas desses órgãos.

Ao se transpor essas situações ao caso em que atuamos como auditor do grupo, responsável pela auditoria das demonstrações consolidadas, fica claro que dedicaremos muito mais atenção e provavelmente adotaremos procedimentos similares, muito mais rígidos no caso de firmas de auditoria que possuem maior dificuldade em ter metodologia aplicada de forma consistente, seja em função dos recursos humanos e tecnológicos serem mais escassos, que acabam dificultando o treinamento e o próprio desempenho dos profissionais e, por conseguinte, a qualidade do trabalho.

Dessa forma, não se trata de qualquer prevenção do autor quanto às pequenas firmas de auditoria, muito pelo contrário, o autor tem dedicado gratuitamente bastante tempo ao IBRACON no auxílio às pequenas firmas de auditoria e está em posição de alertar aos titulares dessas pequenas firmas de auditoria que elas devem se unir e identificar tarefas que podem ser desenvolvidas em conjunto com outras firmas que atuem no Brasil ou até mesmo no exterior para poderem continuar atuando, embora exista mercado para todos.

Dentre essas tarefas, incluem-se treinamento, elaboração de manuais de procedimentos de controle de qualidade no nível de firma de auditoria e no nível de auditoria de demonstrações financeiras e manuais de auditoria, incluindo modelos de documentação de auditoria, de uso de amostragem estatística e outras atividades que podem ser aplicadas de forma comum por diversas firmas de auditoria.

Materialidade

O auditor do grupo, além de determinar a materialidade para as demonstrações financeiras consolidadas, deve determinar a materialidade para o componente, incluindo a materialidade no nível das demonstrações financeiras como um todo dos componentes, das transações, saldos contábeis e divulgações específicos, se necessário, assim como a materialidade para execução da auditoria no componente e o limite acima do qual as distorções não podem ser consideradas triviais para o grupo.

A materialidade de cada componente depende da significância do componente, todavia, não precisa ser uma parcela aritmética da materialidade do consolidado, ou seja, o somatório das materialidades dos componentes pode exceder a materialidade do consolidado.

Quando o componente é obrigado a ter suas demonstrações financeiras auditadas e o auditor do grupo utiliza esse trabalho, ele deve se assegurar que o trabalho efetuado atende aos objetivos específicos do consolidado, inclusive o nível de materialidade que influencia na extensão dos trabalhos.

Em situação normal, espera-se que o valor da materialidade para o exame das demonstrações do componente mencionadas no parágrafo anterior, tomadas isoladamente, seja menor do que a materialidade atribuída pelo auditor do grupo àquele componente e, dessa forma, a extensão dos trabalhos normalmente é maior do que a necessária para fins da auditoria do grupo, não gerando problemas ao auditor do grupo, todavia, o auditor do grupo deve se assegurar de que realmente o nível de materialidade adotado é apropriado às circunstâncias.

Respostas aos riscos avaliados

Cada componente tem seu nível particular de significância, seu risco relativo e, portanto, as respostas devem ser específicas, principalmente quando considerados também o nível de conhecimento, experiência e credibilidade que o auditor do grupo tem do auditor do componente, ou seja, cada componente deve ser tratado de forma diferente.

Essa diferença começa na fase de planejamento e determinação da estratégia global de auditoria para o grupo quando se classificam os componentes entre **significativos** e **não significativos** e se estende para outras fases do trabalho quando se avaliam os **riscos de distorção** que os componentes apresentam.

Com base nesses aspectos, a equipe de auditoria responsável pela auditoria do grupo determina o que deve ser feito pelos auditores dos componentes. A determinação do alcance do trabalho varia de situação para situação, podendo requerer auditoria completa com emissão de relatório de auditoria para os componentes significativos, revisões contábeis de acordo com as NBC TRs para componentes não significativos ou até mesmo nenhum trabalho no nível de componente quando o auditor do grupo considera que pode concluir sobre os saldos desses componentes não significativos mediante exames diretos na própria controladora.

Em determinadas situações, pode ser determinado que os auditores dos componentes efetuem trabalhos dirigidos em contas específicas. Como exemplo de trabalho dirigido para contas específicas, podemos ter situações em que o auditor do grupo determinou que existe risco de superavaliação na receita e requer do auditor do componente um trabalho específico sobre as receitas, conjugado com um extenso trabalho de confirmações de contas a receber.

Na prática, podemos ter diversos outros exemplos de trabalhos dirigidos. A área de estoque geralmente tem saldo relevante nas demonstrações consolidadas, distribuído pelos diversos componentes. Dessa forma, em certas situações é possível que o auditor do grupo oriente os auditores dos componentes para acompanharem os inventários físicos nos diversos componentes e executem trabalhos de *follow-up* das contagens e outros procedimentos sobre os saldos dos estoques.

Resumindo, a extensão do trabalho requerido dos auditores dos componentes, assim como os próprios procedimentos que o auditor do grupo vai aplicar, varia de situação para situação e é matéria de julgamento profissional, existindo situações em que o auditor do grupo, além de determinar os procedimentos a serem aplicados e revisar o trabalho efetuado, envolve-se diretamente e efetua reuniões com a administração do componente.

Processo de consolidação

O oitavo requisito trata do processo de consolidação, que obviamente em um trabalho de auditoria de grupo está sob responsabilidade do auditor do grupo, que deve entender o processo de encerramento das demonstrações financeiras tanto da entidade que vai consolidar os componentes, como dos próprios componentes e do processo de consolidação, incluindo eliminações, reclassificações e ajustes eventualmente necessários para adequar as políticas contábeis dos componentes às políticas adotadas pelo grupo para o consolidado.

Atenção especial deve ser dada às situações em que a data base das demonstrações financeiras de um ou mais componentes é diferente da data base das demonstrações consolidadas.

Eventos subsequentes

Na prática, é bastante comum que o auditor do componente tenha que atender um cronograma de datas, que estabeleça data de conclusão dos trabalhos no componente e emissão de relatórios em data anterior àquela estabelecida pelo auditor do grupo para concluir os seus trabalhos na controladora e sobre o consolidado, para poder emitir o seu relatório.

Se, por exemplo, o auditor do componente tiver que emitir o seu relatório (memorando de encerramento ou outro documento ao auditor do grupo) em 31 de janeiro e o auditor do grupo, após analisar todas as informações sobre os componentes e executar os seus procedimentos de acordo com a NBC TA 600, tiver que emitir o seu relatório em 17 de fevereiro, a sua responsabilidade sobre eventos subsequentes vai até o dia 17 de fevereiro.

Assim, é normal que o auditor do grupo estabeleça de antemão que os auditores dos componentes devem aplicar procedimentos sobre eventos subsequentes até essa data de emissão do relatório sobre o grupo, gerando uma nova informação, independentemente do auditor do componente ter concluído o seu trabalho e emitido o seu relatório em 31 de janeiro.

Comunicações com o auditor do componente

A obtenção de evidência de auditoria apropriada e suficiente que permite ao auditor do grupo formar a sua opinião e emitir o seu relatório sobre as demonstrações financeiras consolidadas do grupo depende da eficácia e da eficiência das comunicações com o auditor do componente.

Essas comunicações envolvem as duas vias, ou seja, do auditor do grupo para o auditor do componente e deste para o auditor do grupo. A primeira via compreende instruções apropriadas para que o auditor do componente possa atender aos requerimentos com eficácia e eficiência.

O Apêndice 5 da NBC TA 600 apresenta exemplos de assuntos que devem fazer parte das duas vias de comunicação, destacando-se primeiramente aqueles que devem fazer parte das instruções do auditor do grupo ao auditor do componente:

- instruções claras e objetivas sobre o tipo de trabalho requerido, documentação necessária e como os resultados do trabalho devem ser reportados;
- materialidade do componente;
- exigências éticas a serem observadas, principalmente no que tange à independência;
- cronograma de datas, contendo de forma objetiva as datas e os requisitos específicos de cada fase do trabalho, inclusive as datas de eventuais visitas da equipe de coordenação do trabalho de auditoria do grupo ou da própria administração do grupo;
- informações sobre partes relacionadas e como as transações ocorridas devem ser contabilizadas e divulgadas;
- eventos subsequentes;
- problemas de controle interno que possam ser comuns aos diversos componentes, como por exemplo provenientes da área de tecnologia da informação (TI);
- riscos significativos que tenham sido identificados e avaliados pela equipe de coordenação da auditoria do grupo, inclusive de fraudes; e
- confirmação de entendimento das instruções e da capacidade e disposição em atender as referidas instruções em sua íntegra pelos auditores dos componentes.

Por sua vez, a comunicação do auditor do componente ao auditor do grupo deve incluir todos os aspectos predefinidos na instrução, que na essência não são diferentes daqueles que normalmente o auditor considera relevantes para formar a sua opinião, emitir seu relatório de auditoria e demais relatórios que possam ser requeridos, incluindo-se os assuntos que devem ser comunicados à administração ou responsáveis pela governança, quando se está efetuando um trabalho de auditoria em uma entidade individual.

Esses itens envolvem as distorções identificadas, sejam provenientes de fraudes ou erros, as deficiências significativas no controle interno, os descumprimentos de leis e regulamentos, os indicadores de possíveis tendenciosidades da administração do componente, a existência de eventos subsequentes, os litígios e as contingências que devem ser considerados nas divulgações, assim como a confirmação de que o auditor do componente cumpriu com todas as exigências éticas, que não houve qualquer limitação em seu trabalho e outras informações que normalmente seriam objeto de discussão com a administração e com os responsáveis pela governança da entidade.

A forma de comunicação varia de situação para situação. O mais comum é que o auditor responsável pelo grupo receba um relatório contendo a opinião sobre as demonstrações financeiras do componente, acompanhado de um memorando conclusivo do trabalho, abordando os aspectos apresentados no parágrafo anterior.

Avaliação da suficiência e adequação da evidência de auditoria obtida

A conclusão sobre a obtenção de evidência apropriada e suficiente é de responsabilidade do auditor do grupo, que exerce seu julgamento à luz da situação específica. A obtenção do relatório e demais informações constantes do memorando conclusivo preparado pelo auditor do componente, por melhor que tenha sido elaborado, não exime o auditor do grupo de suas responsabilidades e, portanto, ele deve aplicar os procedimentos que julgar necessários em cada situação.

Esses procedimentos, como já apresentados anteriormente, podem variar desde procedimentos mínimos até visitas específicas à localidade do componente e ao auditor do componente para discussão de assuntos considerados relevantes e revisão da documentação de auditoria considerada importante.

Comunicações com a administração e com os responsáveis pela governança do grupo

Essas comunicações obviamente estão sob responsabilidade do sócio de auditoria do grupo, que selecionará os assuntos que devem ser discutidos tanto com a administração como com os responsáveis pela governança do grupo.

Essas comunicações não são diferentes daquelas consideradas no planejamento (NBC TA 300) e na conclusão de um trabalho em uma entidade individual, consubstanciadas nas NBC TAs 260, 265 e 700, e os assuntos normalmente abrangem os tópicos apresentados no item que trata das comunicações com os auditores dos componentes.

Documentação

A máxima que trata da documentação de auditoria que diz que trabalho não documentado é trabalho não executado é também aplicável à situação da NBC TA 600, portanto, todos os aspectos até então apresentados, principalmente os requisitos a serem atendidos, devem ser apropriadamente documentados para evidenciar o apropriado planejamento e a execução da auditoria do grupo e seus componentes, de forma a possibilitar ao auditor do grupo emitir seu relatório sobre as demonstrações financeiras consolidadas ou emitir o seu relatório sobre o trabalho que tenha sido efetuado em nível de grupo.

A NBC TA 600, em particular, requer a documentação da análise dos componentes, identificando os componentes significativos e os trabalhos executados sobre as informações contábeis deles, assim como a natureza, época e extensão do envolvimento da equipe de auditoria do grupo nos trabalhos executados pelos auditores dos componentes, incluindo aspectos sobre a extensão da revisão, dos procedimentos aplicados e das conclusões atingidas.

24

Utilização de Trabalho de Auditoria Interna (NBC TA 610)

Introdução e diferenciação entre os objetivos dos trabalhos do auditor externo e interno e definições

Este capítulo foi reescrito em decorrência das mudanças havidas na norma internacional de auditoria (*ISA 610*), que era omissa quanto à possibilidade do auditor interno auxiliar diretamente o auditor externo, fazendo parte da equipe. Como resultado dessa mudança, em janeiro de 2014 foi editada pelo CFC uma nova norma NBC TA 610 e procedidas alterações em outras normas, principalmente na NBC TA 315, que também teve uma nova edição.

A integração entre os auditores externos (doravante independentes) e internos é bastante salutar e, sempre que possível, deve ocorrer, pois embora os objetivos dos trabalhos sejam distintos, os meios para alcançar tais objetivos são similares e quase sempre essa integração gera um efeito positivo para ambos.

Em termos genéricos, a Auditoria Interna é um controle administrativo que tem por objetivo assessorar a administração no desempenho eficiente de suas funções, fornecendo-lhe análises, avaliações, recomendações e comentários sobre as atividades auditadas. Embora os auditores internos possam executar procedimentos semelhantes aos realizados pelo auditor independente, nem a função de auditoria interna nem os auditores internos são independentes da entidade como se exige do auditor independente na auditoria das demonstrações contábeis, de acordo com o item 14 da NBC TA 200.

Definições

Para o correto entendimento da norma é importante considerar que as expressões *função de auditoria interna, auditor interno ou auditoria interna* foram utilizadas de forma alternada ao longo da nova NBC TA 610 e se referem à função ou às pessoas de uma entidade que executem atividades projetadas para avaliar e melhorar a eficácia da governança, dos processos de controle interno e gestão de risco da entidade.

Por sua vez, *Assistência Direta* é a utilização de auditores internos para executar procedimentos de auditoria, sob a direção, supervisão e revisão do auditor independente, ou seja, quando os auditores internos fazem parte da equipe. Doravante a utilização da auditoria interna será considerada de forma genérica como assistência da auditoria interna.

As atividades exercidas pela auditoria interna variam de entidade para entidade e podem estar relacionadas com:

- governança;
- gestão de risco;
- controle interno (*compliance*, economicidade das operações, eficiência e eficácia das operações e outros aspectos);
- verificação interna do adequado reconhecimento contábil.

Aplicação da Norma e o impacto da existência da Auditoria Interna no ambiente da entidade

A Norma 610 não se aplica quando a entidade não possui auditoria interna ou quando o auditor independente não pretende utilizar a função da auditoria interna ou os auditores internos. Nada na norma estabelece a obrigatoriedade de utilização da auditoria interna.

A decisão de utilização da auditoria interna depende: (a) da natureza das atividades exercidas pela auditoria interna; (b) da posição hierárquica dela na organização, bem como se suas políticas e procedimentos propiciam a necessária objetividade aos auditores internos; (c) da competência; e (d) da abordagem sistemática e disciplinada da função.

Mesmo que o auditor independente não pretenda utilizar qualquer assistência da auditoria interna, o entendimento e a avaliação, por parte do auditor independente, do funcionamento da auditoria interna pode contribuir para o seu entendimento da entidade e do ambiente de controle interno, assim como no que se refere à identificação e avaliação dos riscos de distorção relevante. Nesse caso, de não utilização da auditoria interna, não se pode esquecer que ela faz parte do sistema de controle interno (monitoramento) e não deve ser ignorada pelo auditor independente.

O item A116 da nova NBC TA 315, revisada e editada em 2014 pelo CFC, explica, também, como a comunicação efetiva entre o auditor interno e o auditor independente cria um ambiente no qual o auditor independente pode ser informado sobre assuntos significativos que podem afetar o seu trabalho.

O auditor independente tem total responsabilidade pela opinião expressa em seu relatório de auditoria e essa responsabilidade não é reduzida pela utilização de trabalhos da função de auditoria interna ou pela obtenção de assistência direta de auditores internos pelo auditor independente no seu trabalho.

A utilização da auditoria interna pode se dar de duas formas:

a) utilizar o trabalho da função de auditoria interna na obtenção de evidência de auditoria; e

b) utilizar os auditores internos para prestar assistência direta ao auditor independente, fazendo parte da equipe e trabalhando sob a direção, supervisão e revisão do auditor independente.

Essa norma, portanto, se aplica quando o auditor independente decide utilizar uma das formas de assistência dos auditores internos. Essa decisão implica na necessidade de cumprir com os requisitos da norma apresentados na próxima seção deste capítulo, que na essência requerem do auditor independente avaliar se a utilização seria adequada para o seu objetivo. Considerando que sim, ele deve determinar de que forma ela poderia ser utilizada. Na hipótese de assistência direta, o auditor independente deve dirigir, supervisionar e revisar o trabalho e, na outra hipótese, ele deve determinar em quais áreas e em que extensão a assistência será obtida.

Requisitos

Essa norma tem cinco requisitos básicos a serem observados:

- determinação se o trabalho da auditoria interna pode ser utilizado;
- utilização do trabalho da auditoria interna;
- determinação se o auditor interno pode ser utilizado para prestar assistência direta;
- utilização do auditor interno para prestar assistência direta; e
- documentação

Determinação se o trabalho da auditoria interna pode ser utilizado

O auditor independente deve determinar se o trabalho da auditoria interna pode ser utilizado para os fins da auditoria, considerando o seguinte:

- **Objetividade** – A objetividade está relacionada com a habilidade que a auditoria interna possui para realizar suas tarefas sem permitir tendenciosidade, conflito de interesse ou influência indevida de terceiros que possam se sobrepor ao seu julgamento profissional. Dessa forma, sua posição hierárquica na organização, aliada aos procedimentos adotados e suas políticas, são extremamente importantes para que se consiga tal objetividade. Além dos aspectos relacionados com a sua posição hierárquica apropriada, a auditoria interna não pode exercer atividades conflitantes que possam prejudicar sua objetividade.

- **Competência** – A competência da auditoria interna como um todo depende da existência de recursos apropriados com relação ao tamanho da entidade e à natureza das suas operações. Esses recursos, principalmente humanos, dependem da existência de políticas adequadas e de sua efetiva aplicação prática na contratação, treinamento e na designação de auditores internos. Como estamos falando de auditoria das demonstrações financeiras, é primordial que os auditores internos possuam coletivamente os conhecimentos e as habilidades relacionadas com o processo de elaboração dessas demonstrações, incluindo o conhecimento específico da indústria. Assim, se, por exemplo, está se cogitando utilizar a auditoria interna nos trabalhos de auditoria independente de um banco, obviamente, a competência deve necessariamente incluir as normas e procedimentos contábeis estabelecidos no COSIF.[1]

- **Utilização de Abordagem Sistemática e Disciplinada** – A Auditoria Interna deve possuir políticas e procedimentos apropriados que possam ser aplicados de maneira uniforme na condução de seus trabalhos, incluindo a observância de controle de qualidade que estabeleça a execução de avaliações de riscos, utilização de programas de trabalho, documentação dos controles e dos procedimentos executados de acordo com o tamanho e as circunstâncias da entidade.

Muitas entidades procuram se concentrar na sua atividade principal, de forma a maximizar sua eficiência e, dessa forma, podem terceirizar sua função de auditoria interna, contratando auditores independentes para atuarem como auditores internos.

---

[1] Plano de Contas aplicáveis aos bancos e demais instituições autorizadas a funcionar pelo Banco Central do Brasil.

Na hipótese em que o mesmo auditor independente tiver sido contratado para atuar também como auditor interno existe ameaça de autorrevisão, portanto, nessas circunstâncias, não se deve usar tal trabalho. Sem pretender ser exaustivo, os exemplos de trabalho da auditoria interna que podem ser utilizados pelo auditor independente incluem:

- testes da eficácia operacional dos controles;
- procedimentos substantivos envolvendo menor grau de julgamento;
- observação das contagens do estoque;
- rastreamento de transações pelo sistema de informações aplicável na elaboração das demonstrações financeiras;
- testes sobre a observância dos requisitos de regulamentação; e
- em algumas circunstâncias, as auditorias ou revisões das informações financeiras das controladas que não sejam componentes significativos para o grupo.

É importante ter em mente que o auditor independente assume total responsabilidade pelo trabalho, portanto, ele deve avaliar e concluir que, no agregado, inexiste a possibilidade de se considerar que ele não esteja suficientemente envolvido no trabalho em função da utilização do trabalho da auditoria interna.

A utilização da auditoria interna deve ser objeto de comunicação aos responsáveis pela governança.

O auditor independente deve exercer todos os julgamentos importantes no trabalho de auditoria. Assim, quanto maior for o grau de julgamento necessário a ser exercido no planejamento, na execução dos procedimentos de auditoria e na avaliação da evidência de auditoria, menor é a probabilidade de se usar o trabalho de auditoria interna. Dessa forma, não se utilizaria a auditoria interna para avaliar:

- os riscos de distorções relevantes;
- a suficiência dos testes executados;
- a aplicação apropriada pela administração do pressuposto de continuidade operacional;
- as estimativas contábeis significativas; e
- a adequação das divulgações nas demonstrações contábeis e outros assuntos que afetem o relatório do auditor.

Utilização (de trabalhos) da Auditoria Interna

O segundo requisito estabelece que quando o auditor independente pretende utilizar o trabalho da auditoria interna, ele deve discutir previamente com os responsáveis pela auditoria interna como ele planeja utilizar tal trabalho, determinando, entre outros, os seguintes aspectos: a época, a natureza, a materialidade, a extensão ou tamanho de amostras, os métodos de seleção de itens a serem testados, a documentação do trabalho e os procedimentos que devem ser observados na emissão do relatório conclusivo para que o trabalho possa ser por ele utilizado.

O auditor independente, além de ler os relatórios da auditoria interna contendo as constatações dos auditores internos para obter entendimento da natureza e extensão dos procedimentos executados, deve executar procedimentos de auditoria suficientes sobre o conjunto do trabalho da auditoria interna para concluir que:

- o trabalho foi planejado, executado, supervisionado, revisado e documentado de modo apropriado;
- foi obtida evidência apropriada e suficiente; e
- as conclusões são apropriadas e os relatórios são consistentes com as constatações da auditoria interna.

Para atingir tal objetivo, normalmente são necessárias reexecuções do trabalho efetuado para validar as conclusões alcançadas pela auditoria interna. A reexecução pode ser feita mediante reexame de itens já analisados pela auditoria interna ou, principalmente quando não seja possível fazê-lo, a reexecução pode compreender o exame de outros itens semelhantes que não foram analisados pela auditoria interna.

A reexecução fornece evidência mais persuasiva da adequação do trabalho da auditoria interna comparada com outros procedimentos que o auditor independente possa executar. Ainda que não seja necessário para o auditor independente fazer a reexecução em cada área do trabalho da auditoria interna que esteja sendo utilizada, algumas reexecuções são exigidas e elas devem estar em consonância com o item 24 da NBC TA 610, portanto recairão naquelas áreas de maior risco de distorção relevante e onde tenha sido requerido maior julgamento pela auditoria interna no planejamento, execução e avaliação dos resultados de auditoria.

O item 24 cita também a necessidade de reexecução quando existirem problemas de competência e de posição hierárquica inapropriadas da auditoria interna. Esses dois aspectos são mais relevantes na própria decisão de utilizar ou não trabalho da auditoria interna (2º requisito), portanto, quando existir problema de competência ou de posição inadequada da auditoria interna, o melhor é concluir pela não utilização da auditoria interna, uma vez que o tempo envolvido em avaliações e reexecuções é maior, implicando no fato do custo envolvido superar os benefícios e tornando inviável a utilização da auditoria interna.

A extensão dos procedimentos executados pelo auditor independente, incluindo a reexecução de procedimentos já efetuados pela auditoria interna, varia de situação para situação. Normalmente, é requerido maior envolvimento do auditor independente nas seguintes situações:

- maior grau de julgamento envolvido;
- maior risco de distorção relevante;
- posição hierárquica inapropriada da auditoria interna na organização;
- políticas e procedimentos inadequados;
- nível de competência inadequado da auditoria interna.

Determinação se os auditores internos podem ser utilizados para prestar assistência direta (compondo a equipe)

Este terceiro requisito representa uma novidade em relação à norma que vigorava anteriormente, uma vez que trata especificamente da programação de auditores internos para compor a equipe, trabalhando sob supervisão direta do auditor independente.

Nessa situação, o auditor deve avaliar a existência e a importância das ameaças à objetividade, bem como o nível de competência dos auditores internos que fornecerão a assistência direta para concluir se ele pode ou não obter tal assistência.

De uma forma geral, as mesmas considerações para utilização dos trabalhos da auditoria interna (menor julgamento e menor risco envolvido) são também aplicáveis na situação de obtenção de assistência direta dos auditores internos, incluindo as comunicações com os responsáveis pela governança, bem como a conclusão de que no agregado o auditor independente continua executando, de forma direta, os procedimentos necessários, tanto qualitativa como quantitativamente, que lhe permitam a condição de emitir sua opinião.

O auditor independente não deve atribuir aos auditores internos que prestam assistência direta tarefas relacionadas com trabalhos já executados, em execução ou a serem executados pela auditoria interna.

Utilização de auditores internos para prestar assistência direta

O quarto requisito da norma estabelece que a utilização de assistência direta deve ser precedida por obtenção de concordância formal da entidade de que os auditores internos estão autorizados a seguir as instruções do auditor independente e que a administração não vai interferir no trabalho executado pelos auditores internos.

Os auditores internos devem, também, concordar formalmente em manter a confidencialidade e informar aos auditores independentes qualquer ameaça à sua objetividade.

Como os auditores internos não possuem o mesmo grau de independência, a direção, a supervisão e a revisão requeridas pela NBC TA 220 acabam sendo mais rigorosas por parte dos executivos da auditoria externa ou independente.

Documentação

No caso de utilização de trabalhos da auditoria interna, o auditor independente deve evidenciar:

- a avaliação da adequação da posição hierárquica da auditoria interna, do seu nível de competência e se ela aplica uma abordagem sistemática, disciplinada e suportada por um apropriado controle de qualidade;
- natureza e extensão do trabalho utilizado; e
- a descrição dos procedimentos executados pelo auditor independente, incluindo testes e reexecuções.

Por sua vez, no caso dos auditores internos prestarem assistência direta, o auditor independente deve incluir na documentação da auditoria:

- as avaliações das ameaças à objetividade dos auditores internos e do seu nível de competência;
- a base para a decisão sobre a natureza e a extensão do trabalho que foi executado pelos auditores internos sob supervisão direta do auditor independente;
- identificação de quem revisou o trabalho executado pelos auditores internos, assim como a data e extensão dessa revisão;
- os acordos formais firmados com a administração da entidade sobre a autorização dos auditores internos seguirem as instruções dos auditores independentes e de não interferirem nos trabalhos deles, assim como com o responsável pela auditoria interna no sentido de se observar a manutenção da confidencialidade pelos auditores internos; e
- os papéis de trabalho elaborados pelos auditores internos que prestaram assistência direta sobre o trabalho de auditoria.

Aplicação desta norma no Setor Público Brasileiro

De uma forma geral, esta norma, com as adaptações necessárias para entender a função da auditoria interna como aquela exercida pelas Controladorias Gerais (CGU no nível federal ou as Controladorias Gerais nos níveis dos Estados e Municipios) e as funções exercidas pelos Tribunais de Contas (TCU no nível federal e TCE/TCM nos níveis estaduais e municipais), pode ser aplicada no Setor Público Brasileiro.

A Organização Internacional de Entidades Fiscalizadoras Superiores,[2] conhecida pela sigla Intosai, redigiu notas práticas que complementam as normas internacionais de auditoria (*ISAs*) para a sua aplicação no Setor Público. Essas notas práticas não mudam a essência das normas internacionais de auditoria, portanto, a decisão de utilizar auditoria interna (trabalhos executados pelas Controladorias Gerais no caso brasileiro ou cessão de seu pessoal para compor a equipe dos Tribunais de Contas) fica com Tribunais de Contas, que no setor público exercem o papel de controle externo.

De forma similar, a decisão de utilização deve ser precedida das análises necessárias para a completa observância dos cinco requisitos da norma apresentados neste capítulo.

---

[2] Tradução livre do nome oficial em inglês "International Organisation of Supreme Audit Institutions".

25

Utilização do Trabalho de Especialistas (NBC TA 620)

Introdução, alcance, definições e objetivos da NBC TA 620

No Capítulo 16, que trata das evidências de auditoria (NBC TA 500), foi apresentado o impacto no trabalho do auditor, quando a administração da entidade utiliza especialistas para auxiliá-la na elaboração das demonstrações financeiras em assuntos que não envolvem contabilidade, apresentando uma série de exemplos dessa situação, enquanto neste capítulo trataremos da utilização de especialistas pelo auditor.

A NBC TA 620 torna superada a NBC P1.8, aprovada em 2005 pelo CFC, que trata desse assunto. Essa nova norma técnica é bem mais detalhada do que a norma que ficou superada, todavia, o principal aspecto dela, que está relacionado com a proibição de divisão de responsabilidade, já havia sido considerado na NBC P1.8, portanto, a rigor, as alterações trazidas por essa nova norma, ao contrário da NBC TA 600, produzem pouco impacto nos trabalhos de auditoria das demonstrações financeiras.

Para o entendimento da norma, é importante apresentar a definição de **especialização**, que compreende habilidades, conhecimento e experiência em área específica. Esta norma se aplica quando a especialização envolve outros assuntos que não sejam contabilidade ou auditoria.

No Capítulo 16, que trata da NBC TA 500, já foi apresentada a expressão **especialista da administração**, que se refere à pessoa (ou organização), com especialização em outros assuntos que não contabilidade, contratada pela entidade para ajudá-la na elaboração das demonstrações financeiras, enquanto **especialista do auditor** tem essas mesmas características de especialização, mas é contratado pelo auditor para ajudá-lo na obtenção de evidência de auditoria.

O especialista do auditor pode ser interno (sócio da firma ou profissional contratado como empregado) ou externo (profissional prestador de serviço ou organização prestadora de serviço). Esta norma se aplica quando o auditor utiliza especialista externo.

Os exemplos de situações em que o auditor independente julga importante envolver um especialista no seu trabalho são similares aos exemplos citados no capítulo que tratou da NBC TA 500 com referência ao especialista da administração e podem ser destacados, entre outros, a utilização de atuário, de advogado especialista em assunto tributário para assuntos de natureza legal, de especialista em instrumentos financeiros para modelagem e avaliações que envolvem aspectos complexos e não usuais ou de especialista em avaliação de imóveis.

É importante mencionar que a norma diferencia e se aplica apenas à situação em que a especialização **não** envolve assuntos contábeis ou de auditoria. Quando envolver esses assuntos, normalmente trata-se de consultas e a norma que se aplica é a NBC TA 220, que trata do controle de qualidade na auditoria das demonstrações financeiras.

Dessa forma, os objetivos da norma são a determinação da necessidade do auditor utilizar trabalho de especialista e, se utilizar, concluir pela sua adequação por fornecer evidência de auditoria apropriada e suficiente para fundamentar sua opinião sobre as demonstrações financeiras examinadas, com referência aos assuntos que envolvem especialização em outros campos, que não sejam auditoria ou contabilidade, uma vez que nessas áreas o auditor é o especialista.

Requisitos

A NBC TA 620 apresenta os seguintes requisitos básicos que devem ser observados pelo auditor independente, relacionados com a utilização de **especialista pelo auditor**, a saber:

- determinação da necessidade de especialista;
- avaliação da competência, habilidade e objetividade do especialista e natureza, época e extensão dos procedimentos de auditoria ao utilizar especialista;
- entendimento sobre a área de especialização do especialista;
- contratação e itens de concordância com o especialista;
- avaliação da adequação do trabalho do especialista do auditor;
- referência ao especialista no relatório do auditor independente.

Determinação da necessidade de especialista

Se fizéssemos uma regressão no tempo, na época em que as primeiras firmas de auditoria se instalaram no Brasil, o trabalho era 100% conduzido pelo auditor. Com o passar do tempo e a sofisticação das regras tributárias, a primeira área envolvendo especialização foi a tributária.

As firmas de auditoria criaram Departamentos de Impostos que se especializaram na área tributária, envolvendo não apenas a sua contabilização, mas principalmente os aspectos relacionados com a determinação da base de cálculo aplicável ao tributo. Esses departamentos, inicialmente voltados ao Imposto de Renda, expandiram sua área de atuação para os demais tributos, que no Brasil é um campo fértil e bastante complexo, e entraram na área legal.

Dessa forma, o primeiro tipo de especialista utilizado pelo auditor independente foi o especialista em impostos, que por pertencer à própria firma não seria alcançado pela NBC TA 620.

Daquela introdução para os tempos atuais, o nível de complexidade das transações, da forma de operação das entidades de uma forma geral e do crescimento e sofisticação dos mercados, atingindo o nível atual de globalização, a necessidade de especialização, foi crescendo e as firmas de auditoria foram se estruturando para atender às novas necessidades do mercado, não só no sentido de ajudar o auditor independente com os seus conhecimentos especializados, mas também para atuar de forma independente, prestando serviços a terceiros.

Assim, entrou na área atuarial, contratando especialistas para poder auditar fundos de pensão, de avaliação de negócios, contratando especialistas nessa área, de avaliação de ativos, contratando engenheiros especializados nessas avaliações e em diversas outras áreas de especialização.

Obviamente, para os fins deste capítulo, os trabalhos desenvolvidos pelos especialistas internos não se aplicam à NBC TA 620, mas essa introdução é necessária apenas para explicar que o auditor independente pode ter o especialista em casa e, dessa forma, não precisa recorrer a terceiros. Nesse caso, como mencionado, o especialista interno faz parte da firma e obedece às regras de controle de qualidade (NBC TA 220).

O auditor independente pode se deparar com situações complexas em que se requer especialização e ele não possui os recursos internamente, sendo necessário recorrer a terceiros para, por exemplo, ajudá-lo:

- no entendimento da entidade, de seu ambiente e de seus controles;
- na avaliação dos riscos de distorção relevante;
- nas respostas aos riscos avaliados, tanto na determinação do que fazer como na própria execução; e

- na avaliação da suficiência e adequação das evidências de auditoria obtidas.

Geralmente, quando a entidade utiliza especialista em outras áreas para ajudá-la na elaboração das demonstrações financeiras, o auditor também acaba utilizando especialista, seja interno ou externo, todavia, a decisão sobre essa utilização depende do nível de complexidade envolvido, dos riscos existentes de distorção relevante, considerando a materialidade e aspectos relacionados com o especialista da administração, destacando-se:

- natureza e alcance do trabalho do especialista da administração;
- grau de ligação entre a administração da entidade e o especialista (nível de independência e influência da administração e controle que a administração exerce sobre o seu trabalho); e
- competência e habilidade do especialista e sua observância de padrões técnicos e profissionais.

Avaliação da competência, habilidade e objetividade do especialista e natureza, época e extensão dos procedimentos de auditoria ao utilizar especialista

Uma vez determinada a necessidade de especialista e decidida pela sua utilização, o auditor deve avaliar se o especialista possui a competência, a habilidade e a objetividade requeridas e determinar a natureza, a época e a extensão de seus procedimentos.

A competência dele está relacionada com a natureza e o nível de especialização, enquanto a habilidade corresponde à capacidade dele exercer a sua competência nas circunstâncias aplicáveis ao trabalho.

Por sua vez, a objetividade está relacionada aos possíveis efeitos de eventual tendenciosidade provocada por conflitos de interesse que possam afetar o julgamento do especialista, portanto, antes de se pensar na competência e habilidade, o auditor independente deve ficar satisfeito quanto à necessária independência do especialista que o permitirá agir com objetividade.

Essa avaliação varia de situação para situação, mas deve iniciar pela discussão sobre a existência de código de ética e regras de atuação, impostas pelos requisitos profissionais dos órgãos ou associações a que o especialista está ligado, assim como pela discussão com a administração (e/ou responsáveis pela governança) sobre eventuais conflitos de interesse ou outras ameaças à atuação do especialista com a necessária objetividade.

As ameaças à objetividade enfrentadas pelos especialistas não são diferentes daquelas enfrentadas pelo auditor independente (familiaridade, interesse próprio, auto revisão, intimidação etc.), portanto, como o auditor independente está acostumado a cumprir com o seu código de ética, na hipótese da área de atuação do especialista não possuir um código de ética formal, nada impede que o auditor aplique o Código do Contabilista[1] à situação concreta, com as adaptações que sejam consideradas necessárias.

Uma vez coletadas as informações que permitem ao auditor avaliar a capacidade do especialista de agir de forma objetiva, o auditor independente deve identificar as eventuais salvaguardas necessárias para atingir tal objetividade e concluir pela aceitação de que eventuais ameaças foram apropriadamente eliminadas ou substancialmente reduzidas ao nível aceitável.

Essa condição de atuar de forma objetiva é preponderante, pois de nada adiantaria possuir a competência e habilidade se o resultado do trabalho do especialista não for confiável, portanto, após essa conclusão, o auditor deve se preocupar com a competência e habilidade do especialista que pode ser evidenciada mediante, entre outros:

- conhecimento prévio que o auditor possua do especialista e experiência efetiva;
- obtenção de informações de outros auditores sobre a competência e habilidades;
- existência de livros, publicações e visibilidade que o especialista tem; e
- existência de padrões técnicos a serem observados pelo especialista.

Considerando que o auditor independente não pode dividir responsabilidade com especialista externo, assumindo total responsabilidade pelo trabalho e pelas conclusões atingidas, ele não pode simplesmente arquivar na sua documentação de auditoria o relatório ou outros documentos fornecidos pelo especialista, pelo contrário, ele deve determinar a natureza, época e extensão dos procedimentos de auditoria que ele aplicará de forma independente sobre os trabalhos executados pelo especialista.

Esses procedimentos estão analisados no requisito que trata da avaliação da adequação do trabalho do especialista, apresentado mais adiante.

---

[1] O Código de Ética do Contabilista do CFC está sendo atualizado em 2010 e sua nova edição incorpora integralmente os conceitos e aspectos constantes do Código de Ética do IESBA (*International Ethics Standards Board for Accountants*).

Entendimento sobre a área de especialização do especialista

Para poder avaliar a adequação do trabalho do especialista, o auditor deve obter entendimento da área de especialização para lhe permitir determinar a natureza, o alcance e os objetivos do trabalho do especialista, assim como avaliar a adequação desse trabalho para fins de auditoria.

Esse entendimento deve incluir se o trabalho do especialista inclui a verificação de que as premissas, os métodos e os modelos utilizados são aceitáveis e apropriados nas circunstâncias, qual a natureza dos dados ou das informações usadas pelo especialista e qual a fonte desses dados (interna ou externa) e se existem normas profissionais, legais ou regulatórias que sejam aplicáveis.

Contratação e itens de concordância com o especialista

Da mesma forma que o auditor independente evidencia a sua concordância com a administração da entidade sobre os termos do seu trabalho de auditoria sobre as demonstrações financeiras, ele também deve evidenciar o acordo que ele venha a fazer com o especialista que está sendo contratado.

Normalmente, esse acordo é evidenciado em uma carta de contratação. O apêndice da NBC TA 620 apresenta os seguintes exemplos de assuntos que devem ser incluídos:

- natureza, alcance e objetivos do trabalho, incluindo detalhes do trabalho como premissas, métodos ou modelos, padrões técnicos e requisitos a serem observados pelo especialista, incluindo eventos subsequentes e outros aspectos;
- atribuições e respectivas responsabilidades de cada parte, incluindo aspectos como quem e qual o teste que deverá ser feito sobre os dados-fonte a serem utilizados, acessos às informações da entidade e à documentação (papéis de trabalho) do especialista e do auditor, processos de comunicações, natureza e extensão da revisão do trabalho do especialista pelo auditor independente e o consentimento do especialista para o auditor discutir as constatações do especialista com a administração da entidade e utilizar o relatório fazendo referência a ele, sempre que necessário;
- comunicações e relatórios, incluindo cronograma de datas e assuntos que devem ser reportados ao auditor quando ocorrerem ou vierem ao conhecimento, incluindo não só aspectos técnicos como também as ameaças à objetividade e aspectos relacionados com o relatório a ser emitido; e
- requisitos de confidencialidade e observância de exigências éticas relevantes.

A documentação (papéis de trabalho) do especialista normalmente pertence ao especialista e não faz parte da documentação da auditoria, portanto, os assuntos relevantes sobre o trabalho efetuado pelo especialista e as avaliações sobre a adequação do trabalho devem ser documentados pelo auditor.

A norma não estabelece procedimentos de documentação, portanto, é item de julgamento do auditor, mas a documentação deve incluir, no mínimo, as evidências sobre as avaliações efetuadas em atendimento a cada um dos requisitos da norma, os testes sobre os dados-fonte e outros testes efetuados, assim como a cópia do relatório e as atas ou memorandos que evidenciam as discussões havidas com o especialista, com a administração e responsáveis pela governança da entidade e com outros profissionais que possam ter sido envolvidos.

Nos casos em que são utilizados especialistas internos da firma de auditoria, logicamente os papéis de trabalho desses especialistas fazem parte da documentação de auditoria.

Avaliação da adequação do trabalho do especialista do auditor

Os requisitos até então apresentados são preliminares para o requisito mais relevante que trata da conclusão do auditor independente sobre a adequação do trabalho do especialista que possibilitará ao auditor utilizar o trabalho do especialista, lembrando que a responsabilidade final sobre esse trabalho é do auditor.

Para assumir tal responsabilidade, o auditor independente efetua indagações ao especialista, revisa seu relatório e os papéis de trabalho que dão suporte ao relatório, aplica procedimentos para corroborar as constatações e conclusões do especialista.

Esses procedimentos dependem das circunstâncias específicas do trabalho e podem envolver consultas com outro especialista, comparação com dados publicados, confirmações de assuntos relevantes com terceiros, aplicação de procedimentos analíticos, recálculos, consistência das constatações com normas profissionais, conclusão de que as constatações estão expressas de forma clara e que foram considerados os eventuais desvios que foram identificados pelo especialista.

Quando o trabalho do especialista envolve o uso de premissas e métodos, de forma similar ao apresentado no Capítulo 18, que trata da NBC TA 540 (auditoria de estimativas), o auditor deve revisar e concluir se essas premissas e métodos foram aplicados de forma correta para determinação da estimativa pelo especialista, seja ela pontual ou intervalo de variação dela.

O terceiro aspecto a ser considerado pelo auditor independente é a integridade e precisão dos dados-fonte que estão sendo utilizados pelo especialista. Apenas para ilustrar, vamos tomar como base que o especialista, por hipótese, é um atuário e está estimando as obrigações do plano de pensão da entidade com referência aos empregados atuais da entidade.

Essa estimativa requererá o uso de várias informações mantidas pelo Departamento de RH da entidade, incluindo cadastro dos empregados com informações sobre sexo, idade, tempo de trabalho passado, tempo de trabalho futuro e outras informações relevantes para que o especialista possa completar o seu trabalho.

Esses dados devem ser íntegros e precisos para permitir um trabalho adequado. Tanto o auditor como o próprio especialista podem examinar esses dados e concluir sobre a precisão e integridade. Se o especialista examinar diretamente esses dados, o auditor deve efetuar indagações pertinentes e aplicar procedimentos de auditoria que lhe permitam atingir a conclusão desejada.

Esse requisito tem como objetivo permitir ao auditor concluir sobre a adequação do trabalho do especialista e, dessa forma, utilizá-lo como evidência de auditoria apropriada e suficiente. Se o auditor concluir que o trabalho não é adequado ele deverá discutir com o especialista a extensão dos trabalhos e executar procedimentos adicionais que lhe permitam considerar que o trabalho do especialista propicia evidência de auditoria apropriada e suficiente.

Na hipótese de continuar sendo considerado como não adequado, o auditor deve considerar a contratação de outro especialista. Se não conseguir chegar a uma conclusão de que os trabalhos efetuados por ele e pelos especialistas se constituem em evidência de auditoria apropriada e suficiente, o auditor tem uma limitação no alcance de seu trabalho e deverá considerar a necessidade de ressalva e, dependendo das circunstâncias, abstenção de opinião, conforme a NBC TA 705.

Referência ao especialista no relatório do auditor independente

Em situação normal, em que o relatório do auditor é limpo, não contendo qualquer modificação em relação ao padrão, ou seja, ele conseguiu se satisfazer de que o trabalho do especialista *é adequado e se constitui em evidência de auditoria apropriada e suficiente, inexistindo qualquer distorção identificada que devesse ser objeto de ressalva, o auditor independente* **não deve fazer qualquer menção ao trabalho do especialista em seu relatório de auditoria**.

Nos casos em que essa referência é absolutamente necessária para poder explicar a base para uma ressalva ou emissão de opinião adversa, o auditor deve indicar em sua opinião que essa menção não reduz a sua responsabilidade pela opinião por ele expressa.

26

Formação da Opinião e Emissão do Relatório do Auditor Independente sobre as Demonstrações Financeiras (Série 700 das NBC TAs)

Introdução

Este capítulo trata especificamente do produto final de um trabalho de auditoria independente de demonstrações financeiras, que é o relatório de auditoria emitido pelo auditor independente sobre o exame de um conjunto completo de demonstrações financeiras de uso geral, de acordo com uma estrutura de apresentação adequada.

Esta introdução e, em particular, o item que trata das definições, explica a diferença entre demonstrações financeiras de uso geral e de propósitos específicos, estrutura de relatório para fins gerais e de propósitos específicos, estruturas de conformidade e de apresentação adequada, remetendo para o capítulo seguinte os outros tipos de relatórios que não sejam aqueles que cobrem demonstrações financeiras de uso geral, elaboradas, por exemplo, de acordo com a Estrutura Conceitual para a Elaboração e Apresentação das Demonstrações Contábeis, emitida pelo CPC e aprovada pelo CFC, CVM, Banco Central do Brasil e demais reguladores e que têm como objetivo uma apresentação adequada.

Esse é o caso das demonstrações financeiras de companhias abertas publicadas em jornais de grande circulação e enviadas à CVM, juntamente com o relatório do auditor independente, para atender a uma ampla gama de usuários. As demonstrações financeiras de uso geral de acordo com essa estrutura são, também, elaboradas pelas demais entidades, que, mesmo não sendo companhias abertas, devem prestar contas sobre suas operações.

A emissão do relatório de auditoria sobre as demonstrações financeiras depende de uma série de fatores, envolvendo a obtenção de evidência de auditoria apropriada e suficiente (NBC TA 330), a conclusão sobre se as distorções não corrigidas são relevantes, individualmente ou em conjunto (NBC TA 450), e uma série de outros requisitos que afetam o tipo de opinião a ser emitida pelo auditor. A consistência no relatório (redação, forma e uso uniforme de modelos), observando normas internacionais de auditoria, ajuda a promover o entendimento pelos usuários e propicia credibilidade no mercado global.

Esse melhor entendimento e credibilidade facilitam a atuação das entidades no mercado global, seja na obtenção de crédito, no relacionamento com fornecedores e clientes, barateando, de forma geral, os custos das entidades.

Definições

Demonstrações financeiras[1] (ou contábeis) são representações estruturadas da posição patrimonial e financeira, do desempenho, dos fluxos de caixa e do valor adicionado, se requerido. Elas objetivam, também, prestar contas dos resultados da atuação da administração na gestão da entidade.

As demonstrações financeiras podem ser de uso geral (elaboradas de acordo com uma estrutura de relatório financeiro para fins gerais) ou de propósito específico. As de uso geral se destinam aos usuários externos à entidade, que não estão em posição de solicitar a elaboração de demonstrações financeiras que atendam a suas necessidades específicas.

Ao longo do texto, sempre que forem usadas demonstrações financeiras de forma genérica, está se falando de demonstrações financeiras completas, incluindo as demonstrações básicas e as notas explicativas.

Estrutura de relatório financeiro para fins gerais é a estrutura de relatório financeiro elaborada para satisfazer as necessidades de informações financeiras comuns de uma ampla gama de usuários. A estrutura de relatório financeiro pode ser uma estrutura de apresentação adequada ou uma estrutura de conformidade.

Estrutura de apresentação adequada, conforme já explicado no Capítulo 3, que trata da NBC TA 200, é utilizada para se referir a uma estrutura de relatório financeiro que exige conformidade com as exigências da própria e que reconhece: (i) o fato de que, para conseguir uma adequada apresentação das demonstrações

---

[1] Conforme mencionado na Parte I (Introdução), as expressões *demonstrações financeiras* e *demonstrações contábeis* possuem o mesmo significado. A preferência do autor e de grande parte dos profissionais de auditoria é pela expressão *demonstrações financeiras*, contudo, as normas editadas pelo CFC usam o termo *demonstrações contábeis*. Assim, quando são reproduzidos textos extraídos das NBC TAs, normalmente, foi mantido *demonstrações contábeis*.

financeiras, podem ser necessárias outras divulgações, além daquelas especificamente exigidas pela estrutura; ou (ii) que pode ser necessário que a administração não atenda uma exigência da estrutura para conseguir a apresentação adequada das demonstrações financeiras. Esses eventuais não atendimentos (desvios) são necessários apenas em circunstância extremamente raras.

Estrutura de conformidade (*ou compliance*) refere-se a uma estrutura de relatório financeiro que requer a conformidade com as exigências dessa estrutura, mas não reconhece os aspectos contidos em (i) e (ii) necessários para uma apresentação adequada. Este capítulo não trata da Estrutura de Conformidade, que está apresentada no próximo capítulo.

Relatório de auditoria é a nova expressão utilizada nas novas normas de auditoria para se referir ao produto final emitido pelo auditor independente em decorrência de sua auditoria das demonstrações financeiras e que contém a sua opinião. Anteriormente, o Relatório de Auditoria era denominado Parecer de Auditoria.

Opinião contida no relatório é a conclusão apresentada no relatório de auditoria. Ela pode ser uma **opinião não modificada (também referida como sem modificações ou, de uma forma mais vulgar, como "opinião limpa")** ou uma **opinião modificada**.

A opinião não modificada é expressa pelo auditor quando ele conclui que as demonstrações financeiras foram elaboradas, em todos os aspectos relevantes, de acordo com a estrutura de relatório financeiro aplicável, enquanto a opinião modificada compreende opinião com ressalva, adversa ou abstenção de opinião.

A expressão *estrutura de relatório financeiro aplicável* é normalmente substituída pela expressão **práticas contábeis adotadas no Brasil** nos relatórios sobre demonstrações financeiras de uso geral, preparadas de acordo com as práticas de contabilidade adotadas no Brasil.

Práticas Contábeis Adotadas no Brasil foi inicialmente definida no Pronuncaimento Técnico CPC 13, que tratou da aplicação da Lei nº 11.638 pela primeira vez. Subsequentemente, ela foi melhor definida como Práticas Contábeis Brasileiras no Pronunciamento Técnico CPC 26, que trata da Apresentação das Demonstrações Contábeis, como sendo aquelas práticas contábeis compreendidas na legislação societária brasileira, nos pronunciamentos, interpretações e orientações emitidos pelo CPC e homologados pelos órgãos reguladores, assim como as práticas adotadas pelas entidades em assuntos não regulados, desde que atendam a Estrutura Conceitual para Elaboração e Apresentação das Demonstrações Contábeis e, dessa forma, em consonância com as normas internacionais de contabilidade (IFRS).

Informações comparativas compreendem os valores e as divulgações constantes das demonstrações financeiras referentes a um ou mais períodos anteriores de acordo com os requisitos da estrutura de relatório financeiro aplicável.

Valores correspondentes são informações comparativas onde os valores e outras divulgações do período anterior são parte integrante das demonstrações financeiras do período corrente e devem ser lidas somente em relação aos valores e outras divulgações relacionados ao período corrente (denominados "valores do período corrente"). O nível de detalhes dos valores e das divulgações correspondentes apresentados é determinado principalmente por sua relevância em relação aos valores do período corrente. A legislação societária brasileira requer a apresentação dos **valores correspondentes** ao exercício anterior juntamente com os valores e demais informações do período corrente.

Demonstrações contábeis (ou financeiras) comparativas são informações comparativas onde os valores e outras divulgações do período anterior estão incluídos para fins de comparação com as demonstrações financeiras do período corrente, mas, se auditadas, são mencionadas na opinião do auditor. O nível de informações incluídas nessas demonstrações financeiras comparativas é comparável com o das demonstrações financeiras do período corrente.

Normas apresentadas neste capítulo

As normas apresentadas neste capítulo compreendem:

- NBC TA 700 – Formação da Opinião e Emissão do Relatório do Auditor Independente sobre as Demonstrações Contábeis.
- NBC TA 705 – Modificações na Opinião do Auditor Independente.
- NBC TA 706 – Parágrafos de Ênfase e Parágrafos de Outros Assuntos no Relatório do Auditor Independente.
- NBC TA 710 – Informações Comparativas – Valores Correspondentes e Demonstrações Contábeis Comparativas.
- NBC TA 720 – Responsabilidade do Auditor em relação a Outras Informações incluídas em Documentos que contenham Demonstrações Contábeis Auditadas.

NBC TA 700 – Formação da Opinião e Emissão do Relatório do Auditor Independente sobre as Demonstrações Contábeis

Essa primeira norma trata da emissão do "relatório limpo", que não contém qualquer ressalva ou outro tipo de modificação (adverso ou abstenção de opinião). Ela tem como objetivo formar uma opinião sobre as demonstrações financeiras com base na avaliação das conclusões atingidas pela evidência de auditoria obtida e expressar claramente essa opinião por meio de relatório de auditoria por escrito.

Requisitos

Formação da opinião sobre as demonstrações financeiras

Para possibilitar ao auditor formar essa opinião, ele deve concluir se obteve segurança razoável de que as demonstrações financeiras, tomadas em conjunto, não apresentam distorções relevantes, sejam elas causadas por fraude ou erro.

Essa conclusão deve levar em consideração se:

- foi obtida evidência de auditoria apropriada e suficiente;
- as distorções não corrigidas são relevantes, individualmente ou em conjunto;
- são apropriados os aspectos qualitativos das práticas contábeis utilizadas pela entidade, incluindo a análise e conclusão quanto à inexistência de indicadores de possível tendenciosidade ou falta de neutralidade nos julgamentos da administração;
- as demonstrações financeiras divulgam adequadamente as práticas contábeis selecionadas e aplicadas e se elas são consistentes com a estrutura de relatório financeiro aplicável e apropriadas;
- as estimativas contábeis feitas pela administração são razoáveis;
- as demonstrações financeiras fornecem divulgações adequadas para que usuários entendam o efeito de transações e eventos relevantes sobre as informações constantes nas demonstrações contábeis;
- a terminologia usada nas demonstrações financeiras, incluindo o título de cada demonstração, é apropriada;
- as demonstrações financeiras propiciam uma apresentação adequada, no caso em que são elaboradas de acordo com a estrutura de apresentação adequada, que é o caso deste capítulo;
- as demonstrações financeiras fazem referência ou descrevem adequadamente a estrutura de relatório financeiro aplicável, ou seja, elas devem incluir uma nota explicativa que divulgue de forma clara a base de elaboração e apresentação das demonstrações financeiras.

Essa declaração requerida no último tópico é apropriada somente se todos os requisitos da estrutura de relatório financeiro foram observados ao longo do ano.

Os indicadores de tendenciosidade ou falta de neutralidade por parte da administração da entidade incluem (i) a correção seletiva de erros, como por exemplo o fato da administração acatar somente aqueles ajustes, cujo efeito é aumentar os lucros apresentados, mas não aqueles cujo efeito é diminuir os lucros apresentados, denotando uma inadequada tendenciosidade, que também pode ser constatada em processos que envolvem estimativas.

Forma da opinião

O auditor deve emitir um relatório **sem qualquer modificação** em relação ao relatório **limpo**, quando ele não tiver tido qualquer limitação no alcance do seu trabalho de auditoria e puder concluir que as demonstrações financeiras foram elaboradas, em todos os aspectos relevantes, de acordo com a estrutura de relatório financeiro aplicável.

Por conseguinte, o relatório deve conter modificação quando ele **não** consegue obter evidência apropriada e suficiente se as demonstrações financeiras apresentam distorções relevantes (ressalva por limitação no alcance ou abstenção de opinião) ou quando ele concluir, por meio das evidências obtidas, que as demonstrações financeiras apresentam distorções relevantes (ressalva ou adverso).

Este capítulo trata somente de estrutura de apresentação adequada. Os relatórios de auditoria emitidos sobre demonstrações financeiras no contexto de conformidade estão apresentados no capítulo seguinte.

Relatório do Auditor Independente

O terceiro requisito da NBC TA 700 está relacionado com a emissão do relatório por escrito, que é apresentado em detalhes e exemplificado nos próximos tópicos.

Novo Formato do Relatório de Auditoria

A NBC TA 700 trouxe um novo formato para o relatório de auditoria. O relatório limpo (sem modificações), que antes era apresentado em três parágrafos, passa a ser apresentado de acordo com o seguinte *layout* e as seguintes seções:

Título

Destinatário

    Seções do relatório (parágrafos)

    Parágrafo introdutório

    Responsabilidade da administração pelas demonstrações financeiras

    Responsabilidade do auditor

    Opinião

    Outras responsabilidades de relatório

Data

Assinatura e identificação

Para facilitar a discussão do novo *layout* e seções do relatório de auditoria, apresentamos a seguir um modelo de relatório sem modificação (também referido como limpo ou padrão) sobre demonstrações financeiras de uso geral, elaboradas de acordo com uma estrutura de apresentação adequada. Em seguida, abordaremos cada um dos itens e seções do relatório, identificados de A a H.

RELATÓRIO DO(S) AUDITOR(ES) INDEPENDENTE(S) SOBRE AS DEMONSTRAÇÕES CONTÁBEIS (A)

(Destinatário apropriado) (B)

Examinamos as demonstrações contábeis (ou financeiras) da Companhia ABC, que compreendem o balanço patrimonial em 31 de dezembro de 20X1 e as respectivas **demonstrações** *do resultado, das mutações do patrimônio líquido e dos fluxos de caixa para o exercício findo naquela data, assim como o resumo das principais práticas contábeis e demais notas explicativas. (C)*

Responsabilidade da administração sobre as demonstrações contábeis (ou financeiras) (D)

A administração da Companhia é responsável pela elaboração e adequada apresentação dessas demonstrações contábeis (ou financeiras) de acordo com as práticas contábeis adotadas no Brasil e pelos controles internos que ela determinou como necessários para permitir a elaboração de demonstrações contábeis (ou financeiras) livres de distorção relevante, independentemente se causada por fraude ou erro.

Responsabilidade dos auditores independentes (E)

Nossa responsabilidade é a de expressar uma opinião sobre essas demonstrações contábeis (ou financeiras) com base em nossa auditoria, conduzida de acordo com as **normas brasileiras e internacionais de auditoria***. Essas normas requerem o cumprimento de exigências éticas pelos auditores e que a auditoria seja planejada e executada com o objetivo de obter segurança razoável de que as demonstrações contábeis (ou financeiras) estão livres de distorção relevante.*

Uma auditoria envolve a execução de procedimentos selecionados para obtenção de evidência a respeito dos valores e divulgações apresentados nas demonstrações contábeis (ou financeiras). Os procedimentos selecionados dependem do julgamento do auditor, incluindo a avaliação dos riscos de distorção relevante nas demonstrações contábeis (ou financeiras), independentemente se causada por fraude ou erro. Nessa avaliação de riscos, o auditor considera os controles internos relevantes para a elaboração e adequada apresentação das demonstrações contábeis (ou financeiras) da Companhia para planejar os procedimentos de auditoria que são apropriados nas circunstâncias, mas não para fins de expressar uma opinião sobre a eficácia desses controles internos da Companhia. Uma auditoria inclui, também, a avaliação da adequação das práticas contábeis utilizadas e a razoabilidade das estimativas contábeis feitas pela administração, bem como a avaliação da apresentação das demonstrações contábeis (ou financeiras) tomadas em conjunto.

Acreditamos que a evidência de auditoria obtida é suficiente e apropriada para fundamentar nossa opinião.

Opinião (F)

Em nossa opinião, as demonstrações contábeis (ou financeiras) acima referidas apresentam adequadamente, em todos os aspectos relevantes, a posição patrimonial e financeira da Entidade ABC em 31 de dezembro de 20X1, o desempenho de suas operações e os seus fluxos de caixa para o exercício findo naquela data, de acordo com as práticas contábeis adotadas no Brasil.

Data (G)

Assinatura, endereço (identificação) do auditor independente (H)

Obs.: Os itens identificados como A até H estão detalhadamente descritos a seguir.

A) Título

A primeira mudança em relação ao antigo modelo está no título. Os membros da CNNT[2] do IBRACON, por maioria de votos, decidiram mudar o título de Parecer dos Auditores Independentes para Relatório dos Auditores Independentes, acompanhando a nomenclatura mundial.

É importante considerar que o título embute uma afirmação implícita de que o auditor se satisfez de que cumpriu com todas as exigências éticas relevantes relativas à independência, e portanto diferencia o seu relatório (do auditor independente) de outros relatórios emitidos por outros profissionais.

O título deve ser complementado com a informação sobre o que se refere, portanto, em situação normal o título é assim grafado:

RELATÓRIO DOS AUDITORES INDEPENDENTES SOBRE AS DEMONSTRAÇÕES CONTÁBEIS (ou FINANCEIRAS)

O título normalmente está no plural, uma vez que em sua grande maioria os relatórios de auditoria são emitidos por firmas de auditoria (pessoa jurídica), mas no caso de um auditor individual (pessoa física) o título deve ser adaptado e identificado como Relatório do Auditor Independente sobre as Demonstrações Financeiras.

Na hipótese, não usual no Brasil, em que o Relatório do Auditor cubra outros aspectos além das demonstrações financeiras, ele teria um título e dois subtítulos, a saber:

---

[2] Comissão Nacional de Normas Técnicas do IBRACON.

Título – Relatório dos Auditores Independentes

1º subtítulo – Relatório dos Auditores Independentes sobre as Demonstrações Financeiras

2º subtítulo – Relatório sobre Outros Assuntos

Essa segunda parte do relatório de auditoria sobre outros assuntos é explicada nos itens 38, 39, A34 e A35 da NBC TA 700 e se destina aos casos em que, por obrigação legal, o auditor deve atender outras exigências não aplicáveis no Brasil, como por exemplo assegurar que as demonstrações financeiras foram extraídas dos registros contábeis que são mantidos de acordo com a lei ou outros requisitos estabelecidos por uma jurisdição específica.

Em algumas atividades regulamentadas, como por exemplo instituições financeiras, o Banco Central do Brasil requer um relatório circunstanciado sobre cumprimento das normas legais e regulamentares, mas esse relatório é específico e se destina exclusivamente à Instituição e ao Banco Central do Brasil e, dessa forma, se constitui em um relatório à parte.

B) Destinatário

O relatório contendo a opinião sobre as demonstrações financeiras é normalmente endereçado às pessoas para quem o relatório de auditoria é elaborado, frequentemente para os acionistas e/ou para os administradores e responsáveis pela governança da entidade.

No Brasil, no caso de companhias abertas, costumeiramente os relatórios são endereçados aos **Administradores e Acionistas**, pelo fato de que os administradores é que contrataram os auditores e as demonstrações financeiras (acompanhadas do relatório de auditoria) são submetidas à aprovação dos acionistas em assembleia geral, todavia, nada impede que ele seja endereçado de acordo com o que for estabelecido na carta de contratação do serviço de auditoria (ver Capítulo 4, que trata da NBC TA 210).

Seções do Relatório (parágrafos)

O relatório padrão (que não contém qualquer modificação) apresenta quatro seções:

C) Parágrafo Introdutório

O primeiro parágrafo do relatório deve:

- identificar a entidade cujas demonstrações financeiras foram auditadas;
- afirmar que as demonstrações financeiras foram auditadas;

- identificar o título de cada demonstração examinada;
- fazer referência ao resumo das principais práticas contábeis e demais notas explicativas; e
- especificar a data ou o período de cada demonstração auditada.

O parágrafo introdutório traz duas importantes novidades. A primeira delas é que as notas explicativas passam a ser mencionadas no parágrafo introdutório. A segunda está relacionada com o fato de que em situação normal o relatório cobre tão somente as demonstrações financeiras do ano corrente, enquanto estávamos acostumados que o relatório cobria o ano corrente e o ano anterior e não fazia qualquer menção às notas explicativas.

Essa segunda novidade está mais bem analisada no tópico que trata da NBC TA 710 sobre informações comparativas, que diferencia valores correspondentes e demonstrações comparativas (ver também a seção contendo as definições).

No Brasil, a Lei das Sociedades por Ações requer a apresentação de valores correspondentes e não existe nenhum dispositivo legal, além do uso e costume até então seguido pela profissão em que o parecer dos auditores independentes cobria o período corrente e o anterior.

Dessa forma, não existe qualquer barreira de ordem legal em seguir a prática internacional, que é de se referir no relatório de auditoria apenas às demonstrações financeiras do período corrente, que passa a ser a prática brasileira. Essa prática torna implícito que os valores correspondentes ao período anterior foram auditados pelo próprio auditor e que não houve ressalva ou qualquer modificação na opinião sobre as demonstrações financeiras do ano anterior.

No caso em que o relatório emitido anteriormente sobre esses valores correspondentes tenha sido adverso ou incluída alguma ressalva, isso tem impacto no relatório do período corrente e está discutido no tópico que trata da NBC TA 710.

No exemplo de relatório acima apresentado, o auditor examinou apenas as quatro demonstrações financeiras básicas, todavia, no caso de companhias abertas, existe a obrigatoriedade de apresentação da Demonstração do Valor Adicionado, que para essas companhias é uma informação obrigatória. (Ver Comunicado Técnico 4/10 do IBRACON, que para facilitar a redação do relatório de auditoria, determina que a demonstração do valor adicionado deve ser tratada no parágrafo de outros assuntos.)

D) *Responsabilidade da Administração*

Essa seção deixa clara a responsabilidade da administração pelas demonstrações financeiras e pelos controles internos que ela (administração) determinou como necessário para permitir a elaboração de demonstrações financeiras, livre de distorções relevantes, sejam elas decorrentes de fraude ou erro.

Isso é importante, pois é muito comum o entendimento equivocado de que o auditor possa ter responsabilidade primária sobre esses aspectos ou que o fato das demonstrações financeiras terem sido examinadas por auditores independentes exime os administradores dessas responsabilidades pelas demonstrações financeiras e pelos controles internos.

Esse assunto já foi discutido no capítulo que trata da NBC TA 200, todavia, deve ser reforçada essa responsabilidade na medida em que ela permite aos usuários entenderem os pressupostos sobre o qual a auditoria é conduzida. No caso em que as demonstrações financeiras são elaboradas de acordo com uma estrutura de apresentação adequada, como é o caso coberto neste capítulo, esse parágrafo inclui também a afirmação da responsabilidade da administração pela **adequada apresentação** das demonstrações financeiras.

E) Responsabilidade do Auditor

Essa seção foi bastante expandida em relação ao modelo anterior de parecer, distinguindo bem a responsabilidade do auditor em relação à responsabilidade da administração. Essa seção passou a ter três parágrafos que sintetizam muito bem o fato de que o trabalho foi planejado para atingir o objetivo desejado, que o auditor observou as exigências éticas e se conseguiu (ou não) reunir a evidência necessária, mediante a adoção de procedimentos selecionados, que lhe permite (ou não) fundamentar sua opinião e que para chegar a essa opinião, ele avaliou e exerceu o seu julgamento com referência aos seguintes aspectos relevantes, cuja responsabilidade primária é da administração da entidade:

- riscos de distorção relevante, independentemente se causados por fraude ou erros;
- controles internos da entidade;
- adequada apresentação das demonstrações financeiras;
- avaliação das práticas contábeis; e
- razoabilidade das estimativas.

A declaração de que a auditoria foi efetuada de acordo com as normas **brasileiras e internacionais** de auditoria merece destaque específico, pois ela aumenta o grau de credibilidade e de entendimento sobre o relatório de auditoria. Adicionalmente, ela embute uma responsabilidade ao emissor brasileiro de normas de auditoria (CFC) de que as normas brasileiras de auditoria (NBC TAs) deverão estar permanentemente em consonância com as normas internacionais (ISAs).

Por sua vez, é importante frisar e repetir o que já foi mencionado no Capítulo 3, que trata da NBC TA 200, que um auditor só pode declarar a observância das normas brasileiras e internacionais se ele de fato atendeu simultaneamente **a todas** as normas relevantes no contexto da auditoria. Uma NBC TA é relevante para a auditoria quando ela está em vigor e as circunstâncias tratadas na norma ocorrem na situação específica.

F) Opinião

A quarta seção do relatório diz respeito à opinião do auditor. Nesse parágrafo ele estabelece a ligação entre as demonstrações financeiras mencionadas no parágrafo introdutório e o que elas representam, de acordo com a Estrutura Conceitual para Elaboração e Apresentação de Demonstrações Contábeis, ou seja:

Balanço Patrimonial → posição patrimonial e financeira

Demonstrações:

    do Resultado → desempenho das operações[3]

    dos Fluxos de Caixa → fluxos de caixa

Notar que o novo formato de relatório de auditoria não contém opinião sobre as mutações do patrimônio líquido. Essa prática já era adotada no exterior, todavia no Brasil era incluída na opinião a conclusão sobre as mutações do patrimônio líquido, lembrando que na época em que foi introduzido o modelo de parecer, as mutações do patrimônio líquido das entidades brasileiras incluíam incentivos fiscais e correção monetária das contas do patrimônio líquido e talvez esses tenham sido os motivos que levaram a incluir no modelo brasileiro a opinião sobre tais mutações.

Como vimos no Capítulo 2, que trata da Estrutura Conceitual para Trabalhos de Asseguração, o terceiro elemento que deve estar presente em trabalhos dessa natureza corresponde aos **critérios** utilizados para avaliar ou mensurar o objeto. No caso de auditoria de demonstrações financeiras (asseguração razoável), o critério para avaliar se a posição patrimonial e financeira (objeto) está adequadamente apresentada é a regra estabelecida pela Estrutura de Relatório Financeiro aplicável.

Esse critério (regra de elaboração) pode ser caracterizado por:

- práticas contábeis adotadas no Brasil (ver definição), que derivam da Estrutura Conceitual para Elaboração e Apresentação de Demonstrações

---

[3] A norma internacional fala em *financial performance*. No Brasil decidiu-se por usar o termo *desempenho operacional* de forma genérica, excluindo **financeiro** para não restringir o seu significado, pois alguns usuários poderiam interpretar que a opinião está cobrindo apenas o resultado financeiro (receitas menos despesas financeiras), que obviamente não é o objetivo. Essa expressão *performance* (desempenho) não é muito feliz e provocou muita discussão por ocasião da análise e emissão das NBC TAs, pois despertou preocupação de que alguns usuários do relatório que desconhecem a estrutura conceitual emitida pelo CPC e aprovada pelos órgãos reguladores poderiam interpretar que o auditor está se referindo aos aspectos relacionados com a condução dos negócios pela entidade e não ao que a demonstração do resultado representa.

Contábeis, emitida pelo CPC e aprovada pelo CFC e demais órgãos reguladores;

- normas internacionais de relatório financeiro (IFRS);
- princípios de contabilidade geralmente aceitos nos Estados Unidos da América (US GAAP) ou outra estrutura de apresentação adequada que seja aceitável.

Na introdução deste livro, discutimos a dificuldade que diferentes regras contábeis e de auditoria provocam aos usuários das demonstrações financeiras num ambiente global e que é inexorável a adoção das normas internacionais de auditoria e a harmonização das práticas contábeis para atingir uma linguagem contábil única, aplicada uniformemente em escala mundial, todavia, isso não é fácil e ainda existem muitas barreiras a serem vencidas.

A adoção por completo das normas internacionais de auditoria é menos complexa e perfeitamente atingível, pois inexistem no Brasil barreiras similares àquelas existentes para aplicação das regras contábeis.

O item A8 da NBC TA 700 considera que na prática o cumprimento simultâneo de duas estruturas de relatório financeiro é pouco provável, a não ser que o país abandone por completo suas práticas contábeis e adote integralmente outra estrutura, por exemplo, o IFRS, e elimine todas as barreiras.

Embora o Brasil tenha assumido o compromisso de adotar o IFRS e importantes passos venham sendo dados desde a aprovação da Lei nº 11.638, que mudou a Lei das Sociedades por Ações, existem certas particularidades, como por exemplo a figura das demonstrações financeiras individuais da controladora, que são a base legal para estabelecer o valor patrimonial da ação ou para a remuneração dos acionistas (dividendos) e que, portanto, devem continuar a ser divulgadas pela entidade, pois são essas demonstrações financeiras que serão analisadas e aprovadas em assembleia de acionistas.

A Interpretação Técnica ICPC 09, que trata das Demonstrações Contábeis Individuais, Separadas, Consolidadas e da Aplicação do Método da Equivalência Patrimonial, reafirma a necessidade de divulgação das demonstrações financeiras individuais, todavia explica que, do ponto de vista conceitual, essas demonstrações individuais só deveriam ser divulgadas publicamente para o caso de entidades que não tivessem investimentos em controladas, ou em *joint ventures* (controladas em conjunto).

No caso da existência desses investimentos, todas as entidades deveriam divulgar publicamente somente as demonstrações financeiras consolidadas, conforme estabelecido nas normas internacionais de contabilidade emitidas pelo IASB, mas a referida Interpretação também menciona que a legislação societária brasileira e alguns órgãos reguladores determinam a divulgação pública dessas demonstrações individuais de entidades que possuem investimentos em controladas ou em *joint ventures,* mesmo quando essas entidades divulgam suas demonstrações financeiras consolidadas.

Como consequência, o CPC esclarece, por meio dessa interpretação (ICPC 09), que, enquanto vigorar essa legislação, será requerida a apresentação das demonstrações financeiras individuais de todas as entidades, mesmo quando apresentadas as demonstrações financeiras consolidadas (integral ou proporcional). Requer, todavia, que essas demonstrações individuais das entidades que possuem investimentos em controladas e *joint ventures* sejam obrigatoriamente divulgadas em conjunto com as demonstrações consolidadas.

A referida interpretação apresenta o seu entendimento de que

> "A obrigação, conforme art. 249 da Lei das Sociedades por Ações, de divulgar juntamente com suas demonstrações financeiras individuais as demonstrações financeiras consolidadas, não implica, necessariamente, divulgação em colunas lado a lado, podendo ser uma demonstração contábil a seguir da outra."

Essa prática de dois conjuntos distintos de demonstrações financeiras, acompanhadas dos respectivos relatórios dos auditores independentes, é observada na Europa para as demonstrações financeiras separadas e consolidadas.

No Brasil, na época da economia hiperinflacionária, tivemos a experiência de conviver com dois tipos de práticas contábeis em uma mesma publicação, onde se apresentavam em duas colunas as demonstrações financeiras de acordo com a legislação societária (efeito da inflação em uma única linha da demonstração do resultado) e pela correção integral (efeito da inflação distribuído por todas as contas da demonstração do resultado) e eram apresentadas de acordo com o poder aquisitivo da moeda na data do último balanço.

Na época, o parecer padrão (limpo) dos auditores independentes tinha quatro parágrafos para acomodar a situação de dois jogos distintos de demonstrações financeiras de uma mesma companhia, apresentando-se a opinião em dois parágrafos, um para se referir aos princípios fundamentais de contabilidade (demonstração em moeda de poder aquisitivo constante) e outro para se referir às práticas contábeis emanadas da legislação societária, com a agravante de que apresentavam resultados diferentes,[4] que invariavelmente geravam o questionamento sobre qual lucro está certo.

Como a exigência de publicação de demonstrações financeiras individuais é específica do Brasil, as normas internacionais de auditoria (ISAs) não tratam especificamente desse assunto. Considerando que o Brasil adotou integralmente

---

[4] O resultado em moeda constante era afetado, por exemplo, pelo ajuste ao valor presente dos recebíveis, que não era considerado na apuração do resultado societário, que servia de base legal para remuneração dos acionistas e apuração do valor patrimonial da ação.

essas normas internacionais de auditoria por meio de emissão das NBC TAs pelo CFC, as normas brasileiras de auditoria, também, são omissas quanto à publicação conjunta e um único relatório de auditoria ou separada e dois relatórios distintos de auditoria.

Tendo em vista a experiência anterior de publicação conjunta de demonstrações financeiras atendendo duas práticas contábeis e outras peculiaridades brasileiras, que exigem a publicação das demonstrações financeiras, acompanhadas do relatório dos auditores independentes, **em jornais de grande circulação, envolvendo altos custos**, e como as diferenças são pontuais e se referem a uma situação específica do Brasil, o IBRACON emitiu Comunicado Técnico orientando os auditores independentes para adotar procedimento similar ao do passado, apresentando conjuntamente as demonstrações financeiras consolidadas pelo IFRS[5] e as demonstrações financeiras individuais pelas práticas contábeis adotadas no Brasil.

Na época em que este livro estava sendo redigido, o autor, juntamente com os demais membros do Comitê de Normas de Auditoria do IBRACON, estava trabalhando na emissão de Comunicado Técnico contendo orientação aos auditores independentes sobre a emissão de um único relatório de auditoria contendo opinião sobre dois jogos de demonstrações financeiras, elaborados de acordo com duas estruturas de relatório diferentes (IFRS e práticas contábeis brasileiras).

Uma alternativa inteligente para evitar custos poderia ser a elaboração de dois jogos distintos de demonstrações financeiras e dois relatórios de auditoria, todavia permitindo que a divulgação de demonstrações consolidadas ficasse dispensada de publicação em jornal de circulação, limitando-se a disponibilizar tal informação por meio eletrônico no *site* da Companhia e no *site* da CVM, no caso de companhias abertas. Essa alternativa, embora inteligente, é pouco provável de ocorrer, pois depende de mudança na Lei das Sociedades por Ações.

Nesse caso de emissão de dois relatórios distintos, conforme requerido pelo item A8 da NBC TA 706, seria necessária a inclusão de um parágrafo de Outros Assuntos (após o parágrafo da opinião) para explicar em cada relatório que o auditor emitiu outro relatório sobre diferente prática contábil.

Ainda com referência ao critério para mensurar e avaliar o objeto, requerido nos trabalhos de asseguração, temos a situação das instituições financeiras que legalmente devem seguir as práticas contábeis emanadas do órgão regulador (Banco Central do Brasil), consubstanciadas em Resoluções do Conselho Monetário Nacional, que quando da elaboração deste livro ainda não tinham homologado grande parte dos Pronunciamentos emitidos pela CPC e, dessa forma, as Instituições Financeiras continuavam apresentando suas demonstrações financeiras de acordo com o Plano de Contas específico (COSIF).

---

[5] *International Financial Reporting Standards.*

De forma similar ao assunto envolvendo consolidado pelo IFRS *versus* demonstrações individuais pela prática contábil brasileira, a situação das instituições financeiras também foi objeto de análise pelo Comitê de Normas de Auditoria em conjunto com o Grupo de Trabalho específico do IBRACON (GT 1 – Instituições Financeiras).

Primeiramente, no que tange à base de elaboração das demonstrações financeiras, considerando que as práticas contábeis adotadas por essas instituições ainda não são as práticas contábeis adotadas pelas demais entidades, conforme definição constante do Pronunciamento Técnico CPC 26, apresentada no início deste capítulo, decidiu-se que nesse período de transição até a completa adoção dos Pronunciamentos, Orientações e Interpretações do CPC, o auditor deve utilizar a seguinte expressão para o critério de apresentação das demonstrações financeiras em seus relatórios de auditoria:

> ...**de acordo com as práticas contábeis adotadas no Brasil, aplicáveis às Instituições autorizadas a funcionar pelo Banco Central do Brasil.**

Essa decisão está amparada no parágrafo 50 do *Basis for Conclusion* da ISA 700, que fornece a seguinte orientação:

> **"A number of jurisdictions are adopting IFRS. In some cases, the jurisdictions may adopt less than the complete set of current IFRS. This may be because of the time it takes a jurisdiction to introduce new standards locally, such that the issue is merely one of timing. It may be because a jurisdiction regards a certain IFRS as unsuitable for the jurisdiction. Or it may be because a regulator wishes to impose its own rules in respect of certain aspects of financial reporting. In each case, national standard setters, legislators or regulators may mandate how the financial reporting framework is to be described in the financial statements or the auditor's report, or both. For example, the framework may be described as 'IFRS as adopted by [industry supervisor or regulator] for use of [industry] in [jurisdiction X]'. Such descriptions may be used in the general purpose financial statements of the relevant entities."**

Por sua vez, a nota explicativa de base de preparação e apresentação das demonstrações financeiras deve divulgar, como de costume, as práticas contábeis aplicadas.

Todavia, é importante enfatizar que é não aceitável o uso de linguagem qualificadora ou restritiva do tipo **substancialmente** de acordo com as normas internacionais de relatório financeiro, mesmo que as diferenças estejam reconciliadas e apresentadas em uma nota explicativa, pois as demonstrações financeiras não estão de acordo com essa outra estrutura.

Ao contrário das demais companhias abertas que adotam integralmente os Pronunciamentos Técnicos do CPC, as práticas contábeis seguidas pelas instituições autorizadas a funcionar pelo Banco Central do Brasil ainda apresentam diferenças relevantes em relação ao IFRS.

Dessa forma, essas entidades devem apresentar suas demonstrações financeiras individuais e consolidadas **separadamente em dois conjuntos distintos** de demonstrações financeiras, uma vez que nessas circunstâncias o auditor independente estaria impossibilitado de expressar opinião sobre demonstrações financeiras de acordo com diferentes estruturas de relatório financeiro com diferenças relevantes entre elas. Assim, enquanto persistirem essas diferenças, os auditores independentes devem observar as orientações constantes do Comunicado Técnico específico orientando os auditores independentes sobre os relatórios de auditoria das demonstrações financeiras de entidades desse segmento.

Dentre essas orientações, destaca-se a necessidade de o auditor adicionar um parágrafo de **Outros Assuntos** em cada um dos relatórios de auditoria emitidos para explicar que foi emitido outro relatório sobre as demonstrações financeiras elaboradas de acordo com outra estrutura de relatório financeiro.

Antes de passarmos aos demais itens do relatório, é necessário considerar que existem situações em que a entidade prepara suas demonstrações financeiras de acordo com uma estrutura de relatório financeiro, por exemplo, práticas contábeis adotadas no Brasil, e adicionalmente apresenta **informações suplementares** em notas explicativas sobre até que ponto essas demonstrações estão de acordo com outra estrutura (por exemplo, IFRS).

A norma esclarece que se trata de uma informação suplementar e como ela integra as demonstrações financeiras, no exemplo preparadas de acordo com as práticas contábeis adotadas no Brasil, ela é automaticamente coberta no relatório do auditor sobre essas demonstrações financeiras, sendo desnecessária qualquer menção no parágrafo introdutório do relatório, uma vez que ele já inclui as notas explicativas.

Uma vez discutido o critério para mensurar e avaliar o objeto, é importante lembrar que em uma estrutura de apresentação adequada, a conclusão do auditor deve necessariamente incluir tal declaração. As expressões "**apresentam adequadamente** ou **apresentam uma visão verdadeira e justa**, em todos os aspectos relevantes", são equivalentes e podem ser usadas indistintamente.

Não existe lei ou norma legal que estabeleça qual a expressão que deve ser utilizada no Brasil. Por uso e costume, tem sido utilizada a expressão **apresentam adequadamente** e, dessa forma, foi a expressão usada nos exemplos de relatórios.

G) Data do Relatório

A data do relatório do auditor independente tem um significado relevante que torna implícito que o auditor considerou o efeito dos eventos e transações conhecidos pelo auditor que ocorreram até aquela data.

Essa responsabilidade é tácita e, dessa forma, normalmente se diz que a data do relatório é a "data do último dia de trabalho no campo (instalações da entidade)", pois é quando e onde o auditor tem a oportunidade de tomar conhecimento e obter as informações necessárias para a sua conclusão.

Obviamente, nessa data o auditor tem que ter obtido a evidência apropriada e suficiente que lhe permita fundamentar a sua opinião, portanto, todos os procedimentos relevantes, incluindo-se a revisão de controle de qualidade, requerida pela NBC TA 220, devem estar concluídos.

Como a elaboração das demonstrações financeiras é de responsabilidade da administração da entidade, obviamente o auditor não pode concluir o seu trabalho (auditoria), enquanto a administração não concluiu e assumiu a responsabilidade por essas demonstrações. O Pronunciamento 24 do CPC, correlacionado com o IAS 10, traz exemplo e deixa claro que a data de conclusão das demonstrações financeiras é a data da aprovação delas pela diretoria executiva e essa data deve ser divulgada nas notas explicativas às demonstrações financeiras. (Ver Capítulo 20, que trata de Eventos Subsequentes.)

H) Assinatura, Endereço (Identificação) do Auditor Independente

A norma em si se refere à assinatura e endereço do auditor. No que tange ao endereço, a norma requer que sejam especificados a localidade onde o relatório foi assinado e ao que se refere a assinatura; a norma estabelece que essa assinatura é em nome pessoal do auditor **ou** da firma a que ele pertence.

A norma não faz qualquer restrição ao que historicamente vem sendo requerido no Brasil pelo CFC, que inclui aspectos de identificação do profissional e da firma de auditoria. Dessa forma, os exemplos de relatórios incluem o seguinte:

- [Local (localidade do escritório de auditoria que emitiu o relatório)];
- [Data do relatório do auditor independente];
- [Nome do auditor independente (pessoa física ou jurídica)];
- [Nome do profissional (sócio ou responsável técnico, no caso de o auditor ser pessoa jurídica)];
- [Números de registro no CRC da firma de auditoria e do profissional que assina o relatório];
- [Assinatura do auditor independente].

Informações suplementares apresentadas com as demonstrações financeiras

Antes de entrarmos nas modificações ao relatório padrão, devemos atentar para o quarto requisito da NBC TA 700, que trata das informações suplementares.

Existem informações suplementares não requeridas pela estrutura de relatório financeiro aplicável, mas que apesar disso são parte integrante das demonstrações financeiras porque não podem ser claramente diferenciadas dessas demonstrações auditadas.

Nesses casos, devido a sua natureza e forma de apresentação, essas informações são abrangidas pela opinião do auditor, sendo desnecessária a inclusão de parágrafo suplementar no relatório do auditor, pois como essas informações fazem parte das notas explicativas, elas são automaticamente abrangidas no relatório do auditor, que no parágrafo introdutório cita as notas explicativas.

É importante destacar que existem situações em que a inclusão de informações não contábeis em notas explicativas, como por exemplo a apuração do lucro antes dos juros, impostos, depreciações e amortizações, mais conhecido pela sigla em inglês EBITDA, pode requerer atenção adicional do auditor para que não seja entendido que aquela informação não contábil faça parte das demonstrações financeiras auditadas.

O ideal é que essas informações suplementares não façam parte das demonstrações financeiras e sim do Relatório da Administração, todavia isso nem sempre é possível e, em caso de sua inclusão em notas explicativas, o auditor deve requerer que tal informação seja identificada como "Não Auditada".

Mesmo que seja feita tal identificação de "Não Auditada" nas notas explicativas que contemplem essas informações, o auditor deve ler essas informações e avaliar se trazem informações conflitantes e não consistentes com as demonstrações financeiras sobre as quais ele emitiu sua opinião. No fim deste capítulo estão apresentados aspectos da NBC TA 720 que apresentam orientações adicionais que são aplicáveis a essa situação.

NBC TA 705 – Modificações na opinião do auditor independente

Esta norma trata das situações em que o auditor, ao formar sua opinião sobre as demonstrações financeiras auditadas, conclui que é necessário emitir um relatório diferente do padrão, incluindo modificações, seja por meio de ressalvas ou outras modificações.

No caso em que o auditor não consegue obter evidência apropriada e suficiente para lhe permitir formar uma opinião, existe limitação no alcance de seu trabalho, que implica na emissão de um relatório com ressalva pela limitação ou abstenção de opinião, enquanto quando ele conseguiu obter todas as evidências necessárias e concluiu que as demonstrações financeiras apresentam distorção relevante, ele emite um relatório com ressalva ou adverso em decorrência de distorção.

O item A1 da NBC TA 705 traz a tabela a seguir apresentada, que facilita a compreensão dos parâmetros de julgamento do auditor para os assuntos que geram modificação:

Natureza do assunto que gerou a modificação	Julgamento do auditor sobre a disseminação de forma generalizada dos efeitos ou possíveis efeitos sobre as demonstrações contábeis	
	Relevante mas não generalizado	Relevante e generalizado
As demonstrações contábeis apresentam distorções relevantes	Opinião com ressalva	Opinião adversa
Impossibilidade de obter evidência de auditoria apropriada e suficiente	Opinião com ressalva	Abstenção de opinião

Além das definições anteriormente apresentadas, torna-se necessário lembrar a definição de distorção apresentada no Capítulo 13, que trata da NBC TA 450, e explicar o significado da palavra "generalizado" no contexto de distorções ou possíveis distorções não detectadas para o entendimento da tabela.

Distorção é a diferença entre o valor, a classificação, a apresentação ou a divulgação de **um item das demonstrações financeiras** e o valor, a classificação, a apresentação ou a divulgação necessária para que **esse item** esteja de acordo com a estrutura de relatório financeiro aplicável, portanto, a definição de distorção é mais ampla e não se restringe aos ajustes e reclassificações identificados e pode surgir da seleção de políticas contábeis não adequadas, aplicação incorreta de uma política contábil adequada ou de divulgações não adequadas.

A distorção pode não estar localizada nas demonstrações financeiras e sim em uma informação que acompanha essas demonstrações, por exemplo, no relatório da administração. Nesse caso, apresentado no fim deste capítulo, a NBC TA 720 define esse tipo de distorção como distorção de um fato e explica como o auditor deve proceder.

Efeitos generalizados de distorções sobre as demonstrações financeiras são aqueles que, no julgamento do auditor:

- estão disseminados em vários elementos, contas ou itens das demonstrações financeiras;
- mesmo que estejam restritos (não disseminados) representam ou poderiam representar uma parcela substancial das demonstrações financeiras; e
- em relação às divulgações, são fundamentais para o entendimento das demonstrações financeiras pelos usuários.

Requisitos da NBC TA 705

Circunstâncias em que é necessário modificar a opinião do auditor independente

Conforme acima mencionado, o auditor modifica o seu relatório em relação ao relatório com opinião "limpa" quando ele conclui que as demonstrações financeiras apresentam distorções relevantes ou quando ele não consegue obter evidência de auditoria apropriada e suficiente.

Determinação do tipo de modificação na opinião do auditor independente

Conforme demonstrado na tabela apresentada, o "divisor de águas" entre a ressalva e uma opinião adversa ou entre uma ressalva por limitação no alcance da auditoria e a abstenção da opinião depende dos efeitos serem generalizados ou puderem ser generalizados.

Antes de apresentarmos como fica o formato (modificado) e a redação do Relatório de Auditoria em decorrência dos assuntos constantes da tabela citada, chamamos a atenção para os aspectos apresentados a seguir, relacionados com limitações no alcance da auditoria.

A impossibilidade de obtenção de evidência apropriada e suficiente pode decorrer de:

- circunstâncias que estão fora de controle da entidade (destruição dos registros em função de intempérie, por exemplo);
- circunstâncias relacionadas com a natureza do procedimento de auditoria (por exemplo, testes substantivos não são suficientes e o controle interno não é eficaz) ou a época (contratação do auditor após a realização do inventário físico e ele não consegue concluir sobre a existência por outros meios, por exemplo);
- limitações impostas pela administração.

Obviamente, as limitações impostas ao auditor pela administração da entidade são mais graves do que as demais situações e trazem outras consequências. Se a limitação ocorrer por ocasião da contratação, o auditor não deve aceitar o trabalho. Se ela ocorrer após a aceitação, por exemplo, não permitir que o auditor confirme saldos com terceiros ou proibi-lo de acompanhar a contagem física de estoques, o auditor inicialmente solicita a retirada da limitação.

Se a administração se recusar a retirar a limitação, o auditor deve comunicar o assunto aos responsáveis pela governança (ver Capítulo 9, sobre a NBC TA 260) e determinar a possibilidade de aplicar procedimentos alternativos.

Se ele não conseguiu se satisfazer mediante a aplicação de procedimentos alternativos, ele deve analisar as implicações da limitação. Se ele concluir que os possíveis efeitos da limitação são relevantes, mas não generalizados, ele emite um relatório com ressalva, todavia, no caso da possibilidade dos efeitos estarem disseminados, ele deve renunciar ao trabalho.

Se essa renúncia for possível, o auditor deve comunicar aos responsáveis pela governança as eventuais distorções identificadas até o estágio em que o trabalho se encontra e verificar se existe alguma exigência profissional, legal ou regulatória para que ele comunique ao órgão regulador.

A renúncia nem sempre é possível e em algumas circunstâncias, o auditor deve continuar o trabalho e emitir seu relatório com abstenção de opinião.

Quando o auditor conclui por uma abstenção de opinião sobre as demonstrações financeiras como um todo, ele não pode incluir nesse mesmo relatório uma opinião limpa sobre um elemento, conta ou quadro isolado das demonstrações financeiras que tenha sido preparado de acordo com a **mesma** estrutura contábil, pois isso contradiz a abstenção de opinião sobre as demonstrações financeiras como um todo.

Todavia, pode existir situação em que a abstenção de opinião seja apenas sobre o desempenho das operações (resultado) e fluxos de caixa com opinião limpa sobre a posição patrimonial e financeira. Isso é possível, pois na verdade não houve abstenção de opinião sobre as demonstrações financeiras como um todo. Na prática essa situação é bastante comum e ocorre sempre que um auditor é contratado durante o exercício para auditar as demonstrações financeiras do exercício em curso e ele não consegue se satisfazer mediante aplicação de procedimentos alternativos sobre os estoques existentes no início do exercício.

Além dos aspectos relacionados com limitações, este capítulo analisa também a NBC TA 710, que trata de informações comparativas e traz importantes novidades da forma que fica o relatório atual sobre o período corrente, quando a opinião sobre o período anterior não foi limpa (ressalva, adverso ou abstenção de opinião).

Forma e conteúdo do relatório contendo modificação em relação ao relatório padrão (limpo)

No caso de ressalva, adverso ou abstenção de opinião, o modelo de relatório apresentado no início deste capítulo é modificado primeiramente pela inclusão de uma seção adicional imediatamente antes da opinião e após a seção que descreve a responsabilidade do auditor, contendo a **base para a modificação**, e a seção da opinião também sofre mudança no título e na redação, conforme seja a natureza da modificação.

Seção adicional no relatório contendo as bases para opinião com ressalva, adversa ou base para abstenção de opinião

Essa nova seção deve conter um título que deixe clara a natureza da modificação, ou seja, **Base para a Opinião com Ressalva, Base para a Opinião Adversa** ou **Base para Abstenção da Opinião**, de acordo com a situação específica, que deve ser claramente explicada e quantificada, se for o caso, nessa seção.

A redação uniforme do relatório contribui para a sua compreensão pelos diversos usuários, todavia, seria impossível estabelecer padrões de redação para as inúmeras situações de ressalva ou outras modificações que ocorrem na prática. O apêndice da NBC TA apresenta uma série de exemplos, cujo estilo de redação deve ser seguido.

Se forem identificadas distorções nas demonstrações financeiras e os valores puderem ser identificados, essa seção, além de descrever o assunto que motivou a modificação, deve quantificar os efeitos nos itens que foram afetados (ativos, passivos, patrimônio líquido, contas de resultado e outros itens de interesse dos usuários das demonstrações financeiras). Se não for praticável divulgar tais efeitos, isso deve ser explicitado nessa seção, explicando as razões que não permitem a sua quantificação.

Se a distorção estiver relacionada com as divulgações em notas explicativas, o auditor deve incluir informações nessa seção sobre como as divulgações estão distorcidas. No caso da falta de divulgação de uma informação relevante ou divulgação incompleta, além da discussão com os responsáveis pela governança, o auditor deve descrever, nessa seção de seu relatório, a natureza da informação omitida.

Obviamente, essa descrição será feita no relatório somente se ela for praticável, tenha sido obtida evidência de auditoria apropriada e suficiente sobre ela e desde que essa divulgação não seja proibida por lei ou regulamento.

De forma similar, se a modificação no relatório for proveniente de limitações no alcance de seu trabalho, ele deve incluir nessa seção as razões que o impossibilitaram de obter a necessária evidência apropriada e suficiente que lhe permitiria formar uma opinião sem limitação ou se abster de emitir uma opinião.

Seção contendo a opinião

O título dessa seção é alterado conforme seja o caso, **Opinião com Ressalva, Opinião Adversa** ou **Abstenção de Opinião**, e a sua redação também é alterada de acordo com a situação específica, conforme os exemplos a seguir apresentados.

Exemplos de relatórios com ressalva

Exemplo 1 – Distorção relevante na avaliação das aplicações financeiras que estão sobrevalorizadas. O efeito não foi considerado como disseminado e generalizado para as demonstrações financeiras como um todo.

Responsabilidade dos auditores independentes

Os dois primeiros parágrafos desta seção permanecem de acordo com o modelo padrão, mas o último parágrafo sofre alteração no final para mencionar o tipo de modificação, que neste caso é uma ressalva:

*...Acreditamos que a evidência de auditoria obtida é suficiente e apropriada para fundamentar nossa opinião **com ressalva**.*

Base para opinião com ressalva

As aplicações financeiras em títulos e valores mobiliários da Companhia estão apresentadas no balanço patrimonial por $. A administração não avaliou essas aplicações pelo valor de mercado, conforme requerido pelas práticas contábeis adotadas no Brasil. Os controles da Companhia indicam que se a administração tivesse avaliado essas aplicações pelo seu valor de mercado, teria sido necessário o reconhecimento de uma perda não realizada de $. Consequentemente, o valor das aplicações financeiras em 31 de dezembro de 20X1 teria sido reduzido em $, enquanto que o lucro líquido e o patrimônio líquido teriam sido reduzidos em $, após os efeitos tributários.

Opinião com ressalva

*Em nossa opinião, exceto pelos efeitos do assunto descrito no parágrafo **Base para opinião com ressalva**, as demonstrações financeiras acima referidas apresentam adequadamente, em todos os aspectos relevantes, a posição patrimonial e financeira da Companhia ABC em 31 de dezembro de 20X1, o desempenho de suas operações e os seus fluxos de caixa para o exercício findo naquela data, de acordo com as práticas contábeis adotadas no Brasil.*

As demais seções e itens do relatório não sofrem modificação:

Exemplo 2 – Limitação no alcance do trabalho em decorrência da entidade não possuir um sistema de custos que possibilite avaliar os estoques de produtos acabados e em processo de acordo com o seu custo de produção, requerido pelas práticas contábeis adotadas no Brasil. Com exceção desse aspecto, que não está disseminado de forma generalizada sobre as demonstrações financeiras como um todo, não houve qualquer outra limitação e nenhuma distorção foi identificada.

Responsabilidade dos auditores independentes

Idem ao exemplo anterior

...Acreditamos que a evidência de auditoria obtida é suficiente e apropriada para fundamentar nossa opinião **com ressalva**.

Base para opinião com ressalva

Conforme explicado na Nota X às demonstrações financeiras, a Companhia está implementando um novo sistema de custos e, dessa forma, os estoques de produtos acabados e de produtos em processo foram avaliados pelo critério descrito na referida nota explicativa que não está de acordo com o requerido pelas práticas contábeis adotadas no Brasil. Não nos foi possível obter evidência de auditoria apropriada e suficiente sobre o custo efetivo dos estoques de produtos acabados e em processo que em 31 de dezembro de 20X1 e 20X0 representavam, respectivamente, $ e $, assim como determinar se havia necessidade de ajustar esses valores e apurar o impacto no resultado.

Opinião com ressalva

Em nossa opinião, exceto pelos possíveis efeitos do assunto descrito no parágrafo **Base para opinião com ressalva**, *as demonstrações financeiras acima referidas apresentam adequadamente, em todos os aspectos relevantes, a posição patrimonial e financeira da Companhia ABC em 31 de dezembro de 20X1, o desempenho de suas operações e os seus fluxos de caixa para o exercício findo naquela data, de acordo com as práticas contábeis adotadas no Brasil.*

As demais seções e itens do relatório não sofrem modificação:

Exemplo 3 – Opinião adversa em decorrência das demonstrações financeiras apresentarem distorções relevantes devido a não ter sido consolidado o investimento em uma controlada relevante. A distorção é considerada relevante e generalizada nas demonstrações financeiras, mas não foi determinado por não ser viável.

Responsabilidade dos auditores independentes

(Idem ao exemplo anterior com alteração no terceiro parágrafo para mencionar a conclusão adversa)

Acreditamos que a evidência de auditoria obtida é suficiente e apropriada para **fundamentar nossa opinião adversa**.

Base para opinião adversa

Conforme mencionado na Nota X, a Companhia não consolidou as demonstrações financeiras da controlada tal (explicar os motivos). Esse investimento está apresentado pelo seu valor de equivalência patrimonial no balanço patrimonial consolidado em 31 de dezembro 20X1, mas deveria ter sido consolidado conforme requerido pelas práticas contábeis adotadas no Brasil. Se a controlada XYZ tivesse sido consolidada, diversos elementos das demonstra-

ções financeiras teriam sido afetados de forma relevante. Os efeitos da não consolidação não foram determinados.

Opinião adversa

Em nossa opinião, devido à importância do assunto discutido no parágrafo **Base para opinião adversa**, as demonstrações financeiras consolidadas não apresentam adequadamente a posição patrimonial e financeira consolidada da Companhia ABC e suas controladas em 31 de dezembro de 20X1, o desempenho consolidado das suas operações e os fluxos de caixa consolidados para o exercício findo em 31 de dezembro de 20X1 de acordo com as práticas contábeis adotadas no Brasil.

Exemplo 4 – O auditor não teve condições de obter evidência de auditoria apropriada e suficiente sobre dois dos principais elementos das demonstrações financeiras (estoques e contas a receber da entidade). Os possíveis efeitos dessa impossibilidade de obter evidência de auditoria afetam outros itens relevantes das demonstrações financeiras e os possíveis efeitos dessa limitação são considerados generalizados para as demonstrações financeiras como um todo. Neste caso, o relatório padrão sofre diversas modificações e está sendo apresentado quase que na íntegra.

RELATÓRIO DOS AUDITORES INDEPENDENTES SOBRE AS DEMONSTRAÇÕES FINANCEIRAS

Destinatário apropriado

Fomos contratados para examinar as demonstrações financeiras da Companhia ABC, que compreendem o balanço patrimonial em 31 de dezembro de 20X1 e as respectivas demonstrações do resultado, das mutações do patrimônio líquido e dos fluxos de caixa para o exercício findo naquela data, assim como o resumo das principais práticas contábeis e demais notas explicativas.

Responsabilidade da administração da Companhia sobre as demonstrações financeiras

(Este parágrafo permanece igual ao padrão)

Responsabilidade dos auditores independentes

Nossa responsabilidade é a de expressar uma opinião sobre essas demonstrações financeiras com base em nossa auditoria, conduzida de acordo com as normas brasileiras e internacionais de auditoria. Em decorrência do assunto descrito no parágrafo **Base para abstenção de opinião**, não nos foi possível obter evidência de auditoria apropriada e suficiente para fundamentar nossa opinião de auditoria.

Base para abstenção de opinião

Fomos nomeados auditores da Companhia ABC após 31 de dezembro de 20X1 e, portanto, não acompanhamos a contagem física dos estoques no início e no final do exercício. Não *foi possível nos satisfazer por meios alternativos quanto às quantidades em estoque em 31 de dezembro de 20X0 e 20X1 que estão registradas no balanço patrimonial por $ e $, respectivamente. Adicionalmente, a introdução do novo sistema informatizado de contas a receber em setembro de 20X1 resultou em diversos erros no saldo das contas a receber. Na data do nosso relatório de auditoria, a administração ainda estava no processo de sanar as deficiências do sistema e de corrigir os erros. Não conseguimos confirmar ou verificar por meios alternativos as contas a receber incluídas no balanço patrimonial no valor total de $ em 31 de dezembro de 20X1. Em decorrência desses assuntos, não foi possível determinar se teria havido necessidade de efetuar ajustes em relação aos estoques registrados ou não registrados e no saldo de contas a receber, assim como nos elementos componentes das demonstrações do resultado, das mutações do patrimônio líquido e dos fluxos de caixa.*

Abstenção de opinião

Devido à relevância dos assuntos descritos no parágrafo **Base para abstenção de opinião**, *não nos foi possível obter evidência de auditoria apropriada e suficiente para fundamentar nossa opinião de auditoria. Consequentemente, não expressamos opinião sobre as demonstrações financeiras acima referidas.*

Comunicação com os Responsáveis pela Governança

O quarto requisito da NBC TA 705 requer essa comunicação de forma tempestiva, ou seja, sempre que o auditor concluir que deve modificar o seu relatório, ele deve discutir esse assunto com antecedência com os responsáveis pela governança, dando-lhes a oportunidade de fornecer informações adicionais que podem resolver o problema ou que concordem com a necessidade da modificação na opinião.

NBC TA 706 – Parágrafos de Ênfase e Parágrafos de Outros Assuntos no Relatório do Auditor Independente

Esta norma trata das considerações do auditor para adição de parágrafos após a seção da opinião de seu relatório de auditoria sobre as demonstrações financeiras auditadas. Esses parágrafos adicionais podem estar relacionados com dois aspectos:

a) ênfase: quando o assunto está apropriadamente apresentado no corpo das demonstrações financeiras ou adequadamente divulgado nas notas explicativas, mas o auditor o considera vital para o entendimento dessas demonstrações e decide chamar a atenção do usuário delas para esse assunto, adicionando um parágrafo de ênfase, logo após a seção contendo sua opinião;

b) **outros assuntos**: quando o auditor deseja chamar a atenção dos usuários de seu relatório para um aspecto que contribui para o entendimento da auditoria realizada, das responsabilidades do auditor ou do relatório de auditoria. Diferentemente do parágrafo de ênfase, o assunto abordado nesse parágrafo de **outros assuntos** não está divulgado nas demonstrações financeiras, pois está relacionado com o trabalho (do auditor) e não com as demonstrações financeiras (da entidade).

Requisitos

Parágrafos de ênfase

Ao decidir incluir um parágrafo de ênfase, o auditor deve estar plenamente satisfeito de que não houve qualquer limitação ao seu trabalho e que não identificou qualquer distorção relevante nas demonstrações financeiras. Ênfase não substitui ressalva e deve ser utilizada somente quando for efetivamente necessário.

O parágrafo de ênfase deve se limitar a chamar a atenção do usuário para aquilo que está divulgado nas demonstrações financeiras com o cuidado dele não apresentar mais informações do que a própria nota explicativa da administração, pois isso sugere que essas notas não apresentam as divulgações necessárias, o que na prática requereria uma ressalva e não ênfase.

Os exemplos mais comuns de parágrafos de ênfase estão relacionados com os seguintes assuntos adequadamente divulgados:

- incertezas (contingências e problemas de continuidade);
- aplicação antecipada de uma prática contábil;
- transações relevantes com partes relacionadas;
- mudanças extremamente relevantes na legislação que afetem de forma significativa a entidade;
- grande catástrofe que teve e continua a ter efeito relevante.

O Apêndice 3 da NBC TA 706 apresenta um exemplo de parágrafo de ênfase que ilustra de forma adequada o seu uso. Esse parágrafo é adicionado logo após a seção da opinião, na seção denominada Ênfase, a saber:

Ênfase

Chamamos a atenção para a Nota X às demonstrações financeiras que descreve a incerteza relacionada com o resultado da ação judicial movida contra a Companhia pela Empresa XYZ. Nossa opinião não contém ressalva relacionada a esse assunto.

Parágrafos de outros assuntos

Na prática, tem sido bastante comum a inclusão de uma informação adicional no Parecer do Auditor para destacar um aspecto relacionado com o trabalho. Provavelmente, a situação mais comum é quando ocorreu a substituição do auditor e o auditor atual adiciona logo após a sua opinião a informação de que as demonstrações financeiras do exercício anterior, apresentadas para fins de comparação, foram examinadas por outros auditores independentes, que emitiram opinião sem ressalvas (ou outro tipo de opinião) na data X.

Essa situação continuará existindo e, doravante, em decorrência da mudança trazida no formato do relatório de auditoria, essa informação passa a fazer parte de uma seção específica do relatório. Adicionada logo após a seção da opinião (e de ênfase, se for aplicável), tal como apresentada no exemplo abaixo, onde as demais seções foram omitidas, apresentando somente a opinião e o parágrafo de outros assuntos:

...

Opinião

Em nossa opinião, as demonstrações financeiras acima referidas apresentam adequadamente, em todos os aspectos relevantes, a posição patrimonial e financeira da Companhia ABC em 31 de dezembro de 20X1, o desempenho de suas operações e os seus fluxos de caixa para o exercício findo naquela data, de acordo com as práticas contábeis adotadas no Brasil.

Ênfase (omitido, por ser considerado não aplicável na situação)

Outros assuntos

As demonstrações financeiras da Companhia ABC para o exercício findo em 31 de dezembro de 20X0 foram examinadas por outros auditores independentes que emitiram relatório em 31 de março de 20X1 com uma opinião sem modificação sobre essas demonstrações financeiras.

A NBC TA 710 analisada a seguir apresenta uma série de outras situações onde é necessária a adição de parágrafo de outros assuntos. Outro exemplo dessa situação já foi citado neste capítulo, quando se apresentou a situação peculiar no Brasil de demonstrações financeiras consolidadas e demonstrações individuais da controladora com investimentos em controladas e *joint ventures* avaliados pelo método da equivalência patrimonial.

Situação similar a essa é mencionada no item A8 da NBC TA 706, onde são emitidos dois relatórios de auditoria distintos sobre as demonstrações financeiras de uma mesma companhia elaboradas de acordo com diferentes estruturas de relatório financeiro. Nessa circunstância, após a seção da opinião e, se aplicável, após eventual parágrafo de ênfase no relatório cobrindo as demonstrações financeiras preparadas de acordo com as práticas contábeis adotadas no Brasil, deve ser adicionado parágrafo de outros assuntos, assim exemplificado:

Outros Assuntos

Nesta mesma data, emitimos relatório contendo nossa opinião, sem qualquer modificação, sobre as demonstrações financeiras elaboradas pela Companhia XYZ de acordo com as normas internacionais de contabilidade (IFRS).

Parágrafo similar deve ser adicionado ao relatório sobre as demonstrações financeiras de acordo com o IFRS, mencionando a auditoria das demonstrações financeiras elaboradas de acordo com as práticas contábeis brasileiras.

Comunicações com os responsáveis pela governança

O terceiro e último requisito da NBC TA 706, a exemplo da norma 705, também requer essa comunicação de forma tempestiva, pelas mesmas razões já apresentadas anteriormente

NBC TA 710 – Informações comparativas – Valores correspondentes e demonstrações financeiras comparativas

Esta norma trata da responsabilidade do auditor relacionada com as informações comparativas em seu relatório de auditoria sobre demonstrações financeiras. Como vimos na introdução a este capítulo, existe uma sutil diferença entre **Valores Correspondentes (ao período anterior)** e **Demonstrações Financeiras Comparativas**.

Valores correspondentes do ano anterior integram as demonstrações financeiras do período corrente, como se não tivessem vida própria, enquanto nas **demonstrações financeiras comparativas** o nível de informações sobre o ano anterior é comparável ao ano corrente.

Em decorrência dessa sutil diferença, as normas internacionais consideram a existência de duas abordagens para o relatório de auditoria. Na abordagem de **valores correspondentes**, adotada internacionalmente, o relatório de auditoria cobre somente as demonstrações financeiras do período corrente.

A Estrutura Conceitual para Elaboração e Apresentação de Demonstrações Contábeis emitida pelo CPC e aprovada pelos órgãos reguladores, a norma do CFC que aprovou o Pronunciamento CPC 26 (Apresentação das Demonstrações Contábeis) e a própria Lei das Sociedades por Ações, esta última desde 1976, requerem a apresentação de **valores correspondentes**, inexistindo qualquer lei no Brasil que obrigue a apresentação de demonstrações financeiras comparativas.

Dessa forma, inexiste qualquer barreira de ordem legal que proíba o Brasil de também adotar a abordagem de valores correspondentes adotada internacionalmente, portanto, a partir da vigência das novas normas, os relatórios de auditoria cobrem apenas o período corrente e, com exceção de situações específicas analisadas nesta seção, não mais inclui opinião sobre os valores correspondentes ao período anterior.

Essa é uma novidade, pois o uso e costume no Brasil era adotar a abordagem de demonstrações financeiras comparativas e os pareceres de auditoria apresentavam opinião sobre o período corrente e período anterior. Embora, doravante, a opinião fique restrita ao exercício corrente, os requisitos da NBC TA 710 apresentam situações específicas que estão analisadas a seguir

Requisitos referentes ao Relatório de Auditoria

Relatório sobre o exercício anterior conteve opinião adversa, ressalva ou abstenção de opinião

Distorção não resolvida

Se a distorção que gerou a modificação não foi resolvida, ela continua impactando os valores correspondentes ao exercício anterior que estão sendo apresentados com o ano corrente que também estão afetados, portanto, a opinião do auditor conterá a modificação que for aplicável nas circunstâncias e no parágrafo de base para a opinião com ressalva devem ser incluídas as informações sobre o assunto não resolvido com os valores tanto do período **corrente como do período anterior**.

O Apêndice da NBC TA 710 apresenta a situação de uma distorção que vem se acumulando em decorrência da falta de depreciação (Exemplo A). O parágrafo de base para opinião com ressalva explica o efeito da falta de depreciação em cada um dos exercícios e a opinião cobre apenas o exercício corrente.

Distorção resolvida

Se a distorção foi resolvida e as demonstrações financeiras estão adequadamente apresentadas de acordo com a estrutura de relatório financeiro (de apresentação adequada) que for aplicável, o relatório do auditor sobre o ano corrente não precisa mencionar o período anterior.

É importante considerar que está implícito que a solução da distorção compreendeu não só o acerto no ano corrente, mas também dos valores correspondentes que estão sendo apresentados junto com o ano corrente, ou seja, a estrutura de apresentação adequada requer que o ajuste seja feito no balanço de abertura do exercício mais antigo que está sendo apresentado, portanto, tanto o exercício corrente como o exercício anterior estão apresentados de forma adequada e consistente (ver item 42 do Pronunciamento Técnico CPC 23, que trata, entre outros aspectos, de retificação de erros).

Nessa situação, é importante salientar que os valores correspondentes ao exercício anterior não são mais os valores que constaram das demonstrações financeiras anteriormente examinadas. Se a auditoria dos dois exercícios foi conduzida **pelo mesmo auditor**, a inclusão de um **parágrafo de ênfase** fazendo menção à nota explicativa da administração que descreve os acertos é suficiente. Na hipótese de não acerto dos valores correspondentes, a opinião sobre as demonstrações financeiras correntes deve conter modificação (adversa ou ressalva) em decorrência de problemas de comparação dos valores correntes com os valores correspondentes, devidamente explicados no parágrafo de base para opinião com ressalva.

Se a auditoria do exercício anterior foi conduzida por outros auditores independentes, de forma análoga os valores correspondentes ao exercício anterior não são mais os valores das demonstrações financeiras auditadas pelo outro auditor. Dessa forma, ele deve ser informado do assunto e contratado pela entidade para examinar os acertos a serem efetuados e emitir um novo relatório de auditoria.

Se isso ocorrer e um novo relatório for emitido, os valores correspondentes do exercício anterior são os valores que constam do novo relatório e temos a mesma situação de adição de parágrafo de outros assuntos, requerida quando as demonstrações financeiras do período anterior foram auditadas por outro auditor independente. Nesse caso específico, esse parágrafo deve mencionar, também, as providências tomadas relacionadas com a correção dos erros pela entidade e a auditoria dessas correções pelo auditor antecessor.

Todavia, pode existir a situação em que o auditor antecessor não tem interesse ou não tem condição de reemitir o relatório sobre as demonstrações financeiras acertadas (que estão sendo incluídas como valores correspondentes no relatório atual) e que são, portanto, diferentes daquelas auditadas pelo auditor antecessor.

Nessa circunstância, o auditor atual pode indicar no Parágrafo de Outros Assuntos que o auditor antecessor emitiu relatório sobre as demonstrações financeiras antes do acerto e se ele (auditor atual) tiver sido contratado e tiver concluído satisfatoriamente sobre os acertos efetuados, o seu relatório pode incluir, também, o seguinte parágrafo:

> Como parte de nossos exames das demonstrações financeiras de 20X2, examinamos também os ajustes descritos na Nota Explicativa X que foram efetuados para alterar as demonstrações financeiras de 20X1. Em nossa opinião,

esses ajustes estão apropriados e foram corretamente efetuados. Não fomos contratados para auditar, revisar ou aplicar quaisquer outros procedimentos sobre as demonstrações financeiras da Companhia referentes ao exercício de 20X1 e, portanto, não expressamos opinião ou qualquer forma de asseguração sobre as demonstrações financeiras de 20X1 tomadas em conjunto.

Modificação gerada por limitação no alcance da auditoria

No caso em que a modificação foi gerada por uma limitação, também, podemos ter duas situações:

a) a limitação que existiu no ano anterior se resolveu no ano corrente, mas os valores correspondentes do ano anterior **possivelmente** continuam impactados pela limitação. O Apêndice da NBC TA 710 traz como exemplo a situação do auditor contratado durante o exercício anterior e, dessa forma, não observou a contagem física no início desse exercício. Como ele observou o inventário final desse exercício, o seu relatório conteve apenas ressalva pelos possíveis efeitos no resultado e fluxos de caixa. O fato de ele ter observado os inventários no fim dos exercícios, anterior e corrente, resolve o problema para o ano corrente, que não tem qualquer limitação, todavia, a limitação do ano anterior não pode ser resolvida, pois o tempo não volta. Dessa forma, esse assunto deve ser objeto de ressalva no ano corrente, em decorrência do possível efeito na comparabilidade. A descrição deve deixar claro que a posição patrimonial e financeira, o desempenho operacional e os fluxos de caixa do ano corrente não são afetados por essa ressalva;

b) a mesma limitação continua no exercício corrente. A NBC TA 710 não traz exemplo para esta situação, mas neste caso a ressalva é sobre os possíveis efeitos em todos os itens sobre os quais está se opinando no ano corrente (posição patrimonial e financeira, desempenho operacional e fluxo de caixa), explicando-se no parágrafo de base para opinião com ressalva que tanto os inventários iniciais como os inventários finais de cada exercício não foram observados.

A NBC TA traz também as seguintes situações relacionadas com requisitos na emissão de relatório:

Demonstrações financeiras do exercício anterior examinadas por outro auditor independente

O auditor atual deve adicionar no seu relatório sobre as demonstrações financeiras correntes um parágrafo de outros assuntos, descrevendo que as demonstrações financeiras do exercício anterior foram examinadas por outros auditores, o tipo de opinião expressa e a data do relatório.

O Apêndice da NBC TA 710 traz o seguinte exemplo, que é similar ao que vem sendo usado no Brasil:

Outros assuntos

As demonstrações financeiras da Companhia ABC para o exercício findo em 31 de dezembro de 20X0 foram examinadas por outros auditores independentes que emitiram relatório em 31 de março de 20X1 com uma opinião sem modificação sobre essas demonstrações.

Demonstrações financeiras do exercício anterior não auditadas

Nessa situação, o auditor deve adicionar um parágrafo de outros assuntos explicando que os valores correspondentes ao exercício anterior não foram auditados, todavia, a inserção desse parágrafo no seu relatório não o exime da responsabilidade de obter evidência de auditoria apropriada e suficiente sobre os saldos de abertura, conforme requerido pela NBC TA 510 e analisado nos requisitos relacionados com os procedimentos de auditoria, apresentado a seguir.

Demonstrações financeiras comparativas e relatório na abordagem comparativa

Essa situação é a que vivenciamos nos últimos exercícios antes da implementação das novas normas de auditoria, ou seja, o parágrafo introdutório menciona as demonstrações financeiras dos dois exercícios, atual e anterior, e a opinião cobre os dois exercícios. A norma apresenta um exemplo dessa situação, onde se pode perceber a adoção de procedimento similar ao que estamos acostumados dentro do novo formato.

A norma esclarece que como as opiniões se aplicam a cada um dos períodos isoladamente, o relatório pode conter uma opinião sem modificação para um exercício e com modificação para outro, ou seja, no exemplo anteriormente apresentado, em que o auditor foi contratado durante o exercício anterior, ele ressalvaria os possíveis efeitos dessa limitação na opinião sobre as demonstrações financeiras desse ano (resultado e fluxos de caixa que podem ter sido impactadas por eventuais ajustes no inventário inicial), mas para o exercício corrente, em que não houve qualquer limitação, sua opinião seria sem ressalva.

Opinião sobre demonstrações financeiras anteriores diferente da opinião emitida anteriormente

Na abordagem de demonstrações financeiras comparativas, em que o auditor apresenta opinião sobre as duas demonstrações financeiras, pode ocorrer uma situação em que o auditor, após ter emitido sua opinião sobre as demonstrações financeiras do ano anterior e ela já ter sido divulgada, toma conhecimento de distorções, que se ele tivesse conhecimento na época em que emitiu o seu relatório (sobre o exercício anterior), seu relatório seria diferente.

Além das providências que devem ser adotadas para evitar que o relatório anteriormente emitido continue a ser utilizado pelos usuários (ver Capítulo 20, que trata de eventos subsequentes), o auditor, ao emitir o relatório sobre as demonstrações financeiras do período corrente, que apresenta em conjunto as demonstrações comparativas do exercício anterior, deve considerar as alterações necessárias na opinião sobre as demonstrações do ano anterior que também estão sendo apresentadas e incluir um Parágrafo de Outros Assuntos para dar o destaque necessário para essa situação e as razões para a mudança de opinião.

Essa mesma situação pode ocorrer no caso da auditoria das demonstrações financeiras do exercício anterior ter sido realizada por outros auditores. Nessa situação ele deve comunicar esse assunto aos responsáveis pela governança e solicitar que os auditores antecessores sejam oficialmente comunicados.

Se as demonstrações financeiras do ano anterior forem refeitas e o auditor antecessor reemitir seu relatório, o auditor atual opina somente sobre as demonstrações financeiras do ano corrente e explica no parágrafo de outros assuntos as providências tomadas com referência aos valores comparativos do exercício anterior. Se isso não ocorrer, caímos na situação já descrita anteriormente, em que o auditor atual é contratado e examina os acertos necessários, deixando claro que ele foi contratado exclusivamente para essa tarefa e que não propiciou nenhuma asseguração adicional sobre os valores comparativos do exercício anterior além do exame dos acertos efetuados.

Requisitos relacionados com procedimentos de auditoria

Propositadamente, apresentamos primeiramente os requisitos relacionados com o relatório, todavia, é importante lembrar que a NBC TA 710 aborda, também, os requisitos relacionados com os procedimentos de auditoria.

Nesse sentido, o auditor tem a obrigação de se assegurar de que estão sendo divulgadas as informações comparativas requeridas pela Estrutura de Relatório Financeiro aplicável e que elas estão adequadamente classificadas, portanto, o auditor deve avaliar se:

- as informações comparativas compreendem os valores e outras divulgações apresentadas no exercício anterior e, quando apropriado, se elas foram retificadas; e
- as práticas contábeis adotadas anteriormente são consistentes com as atuais e no caso de mudanças, concluir se foram adequadamente refletidas.

A NBC TA 710 traz, também, orientações sobre como proceder no caso de identificação de distorções nas demonstrações financeiras do ano anterior, cujas consequências no relatório e os procedimentos requeridos já foram apresentados, e aborda aspectos sobre a carta de representações a ser obtida dos administradores da entidade (NBC TA 580), esclarecendo que, quando se trata de demonstrações financeiras comparativas com opinião sobre os dois exercícios, a representação da administração deve cobrir os dois exercícios, mesmo que as demonstrações do ano anterior, auditadas anteriormente, não tenham sofrido qualquer retificação e a administração já tenha fornecido representações sobre elas.

Essas novas representações sobre as demonstrações financeiras anteriores são necessárias, pois a administração precisa reafirmar que as representações fornecidas anteriormente continuam válidas. Nos casos em que ocorre mudança dos administradores, a nova administração não pode negar o fornecimento de representações sobre as demonstrações financeiras anteriores apresentadas para fins de comparação, pois eles assumem responsabilidade sobre elas e devem ter conhecimento do que são requeridos a representar.

No caso de abordagem de valores correspondentes, normalmente as representações cobrem apenas o exercício corrente, a não ser que as demonstrações financeiras anteriores tenham sido retificadas. Nesse caso as representações devem cobrir tais retificações.

NBC TA 720 – Responsabilidade do auditor em relação a outras informações incluídas em documentos que contenham demonstrações contábeis auditadas

Esta norma tem por objetivo orientar os auditores sobre a sua responsabilidade com referência às **outras informações** incluídas em **documento** que contenha as demonstrações financeiras auditadas acompanhadas de seu relatório.

O exemplo mais comum para essas **outras informações** é o Relatório da Administração que acompanha as demonstrações financeiras e que, em conjunto, faz parte do Relatório Anual, que neste caso é o exemplo para definir **documento** no contexto da NBC TA 720.

Salvo situações específicas, em que o auditor pode ser contratado para um **trabalho especial** de exame, revisão ou aplicação de procedimentos previamente acordados sobre essas outras informações, em situação normal, ou seja, no contexto de uma auditoria de demonstrações financeiras, a opinião sobre as demonstrações financeiras não abrange essas outras informações e, por conseguinte, o auditor não tem responsabilidade por determinar se elas estão ou não estão adequadamente demonstradas.[6]

Embora o auditor não tenha essa responsabilidade, ele deve ler essas outras informações para se assegurar (a si próprio) de que elas não apresentam distorções ou inconsistências em relação às demonstrações financeiras auditadas que poderiam afetar a credibilidade do seu relatório sobre as demonstrações financeiras.

Distorção, inclusive de um fato em outras informações, já foi definida no início deste capítulo, todavia, para o entendimento desta norma é importante definir **inconsistência,** que no contexto desta norma é uma informação contraditória incluída, por exemplo, no Relatório da Administração que contradiga uma informação equivalente nas demonstrações financeiras ou nas notas explicativas que as acompanham.

Um exemplo de inconsistência que pode ser considerada relevante seria incluir a apuração de índices financeiros como o de liquidez, rentabilidade e outros no Relatório da Administração, com comentários sobre o desempenho atingido que contradizem os efetivos índices que seriam apurados, se o usuário do documento contendo o Relatório da Administração e as demonstrações financeiras auditadas tomasse por base o que consta nas demonstrações financeiras auditadas.

Uma inconsistência desse tipo requer correção nessas outras informações, todavia, podem existir situações em que a distorção esteja nas demonstrações financeiras. Dessa forma, embora a opinião do auditor não abranja essas outras informações, a NBC TA 720 apresenta alguns requisitos a serem cumpridos pelo auditor e orientações sobre como proceder quando são identificadas distorções ou inconsistências nessas outras informações.

Requisitos

Leitura das outras informações

Essa leitura deve ser realizada pelo auditor antes da conclusão do seu trabalho e emissão do relatório de auditoria, portanto, os acertos estabelecidos na contratação da auditoria devem prever o fornecimento de tais informações em tempo hábil.

---

[6] Ver mudanças em análise pelo IAASB no final do capítulo.

Inconsistências relevantes e distorções relevantes de um fato

Quando essas inconsistências forem identificadas **antes** da emissão do seu relatório, o auditor deve verificar se o problema está nas outras informações ou nas demonstrações financeiras. Se o problema estiver nas demonstrações financeiras, ele deve discutir com a administração a correção necessária. Se a administração se recusar a acertar, o auditor deve incluir a modificação necessária no seu relatório (ressalva ou outra modificação).

Se o problema estiver nas outras informações, o auditor, da mesma forma, deve discutir com a administração a sua correção. Se ela se negar a corrigir, ele deve discutir com os responsáveis pela governança e, dentro do possível, reter a emissão do relatório e, por fim, considerar o impacto dessa inconsistência no seu relatório de auditoria.

Como o auditor não opina sobre essas outras informações, obviamente, essa inconsistência não afeta a opinião do auditor sobre as demonstrações financeiras contida no seu relatório de auditoria, todavia, ele deve adicionar um parágrafo de outros assuntos no seu relatório de auditoria fazendo referência a tais inconsistências nesse outro documento.

Essas inconsistências podem ser identificadas após a emissão e entrega do relatório de auditoria. Nesse caso, da mesma forma que uma distorção nas demonstrações financeiras identificada após a entrega do relatório, o auditor deve adotar uma série de medidas que estão detalhadamente descritas, de acordo com cada situação específica, no Capítulo 20, que trata de Eventos Subsequentes (NBC TA 560).

A NBC TA 720 se aplica, também, para outros tipos de relatórios emitidos pelo auditor independente sobre demonstrações financeiras, inclusive no relatório sobre demonstrações condensadas, apresentados no próximo capítulo.

Mudanças em análise pelo IAASB

Existe uma tendência natural dos usuários das demonstrações financeiras requererem mais informações dos auditores independentes. Em resposta a essa demanda, o IAASB colocou em audiência pública documentos com significativas mudanças nas normas 700 e 720.

No caso das outras informações incluídas em documentos que contenham demonstrações financeiras auditadas, a minuta[7] da norma 720, se aprovada, passaria a requerer que o auditor sempre se manifeste sobre as outras informações. Atualmente, ele só se manifesta no caso em que identificar inconsistência em re-

---

[7] *Exposure draft* (ED) em audiência pública.

lação às demonstrações financeiras ou distorções relevantes de um fato inclusas nessas outras informações.

É importante salientar que a primeira minuta disponibilizada pelo IAASB gerou muita discussão e considerações, tendo sido necessário um segundo processo de audiência pública. A segunda minuta do IAASB em discussão por ocasião da emissão desta terceira edição manteve o desejo dos usuários de expandir o alcance do trabalho do auditor independente sobre essas outras informações, estabelecendo os seguintes objetivos:

- identificar se essas outras informações apresentam inconsistência em relação às demonstrações financeiras ou em relação ao conhecimento do auditor obtido durante o trabalho;
- como o auditor deve responder quando existe indicação de que há erro relevante ou inconsistência; e
- como o auditor deve reportar de acordo com a norma em questão.

Embora as adições ao relatório de auditoria contidas na nova minuta em discussão afirmem que o auditor não auditou essas outras informações e, portanto, não esteja fornecendo nenhuma forma de asseguração sobre elas, o fato de declarar que não tem nada a relatar após explicar as suas responsabilidades pode levar os usuários a entenderem que o auditor está de fato fornecendo alguma forma de asseguração.

Analisei bastante as mudanças propostas em relação à norma em vigor e, embora eu concorde com a necessidade de mudanças, em minha opinião deveria ser mantida a regra de que o auditor se manifeste apenas quando ele identificou inconsistências, aproveitando a seção já existente no relatório de auditoria em que ele explica as suas responsabilidades relacionadas com essas outras informações, que não são abrangidas pela opinião sobre as demonstrações financeiras, todavia pode ser que prevaleça a corrente que requer sempre a manifestação do auditor independente.

As mudanças propostas no relatório de auditoria são ainda mais contundentes, principalmente pela inclusão de uma seção específica sobre os assuntos importantes de auditoria (*key audit matters*) e pelo desejo dos usuários de que os auditores independentes passassem sempre a se manifestar sobre a continuidade da entidade, cujas demonstrações financeiras foram examinadas.

O Brasil, por intermédio do Ibracon, participou do processo de audiência pública promovido pelo IAASB e levantou problemas relacionados com esses dois aspectos.

Pelas indicações existentes por ocasião da elaboração desta terceira edição, a manifestação dos auditores independentes sobre a continuidade da entidade fica suspensa, uma vez que primeiro precisaria se mudar as normas de elaboração das demonstrações financeiras para depois se pensar nas mudanças no relatório de auditoria, todavia a inclusão da seção para apresentar os assuntos importantes de auditoria aparentemente vai ser de fato requerida pela criação de uma nova norma internacional de auditoria (ISA 701).

De certa forma, considerando as discussões que vinham sendo feitas nos Estados Unidos da América sobre o assunto, eu particularmente tinha a esperança de que prevalecesse o bom-senso de se requerer do auditor que preparasse e disponibilizasse tal informação em outro local,[8] sem a necessidade de criar uma seção específica no relatório de auditoria.

Explicando melhor, poderia ser requerido do auditor que em adição ao relatório de auditoria a ser publicado fosse preparado um documento destacando os assuntos importantes identificados na auditoria que seriam disponibilizados no *website* do órgão regulador, em vez de compor o relatório e ser publicado com as demonstrações financeiras. Essa decisão seria ideal ao Brasil, uma vez que o relatório de auditoria deve ser publicado no Diário Oficial e em jornal de grande circulação, com as demonstrações financeiras e demais informações, que significa um alto custo para as empresas de capital aberto.

Com referência ao assunto propriamente dito, a bem da verdade, algumas firmas de auditoria já elaboram um documento contendo um resumo do trabalho que facilita as comunicações internas entre a equipe e o sócio responsável e deste com o sócio revisor independente (controle de qualidade), bem como a comunicação com a administração e com os responsáveis pela governança nas reuniões de encerramento do trabalho, quando são comunicadas as constatações e as decisões tomadas.

Esse documento que resume o trabalho e é hoje utilizado internamente passaria a ser disponibilizado de forma pública, requerendo, por conseguinte, algum filtro e algumas melhorias para tornar as informações entendíveis por quem não teve qualquer envolvimento com o trabalho de auditoria e nem é um especialista no assunto.

Os assuntos importantes de auditoria que devem compor seção específica do relatório de auditoria serão selecionados entre os assuntos comunicados aos responsáveis pela governança da entidade e poderão envolver os seguintes aspectos:

- áreas de **riscos** significativos;
- assuntos que envolvam **julgamento** significativo;

---

[8] Inicialmente o órgão de supervisão norte-americano PCAOB (*Public Company Accounting Oversight Board*) previa a elaboração pelos auditores independentes de um documento separado contendo os assuntos críticos de auditoria, todavia, a tendência é que, de forma similar nos EUA, esse assunto também seja incluso como uma seção do relatório dos auditores independentes, sob o título "*Critical Audit Matters*".

- áreas em que o auditor teve **dificuldade** significativa;
- circunstâncias que exigiram **mudança na abordagem**;
- **dificuldades** na obtenção de **evidências**;
- **deficiência** significativa nos controles internos; e
- outros assuntos que sejam considerados **importantes** em um trabalho específico.

Os assuntos que devem fazer parte dessa seção específica não devem estar relacionados com assuntos que geraram modificação na opinião do auditor (ressalvas, abstenção de opinião ou opinião adversa), uma vez que esses aspectos devem continuar sendo descritos no parágrafo que descreve a base para emissão da opinião com modificação, conforme norma 705.

As demais mudanças propostas no relatório de auditoria que estão sendo discutidas são menos impactantes e incluem:

a) mudança geográfica na sequência do relatório que começaria pela opinião;

b) em seguida descreve o que foi examinado, a base para opinião emitida, os assuntos importantes de auditoria e as outras informações inclusas nas demais informações que acompanham as demonstrações financeiras (relatório da administração), conforme vier a ser requerido pela norma 720;

c) expande a explicação das responsabilidades da administração da entidade, incluindo as responsabilidades dos responsáveis pela governança pela supervisão das atividades da administração;

d) expande a explicação das responsabilidades do auditor independente, todavia passa a permitir que essa explicação faça referência às informações disponibilizadas em outros locais, por exemplo, *website* de órgãos profissionais, como o Conselho Federal de Contabilidade no Brasil;

e) detalhamento do cumprimento dos requisitos éticos que passaria a descrever ou listar os normativos que tratam da necessária independência do auditor; e

f) por último, requer a divulgação do nome do sócio ou responsável técnico pelo trabalho de auditoria, além do nome da firma de auditoria. Essa alteração não tem qualquer impacto no Brasil, uma vez que já é requerido que o auditor assine em seu nome pessoal (pessoa física) e pela firma de auditoria que representa.

A expectativa é que as decisões sobre essas alterações sejam tomadas ainda em 2014 para começarem a vigorar a partir de 2016.

27

Outros Relatórios de Auditoria sobre Demonstrações Financeiras Completas, Condensadas, Elementos, Contas ou Quadros Isolados de Demonstrações Financeiras

Introdução

No capítulo anterior, foram tratadas exclusivamente a formação da opinião e a emissão de relatórios de auditoria sobre demonstrações financeiras completas de uso **geral**, elaboradas em um contexto de **apresentação adequada** de acordo com as práticas contábeis adotadas no Brasil, IFRS, US GAAP ou outras estruturas de apresentação adequada que sejam aceitáveis.

Tipos de relatórios abordados neste capítulo

Neste capítulo, são abordados os outros tipos de relatórios estabelecidos pelas normas da série 800, assim como da própria NBC TA 700 no que tange a relatórios emitidos no contexto de uma estrutura de conformidade (*compliance*), a saber:

- NBC TA 700 – Relatórios de auditoria emitidos no contexto de uma estrutura de conformidade;
- NBC TA 800 – Auditoria de demonstrações contábeis elaboradas de acordo com estruturas conceituais de contabilidade para propósitos especiais;
- NBC TA 805 – Auditoria de Quadros isolados, elementos, contas ou itens específicos das demonstrações contábeis; e
- NBC TA 810 – Trabalhos para emissão de relatórios sobre demonstrações contábeis condensadas.

As normas de auditoria (NBC TAs) das séries 200 a 700, abordadas nos capítulos anteriores, se aplicam, de forma geral, à auditoria de demonstrações financeiras e devem ser adaptadas às circunstâncias específicas quando aplicadas em auditorias de outras informações históricas.

Dessa forma, este capítulo tem como objetivo apresentar de forma bastante objetiva as principais adaptações e considerações das normas analisadas nos capítulos anteriores para aplicação nesses outros trabalhos de asseguração razoável (auditoria) sobre informações históricas (demonstrações financeiras), que muitas vezes são descritos como trabalhos especiais, por não estarem relacionados com as demonstrações financeiras de uso geral, que estamos acostumados.

Nesse sentido, a ênfase deste capítulo recai sobre exemplos de situações práticas onde se aplicam essas normas e os tipos de relatório estabelecidos pelas normas para cada uma dessas situações. Além dos aspectos de relatório, este capítulo inclui aspectos específicos que devem ser considerados nesses trabalhos que se diferenciam da auditoria das demonstrações financeiras de uso geral, notadamente na aceitação do trabalho e no seu planejamento, mas não se restringindo a eles.

NBC TA 700 – Relatórios de auditoria emitidos no contexto de uma estrutura de conformidade

Como já explicado no capítulo anterior, um trabalho nesse contexto requer a conformidade das demonstrações financeiras com a estrutura aplicável, mas não tem como objetivo a **adequada apresentação** da posição patrimonial e financeira do balanço patrimonial ou dos demais objetos das outras demonstrações financeiras (resultado, resultado abrangente, fluxos de caixa); portanto, o auditor não precisa avaliar se essas demonstrações atingem uma adequada apresentação.

Em outras palavras, o foco do trabalho do auditor está em verificar que a entidade cumpriu com as normas estabelecidas (estrutura de relatório financeiro aplicável) e é sobre o resultado dessa verificação que ele emitirá o seu relatório.

Assim, ao expressar sua opinião sobre as demonstrações financeiras elaboradas de acordo com essa estrutura, a opinião do auditor é no sentido se elas foram elaboradas (ou não) de acordo com a estrutura de conformidade que for aplicável.

Um exemplo prático dessa situação seria no caso em que uma agência reguladora de uma dada atividade (energia elétrica, instituição financeira, mineradora ou outra atividade regulamentada) viesse a requerer que as entidades, por ela reguladas, preparassem demonstrações de acordo com as normas regulatórias por ela (agência reguladora) estabelecidas, além das demonstrações financeiras de uso geral que tem por objetivo uma adequada apresentação de acordo, por exemplo, com as práticas contábeis adotadas no Brasil.[1]

Nessa situação, temos dois jogos de demonstrações financeiras distintas, cujos critérios para avaliação a serem utilizados pelo auditor também são distintos e que, portanto, geram dois relatórios de auditoria distintos. Neste capítulo vamos nos concentrar no relatório emitido no contexto de conformidade (*compliance*).

O exemplo prático acima mencionado está bastante próximo daquele apresentado no exemplo 2 do Apêndice da NBC TA 700, que compreende a auditoria de um conjunto completo de demonstrações financeiras para fins gerais, exigidas por lei ou regulamento (Lei XYZ) para satisfazer as necessidades de informações financeiras comuns de ampla gama de usuários, mas que não é uma **estrutura de apresentação adequada**. O exemplo de relatório para essa situação está apresentado a seguir, acompanhado dos comentários relacionados:

Exemplo de Relatório – Estrutura de Conformidade

RELATÓRIO DOS AUDITORES INDEPENDENTES SOBRE AS DEMONSTRAÇÕES FINANCEIRAS

[Destinatário apropriado]

Examinamos as demonstrações financeiras da Companhia XYZ, que compreendem o balanço patrimonial em 31 de dezembro de 20X1 e as respectivas demonstrações do resultado, das mutações do patrimônio líquido e dos fluxos de caixa para o exercício findo naquela data, assim como o resumo das principais práticas contábeis e demais notas explicativas.

Responsabilidade da administração sobre as demonstrações financeiras

A administração da Entidade é responsável pela elaboração dessas demonstrações financeiras de acordo com a Lei XYZ da Jurisdição X e pelos controles internos que ela determinou como necessários para permitir a elaboração de demonstrações financeiras livres de distorção relevante, independentemente se causada por fraude ou erro.

Responsabilidade dos auditores independentes

Nossa responsabilidade é a de expressar uma opinião sobre essas demonstrações financeiras com base em nossa auditoria, conduzida de acordo com as normas brasileiras e internacionais de auditoria. Essas normas requerem o cumprimento de exigências éticas pelo auditor e que a auditoria seja planejada e executada com o objetivo de obter segurança razoável de que as demonstrações contábeis estão livres de distorção relevante.

---

[1] Essa situação ocorreu por ocasião do encerramento do exercício de 2010, quando as demonstrações financeiras consolidadas das Instituições Financeiras foram elaboradas de acordo com permissões específicas do Banco Central do Brasil que não estavam em conformidade com as normas internacionais de relatório financeiro (ver informações adicionais no Comunicado Técnico 5/10 do IBRACON).

Uma auditoria envolve a execução de procedimentos selecionados para obtenção de evidência a respeito dos valores e divulgação apresentados nas demonstrações financeiras. Os procedimentos selecionados dependem do julgamento do auditor, incluindo a avaliação dos riscos de distorção relevante nas demonstrações financeiras, independentemente se causada por fraude ou erro. Nessa avaliação de riscos, o auditor considera os controles internos relevantes para a elaboração das demonstrações financeiras da Entidade para planejar os procedimentos de auditoria que são apropriados nas circunstâncias, mas não para fins de expressar uma opinião sobre a eficácia desses controles internos da Companhia. Uma auditoria inclui, também, a avaliação da adequação das práticas contábeis utilizadas e a razoabilidade das estimativas contábeis feitas pela administração, bem como a avaliação da apresentação das demonstrações financeiras tomadas em conjunto.

Acreditamos que a evidência de auditoria obtida é suficiente e apropriada para fundamentar nossa opinião.

Opinião

Em nossa opinião, as demonstrações financeiras da Companhia XYZ para o exercício findo em 31 de dezembro de 20X1 foram elaboradas, em todos os aspectos relevantes, de acordo com a Lei XYZ da Jurisdição X.

[Local (localidade do escritório de auditoria que emitiu o relatório) e data do relatório do auditor independente]

[Nome do auditor independente (pessoa física ou jurídica)]

[Nome do profissional (sócio ou responsável técnico, no caso de o auditor ser pessoa jurídica)]

[Números de registro no CRC da firma de auditoria e do profissional que assina o relatório]

[Assinatura do auditor independente]

Comentários relacionados com o exemplo de relatório

No título, destinatário, primeiro parágrafo e no fechamento do relatório (assinatura e endereço do auditor) não há nenhuma novidade e todos os aspectos apresentados no capítulo anterior permanecem válidos.

O primeiro aspecto a ser destacado é na seção que trata da responsabilidade da administração da entidade pelas demonstrações financeiras, onde fica claro que essa responsabilidade se restringe à elaboração de acordo com a estrutura de relatório aplicável e não é feita nenhuma menção com referência à **adequada apresentação** das demonstrações, uma vez que na **estrutura de conformidade**, como vimos, não existe essa preocupação.

De forma consistente, essa mesma expressão (**adequada apresentação**) foi também removida da seção de Responsabilidade dos Auditores Independentes e da Seção contendo opinião, uma vez que as demonstrações elaboradas nesse contexto não têm como objetivo apresentar de **forma adequada** a posição patrimonial e financeira, desempenho operacional e os fluxos de caixa, todavia, isso não exime o auditor da responsabilidade de analisar se elas produzem informação enganosa, razão pela qual permanece no fim da Seção de Responsabilidade do auditor a avaliação da apresentação das demonstrações financeiras tomadas em conjunto (*as well as evaluating the presentation of the financial statements*).

NBC TA 800 – Auditoria de demonstrações contábeis elaboradas de acordo com estruturas conceituais de contabilidade para propósitos especiais

Como o próprio nome diz, essa norma cobre demonstrações financeiras completas, de propósitos especiais, e, portanto, se destina a usuários específicos interessados nessas informações, diferenciando-se das informações de natureza geral, que se destinam a uma ampla gama de usuários.

Essas demonstrações são elaboradas de acordo com estruturas de propósito especiais, que tanto podem ser elaboradas no contexto de apresentação adequada como de conformidade. Essa estrutura inclui, por exemplo, demonstrações financeiras elaboradas de acordo com:

- base de caixa (Demonstração de Recebimentos e Pagamentos de um condomínio, por exemplo);
- cláusulas de um contrato em que as partes envolvidas estabelecem os critérios a serem utilizados;
- base fiscal para acompanhar a declaração de Imposto de Renda;
- critérios estabelecidos por uma agência reguladora.

Requisitos

Conforme já mencionado, os requisitos das normas das séries 200 a 700 devem ser adaptados aos objetivos desta norma, a saber:

Aceitação do trabalho

Conforme apresentado no capítulo que trata da NBC TA 210, existem condições prévias para aceitação de um trabalho de auditoria de demonstrações financeiras. A principal delas é que essas demonstrações sejam elaboradas de acordo com uma estrutura de relatório financeiro que seja aceitável. Para serem aceitáveis, elas devem apresentar os atributos constantes do Apêndice 2 da NBC TA 210, que devem ser considerados pelo auditor para exercer o seu julgamento sobre a aceitação ou não da estrutura.

Nesse sentido, o auditor deve entender os objetivos das demonstrações financeiras específicas, quem são os usuários previstos e as providências tomadas pela administração para concluir que a estrutura a ser utilizada é aceitável pelos usuários, atendendo suas necessidades específicas.

Por exemplo, as cláusulas de um contrato podem determinar que as demonstrações financeiras sejam elaboradas de acordo com uma estrutura para fins gerais (IFRS), ajustadas por critérios específicos, que nem sempre atendem o atributo de neutralidade. Por exemplo, a provisão para créditos de liquidação duvidosa, em vez de se basear na análise da realização das contas a receber, pode tomar como base um critério arbitrário de provisionar 100% daquilo que estiver vencido e não pago até a data de elaboração das demonstrações financeiras.

Esse critério não é neutro e, dessa forma, o relatório de auditoria deve chamar a atenção sobre esse fato, como discutido na seção de relatórios.

Planejamento

A determinação da materialidade no planejamento e na execução do trabalho (NBC TA 320) deve levar em consideração as necessidades específicas dos usuários previstos. Dessa forma, as partes envolvidas podem estabelecer um limite mínimo para identificação de distorções, abaixo do qual são ignoradas e não corrigidas. Esse limite não isenta o auditor da responsabilidade de levar em consideração os aspectos da NBC TA 320.

Conforme apresentado no capítulo que trata da NBC TA 315, o auditor deve avaliar os riscos de distorção relevante nas demonstrações financeiras por meio do entendimento da entidade, inclusive de seu controle interno, portanto, todos os aspectos discutidos naquele capítulo são aplicáveis e devem ser considerados na execução de um trabalho que trata a NBC TA 800.

Está sendo considerado que se trata de um serviço especial sobre demonstrações financeiras para propósitos especiais, que está sendo executado em **adição** ao trabalho para fins gerais, portanto, este capítulo se restringe a determinar que o auditor obtenha entendimento das normas contábeis selecionadas e de sua aplicação no contexto desse novo serviço, em **adição à avaliação que já foi feita para emitir o relatório sobre as demonstrações financeiras para fins gerais**.

Se esse não for o caso, ou seja, se a entidade contratou outro auditor que não aquele que examina as demonstrações financeiras para fins gerais, para de forma isolada examinar essas outras demonstrações financeiras para propósitos especiais, esse outro auditor deve cumprir não só a NBC TA 315, mas todas as demais normas de auditoria.

Esse entendimento das normas contábeis requer apropriada avaliação das interpretações significativas do contrato ou parâmetro que determina os critérios contábeis. Uma interpretação é significativa sempre que ela provocar diferença relevante nas informações produzidas.

Comunicação com responsáveis pela governança

A comunicação estabelecida na NBC TA 260 nem sempre é aplicável para este tipo de trabalho, dependendo das circunstâncias específicas de responsabilidade assumida pelo auditor com referência a essas comunicações na carta de contratação e da responsabilidade que a governança possa ter sobre essas demonstrações financeiras.

Formação da opinião e emissão do relatório de auditoria

A NBC TA 800 não repete os requisitos da norma 700 que devem ser observados, mas os complementa. Por exemplo, o item 15 da NBC TA 700 requer que o auditor avalie se as notas explicativas às demonstrações financeiras descrevem adequadamente a estrutura de relatório financeiro aplicável. O complemento requerido é que seja avaliado pelo auditor se as notas descrevem adequadamente as interpretações dos critérios estabelecidos pelas partes para elaboração das demonstrações financeiras.

O relatório contendo opinião sobre demonstrações financeiras para propósitos especiais deve conter o objetivo das demonstrações de uso especial ou se referir à nota que o descreve, assim como deve conter um **alerta** de que essas demonstrações foram preparadas de acordo com uma estrutura de propósito especial e que pode não servir para outras finalidades. Esses aspectos são normalmente incluídos em um ou mais parágrafos após a seção da opinião.

No caso em que a entidade possui opções de seleção de estrutura de relatório a ser aplicada, essa opção e a sua responsabilidade por selecionar a opção devem, também, ser descritas, na seção que descreve suas responsabilidades pelas demonstrações financeiras.

Além do alerta sobre a base de preparação das demonstrações financeiras, anteriormente mencionado, o auditor pode considerar apropriado estabelecer restrições de uso e distribuição dessas demonstrações, expandindo-se o parágrafo de ênfase.

Exemplos de relatórios de auditoria

1. Relatório do auditor independente sobre um conjunto completo de demonstrações financeiras elaboradas de acordo com as cláusulas de um contrato es-

tabelecendo diretrizes para elaboração de relatórios contábeis (para fins deste exemplo, uma estrutura de conformidade).

RELATÓRIO DOS AUDITORES INDEPENDENTES SOBRE as DEMONSTRAÇÕES FINANCEIRAS DE PROPÓSITOS ESPECIAIS

[Destinatário apropriado]

Examinamos as demonstrações financeiras da Companhia XYZ, que compreendem o balanço patrimonial em 31 de dezembro de 20X1 e as respectivas demonstrações do resultado, das mutações do patrimônio líquido e dos fluxos de caixa para o exercício findo naquela data, assim como o resumo das principais práticas contábeis e demais notas explicativas. <u>**As demonstrações contábeis foram elaboradas pela administração da Companhia XYZ com base nas cláusulas da Seção tal do contrato firmado em tal data entre a Companhia XYZ e a Companhia ZYX ("contrato").**</u>

Responsabilidade da administração pelas demonstrações financeiras

A administração da Companhia é responsável pela elaboração dessas demonstrações financeiras <u>**de acordo com as cláusulas da Seção tal do referido contrato estabelecendo diretrizes para elaboração de relatórios contábeis**</u> e pelos controles internos que a administração determinou como necessários para permitir a elaboração de demonstrações financeiras livres de distorção relevante, independentemente se causada por fraude ou erro.

Responsabilidade dos auditores independentes

Nossa responsabilidade é a de expressar uma opinião sobre essas demonstrações financeiras com base em nossa auditoria, conduzida de acordo com as normas brasileiras e internacionais de auditoria. Essas normas requerem o cumprimento das exigências éticas pelos auditores e que a auditoria seja planejada e executada com o objetivo de obter segurança razoável de que as demonstrações financeiras estão livres de distorção relevante.

Uma auditoria envolve a execução de procedimentos selecionados para obtenção de evidência a respeito dos valores e divulgações apresentados nas demonstrações financeiras. Os procedimentos selecionados dependem do julgamento do auditor, incluindo a avaliação dos riscos de distorção relevante nas demonstrações financeiras, independentemente se causada por fraude ou erro. Nessa avaliação de risco, o auditor considera os controles internos relevantes para a elaboração das demonstrações financeiras da Companhia para planejar procedimentos de auditoria que são apropriados nas circunstâncias, mas não para fins de expressar uma opinião sobre a eficácia desses controles internos da Companhia. Uma auditoria inclui, também, a avaliação da adequação das práticas contábeis utilizadas e a razoabilidade das estimativas contábeis feitas pela administração, bem como a avaliação da apresentação das demonstrações financeiras tomadas em conjunto.

Acreditamos que a evidência de auditoria obtida é suficiente e apropriada para fundamentar nossa opinião de auditoria.

Opinião

Em nossa opinião, as demonstrações financeiras da Companhia XYZ para o exercício findo em 31 de dezembro de 20X1 foram elaboradas, em todos os aspectos relevantes, de acordo com **a Seção tal do contrato acima mencionado**.

Ênfase sobre a Base de elaboração e apresentação das demonstrações financeiras e restrição sobre distribuição ou uso

Sem modificar nossa opinião, chamamos a atenção para a nota explicativa X às demonstrações financeiras, que descreve a base de elaboração e apresentação dessas demonstrações financeiras, elaboradas para auxiliar a Companhia XYZ a demonstrar o cumprimento das cláusulas para elaboração de relatórios contábeis do contrato acima mencionado. Consequentemente, essas demonstrações financeiras podem não servir para outras finalidades. Nosso relatório destina-se exclusivamente para utilização e informação da administração da Companhia XYZ e Companhia ZYX e não deve ser distribuído ou utilizado por outras partes que não essas Companhias.

[Local (localidade do escritório de auditoria que emitiu o relatório) e data do relatório do auditor independente]

[Nome do auditor independente (pessoa física ou jurídica e número de registro no CRC)]

[Nome do profissional (sócio ou responsável técnico, no caso de o auditor ser pessoa jurídica)]

[Números de registro no CRC da firma de auditoria e do profissional que assina o relatório]

[Assinatura do auditor independente]

[Endereço do auditor independente]

Os aspectos relevantes desse exemplo estão grifados e em negrito para chamar a atenção, inclusive o parágrafo de ênfase. Como se trata de um trabalho em uma estrutura de conformidade, não existe qualquer referência ao fato das demonstrações financeiras **apresentarem adequadamente,** ou não, a posição patrimonial e financeira, o desempenho operacional e os fluxos de caixa, pois essa auditoria não tem esses objetivos.

2. A NBC TA 800 apresenta um segundo exemplo em que as demonstrações financeiras:

- foram elaboradas de acordo com as disposições estabelecidas por uma agência reguladora (ou seja, uma estrutura de relatório financeiro para propósitos especiais) para cumprir os requisitos da referida agência reguladora;
- a administração não pode escolher outras estruturas;
- a estrutura de relatório financeiro aplicável é uma estrutura de apresentação **adequada** e a distribuição do relatório do auditor independente

não está restrita, todavia, o mesmo auditor também emitiu relatório de auditoria independente sobre as demonstrações para o mesmo período de acordo com uma estrutura de relatório financeiro para fins gerais.

RELATÓRIO DOS AUDITORES INDEPENDENTES SOBRE DEMONSTRAÇÕES FINANCEIRAS DE PROPÓSITOS ESPECIAIS

[Destinatário apropriado]

Examinamos as demonstrações financeiras da Companhia XYZ, que compreendem o balanço patrimonial em 31 de dezembro de 20X1 e as respectivas demonstrações do resultado, das mutações do patrimônio líquido e dos fluxos de caixa para o exercício findo naquela data, assim como o resumo das principais práticas contábeis e demais notas explicativas. **As demonstrações financeiras foram elaboradas pela administração com base nas disposições para elaboração de relatórios contábeis da Seção Alfa do Regulamento Beta da agência reguladora tal.**

Responsabilidade da administração pelas demonstrações financeiras

A administração é responsável pela elaboração e **adequada apresentação** *dessas demonstrações financeiras de acordo com* **as disposições para elaboração de relatórios contábeis da Seção Alfa do Regulamento Beta da agência reguladora tal** *e pelos controles internos que a administração determinou como necessários para permitir a elaboração de demonstrações contábeis livres de distorção relevante, independentemente se causada por fraude ou erro.*

Responsabilidade dos auditores independentes

Nossa responsabilidade é a de expressar uma opinião sobre essas demonstrações financeiras com base em nossa auditoria, conduzida de acordo com as normas brasileiras e internacionais de auditoria. Essas normas requerem o cumprimento das exigências éticas pelos auditores e que a auditoria seja planejada e executada com o objetivo de obter segurança razoável de que as demonstrações financeiras estão livres de distorção relevante.

Uma auditoria envolve a execução de procedimentos selecionados para obtenção de evidência a respeito dos valores e divulgações apresentados nas demonstrações financeiras. Os procedimentos selecionados dependem do julgamento do auditor, incluindo a avaliação dos riscos de distorção relevante nas demonstrações financeiras, independentemente se causada por fraude ou erro. Nessa avaliação de riscos, o auditor considera os controles internos relevantes para a elaboração **e adequada apresentação** *das demonstrações financeiras da Companhia para planejar procedimentos de auditoria que são apropriados nas circunstâncias, mas não para fins de expressar uma opinião sobre a eficácia dos controles internos da Companhia. Uma auditoria inclui, também, a avaliação da adequação das práticas contábeis utilizadas e a razoabilidade das estimativas contábeis feitas pela administração, bem como a avaliação da apresentação das demonstrações financeiras tomadas em conjunto.*

Acreditamos que a evidência de auditoria obtida é suficiente e apropriada para fundamentar nossa opinião.

Opinião

Em nossa opinião, as demonstrações financeiras acima referidas **apresentam adequadamente**, em todos os aspectos relevantes, a posição patrimonial e financeira da Companhia XYZ em 31 de dezembro de 20X1, o desempenho de suas operações e os seus fluxos de caixa para o exercício findo naquela data, de acordo com **as disposições para elaboração de relatórios financeiros da Seção Alfa do Regulamento Beta da agência reguladora tal**.

Ênfase sobre a Base de elaboração das demonstrações financeiras

Sem modificar nossa opinião, chamamos a atenção para a nota explicativa X às demonstrações financeiras, que descreve a base de elaboração dessas demonstrações, que foram elaboradas para auxiliar a Companhia XYZ a cumprir os requisitos da agência reguladora (nome). Consequentemente, essas demonstrações financeiras podem não ser adequadas para outro fim.

Outros assuntos

A Companhia XYZ preparou um conjunto de demonstrações financeiras separado para o exercício findo em 31 de dezembro de 20X1 de acordo com as práticas contábeis adotadas no Brasil, sobre o qual emitimos, nesta mesma data, outro relatório de auditoria independente para os acionistas da Companhia XYZ.

Data, assinatura e demais identificações

De forma similar ao exemplo anterior, também foram grifados e colocados em negrito os aspectos importantes desse exemplo, destacando-se os parágrafos de ênfase e de outros assuntos, a referência à base de preparação no parágrafo introdutório, a responsabilidade da administração em observar a base de preparação, a responsabilidade da administração de que as demonstrações representem adequadamente e a do auditor em avaliar essa apresentação adequada e por fim a opinião de acordo com os critérios estabelecidos.

NBC TA 805 – Auditoria de quadros isolados, elementos ou itens específicos das demonstrações financeiras

Introdução

Esta norma cobre aspectos que as normas brasileiras, até a entrada em vigência das novas NBC TAs aprovadas em dezembro de 2009, não cobriam. Dessa forma, a partir dessa aprovação, os auditores podem auditar e emitir relatório sobre quadros isolados, elementos, itens ou contas específicas das demonstrações financeiras.

Para o entendimento da norma, é importante considerar que as demonstrações **completas** compreendem as quatro demonstrações básicas, acompanhadas

das notas explicativas mais a de valor adicionado no caso de companhias abertas. Uma demonstração considerada isoladamente (balanço patrimonial, demonstração dos fluxos de caixa ou qualquer outra das demonstrações básicas) é, para efeito das normas de auditoria, **um quadro isolado**.

Os elementos das demonstrações financeiras são suas contas e itens específicos. O item 47 da Estrutura Conceitual para Elaboração e Apresentação das Demonstrações Contábeis emitida pelo CPC explica os elementos e exemplifica que os elementos diretamente ligados com a posição patrimonial e financeira são os ativos, passivos e o patrimônio líquido, enquanto as receitas e despesas são os elementos relacionados com a mensuração do desempenho das operações.

O Apêndice 1 da NBC TA 805 traz uma série não exaustiva de elementos, contas ou itens específicos das demonstrações financeiras que poderiam ser objeto de auditoria.

Requisitos

De forma similar à seção anterior, neste caso também deve ser considerado que os requisitos das normas da série 200 a 700 (exceto NBC TA 600) devem ser observados pelo auditor e que a explanação se limitará àqueles aspectos complementares aplicáveis a este tipo de trabalho, a saber:

Aceitação do trabalho

Na hipótese de a entidade tentar contratar o auditor com o objetivo de auditar exclusivamente um elemento, conta ou mesmo uma demonstração isolada, mantendo a auditoria das demonstrações completas com outro auditor ou sem auditoria, o auditor que está sendo sondado para tal serviço deve, antes de aceitar, considerar se isso seria praticável e viável economicamente, pois ele terá que considerar e aplicar todas as normas que sejam aplicáveis na situação específica, mesmo que o seu trabalho se restrinja a auditar e opinar sobre uma linha do balanço patrimonial, digamos contas a receber de clientes, pois ele não teria o necessário conhecimento sobre a entidade, seus riscos, seus controles e assim por diante, tornando inviável economicamente a realização de um trabalho de natureza isolada como esse.

A relevância e aplicabilidade de cada uma das NBC TAs à situação específica devem ser cuidadosamente analisadas. Dessa forma, a exemplo da seção anterior, estamos considerando nesta seção somente os aspectos complementares, a seguir descritos:

Aceitação da estrutura de relatório financeiro

Nesse caso, também, se aplicam os aspectos abordados na NBC TA 210 para aceitação da estrutura de relatório utilizada para elaborar os quadros isolados ou elementos das demonstrações financeiras, da mesma forma que se discutiu no tópico anterior onde a conclusão de que a estrutura utilizada possui os necessários atributos e que, portanto, é aceitável. Essa decisão é item de julgamento do auditor.

Planejamento e execução da auditoria

Quando o mesmo auditor foi contratado simultaneamente para auditar as demonstrações financeiras completas tomadas em conjunto e alguns quadros, elementos, itens ou contas considerados isoladamente, ele pode utilizar algumas das evidências do trabalho sobre as demonstrações financeiras completas no trabalho coberto neste tópico, todavia, não se pode perder de vista que a auditoria desses itens considerados isoladamente tem uma diferente amplitude e, por consequência, um nível diferente de materialidade.

Apenas para enfatizar essa diferença, não deve existir nenhuma dúvida de que a extensão do trabalho sobre as contas a receber como um item de um jogo completo de demonstrações financeiras é bem menor do que um trabalho sobre esse mesmo item tomado isoladamente para um relatório que cubra exclusivamente esse item. No primeiro caso, ele pode representar 15 ou 20% dos ativos tomados em conjunto e, no segundo caso, ele representa 100% dele próprio.

Como a materialidade é diferente, ela acaba afetando não apenas a extensão, mas também a natureza e época dos procedimentos de auditoria.

Formação da opinião e considerações sobre o formato do relatório

Primeiramente, em relação ao formato do relatório, na essência, a norma estabelece a necessidade de atendimento do item 10 (e) da NBC TA 210, que requer a discussão e a conclusão sobre a forma de relatório esperada, principalmente se o relatório deve ser emitido em uma estrutura de conformidade ou de apresentação adequada e, no caso da última, qual a redação a ser utilizada (**apresenta adequadamente ou propicia uma visão verdadeira e justa**).

Quanto aos aspectos do relatório em si, o auditor deve considerar os requisitos de emissão de relatórios apresentados no capítulo anterior, principalmente na apresentação da NBC TA 700, adaptados à situação específica dos objetivos da NBC TA 805, que ao contrário, não cobre as demonstrações financeiras como um todo, destacando-se:

Divulgações

As notas explicativas que acompanham essas informações isoladas devem ser adequadas para permitir que os usuários previstos delas entendam as informações transmitidas, assim como os efeitos de transações e eventos relevantes sobre essas transações.

Relatórios

O auditor deve expressar opinião separada para essas informações isoladas e para as demonstrações financeiras completas. Se o auditor expressar uma opinião adversa ou se abster de opinar sobre as demonstrações completas tomada em conjunto, o item 15 da NBC TAS 705 não permite que o auditor inclua em um **mesmo relatório** uma opinião limpa sobre um quadro isolado, item, conta ou elemento das demonstrações.

Nessas circunstâncias (adverso ou abstenção de opinião) sobre o conjunto completo, o auditor só pode emitir um relatório separado sem modificações (limpo) se:

- não existir qualquer proibição legal;
- esse relatório separado não é publicado em conjunto com o relatório sobre as demonstrações financeiras completas; e
- o elemento específico não constitui parte importante do conjunto completo das demonstrações financeiras completas da entidade. Se for um quadro (por exemplo, balanço patrimonial), essa opinião limpa é proibida, pois um quadro isolado é sempre relevante em relação às demonstrações tomadas em conjunto.

Nos casos em que a opinião sobre as demonstrações financeiras completas contenha ressalva ou parágrafos de ênfase ou de outros assuntos, o auditor deve considerar o efeito sobre a informação isolada e se esse efeito deve ser estendido à sua opinião sobre essa informação isolada. Mesmo no caso em que o assunto não esteja diretamente ligado e não produza efeito sobre a informação isolada, o auditor pode considerar importante e, portanto, apropriado, se referir a esses aspectos em um parágrafo de outros assuntos.

Exemplos de relatórios extraídos da NBC TA 805

Situação 1 – Auditoria do balanço patrimonial (quadro isolado das demonstrações financeiras), elaborado de acordo com as práticas contábeis adotadas no Brasil, que é uma estrutura de relatório financeiro de uso geral e de apresentação adequada, relevante para a elaboração de balanços patrimoniais.

RELATÓRIO DOS AUDITORES INDEPENDENTES SOBRE O BALANÇO PATRIMONIAL

[Destinatário apropriado]

Examinamos o balanço patrimonial da Companhia XYZ em 31 de dezembro de 20X1 e o resumo das principais práticas contábeis e outras notas explicativas.

Responsabilidade da administração pelo balanço patrimonial

A administração da Companhia é responsável pela elaboração e **adequada apresentação** do balanço patrimonial de acordo com **as práticas contábeis adotadas no Brasil**, relevantes para a elaboração dessa demonstração financeira, assim como pelos controles internos relevantes para a sua elaboração, livre de distorção relevante, independentemente se causada por fraude ou erro.

Responsabilidade dos auditores independentes

(Omitido por ser igual ao padrão, incluindo responsabilidade pela adequada apresentação.)

Opinião

Em nossa opinião, o balanço patrimonial apresenta adequadamente, em todos os aspectos relevantes, a posição patrimonial e financeira da Companhia XYZ em 31 de dezembro de 20X1, de acordo com as práticas contábeis adotadas no Brasil, relevantes para a elaboração dessa demonstração contábil.

(Data, Identificação e assinatura, omitidos pela similaridade aos exemplos anteriores.)

Situação 2 – Auditoria de demonstração de recebimentos e pagamentos (quadro isolado das demonstrações financeiras), elaborada pela administração de acordo com a base contábil de recebimentos e pagamentos para atender à solicitação de informações sobre fluxo de caixa recebida de credor. A estrutura de relatório financeiro aplicável é uma estrutura de apresentação adequada para satisfazer as necessidades de informações financeiras de usuários específicos. Não existe restrição para distribuição do relatório do auditor.

RELATÓRIO DOS AUDITORES INDEPENDENTES SOBRE DEMONSTRAÇÃO CONTÁBIL DE PROPÓSITO ESPECIAL

[Destinatário apropriado]

Examinamos a demonstração de recebimentos e pagamentos da Companhia XYZ para o exercício findo em 31 de dezembro de 20X1, assim como o resumo das principais práticas contábeis e outras notas explicativas **(em conjunto "demonstração contábil"). A demonstração contábil foi elaborada pela administração usando a base contábil de recebimentos e pagamentos descrita na nota explicativa tal.**

Responsabilidade da administração pela demonstração contábil

A administração da Companhia é responsável pela elaboração e **adequada apresentação** dessa demonstração contábil de acordo com **a base contábil de recebimentos e pagamentos descrita na nota explicativa tal. Isso inclui determinar que a base contábil de recebimentos e pagamentos é uma base aceitável para a elaboração da demonstração contábil nas circunstâncias,** assim como para os controles internos que a administração determinou serem necessários para permitir a elaboração da demonstração contábil livre de distorção relevante, independentemente se causada por fraude ou erro.

Responsabilidade dos auditores independentes

(Omitido por ser igual ao padrão, incluindo responsabilidade pela adequada apresentação.)

Opinião

Em nossa opinião, a demonstração contábil acima referida **apresenta adequadamente**, em todos os aspectos relevantes, **os recebimentos e os pagamentos** da Companhia XYZ para o exercício findo em 31 de dezembro de 20X1 de acordo com **a base contábil de recebimentos e pagamentos descrita na nota explicativa tal.**

Ênfase sobre a Base de elaboração da demonstração contábil

Sem modificar nossa opinião, chamamos a atenção para a nota explicativa tal à demonstração contábil, que descreve sua base de elaboração. A demonstração contábil foi elaborada para fornecer informações para o credor Alfa. Consequentemente, a demonstração contábil pode não servir para outras finalidades.

(Data, Identificação e assinatura, omitidos pela similaridade aos exemplos anteriores.)

Situação 3 – Auditoria do passivo por "sinistros incorridos, mas não reportados" na carteira de uma Companhia Seguradora, elaborada pela administração da Companhia de acordo com as disposições para a elaboração de relatórios financeiros estabelecidas pela Superintendência de Seguros Privados (SUSEP),[2] por exemplo, que é o órgão regulador dessa atividade no Brasil. A estrutura de relatório financeiro aplicável é uma estrutura de conformidade elaborada para satisfazer as necessidades de informações financeiras de usuários específicos, portanto, existe restrição ao uso do relatório.

RELATÓRIO DOS AUDITORES INDEPENDENTES SOBRE DEMONSTRAÇÃO FINANCEIRA ISOLADA DE PROPÓSITO ESPECÍFICO

[Destinatário apropriado]

---

[2] A citação da Superintendência de Seguros Privados (SUSEP) é meramente hipotética e exemplificativa e não teve por objetivo apresentar qualquer requerimento de natureza real.

*Examinamos o **demonstrativo do passivo por sinistros incorridos, mas não reportados da Companhia Seguradora XYZ em 31 de dezembro de 20X1 ("demonstrativo"). O demonstrativo foi elaborado pela administração com base nas disposições específicas estabelecidas pela Superintendência de Seguros Privados – SUSEP para elaboração desses demonstrativos.***

Responsabilidade da administração pelo demonstrativo

*A administração da Companhia Seguradora é responsável pela elaboração do demonstrativo de acordo com **as disposições específicas estabelecidas pela Superintendência de Seguros Privados – SUSEP para elaboração desses demonstrativos** e pelos controles internos que ela determinou serem necessários para permitir a sua elaboração, livre de distorção relevante, independentemente se causada por fraude ou erro.*

Responsabilidade dos auditores independentes

(Omitido por ser similar ao padrão para estruturas de conformidade, não incluindo, portanto, responsabilidade pela verificação da adequada apresentação.)

Opinião

*Em nossa opinião, **as informações contábeis constantes do demonstrativo do passivo por sinistros incorridos, mas não reportados da Companhia Seguradora XYZ em 31 de dezembro de 20X1, foram elaboradas, em todos os aspectos relevantes, de acordo com as disposições específicas estabelecidas pela Superintendência de Seguros Privados – SUSEP para elaboração desses demonstrativos.***

Ênfase sobre a Base de elaboração do demonstrativo e restrição sobre distribuição

Sem modificar nossa opinião, chamamos a atenção para a nota explicativa tal ao demonstrativo, que descreve sua base de elaboração. O demonstrativo foi elaborado para auxiliar a Companhia Seguradora XYZ a cumprir os requisitos da Superintendência de Seguros Privados – SUSEP. Consequentemente, o demonstrativo pode não servir para outras finalidades. Nosso relatório destina-se exclusivamente para a utilização e informação da Companhia Seguradora XYZ e para a Superintendência de Seguros Privados – SUSEP e não deve ser distribuído ou utilizado por outras partes além da Companhia Seguradora ou da Superintendência de Seguros Privados (SUSEP).

(Data, Identificação e assinatura, omitidos pela similaridade aos exemplos anteriores.)

Nestes dois últimos exemplos, os aspectos específicos do parágrafo de ênfase, da base contábil de elaboração e da opinião estão grifados e em negrito para chamar a atenção. Eles são autoexplicativos quando lidos em conjunto com as circunstâncias da situação.

O uso da expressão *apresentação adequada* ou não também já foi objeto de explicação.

NBC TA 810 – Trabalhos para emissão de relatório sobre demonstrações contábeis condensadas

Introdução

Até a edição desta norma pelo CFC, não existiam critérios definidos para elaboração de demonstrações condensadas pelas entidades, nem tampouco qualquer norma a ser atendida pelo auditor independente a respeito dessas demonstrações financeiras resumidas.

A prática até então vigente estava relacionada com publicações promocionais, em que a entidade publicava um extrato de suas demonstrações, geralmente um resumo do balanço patrimonial e da demonstração do resultado, acompanhado de algumas informações, entre elas, a informação em uma nota explicativa ou nota de rodapé de que as demonstrações financeiras completas, acompanhadas do parecer dos auditores independentes, foram publicadas na edição tal do jornal tal.

Como não havia qualquer normatização sobre o assunto, geralmente a informação se limitava ao que era positivo, dado o objetivo promocional, omitindo-se, por exemplo, a informação do tipo de parecer emitido pelo auditor, quando ele continha ressalva.

Pior ainda era a situação de algumas entidades, inclusive de grande porte, que publicavam o parecer do auditor junto com o extrato do balanço e da demonstração do resultado, associando o parecer do auditor a um jogo incompleto de demonstrações financeiras que não continham as informações requeridas pelas práticas contábeis adotadas no Brasil e, portanto, não podiam ser consideradas como representações estruturadas da posição patrimonial e financeira, do desempenho das operações e dos fluxos de caixa.

A NBC TA 810, como norma de auditoria que é, trata das responsabilidades do auditor independente relacionadas com a emissão de relatório sobre demonstrações condensadas derivadas das demonstrações auditadas; todavia, o requisito de que o auditor deve concluir se os critérios para condensação são aceitáveis e os parâmetros estabelecidos para aceitação dos critérios, com certeza, mesmo que de forma indireta, devem contribuir significativamente para a melhoria no nível dessas informações, embora o ideal fosse eliminar essa lacuna existente na normatização contábil e termos uma norma estabelecendo os parâmetros e as informações mínimas que devem ser divulgadas em demonstrações condensadas.

Para poder emitir um relatório de auditoria sobre demonstrações financeiras condensadas, o auditor **tem que necessariamente ter sido também contratado para auditar as demonstrações financeiras completas** que servem de base ou das quais foram derivadas as demonstrações condensadas.

Na essência, essa norma tem como objetivo determinar se é apropriado ao auditor aceitar a responsabilidade de emitir relatório sobre as demonstrações financeiras condensadas e, se contratado, aplicar os procedimentos necessários para formar uma opinião sobre se essas demonstrações condensadas são ou não **consistentes** com as demonstrações financeiras completas que serviram de base para essa condensação e, dessa forma, emitir seu relatório conclusivo.

Requisitos

Aceitação do trabalho

Conforme acima mencionado, a primeira condição é que o auditor seja contratado também para auditar as demonstrações financeiras completas e que essa auditoria seja executada de acordo com as normas de auditoria, possuindo, dessa forma, o necessário entendimento da entidade para poder examinar a condensação.

A aplicação apenas dos procedimentos requeridos pela NBC TA 810 não fornece evidência de auditoria apropriada e suficiente para o auditor fundamentar a sua opinião sobre as demonstrações financeiras condensadas.

Além dessa primeira condição, antes de aceitar o trabalho o auditor deve:

a) determinar se os critérios de condensação são aceitáveis;

b) obter a concordância da administração da entidade de que ela entende e reconhece sua responsabilidade:

- pela condensação de acordo com os critérios estabelecidos;
- por disponibilizar, sem qualquer dificuldade, as demonstrações completas aos usuários previstos das demonstrações condensadas; e
- por incluir o relatório de auditoria sobre essas demonstrações condensadas em qualquer documento que elas venham a ser incluídas;

c) obter concordância sobre a forma de opinião a ser expressa.

Se a contratação para examinar essa condensação for simultânea com a contratação para a auditoria das demonstrações financeiras completas, esses aspectos devem constar da carta de contratação. Caso essa contratação tenha sido efetuada posteriormente, deve ser feita uma carta de contratação complementar para evitar dúvidas.

Aceitação dos critérios utilizados na condensação

Considerando que as demonstrações financeiras condensadas são informações contábeis históricas menos detalhadas do que as demonstrações financeiras completas das quais derivam, mas que devem continuar a fornecer uma representação estruturada consistente com aquela fornecida pelas demonstrações financeiras completas, a sua elaboração deve observar critérios que sejam aceitáveis. Os fatores que afetam essa aceitação dependem da natureza da entidade, objetivo das demonstrações financeiras condensadas, tipo de informações que os usuários previstos necessitam e o cuidado para que essas informações condensadas não produzam **informações enganosas**.

Esse cuidado, tanto pela administração da entidade como pelo auditor, decorre do fato de que a condensação corresponde à agregação de informações e divulgações com menor nível de detalhes, onde o risco de não conterem informações relevantes é maior do que nas informações completas, portanto, os **critérios estabelecidos pela administração da entidade**, que tem a responsabilidade primária por essas demonstrações financeiras condensadas, devem ser apropriadamente divulgados.

Procedimentos de Auditoria, época do trabalho e eventos subsequentes

Na essência, o auditor deve aplicar os procedimentos abaixo identificados para lhe permitir expressar opinião sobre as demonstrações financeiras condensadas:

- comparar as informações resumidas da demonstração condensada com as demonstrações financeiras completas (auditadas) com o objetivo de ficar satisfeito de que todas as informações relevantes foram incluídas no resumo e que o nível de agregação é apropriado e não fornece informação enganosa;

- avaliar e concluir que os critérios aplicados na condensação são aqueles estabelecidos pela administração e que eles foram adequadamente divulgados; e

- avaliar se essas demonstrações financeiras condensadas divulgam claramente sua natureza e identificam as demonstrações financeiras completas que serviram de base para a condensação, divulgando onde o usuário pode encontrá-las, sem qualquer dificuldade.

A opinião sobre as demonstrações financeiras condensadas pode ser na mesma data em que emitiu o relatório sobre as demonstrações financeiras completas ou em data subsequente. O auditor não tem responsabilidade em executar procedimentos adicionais para o período entre as datas do relatório sobre as demonstrações financeiras completas e sobre as demonstrações financeiras condensadas, uma vez que estas últimas derivam das demonstrações financeiras completas, mas não as complementam.

Dessa forma, se o auditor tomar conhecimento de algum fato que, se tivesse conhecimento antes da emissão do seu relatório sobre as demonstrações financeiras completas, teria impactado o seu relatório sobre elas, ele não deve emitir o relatório sobre as demonstrações financeiras condensadas, enquanto não resolver como fica o relatório sobre as referidas demonstrações completas.

Esse assunto relacionado com eventos subsequentes está detalhadamente coberto no Capítulo 20, que trata desse assunto (NBC TA 560).

Forma da opinião e outros aspectos a serem considerados no relatório

A norma internacional que deu origem à NBC TA 810 apresenta dois tipos de redação que podem ser utilizadas pelo auditor quando os procedimentos aplicados propiciaram a evidência apropriada e suficiente para concluir que as demonstrações financeiras condensadas foram adequadamente preparadas.

A primeira, que é a forma recomendada no Brasil, tem a seguinte redação: *"as demonstrações financeiras (ou contábeis) condensadas são consistentes, em todos os aspectos relevantes, com as demonstrações financeiras auditadas, de acordo com os critérios descritos* (complementar de acordo com a circunstância)". A outra forma de redação apresenta conclusão no sentido de que *"as demonstrações financeiras condensadas são um resumo adequado das demonstrações auditadas, de acordo com os critérios..."*.

Exemplo de relatórios extraídos da NBC TA 810

De forma similar às seções anteriores, está sendo apresentado a seguir um exemplo de relatório "limpo" sobre demonstrações financeiras condensadas, que derivam de demonstrações financeiras auditadas, cuja opinião também não conteve qualquer modificação (limpa) e, a partir do exemplo, estão abordados os principais aspectos a serem observados na emissão de relatórios desta natureza, inclusive quanto ao fato de esse relatório ter sido emitido após a emissão do relatório sobre as demonstrações financeiras completas:

RELATÓRIO DOS AUDITORES INDEPENDENTES SOBRE AS DEMONSTRAÇÕES FINANCEIRAS CONDENSADAS

[Destinatário apropriado]

As demonstrações financeiras condensadas, que compreendem o balanço patrimonial condensado em 31 de dezembro de 20X1 e as respectivas demonstrações condensadas do resultado, das mutações do patrimônio líquido e dos fluxos de caixa para o exercício findo naquela data, assim como as respectivas notas explicativas, são derivadas das demonstrações financeiras auditadas da Companhia XYZ para o exercício findo em 31 de dezembro de 20X1. Expressamos opinião de auditoria sem modificação sobre essas demonstrações financeiras em nosso relatório com data de 28 de fevereiro de 20X2. Essas demonstrações completas e estas demonstrações financeiras condensadas não refletem os efeitos de eventos que ocorreram após 28 de fevereiro de 20X2.

As demonstrações financeiras condensadas não contemplam todas as divulgações requeridas pelas práticas contábeis adotadas no Brasil. Portanto, a leitura das demonstrações financeiras condensadas não substitui a leitura das demonstrações financeiras auditadas da Companhia XYZ.

Responsabilidade da administração da Companhia sobre as demonstrações financeiras condensadas

A administração da Companhia é responsável pela elaboração das demonstrações financeiras condensadas, derivadas das demonstrações financeiras auditadas, de acordo com os critérios divulgados na Nota tal.

Responsabilidade dos auditores independentes

Nossa responsabilidade é a de expressar uma opinião sobre essas demonstrações financeiras condensadas com base em nossos procedimentos, que foram conduzidos de acordo com a NBC TA 810.

Opinião

Em nossa opinião, as demonstrações financeiras condensadas derivadas das demonstrações financeiras auditadas da Companhia XYZ para o exercício findo em 31 de dezembro de 20X1 são consistentes, em todos os aspectos relevantes, com as demonstrações financeiras auditadas de acordo com os critérios divulgados na Nota tal.

Data (subsequente ao relatório sobre as demonstrações completas), identificação e assinatura do auditor.

O título é autoexplicativo e o destinatário desse relatório deve estar de acordo com os termos da contratação.

O primeiro parágrafo de um relatório sobre demonstrações financeiras condensadas deve:

- identificar as demonstrações que foram condensadas (nomes) sobre as quais está sendo emitido relatório;
- identificar as demonstrações auditadas (completas), fazendo referência ao relatório emitido sobre essas demonstrações, sua data e tipo de opinião emitida;
- sempre que a data do relatório sobre as demonstrações condensadas for posterior em relação à data do relatório sobre as demonstrações financeiras completas, como no caso do exemplo apresentado, o primeiro pará-

grafo deve mencionar que tanto essas demonstrações condensadas como as completas não refletem os efeitos de eventuais eventos ocorridos após a emissão do relatório sobre as demonstrações financeiras completas;

- declarar que as demonstrações condensadas não contemplam todas as divulgações requeridas pelas práticas contábeis adotadas no Brasil e que, portanto, a leitura dessas demonstrações condensadas não substitui a leitura das demonstrações auditadas; e

- nos casos em que o auditor sabe que as demonstrações financeiras condensadas serão incluídas em um documento que contém outras informações, ele pode identificar no seu relatório o número das páginas em que estão essas demonstrações.

Na seção contendo a responsabilidade da administração, além de especificar a sua responsabilidade pela elaboração, deve ser identificado, também, onde estão divulgados os critérios por ela adotados para a condensação. Normalmente, esses critérios devem ser explicitados em uma nota explicativa específica às demonstrações financeiras condensadas.

O parágrafo da responsabilidade do auditor nesse tipo de relatório é bem mais curto do que o de uma auditoria sobre as demonstrações financeiras completas, uma vez que basicamente deve especificar que a sua opinião está fundamentada nos procedimentos requeridos pela NBC TA 810.

Por sua vez, o parágrafo da opinião se limita a declarar que as demonstrações financeiras condensadas estão consistentes com as demonstrações financeiras completas que serviram de base para a sua elaboração. O auditor não pode concluir que essas demonstrações apresentam adequadamente a posição patrimonial e financeira, o desempenho operacional e os fluxos de caixa, pois elas são incompletas e, portanto, não trazem todas as informações requeridas para atenderem esse objetivo.

No caso específico do exemplo, a data do relatório sobre as demonstrações financeiras condensadas foi posterior ao relatório sobre as demonstrações financeiras completas e, portanto, incluiu informação de que tanto as demonstrações condensadas como as completas não incluem efeitos sobre eventos ocorridos entre as datas desses relatórios. O relatório sobre as demonstrações financeiras condensadas pode ter a mesma data ou ser emitido posteriormente ao relatório sobre as demonstrações financeiras completas, mas nunca com data anterior.

A identificação da firma de auditoria e do profissional que assinou o relatório, requerida pelo CFC, é similar aos demais exemplos de relatórios.

Relatório sobre as demonstrações financeiras completas com ressalva, ênfase ou parágrafo de outros assuntos

Se o auditor concluir que mesmo tendo emitido uma opinião com ressalva ou adicionado parágrafos de ênfase ou de outros assuntos no seu relatório sobre as demonstrações financeiras completas, as demonstrações financeiras condensadas estão consistentes com as demonstrações financeiras completas, ele pode emitir um relatório sobre essas demonstrações condensadas. Nesse caso, o parágrafo introdutório e a seção da opinião sofrem substancial alteração, que estão grifadas e em negrito, conforme exemplo a seguir:

RELATÓRIO DOS AUDITORES INDEPENDENTES SOBRE AS DEMONSTRAÇÕES FINANCEIRAS CONDENSADAS

[Destinatário apropriado]

As demonstrações financeiras condensadas, que compreendem o balanço patrimonial condensado em 31 de dezembro de 20X1 e as respectivas demonstrações condensadas do resultado, das mutações do patrimônio líquido e dos fluxos de caixa para o exercício findo naquela data, assim como as respectivas notas explicativas, são derivadas das demonstrações financeiras auditadas da Companhia XYZ para o exercício findo em 31 de dezembro de 20X1. Expressamos opinião **com ressalva sobre essas demonstrações financeiras completas em nosso relatório com data de 28 de fevereiro de 20X2, conforme descrito no parágrafo da opinião (ver abaixo)**. *As demonstrações financeiras condensadas não contemplam todas as divulgações requeridas pelas práticas contábeis adotadas no Brasil. Portanto, a leitura apenas dessas demonstrações não substitui a leitura das demonstrações financeiras auditadas da Companhia XYZ.*

Responsabilidade da administração da Companhia sobre as demonstrações financeiras condensadas

(omitido: ver exemplo anterior)

Responsabilidade do auditor

(também omitido por ser igual ao exemplo anterior)

Opinião

Em nossa opinião, as demonstrações financeiras condensadas derivadas das demonstrações financeiras auditadas da Companhia XYZ para o exercício findo em 31 de dezembro de 20X1 são consistentes, em todos os aspectos relevantes, com as demonstrações financeiras auditadas de acordo com a base descrita na Nota Explicativa tal. **Entretanto, as demonstrações financeiras condensadas apresentam distorções equivalentes às distorções apresentadas pelas demonstrações financeiras completas auditadas da Companhia XYZ para o exercício findo naquela data.**

As distorções nas demonstrações financeiras auditadas estão descritas em nossa opinião de auditoria com ressalva emitida em 28 de fevereiro de 20X2. Nossa opinião

com ressalva está baseada no fato de que os investimentos da Companhia na Controlada tal estão apresentados no balanço patrimonial no valor de $ xxx. A administração não avaliou esse investimento pelo método da equivalência patrimonial, conforme requerido pelas práticas contábeis adotadas no Brasil. Caso os referidos investimentos tivessem sido avaliados pelo método da equivalência patrimonial, teria sido necessário reconhecer um ajuste que diminuiria os investimentos em $ tal. Consequentemente, o ativo, o patrimônio líquido e o resultado estão aumentados por esse valor em 31 de dezembro de 20X1. Nossa opinião de auditoria com ressalva menciona que, exceto pelos efeitos desse assunto, essas demonstrações financeiras apresentam adequadamente, em todos os aspectos relevantes, a posição patrimonial e financeira da Companhia XYZ em 31 de dezembro de 20X1, o desempenho de suas operações e os seus fluxos de caixa para o exercício findo naquela data, de acordo com as práticas contábeis adotadas no Brasil.

***

Relatório sobre as demonstrações financeiras completas contendo opinião adversa ou abstenção de opinião

Nessas circunstâncias, não seria apropriado emitir opinião sobre as demonstrações financeiras condensadas. Na prática, é pouco provável a emissão de relatório nessas circunstâncias, mas, se requerido, o relatório deve conter uma seção específica para descrever as razões para abstenção da opinião, cuja redação é assim exemplificada:

Abstenção de opinião

Em nosso relatório com data de 28 de fevereiro de 20X2, expressamos uma opinião de auditoria adversa sobre as demonstrações financeiras completas da Companhia XYZ para o exercício findo em 31 de dezembro de 20X1. A base para nossa opinião de auditoria adversa foi [descrever a base para a opinião de auditoria adversa]. Nossa opinião de auditoria adversa mencionou que [descrever a opinião de auditoria adversa].

Devido à importância do assunto discutido acima, não é apropriado expressar uma opinião sobre as demonstrações financeiras condensadas da Companhia XYZ para o exercício findo em 31 de dezembro de 20X1.

Situação em que o auditor conclui que as demonstrações financeiras condensadas não são consistentes com as demonstrações completas

Nesse caso, também pouco provável na prática, em que a entidade não efetua os acertos necessários nas demonstrações financeiras condensadas, mesmo que a opinião sobre as demonstrações completas seja "limpa" e o relatório sobre elas não inclua qualquer parágrafo de ênfase ou de outros assuntos, o auditor deve emitir um relatório com opinião adversa sobre as demonstrações condensadas.

O parágrafo introdutório e as seções de Responsabilidade da Administração e dos Auditores são similares ao primeiro exemplo anteriormente apresentado, portanto, foram omitidos. As seções de Base para Opinião Adversa e a de Opinião Adversa são assim descritas:

Base para opinião adversa

(Descrever o assunto que gerou a falta de consistência das demonstrações financeiras condensadas com as demonstrações auditadas, de acordo com os critérios aplicados.)

Opinião adversa

Em nossa opinião, devido à importância do assunto mencionado no parágrafo base para opinião adversa, as demonstrações financeiras condensadas mencionadas acima não são consistentes com as demonstrações financeiras auditadas (ou não representam um resumo adequado das demonstrações contábeis auditadas) da Companhia XYZ para o exercício findo em 31 de dezembro de 20X1, de acordo com [descrever os critérios estabelecidos].

Restrição sobre distribuição e uso das demonstrações financeiras completas ou alerta sobre elas

As mesmas restrições ou alertas constantes do relatório sobre as demonstrações financeiras completas devem ser transportadas para o relatório sobre as demonstrações financeiras condensadas.

Informações comparativas

Se as demonstrações financeiras completas apresentam informações comparativas, as condensadas também devem conter essas informações, ou seja, vale a máxima de que o acessório acompanha o principal. Dessa forma, a sua ausência deve ser analisada pelo auditor e considerada na conclusão se a informação condensada é consistente ou não em decorrência da falta dessa informação.

Se as demonstrações financeiras condensadas incluem informações comparativas e essas informações do período anterior foram auditadas por outros auditores, o relatório do auditor atual sobre as demonstrações financeiras condensadas deve incluir os mesmos aspectos que devem ser inclusos no seu relatório sobre as demonstrações completas, com observância da NBC TA 710.

Informações suplementares não auditadas

Caso essas informações sejam incluídas junto com as demonstrações financeiras condensadas, o auditor deve avaliar se elas estão suficientemente diferenciadas. Em caso negativo, o auditor deve solicitar que seja feita tal diferenciação e se isso não for possível ou não for feito pela administração da entidade, ele deve incluir no seu relatório sobre essas demonstrações condensadas que essas informações não auditadas não estão abrangidas no seu relatório.

Outras informações em documentos contendo demonstrações financeiras condensadas

De forma similar ao discutido no capítulo anterior, o auditor deve ler essas outras informações, juntamente com as demonstrações financeiras completas, para se satisfazer de que elas não apresentam inconsistências. No caso de apresentarem, ele deve concluir onde está a inconsistência e solicitar sua correção.

No caso em que o auditor identifique a existência de distorção de um fato nessas outras informações, ele deve levar o assunto à atenção da administração para a sua correção. No fim do capítulo anterior, foi incluída seção contendo os aspectos relevantes da NBC TA 720. Essa norma apresenta orientações adicionais a serem observadas pelo auditor quando as demonstrações financeiras completas ou condensadas são incluídas em documento que contém outras informações.

Associação do auditor com informações condensadas sobre as quais ele não emitiu relatório

No início desta seção, apresentamos a situação já observada em publicações promocionais de fazer referência ao fato de que as informações resumidas foram obtidas das informações auditadas. Nessas circunstâncias, o auditor deve analisar se essa referência foi feita no contexto do relatório emitido sobre as demonstrações completas, ou seja, se existe qualquer modificação na opinião ("não limpa") ou adição de qualquer parágrafo adicional (ênfase ou outros assuntos), se isso foi divulgado. Ele deve também concluir se essa referência pode dar alguma indicação de que ele emitiu relatório sobre demonstrações financeiras condensadas e que, de fato, não emitiu.

Se esses aspectos não forem atendidos, o auditor deve solicitar que essas informações sejam alteradas ou não façam qualquer referência ao auditor independente para evitar a associação do seu nome de forma indevida.

Além das publicações promocionais, pode ser que o auditor tome conhecimento de que a administração da entidade pretende incluir a informação de que o auditor emitiu relatório sobre as demonstrações financeiras condensadas em documento que inclua tais informações condensadas, mas não o relatório do auditor. Nessa situação, ele deve solicitar que seja também incluído o seu relatório. Se não for atendido, deve tomar as providências necessárias para evitar a associação indevida de seu nome com essas informações.

Parte III

Revisão de Demonstrações Financeiras, de Outras Informações Históricas e Outros Serviços Correlatos

28

Revisão de Demonstrações Financeiras, de Outras Informações Históricas e Outros Serviços Correlatos

Introdução

Esta parte do livro trata dos trabalhos de asseguração limitada sobre informações históricas (revisão) que estão consubstanciados nas duas normas de revisão (**NBC TR 2400 – Trabalhos de Revisão de Demonstrações Contábeis e NBC TR 2410 – Revisão de Informações Intermediárias Executada pelo Auditor da Entidade**) e dos serviços correlatos executados pelos auditores que não compreendem qualquer forma de asseguração (**NBC TSC 4400 – Trabalhos de Aplicação de Procedimentos Previamente Acordados** e **NBC TSC 4410 – Trabalhos de Compilação de Informações Contábeis**).

De uma forma geral, a prioridade estabelecida pelo IAASB na atualização dessas normas faz parte de sua estratégia e tem como objetivo atender a crescente demanda para esses tipos de trabalhos pelas entidades de pequeno e médio porte, inclusive do terceiro setor, que são atendidas principalmente pelas firmas de auditoria de pequeno e médio portes.

Essa prioridade é também do Ibracon, que possui um grupo de trabalho específico para tratar dos assuntos relacionados com as pequenas e médias firmas de auditoria.

A NBC TR 2400, equivalente à norma internacional de revisão *ISRE (International Standard on Review Engagements)* de mesmo número, originalmente aprovada em 2010, conforme mencionado na segunda edição deste livro, sofreu significativa revisão. Como resultado dessa revisão, uma nova versão foi aprovada pelo CFC, em 25 de outubro de 2013, para ser aplicada em trabalhos de revisão contratados a partir dessa data.

É extremamente importante destacar essas alterações para chamar a atenção dos leitores sobre a utilidade prática tanto dos trabalhos de revisão como desses outros serviços correlatos, que no mais das vezes podem substituir de forma vantajosa, tanto para o usuário do trabalho como para as pequenas e médias firmas, o trabalho de auditoria por um trabalho de menor alcance que não envolva qualquer forma de asseguração, como, por exemplo, trabalhos de procedimentos previamente acordados ou a substituição de um trabalho de auditoria por um trabalho de asseguração limitada (revisão) que, em alguns casos, pode atender plenamente a necessidade do usuário do serviço executado pelo auditor independente.

NBC TR 2400 – Trabalhos de Revisão de Demonstrações Contábeis

Introdução

A NBC TR 2400 se aplica quando uma entidade, que não tem suas demonstrações financeiras auditadas por auditor externo ou é cliente de outra firma de auditoria, contrata um auditor para revisar as suas demonstrações financeiras anuais ou intermediárias. Ela destaca a diferença entre o trabalho de revisão de demonstrações financeiras, que compreende basicamente indagações e aplicação de procedimentos analíticos, em relação ao trabalho de auditoria apresentado na Parte II deste livro.

Dessa forma, ao longo deste capítulo, serão discutidas as responsabilidades do auditor em trabalhos dessa natureza e os principais aspectos relacionados com a forma e o conteúdo do relatório a ser emitido em conexão com o trabalho realizado.

Essa norma tem por objetivo e foi redigida no contexto de revisão de demonstrações financeiras, todavia, ela pode ser adaptada e aplicada na revisão de outras informações históricas.

Como os princípios básicos da Norma NBC TR 2400 são similares aos da NBC TR 2410, que na época da primeira edição deste livro estava mais alinhada com as normas internacionais de auditoria aprovadas no Projeto *Clarity*,[1] este capítulo iniciava com a norma 2410.

Nesta edição, a exemplo da segunda edição, elaborada após a divulgação das alterações que estavam sendo discutidas na *ISRE 2400*, ao contrário, parte-se do princípio que a nova norma NBC TR 2400 está muito mais completa e abrangente

---

[1] Projeto de melhoria das normas internacionais de auditoria que serviram de base para implementação das novas normas de auditoria pelo CFC em fins de 2009.

e, dessa forma, este capítulo é iniciado por ela. Adicionalmente a NBC TR 2400 é bastante relevante para as pequenas e médias firmas de auditoria no atendimento das necessidades das pequenas e médias entidades, incluindo-se nesse rol as demais entidades que não possuem objetivo de lucro, como as associações de classe, associações beneficentes, clubes e demais entidades do terceiro setor.

Como de costume, as alterações propostas passaram por processo de audiência pública do qual o Brasil participou por meio do Ibracon. Nem todas as alterações que estavam sendo discutidas foram aprovadas. Este capítulo apresenta as alterações aprovadas que no Brasil passaram a ser obrigatoriamente aplicadas nos trabalhos contratados após a data de aprovação pelo CFC.

A bem da verdade, a nova norma aprovada pelo CFC, em 25 de outubro de 2013, é bem mais robusta do que a norma que estava em vigor, todavia, em sua essência, ela não traz grandes mudanças de fundo, ou seja, ela traz para dentro da norma de revisão os conceitos e os aspectos-chave das normas de auditoria (NBCs TA) a serem observados nos trabalhos de revisão, cujos procedimentos continuam substancialmente representados por indagações e aplicações de procedimentos analíticos.[2]

Assim, o objetivo do auditor independente em um trabalho de revisão de demonstrações financeiras continua sendo o de obter segurança limitada de que as demonstrações financeiras como um todo estão livres de distorções, permitindo que o auditor expresse uma conclusão no sentido de que nenhum fato chegou ao seu conhecimento que o leve a acreditar que as demonstrações financeiras não foram elaboradas, em todos os aspectos relevantes, de acordo com a estrutura de relatório financeiro aplicável.

Caso o auditor não consiga obter o nível desejado de segurança e uma ressalva em seu relatório não seja suficiente, o auditor deve se abster de apresentar conclusão em seu relatório e considerar a necessidade e a possibilidade de se retirar do trabalho de revisão.

Como mencionado anteriormente, a nova norma de revisão aprovada em 2013 trouxe para dentro dela diversos aspectos tratados nas normas de auditoria (NBCs TA), que, adaptados à situação de **revisão** (em vez de auditoria) de demonstrações financeiras, passam a se constituir nos requisitos a serem observados nos trabalhos de revisão de demonstrações financeiras.

Para facilitar o entendimento desses requisitos, a primeira coluna do quadro a seguir apresenta um resumo dos requisitos aplicáveis aos trabalhos de revisão de demonstrações financeiras, a segunda coluna apresenta o número dos itens onde tal requisito está descrito na NBC TR 2400 revisada e a terceira coluna, a norma de auditoria (NBC TA) que serviu de inspiração ao requisito, a saber:

---

[2] Ver informações sobre esses dois procedimentos (indagações e procedimentos analíticos) no Capítulo 16, que trata das Evidências de Auditoria.

Requisitos	Itens da norma de revisão	NBC TA
1 – Condução do Trabalho de Revisão	18 ao 20	200
2 – Requisitos Éticos	21	200
3 – Ceticismo Profissional e Julgamento Profissional	22 e 23	200
4 – Controle de Qualidade no nível do trabalho	24 ao 28	220
5 – Aceitação e Continuidade de relacionamento e do trabalho de revisão	29 ao 41	210 e NBC PA 1
6 – Comunicação com a Administração e com os Responsáveis pela Governança	42	260
7 – Execução do trabalho		
7.1 – Materialidade	43 e 44	320
7.2 – Entendimento da Entidade, Planejamento e Execução do Trabalho de Revisão	45 ao 49	315, 300 e 510
7.3 – Partes Relacionadas e Transações com elas	50 e 51	550
7.4 – Fraudes e Descumprimento de Normas Legais e Regulamentares	52	240 e 250
7.5 – Continuidade Operacional	53 e 54	570
7.6 – Utilização do trabalho de outros auditores ou especialistas	55	610 e 620
8 – Eventos Subsequentes	58 ao 60	560
9 – Representações Formais	61 ao 65	580
10 – Avaliação das Evidências Obtidas	66 ao 68	330
11 – Formação da Conclusão	69 ao 85	Seção 700
12 – Relatório de Revisão	86 ao 92	Seção 700
13 – Documentação	93 ao 96	230

Apresentamos a seguir os principais aspectos relacionados com os requisitos a serem observados em um trabalho de revisão de demonstrações financeiras em que a entidade não é cliente do auditor ou da firma de auditoria que efetuará a revisão.

Condução do trabalho de revisão

O auditor deve ter entendimento de todo o texto da NBC TR 2400 de forma a tornar compreensíveis seus objetivos e atender apropriadamente todos os requisitos que sejam aplicáveis nas circunstâncias para poder declarar em seu relatório de revisão que o trabalho foi executado de acordo com a referida norma.

A NBC TR 2400, aprovada em 2010 e substituída em 2013, apresentava no seu Anexo II uma lista não exaustiva de procedimentos ilustrativos a serem aplicados em um trabalho de revisão. Essa lista foi eliminada na nova norma aprovada em 2013, pois o *IAASB* parte do princípio de que cada situação é uma situação específica e, portanto, a determinação do que fazer depende do entendimento que o auditor tem da entidade e de seu ambiente, assim como dos assuntos suscetíveis a distorções relevantes, que são objeto de indagações e aplicação dos procedimentos analíticos e de outros procedimentos considerados necessários em uma situação específica.

Requisitos éticos

O auditor deve observar as mesmas exigências éticas de integridade, independência, competência, comportamento profissional e de confidencialidade mencionadas ao longo deste livro, uma vez que se trata de um trabalho de asseguração. A independência compreende a independência de pensamento e de aparência que salvaguarda a habilidade do auditor formar conclusão sem ser afetado por influências que poderiam comprometê-la.

As ameaças à Independência, a importância delas e as salvaguardas que podem ser aplicadas pelo auditor para eliminar ou reduzir tais ameaças estão detalhadamente expostas na norma NBC PA 290. Por sua vez, as políticas de controle interno da firma de auditoria que presta trabalhos de asseguração, como os de revisão das demonstrações financeiras, devem estabelecer as regras a serem observadas pelo sócio (ou responsável técnico) pela revisão e pela equipe de trabalho.

Ceticismo profissional e julgamento profissional

O auditor deve planejar e executar o trabalho com ceticismo profissional e exercer o julgamento profissional, reconhecendo que podem existir circunstâncias que causam distorções relevantes às demonstrações contábeis.

O auditor não deve ignorar a experiência e o conhecimento que possui da administração da entidade, cujas demonstrações estão sendo revisadas, todavia ele deve manter o ceticismo profissional ao longo de todo o trabalho de revisão, mantendo-se alerta para as situações não usuais, de risco de fraude, de inconsistências, de generalizações e de dúvidas quanto à confiabilidade das informações, premissas e documentos analisados.

De forma similar a um trabalho de auditoria, na revisão das demonstrações financeiras, o auditor também está sempre exercendo seu julgamento profissional e tomando decisões, que devem ser documentadas. As decisões são tomadas em função do conhecimento obtido pelo auditor da situação específica de um trabalho, que leva em consideração sua competência, seu conhecimento da entidade e das práticas contábeis seguidas pela entidade, todavia, ele deve sempre estar "aberto" para situações que envolvam assuntos difíceis ou controversos que possam exigir consultas de outros profissionais dentro ou fora da organização.

Controle de qualidade

O sócio do trabalho (ou responsável técnico pela revisão), ou seja, aquele que assina o relatório de revisão e assume total responsabilidade deve possuir competência e habilidades técnicas em trabalhos de asseguração e em relatórios financeiros. Essas qualidades incluem o entendimento:

a) de quais são os riscos enfrentados por uma entidade e, em particular, aqueles que podem afetar suas demonstrações financeiras;

b) do objetivo, funcionamento e limitação dos controles internos e seu relacionamento com os riscos que os controles pretendem mitigar;

c) do conceito de materialidade e seu relacionamento com riscos que podem afetar as demonstrações financeiras e com os procedimentos de revisão a serem aplicados;

d) da necessidade de aplicar outros procedimentos em adição à indagação e procedimentos analíticos, mantendo o necessário ceticismo profissional dele e da equipe sob sua supervisão;

e) dos efeitos que os aspectos identificados podem provocar no tipo de relatório a ser emitido, exercendo seu julgamento profissional livre de qualquer tipo de interferência.

Considerando a total responsabilidade assumida pelo sócio, ele deve planejar, dirigir e supervisionar o trabalho, permanecendo alerta de que a equipe como um todo observa os requisitos éticos e efetua o trabalho de acordo com as suas diretrizes e com a política de controle de qualidade da firma.

Aceitação e continuidade de relacionamento e do trabalho de revisão e sua contratação

No Brasil, a forma mais comum de revisão de informações intermediárias pelo mesmo auditor é a revisão de informações trimestrais em atendimento aos requisitos da CVM. Nesses casos, a contratação acaba sendo simultânea, pois tanto a entidade como o auditor sabem, de antemão, que além da auditoria anual serão necessárias tais revisões.

No caso da NBC TR 2400, isso não ocorre e, portanto, a contratação deve estar suportada por uma carta ou um contrato que estabeleça de forma clara os termos da contratação. A NBC TR 2400 apresenta no Apêndice 1 um exemplo de carta de contratação, que deve incluir os seguintes aspectos:

- objetivo do serviço a ser prestado;
- responsabilidade da administração sobre as demonstrações financeiras;
- alcance da revisão, incluindo referência a esta Norma e o fato de que não se pode depositar confiança de que o trabalho de revisão possa revelar erros, atos ilegais ou outras irregularidades, como, por exemplo, possíveis fraudes ou desfalques;
- acesso irrestrito a quaisquer registros, documentos e outras informações que sejam necessárias ao auditor independente em conexão com a revisão;
- tipo de relatório que se pretende emitir; e
- declaração de que a contratação não compreende uma auditoria e que, portanto, não será expressa uma opinião de auditoria. Para enfatizar esse aspecto e evitar mal-entendidos, o auditor independente deve salientar, também, que o trabalho de revisão não tem por objetivo satisfazer a nenhuma exigência estatutária ou a qualquer requerimento de terceiros para o exame de auditoria.

A nova norma 2400 ampliou bastante a discussão, focando as pré-condições para aceitação de um trabalho de revisão, mudanças no alcance do trabalho, considerações quando a redação do relatório deve atender determinações de natureza legal.

Nesse sentido um trabalho de revisão somente deve ser aceito quando ele tiver um propósito racional, o escopo estabelecido para a revisão for apropriado e inexistem limitações no seu alcance. Por sua vez, o sócio responsável e a equipe envolvida poderão cumprir com os requisitos éticos e a conclusão no processo de aceitação de relacionamento com o cliente (ou de continuidade nesse relacionamento) não indicou qualquer problema com referência à integridade da administração.

As pré-condições para aceitação do trabalho de revisão são bastante similares às pré-condições para aceitação de um trabalho de auditoria, ou seja, a estrutura de relatório deve ser aceitável, a administração deve formalmente reconhecer sua responsabilidade pela elaboração das demonstrações financeiras que serão revisadas e pela implantação de controles que possam prevenir ou detectar e corrigir em tempo hábil as distorções nas demonstrações financeiras decorrentes de fraudes ou erros, bem como permitir o acesso total aos auditores para cumprir as suas responsabilidades.

É importante ter em mente que a norma de controle de qualidade (NBC PA 01) aplicável às firmas que prestam serviços de asseguração e outros serviços correlatos estabelece diretrizes e orientações a serem observadas na aceitação de clientes, na continuidade desse relacionamento e na execução de novos serviços.

Um bom sistema de controle de qualidade deve estabelecer a necessidade de reavaliação do relacionamento com clientes pelo menos em base anual e a cada novo serviço, ou seja, no processo anual de reavaliação de relacionamento se conclui pela manutenção de uma entidade como cliente da firma. Se ao longo do exercício a firma vier a ser contratada para efetuar um trabalho diferente, por exemplo, um cliente para o qual se presta um serviço de procedimento previamente acordado de acordo com a NBC TSC 4400 vier a contratar a firma para revisar suas demonstrações financeiras, deve ser realizada uma avaliação específica para se aceitar o trabalho de revisão.

Comunicação com a administração e com os responsáveis pela governança

Como regra geral, os assuntos devem ser comunicados pelo auditor à medida que eles surjam, ou seja, não é apropriado deixar para comunicar assuntos importantes somente na conclusão do trabalho, quando pode ser impraticável conseguir solucioná-los em tempo hábil.

Nesse sentido, por exemplo, as responsabilidades de cada parte devem ser estabelecidas na contratação do serviço de revisão. Por sua vez, a inadequação das práticas contábeis seguidas pela entidade, os eventuais problemas que possam afetar o relatório de revisão, as dificuldades encontradas que podem afetar o alcance da revisão, assim como as situações que podem requerer aplicação de outros procedimentos de revisão além dos procedimentos básicos de revisão (indagações e procedimentos analíticos) devem ser comunicadas tão logo eles sejam conhecidos.

A governança varia de entidade para entidade, portanto, a norma de revisão, assim como a norma de auditoria que trata do assunto (NBC TA 260), não estabelecem procedimentos rígidos para tal comunicação, todavia, como regra geral para uma comunicação eficaz ela deve ter "duas mãos de direção". O auditor independente leva à atenção da governança os assuntos importantes que foram identificados e considera as informações relevantes que ele recebe dos responsáveis pela governança da entidade.

Execução do trabalho

Materialidade na revisão das demonstrações contábeis

De forma similar aos trabalhos de auditoria das demonstrações financeiras, nos trabalhos de revisão o auditor também deve determinar o nível de materialidade para direcionar seus procedimentos de revisão e concluir sobre as distorções identificadas. A determinação da materialidade global ou das demonstrações financeiras como um todo geralmente leva em consideração qual seria o montante das distorções que individual ou coletivamente poderiam influenciar as decisões econômicas de usuários comuns, ou seja, no caso das revisões de demonstrações financeiras de uso geral não se estabelece a materialidade para usuários específicos.

O julgamento exercido pelo auditor sobre a relevância em relação às demonstrações financeiras como um todo é o mesmo, independentemente do nível de segurança obtido pelo auditor para fundamentar a sua conclusão sobre as demonstrações financeiras, ou seja, se o impacto das distorções identificadas seria suficiente para gerar ressalva na opinião em um relatório de auditoria também deve gerar similar ressalva no relatório de revisão.

Dessa forma, as premissas para estabelecimento da materialidade levam em consideração que os usuários das demonstrações financeiras possuem conhecimento razoável das atividades econômicas desenvolvidas pela entidade, tomem decisões razoáveis e entendam o processo de elaboração dessas demonstrações que inclui incertezas em decorrência do uso de estimativas e julgamentos exercidos pela administração e pelos auditores que levam em consideração a materialidade.

Outro aspecto importante a ser considerado é que a materialidade estabelecida na fase de planejamento precisa ser reavaliada no sentido de se concluir que ela continua apropriada e que não foi afetada por circunstâncias que podem ocorrer entre o planejamento e a conclusão do trabalho. Para maiores informações sobre esta reavaliação e outras considerações é importante consultar o Capítulo 13, que trata da determinação da materialidade na auditoria das demonstrações financeiras.

Entendimento da entidade, planejamento e execução do trabalho

Para poder planejar e executar o trabalho de revisão de forma eficaz e eficiente, o auditor deve possuir entendimento sobre a entidade. Embora a natureza e o tipo de entendimento requerido de acordo com a norma de revisão seja similar ao requerido em um trabalho de auditoria, obviamente o nível ou extensão desse entendimento é bem menor do que aquele que deve ser obtido em um trabalho de auditoria.

Nesta altura é importante deixar clara, também, a diferença entre o requerimento de entendimento do controle interno e a execução de testes de controle. Enquanto em um trabalho de auditoria pode se adotar uma abordagem combinada entre testes substantivos e testes de controle, nos trabalhos de revisão os procedimentos estão restritos aos dois procedimentos substantivos básicos de indagação e aplicação de procedimentos analíticos, que podem ser estendidos, e não se efetuam testes de controle interno, embora possam ser aplicados procedimentos de *walk through*[3] para confirmar o entendimento que ele obteve da entidade e de seu ambiente.

A natureza e o tipo de entendimento requerido em uma revisão devem ser suficientes para permitir ao auditor identificar as áreas ou contas das demonstrações financeiras que podem apresentar distorções. Dessa forma, a obtenção do entendimento inclui principalmente:

- natureza da entidade (quem são os proprietários, como funciona a governança, qual o ramo de atividade, como ela realiza suas operações, se ela é regulamentada por agência reguladora, se pertence a um grupo ou opera isoladamente, como ela é financiada e outras informações necessárias para direcionar os procedimentos de revisão aos riscos existentes de distorção relevante nas demonstrações contábeis);
- estrutura de relatório financeiro e seu nível de complexidade, incluindo os requisitos de relatório financeiro, os sistemas utilizados e a seleção de políticas contábeis apropriadas para atingir o objetivo de elaboração adequada das demonstrações financeiras; e
- ambiente de controle interno, principalmente no que tange à identificação de riscos de distorção nas demonstrações financeiras pela administração da entidade. Nas entidades de pequeno porte, geralmente esse processo de identificação de riscos não é formalmente elaborado, como também não é possível obter o nível de segregação de funções que se consegue em uma entidade de grande porte, todavia, esses aspectos (negativos) podem ser mitigados pelo fato do proprietário atuar de forma mais direta e, dessa forma, mesmo que de maneira informal possuir conhecimento apropriado dos riscos enfrentados pelo negócio e das respostas a esses riscos.

Esse entendimento deve ser suficiente para planejar o trabalho de revisão e executá-lo com eficácia e eficiência, ou seja, as indagações e os procedimentos analíticos serão direcionados aos aspectos onde forem identificados riscos de dis-

---

[3] Ver explicação sobre esse tipo de procedimento no Capítulo 16, que trata das evidências de auditoria. Na essência, compreende a confirmação do entendimento, mediante verificações de aprovações, autorizações, conferências de cálculo e outros procedimentos para uma ou algumas poucas transações apenas para confirmar o entendimento obtido.

torção relevante nas demonstrações financeiras. Na prática, podem existir situações em que a entidade já é cliente do auditor, que regularmente efetua **revisão** (e não auditoria) das demonstrações financeiras. Nesse caso, o auditor já possui algum conhecimento da entidade e, dessa forma, em vez de obter o conhecimento, ele deve atualizar o seu conhecimento.

As indagações serão direcionadas principalmente aos seguintes aspectos:

- Como são realizadas as estimativas contábeis?
- Quais são as partes relacionadas e as transações que foram realizadas com elas?
- Quais foram as mudanças ocorridas nos negócios da entidade e quais foram as transações significativas, complexas ou não usuais que ocorreram?
- Quais as mudanças contratuais que afetaram as demonstrações financeiras?
- Quais foram as transações ou lançamentos significativos ocorridos no fim do exercício ou período e no início do período seguinte?
- Como foram tratadas as distorções identificadas e não ajustadas em períodos anteriores?
- Como foram tratadas as situações efetivas de fraudes ou descumprimentos de leis, regulamentos ou contratos que foram identificadas ou que possam ter gerado suspeita de terem ocorrido?
- Quais os eventos subsequentes relevantes ocorridos e o tratamento que receberam?
- Quais são os compromissos, contingências e incertezas existentes, inclusive no que tange à continuidade das operações da entidade?

O outro procedimento básico utilizado em uma revisão de demonstrações financeiras compreende a aplicação de procedimentos analíticos. O Capítulo 16 apresenta orientações sobre a aplicação desses procedimentos, que possibilitam ao auditor confirmar o entendimento obtido sobre a entidade, identificar as inconsistências ou variações que possam indicar a existência de distorções nas demonstrações financeiras, confirmar a adequação das respostas da administração às suas indagações e aplicar procedimentos adicionais de revisão para as situações onde possam ser identificados riscos de distorção nas demonstrações financeiras.

A aplicação de procedimentos adicionais é uma questão de julgamento profissional em cada situação específica e, portanto, a norma não restringe ou limita a atuação do auditor, todavia, não se pode perder de vista que o trabalho de revisão é de asseguração limitada e, dessa forma, a norma também não pode requerer do auditor que aplique outros procedimentos de auditoria além da indagação e procedimentos analíticos.

Dessa forma, quando a nova NBC TR 2400 fala em aplicação de outros procedimentos, ela exemplifica com a extensão do próprio procedimento analítico, ou seja, se a análise de rentabilidade (receita *versus* custos) estava sendo feita de forma consolidada ou para alguns centros de custo ou filiais, se a aplicação de outros procedimentos compreenderia a análise não consolidada ou a inclusão de outros centros de custos e outras filiais. Em outras situações, a norma exemplifica a aplicação de outros procedimentos como indagações adicionais ou leitura de um contrato, que também são procedimentos básicos, sem, contudo, requerer a obtenção de evidências apropriadas e suficientes que seriam necessárias em um trabalho de auditoria e, portanto, capazes de mudar o *status* do nível de segurança obtido.

Como mencionado anteriormente, o Capítulo 16 apresenta informações sobre a aplicação de procedimentos analíticos que compreendem: (i) a análise de relações plausíveis entre dados financeiros (custo da folha de pagamento) e dados não financeiros (quantidade de empregados); (ii) entre os valores reais do período corrente com o período anterior e com os valores esperados de acordo com estimativas orçamentárias da administração ou mesmo expectativas desenvolvidas pelo auditor e entre os valores ou índices da entidade e de seus concorrentes, quando disponíveis.

Partes relacionadas e transações com elas, fraudes e descumprimento de normas legais e regulamentares e continuidade operacional

Como mencionado, as indagações à administração incluem esses aspectos. Os itens 50 e 51 da nova NBC TR 2400 requerem que o auditor esteja alerta para a existência de outras partes relacionadas e outras transações não informadas pela administração. O objetivo do auditor é de que essas informações estejam apropriadamente divulgadas nas demonstrações financeiras.

Por sua vez, o item 52 da nova norma requer que o auditor comunique à administração (ou responsáveis pela governança) a identificação de fraudes ou descumprimentos de leis e regulamentos e a efetiva suspeita de que tenham ocorrido. Além da comunicação, o auditor deve obter da administração da entidade as informações sobre os efeitos que esses fatos provocam nas demonstrações financeiras para poder concluir o seu relatório.

Os aspectos relacionados com a continuidade operacional da entidade estão relacionados com a identificação da existência (ou não) de incertezas relevantes quanto à continuidade da entidade, ao uso apropriado (ou não) do pressuposto da continuidade e à inclusão (ou não) das divulgações necessárias nas demonstrações financeiras. Esses aspectos estão descritos de forma resumida nos itens 53 e 54 da nova NBC TR 2400. Para não ser repetitivo, informações adicionais devem ser obtidas no Capítulo 21, que trata da NBC TA 570.

Utilização do trabalho de outros auditores ou especialistas

Quando o auditor for contratado para revisar as demonstrações contábeis de um grupo de entidades, a natureza, a época e a extensão dos procedimentos planejados para a revisão são direcionadas para cumprir os objetivos do trabalho de revisão no contexto das demonstrações financeiras do grupo. Neste contexto, o auditor pode se deparar com a necessidade de utilizar o trabalho de outro auditor realizado em um ou mais componentes do grupo. De forma similar, o trabalho de revisão pode requerer o uso de especialista em assunto que não envolva contabilidade ou asseguração. Tanto numa como em outra situação, de forma consistente com as normas de auditoria, o auditor não pode dividir responsabilidade com outros auditores ou especialistas, requerendo-se que ele se convença que o trabalho é adequado para os seus objetivos.

A nova norma de revisão é omissa quanto ao que ele deve fazer para se convencer quanto à adequação do trabalho para o seu objetivo, todavia, mais uma vez não se pode perder de vista que se trata de revisão e não auditoria de demonstrações financeiras, portanto, o auditor fornecerá asseguração limitada e, dessa forma, os procedimentos não devem ser mais extensos do que as indagações necessárias à administração e leitura dos relatórios finais dos outros auditores ou especialistas.

Eventos Subsequentes

Em um trabalho de revisão não são requeridos procedimentos específicos de verificação dos eventos subsequentes, todavia, se durante as indagações vierem ao conhecimento do auditor a existência de eventos que requeiram ajustes nas demonstrações financeiras e ou divulgações adicionais em notas explicativas, o auditor deve discutir esses aspectos com a administração e, no caso de não ser atendido, ele deve considerar o impacto em seu relatório.

Obviamente a norma também não tem qualquer requerimento sobre aplicação de procedimentos após a entrega do relatório de revisão, todavia, de forma similar à norma de auditoria (NBC TA 560, apresentada no Capítulo 20), ela apresenta orientações sobre o que o auditor deve fazer no caso dele tomar conhecimento de eventos posteriormente à emissão do relatório de revisão que provocariam mudanças em seu relatório. Essas orientações dizem respeito à necessidade do auditor notificar à administração da entidade e sua governança para não divulgarem o relatório anteriormente emitido.

Representações formais

Conforme mencionado no início do Capítulo 22, no caso de trabalhos de auditoria de demonstrações financeiras, a obtenção de representações da administração e dos responsáveis pela governança não substitui procedimentos de auditoria considerados necessários e, portanto, as representações não se constituem em evidência de auditoria apropriada e suficiente, todavia, no caso de um trabalho de revisão de demonstrações financeiras em que os procedimentos aplicados estão principalmente limitados às indagações e procedimentos analíticos para corroborar as respostas da administração às indagações, a obtenção de representações de tudo aquilo que puder ser confirmado por escrito é importante para a formação da conclusão do auditor.

A nova norma de revisão apresenta exemplos do que deve ser confirmado por escrito pela administração, explica que a data não deve ser após a data do relatório do auditor e orienta o auditor sobre a falta dessas representações, que devem ser objeto de abstenção de conclusão no seu relatório de revisão.

Avaliação das evidências obtidas nos procedimentos executados

Os itens 66 e 67 da nova norma de revisão estabelecem a necessidade do auditor verificar se obteve evidência apropriada e suficiente que lhe permita concluir o seu relatório. Em caso negativo, o auditor deve determinar os procedimentos adicionais e aplicá-los para permitir formar sua conclusão, analisando, conforme item 68 da referida norma, o impacto que a limitação provoca no alcance do seu trabalho e no relatório a ser emitido.

Formação da conclusão do auditor sobre as demonstrações financeiras

Mesmo considerando que o trabalho de revisão tem como objetivo a obtenção de segurança limitada, a formação da conclusão do auditor no trabalho de revisão possui requisitos substancialmente similares aos do trabalho de auditoria, apresentado no Capítulo 26, ou seja, o auditor deve concluir que:

- as demonstrações financeiras fazem referência adequada à estrutura de relatório financeiro aplicável, descrevem as principais práticas contábeis que são adequadas e não indicam a existência de tendenciosidade da administração;
- a terminologia utilizada, incluindo o título de cada demonstração, é adequada;
- as estimativas contábeis **parecem** razoáveis;
- as informações apresentadas **parecem** pertinentes, confiáveis, comparáveis e compreensíveis e as demonstrações financeiras fornecem divul-

gações adequadas para que seus usuários entendam as demonstrações financeiras.

É importante destacar que quando as demonstrações financeiras forem elaboradas no contexto de apresentação adequada (*fair presentation*) podem ser necessárias divulgações adicionais.

Outro aspecto importante é que no trabalho de revisão o auditor tem como objetivo obter segurança limitada em seus procedimentos e fornecer conclusão nesse sentido. Dessa forma, mesmo que possam soar de forma estranha em um texto de auditoria as frases já citadas anteriormente: *as estimativas **parecem** razoáveis e as informações **parecem** pertinentes, confiáveis, comparáveis e compreensíveis*, o uso da expressão "*parece*" está correto, uma vez que esse é exatamente o sentido que se quer enfatizar, condizente com a essência da diferença entre o trabalho de asseguração limitada (revisão) e o de asseguração razoável (auditoria).

Formato da conclusão

Embora, de acordo com a estrutura conceitual dos trabalhos de asseguração, a redação da conclusão no trabalho de revisão seja diferente (forma negativa) em relação à conclusão em um trabalho de auditoria (opinião na forma positiva), os conceitos envolvidos na decisão de se emitir conclusão modificada (ressalva, adversa ou abstenção de conclusão), assim como a necessidade de se evidenciar as razões da modificação e o tipo de conclusão atingida, são similares àqueles requeridos nos trabalhos de auditoria.

As redações requeridas para a conclusão limpa (sem modificação) nos contextos de apresentação adequada (*fair presentation*) e de conformidade (*compliance*) em um trabalho de revisão seguem, respectivamente, os seguintes formatos apresentados na tabela abaixo:

Estrutura de Apresentação Adequada
Com base em nossa revisão, não temos conhecimento de nenhum fato que nos leve a acreditar que as demonstrações contábeis (ou financeiras) não apresentam adequadamente, em todos os aspectos relevantes (ou não dão uma visão verdadeira e justa) da posição patrimonial e financeira, do desempenho e dos fluxos de caixa, de acordo com a estrutura de relatório financeiro aplicável (práticas contábeis adotadas no Brasil, normas internacionais de relatório financeiro ou outra base).
Estrutura de Conformidade
Com base em nossa revisão, não temos conhecimento de nenhum fato que nos leve a acreditar que as demonstrações contábeis (ou financeiras) não foram elaboradas, em todos os aspectos relevantes, de acordo com a estrutura de relatório financeiro aplicável (práticas contábeis adotadas no Brasil, normas internacionais de relatório financeiro ou outra base).

Para que fique clara a diferença existente no formato e redação em relação ao relatório de auditoria contendo opinião (forma positiva) é aconselhável que o usuário deste livro veja os exemplos constantes no Capítulo 26 que trata da Formação da Opinião e Emissão do Relatório do Auditor Independente sobre as demonstrações financeiras e reveja os conceitos constantes no Capítulo 2, que trata da Estrutura Conceitual dos Trabalhos de Asseguração.

Para facilitar o entendimento dos relatórios de revisão emitidos pelos auditores independentes, é importante que as conclusões (modificadas ou não) nos referidos contextos (apresentação adequada e conformidade) sejam redigidas observando rigorosamente as expressões constantes da NBC TR 2400. Na tabela a seguir estão apresentados exemplos de redação para cada uma das situações que possam originar modificação no relatório de revisão para cada um dos contextos de apresentação das demonstrações financeiras.

Estrutura de Apresentação Adequada	Estrutura de Conformidade
Auditor identificou **distorções** na revisão:	Auditor identificou **distorções** na revisão:
As distorções são relevantes, mas não generalizadas:	As distorções são relevantes, mas não generalizadas:
Com base em nossa revisão, exceto pelos efeitos do assunto descrito no parágrafo Base para conclusão com ressalva, não temos conhecimento de nenhum fato que nos leve a acreditar que as demonstrações financeiras não apresentam adequadamente, em todos os aspectos relevantes (ou não dão uma visão verdadeira e justa), ... de acordo com a estrutura de relatório financeiro aplicável.	*Com base em nossa revisão, exceto pelos efeitos do assunto descrito no parágrafo Base para conclusão com ressalva, não temos conhecimento de nenhum fato que nos leve a acreditar que as demonstrações contábeis não foram elaboradas, em todos os aspectos relevantes, de acordo com a estrutura de relatório financeiro aplicável.*
As distorções são relevantes e generalizadas:	As distorções são relevantes e generalizadas:
Com base em nossa revisão, devido à importância do assunto descrito no parágrafo Base para conclusão adversa, as demonstrações financeiras não apresentam adequadamente, em todos os aspectos relevantes (ou não dão uma visão verdadeira e justa), ... de acordo com a estrutura de relatório financeiro aplicável.	*Com base em nossa revisão, devido à importância do assunto descrito no parágrafo Base para conclusão adversa, as demonstrações ... não foram elaboradas, em todos os aspectos relevantes, de acordo com a estrutura de relatório financeiro aplicável.*
Auditor enfrentou limitações no alcance da sua revisão, impossibilitando obter evidência apropriada e suficiente, cujos possíveis efeitos são relevantes, mas não disseminados.	**Auditor enfrentou limitações no alcance da sua revisão, impossibilitando obter evidência apropriada e suficiente, cujos possíveis efeitos são relevantes, mas não disseminados.**

Com base em nossa revisão, exceto quanto aos possíveis efeitos do assunto descrito no parágrafo Base para a conclusão com ressalva, não temos conhecimento de nenhum fato que nos leve a acreditar que as demonstrações contábeis não apresentam adequadamente, em todos os aspectos relevantes (ou não dão uma visão verdadeira e justa), ... de acordo com a estrutura de relatório financeiro aplicável.	Com base em nossa revisão, exceto quanto aos possíveis efeitos descritos no parágrafo Base para conclusão com ressalva, não temos conhecimento de nenhum fato que nos leve a acreditar que as demonstrações contábeis não foram elaboradas, em todos os aspectos relevantes, de acordo com a estrutura de relatório financeiro aplicável.

Podem existir situações em que o auditor enfrente limitações no alcance de seu trabalho que lhe impossibilitem obter evidência apropriada e suficiente, cujos possíveis efeitos podem ser relevantes e estarem disseminados nas demonstrações financeiras. Nessas circunstâncias, ele fica impossibilitado de emitir conclusão e deve deixar claro no seu relatório a abstenção de conclusão. No parágrafo contendo a base para abstenção de conclusão ele deve explicar os motivos que o impossibilitaram de apresentar conclusão e, no parágrafo seguinte, ele deve declarar que devido à importância do assunto descrito no parágrafo base para abstenção de conclusão ele não conseguiu obter evidência apropriada e suficiente para formar uma conclusão sobre as demonstrações financeiras revisadas.

A norma considera, também, a possibilidade do auditor se retirar do trabalho, principalmente nas situações em que após a contratação seja imposta alguma limitação pela administração da entidade e o auditor considera que os possíveis efeitos possam ser relevantes e estarem disseminados nas demonstrações financeiras, inexistindo proibição legal de retirada.

Relatórios de revisão

O relatório de revisão deve expressar, por escrito e de forma clara, a asseguração na forma negativa, não se confundindo, em hipótese alguma, com um relatório de auditoria em que a opinião é na forma positiva e direta. O modelo proposto de relatório na nova NBC TR 2400 foi adaptado aos resultados do Projeto Clarity e contém os seguintes elementos básicos:

- título do relatório especificando que se trata de revisão realizada por auditor independente e destinatário;
- parágrafo inicial ou introdutório, incluindo identificação das demonstrações financeiras revisadas com referência explícita à nota explicativa que apresente as práticas contábeis e demais notas explicativas, assim como a afirmação sobre o alcance do trabalho efetuado pelo auditor (revisão);

- descrição da responsabilidade da administração da entidade pela elaboração das demonstrações financeiras de acordo com a estrutura de relatório financeiro aplicável, incluindo a responsabilidade pelos controles internos para permitir a elaboração de demonstrações financeiras livres de distorção relevante, independentemente se causada por fraude ou erro;
- descrição da responsabilidade do auditor em expressar conclusão sobre as demonstrações financeiras, incluindo: (i) referência específica à norma de revisão utilizada, (ii) declaração, de forma explícita, que se trata de um trabalho de revisão e que esse tipo de trabalho tem limitações em relação a um trabalho de auditoria, uma vez que consiste na aplicação de procedimentos bem mais limitados (substancialmente menores) do que aqueles aplicados em um trabalho de auditoria conduzida de acordo com as normas brasileiras e internacionais de auditoria (NBCsTA e ISAs) e, consequentemente, o auditor não expressa opinião de auditoria sobre as demonstrações financeiras revisadas;
- parágrafo contendo a conclusão da revisão, na forma negativa, cujo título deve ser adaptado para identificar o tipo de conclusão atingida quando ela for diferente da conclusão limpa (ressalva, adversa ou abstenção) e seu texto deve fazer referência ao parágrafo de base de conclusão, onde foram identificadas as razões que geraram a necessidade de modificação de conclusão em relação à conclusão limpa, assim como a identificação da estrutura de relatório financeiro aplicável das demonstrações financeiras;
- local (localidade do escritório de auditoria que emitiu o relatório) e data do relatório do auditor independente;
- identificação e assinatura do auditor independente (ver exemplo de relatório com os requisitos do CFC).

A tabela apresentada a seguir inclui um exemplo de relatório sem modificações em relação ao relatório de revisão limpo, contemplando todos os requisitos de relatórios anteriormente apresentados para uma situação de contexto de apresentação adequada das demonstrações financeiras (*fair presentation*):

RELATÓRIO DE REVISÃO DOS AUDITORES INDEPENDENTES

(Destinatário apropriado)

Revisamos as demonstrações contábeis (ou financeiras) da Companhia ABC, que compreendem o balanço patrimonial em 31 de dezembro 20X1 e as respectivas demonstrações do resultado, do resultado abrangente, das mutações no patrimônio líquido e dos fluxos de caixa (*adaptar à situação específica*) para o exercício findo naquela data, assim como o resumo das principais práticas contábeis e demais notas explicativas.

Responsabilidade da administração sobre as demonstrações contábeis (ou financeiras)

A administração é responsável pela elaboração e adequada apresentação das demonstrações contábeis de acordo com a NBC TG 1000 – Contabilidade para Pequenas e Médias Empresas e pelos controles internos que ela determinou como necessários para permitir a elaboração de demonstrações contábeis livres de distorção relevante, independentemente se causada por fraude ou erro.

Responsabilidade dos auditores independentes

Nossa responsabilidade é a de expressar uma conclusão sobre as demonstrações contábeis com base em nossa revisão, conduzida de acordo com a norma brasileira e a norma internacional de revisão de demonstrações contábeis (NBC TR 2400 e ISRE 2400). Essas normas requerem o cumprimento de exigências éticas e que seja apresentada conclusão se algum fato chegou ao nosso conhecimento que nos leve a acreditar que as demonstrações contábeis, tomadas em conjunto, não estão elaboradas, em todos os aspectos relevantes, de acordo com a estrutura de relatório financeiro aplicável.

Uma revisão de demonstrações contábeis de acordo com as referidas normas é um trabalho de asseguração limitada. Os procedimentos de revisão consistem, principalmente, de indagações à administração e outros dentro da entidade, conforme apropriado, bem como execução de procedimentos analíticos e avaliação das evidências obtidas.

Os procedimentos aplicados na revisão são substancialmente menos extensos do que os procedimentos executados em auditoria conduzida de acordo com as normas brasileiras e internacionais de auditoria. Portanto, não expressamos uma opinião de auditoria sobre essas demonstrações contábeis.

Conclusão

Com base em nossa revisão, não temos conhecimento de nenhum fato que nos leve a acreditar que essas demonstrações contábeis não apresentam adequadamente, em todos os aspectos relevantes, a posição patrimonial e financeira da Companhia ABC em 31 de dezembro de 20X1, o desempenho de suas operações e os seus fluxos de caixa para o exercício findo naquela data, de acordo com as práticas contábeis aplicáveis às pequenas e médias empresas.

[Local (localidade do escritório de auditoria que emitiu o relatório) e data do relatório do auditor independente]

[Nome do auditor independente (pessoa física ou jurídica)]

[Nome do profissional (sócio ou responsável técnico, no caso de o auditor ser pessoa jurídica)]

O Apêndice II da nova norma NBC TR 2400 apresenta uma série de ilustrações contendo exemplos de relatório para cada uma das seguintes situações, que são bastante úteis para aplicação dos requisitos de relatório de forma uniforme:

a) Ilustração 1, relatório de revisão sem modificação para demonstrações financeiras elaboradas no contexto de apresentação adequada (NBC TG 1000 – pequenas e médias empresas);

b) Ilustração 2, relatório com ressalva para demonstrações apresentadas no contexto de conformidade em que foi identificada distorção pelo auditor;

c) Ilustração 3, relatório com ressalva em decorrência de limitação no alcance da revisão de demonstrações financeiras no contexto de apresentação adequada;

d) Ilustração 4, relatório com conclusão adversa em decorrência de distorções relevantes identificadas pelo auditor nas demonstrações financeiras de acordo com IFRS;

e) Ilustração 5, relatório com abstenção de conclusão em decorrência de limitações no alcance da revisão com possíveis efeitos relevantes e generalizados;

f) Ilustração 6, relatório com conclusão sem modificação (limpa), mas com restrição de uso para outros usuários que não sejam os usuários previstos, uma vez que as demonstrações foram elaboradas para atender usuários específicos (base estabelecida em um contrato entre as partes); e

g) Ilustração 7, relatório com conclusão sem modificação (limpa), mas com parágrafo de ênfase para chamar a atenção dos usuários de que a demonstração foi elaborada em base de caixa.

A nova NBC TR 2400 apresenta, também, exemplo de carta de contratação e discute os critérios para inclusão de parágrafos de ênfase e de outros assuntos pelo auditor independente em seu relatório de revisão. De uma forma geral, os critérios são bastante similares àqueles estabelecidos na norma NBC TA 706 aplicável aos trabalhos de auditoria das demonstrações financeiras.

Revisão de Informações Intermediárias Executada pelo Auditor da Entidade – NBC TR 2410

Introdução e princípios gerais de uma revisão

Essa norma é extremamente relevante e de frequente utilização em decorrência do requerimento de revisão das Informações Trimestrais (ITRs) das companhias abertas pela CVM.

Antes da apresentação da NBC TR 2410 é importante entender o Pronunciamento Técnico 21 do CPC que trata das demonstrações intermediárias. Esse pronunciamento emitido em 2009 está correlacionado com a norma contábil internacional 34 (*IAS 34*). De acordo com esse pronunciamento, uma demonstração intermediária pode ser completa ou condensada.

As demonstrações financeiras completas são tratadas no Pronunciamento Técnico 26 do CPC (Apresentação de Demonstrações Contábeis). Sempre que as demonstrações financeiras deixarem de apresentar qualquer informação requerida no referido pronunciamento, elas deixam de ser demonstrações financeiras completas. Para que fique claro, se uma entidade decide apresentar as suas demonstrações intermediárias de forma substancialmente similar às demonstrações completas, mas omita qualquer informação, mesmo que dispensada por um órgão regulador, como, por exemplo, a dispensa constante do item 15 do Ofício-Circular CVM/SNC/SEP 003/2011,[4] que não requer a repetição das informações constantes das demonstrações financeiras completas do exercício imediatamente anterior, que não sofreram alterações, essa demonstração não é considerada completa.

Dessa forma, por exemplo, se na nota explicativa, que trata da base de elaboração e apresentação das demonstrações financeiras intermediárias e práticas contábeis utilizadas, for mencionado que as práticas contábeis são as mesmas que foram adotadas no exercício e não repeti-las, as demonstrações financeiras não podem ser chamadas de demonstrações financeiras completas.

Por sua vez, essas demonstrações financeiras não completas são consideradas demonstrações condensadas[5] quando apresentarem, no mínimo, as quatro demonstrações básicas de forma condensada (balanço patrimonial condensado e as demonstrações condensadas do resultado, das mutações do patrimônio líquido e dos fluxos de caixa), conforme requerido no item 8 do Pronunciamento CPC 21 e as notas explicativas selecionadas, contendo as informações mínimas requeridas nos itens 16 e 17 desse Pronunciamento. A demonstração do resultado abrangente pode ser incluída na demonstração condensada das mutações do patrimônio líquido.

Ainda no que se refere ao entendimento desse Pronunciamento do CPC que trata das Demonstrações Intermediárias, é importante levar em consideração a

---

[4] Esse ofício da CVM trata de orientação adicional para elaboração das demonstrações contábeis intermediárias que servirão de base para o preenchimento dos Formulários de ITR.

[5] Conforme item 6 do CPC 21, as demonstrações contábeis intermediárias têm como objetivo prover atualização com base nas últimas demonstrações contábeis anuais completas. Portanto, elas focam em novas atividades, eventos e circunstâncias e não duplicam informações anteriormente reportadas. Pelo interesse de tempestividade e considerações de custos, bem como para evitar repetições de informações já divulgadas, a entidade pode divulgar menos informações nos períodos intermediários do que em suas demonstrações contábeis anuais. Uma vez atendido o conteúdo mínimo requerido, as demonstrações contábeis condensadas e notas explicativas selecionadas atendem ao objetivo das demonstrações intermediárias.

absoluta **neutralidade** do seu item 7, **que não proíbe nem desencoraja as entidades de divulgarem ou publicarem o conjunto completo de demonstrações contábeis** (CPC 26 – Apresentação das Demonstrações Contábeis) nas suas informações intermediárias, em vez das demonstrações contábeis condensadas e das notas explicativas selecionadas. O referido Pronunciamento **também não proíbe nem desencoraja** as entidades de **incluírem** nas demonstrações contábeis **condensadas mais do que os itens mínimos** ou notas explicativas **selecionadas** de acordo com esse Pronunciamento.

As demonstrações intermediárias devem apresentar os saldos do balanço patrimonial na data-base da informação intermediária comparada com os saldos do balanço patrimonial do fim do último exercício e para as demais demonstrações tanto o valor do período (trimestre, por exemplo) e do período acumulado até o fim do trimestre, comparados com iguais períodos do ano anterior. Assim, se considerarmos, por exemplo, as informações intermediárias como sendo do terceiro trimestre de 2012 (data-base de 30 de setembro de 2012), elas teriam:

- balanço patrimonial de 30 de setembro de 2012 comparado com o de 31 de dezembro de 2011; e

- demonstrações do resultado, resultado abrangente, mutações do patrimônio líquido e fluxos de caixa para o trimestre e período de nove meses findo em 30 de setembro de 2012 comparadas com as respectivas demonstrações de iguais períodos do ano anterior (2011).

Tanto no caso de demonstrações completas como condensadas, a administração deve declarar nas notas explicativas a base de elaboração. Assim, no caso de utilização das práticas contábeis adotadas no Brasil, essa declaração deve conter representação, sem qualquer reserva ou exceção, de que foram elaboradas de acordo com os pronunciamentos, orientações e interpretações do CPC, enquanto no caso das demonstrações condensadas a declaração é no sentido de plena observância do CPC 21.

Se em vez de utilizar as práticas contábeis adotadas no Brasil fossem utilizadas as normas internacionais de relatório financeiro, a referida declaração, no caso de demonstrações completas, faria menção aos IFRS vigentes, enquanto no caso das demonstrações condensadas, a declaração seria com referência específica ao IAS 34.

Como será evidenciada por ocasião da apresentação do produto final da revisão, que é o relatório conclusivo sobre o trabalho, essa distinção entre demonstrações completas e condensadas é relevante para a determinação do tipo de relatório a ser emitido pelo auditor em decorrência de sua revisão, ou seja, um conjunto de demonstrações financeiras **condensadas** não tem por objetivo a apresentação adequada da posição patrimonial e financeira, do desempenho das operações e dos fluxos de caixa (ou mutações na posição financeira[6]), portanto, o auditor não pode utilizar essas expressões na conclusão de seu relatório, devendo utilizar a redação aplicável no contexto de conformidade (*compliance*) da estrutura contábil aplicável, que, no caso de demonstrações intermediárias condensadas, seria o cumprimento ou observância do CPC 21 ou IAS 34, dependendo da aplicação da norma brasileira ou internacional.

Como o próprio nome diz, a NBC TR 2410 tem por objetivo estabelecer padrões, envolvendo os procedimentos a serem aplicados pelo auditor em uma revisão, assim como a forma e o conteúdo do relatório. Ela apresenta orientações ao auditor independente com referência à responsabilidade profissional, quando da execução de revisão de informações intermediárias em um **cliente de auditoria**, em que ele foi **também contratado para auditar as demonstrações financeiras**.

No caso concreto brasileiro, em que a CVM para as companhias abertas requer a revisão trimestral, normalmente a contratação para o trabalho de revisão ocorre junto com a contratação para o trabalho de auditoria das demonstrações financeiras do exercício, portanto, os procedimentos de revisão acabam se entrelaçando com os procedimentos de auditoria.

O auditor deve distribuir os procedimentos ao longo do exercício de forma a maximizar a sua eficiência. Por exemplo, a leitura de atas de reuniões da diretoria e dos diversos comitês ou conselhos deve ser feita tanto para fundamentar as conclusões da auditoria como das revisões. Obviamente que o auditor não aplicará esse procedimento em duplicidade nem resumirá essas informações em dois locais distintos. Na revisão do primeiro trimestre, ele lê as atas desde o último trabalho de eventos subsequentes sobre as demonstrações do exercício anterior até a data próxima da emissão do relatório do ITR desse primeiro trimestre. No segundo trimestre, ele lerá as atas desde a última até a data próxima de seu outro relatório e assim por diante. Essas informações são agrupadas em um mesmo local e no fim do exercício esse procedimento já está quase completo.

Esse procedimento (leitura de atas) é relativamente simples, mas se considerarmos, por exemplo, o necessário entendimento da entidade e de seus controles internos pelo auditor para focar as suas indagações e procedimentos analíticos de revisão, é importante que o auditor coordene os trabalhos necessários para atendimento da NBC TA 315 que visam identificar e avaliar os riscos de distorção relevante por meio do entendimento da entidade, inclusive do controle interno para estabelecer os procedimentos de auditoria, mas que servem também para estabelecer os procedimentos de revisão.

Na essência, a mensagem que se quer transmitir é que embora sejam dois trabalhos distintos, o auditor deve aproveitar tudo o que faz para um trabalho no

---

[6] Como referido na Estrutura Conceitual para Elaboração e Apresentação das Demonstrações Contábeis (Pronunciamento Conceitual Básico do CPC).

outro. De forma similar ao trabalho de auditoria, o auditor deve também cumprir no trabalho de revisão com os mesmos requisitos que estão abaixo descritos. Assim, sempre que possível, foi identificada a NBC TA que trata do assunto em uma auditoria de demonstrações financeiras.

Princípios gerais da revisão das informações intermediárias

Exigências éticas

Na primeira edição do livro foi mencionado que as exigências éticas implícitas no Código de Ética do Contabilista (independência, integridade, objetividade, competência, zelo profissional e confidencialidade) são integralmente aplicáveis nos trabalhos de revisão. Em 2014, o CFC implantou no Brasil o Código de Ética Internacional do IESBA,[7] cuja parte B se aplica exclusivamente aos contadores que atuam como auditores independentes. O CFC implantou, também, a NBC PA 290, que trata da independência nos trabalhos de auditoria e revisão de demonstrações financeiras. Essas normas profissionais devem ser observadas nos trabalhos de revisão.

Controle de qualidade

A execução de um trabalho de revisão de acordo com a NBC TA 2410, da mesma forma que no caso da NBC TA 2400, requer a plena observância da norma NBC PA 01, que trata do controle de qualidade no nível da firma; portanto, como pré-requisito para aceitação de trabalhos de revisão, o auditor deve estar satisfeito de que implementou e está observando os requisitos dessa norma profissional.[8]

Adicionalmente, as informações intermediárias (ITR, por exemplo) envolvem assuntos relevantes aos usuários dessas informações (*stakeholders* e reguladores), portanto, a firma de auditoria deve estabelecer procedimentos de controle de qualidade no nível do trabalho, incluindo revisão do relatório e do ITR por um segundo sócio (revisão independente). O controle de qualidade no nível do trabalho deve estar em linha com o controle de qualidade no nível da firma, que estabelece diretrizes para aceitação de clientes e continuidade de relacionamento,

---

[7] IESBA CODE (*International Ethics Standards Board for Accountants* – Partes A, B e C) substitui o código de ética da IFAC.

[8] Conforme já mencionado, este livro não abrangeu os aspectos relacionados com essa norma profissional, pois encontra-se disponível no *site* do CFC material de treinamento detalhado disponibilizado pela *IFAC* e traduzido pelo IBRACON/CFC para implementação da *ISQC* 1 (norma internacional equivalente à NBC PA 01).

designação de equipes, designação de especialistas e outros aspectos, portanto, recomenda-se fortemente que o leitor esteja familiarizado com os requisitos da NBC TA 220, apresentados no Capítulo 5 deste livro, cujos principais aspectos foram incorporados na NBC TR 2400.

Contratação do trabalho de revisão ou termos do trabalho

No caso de revisões de ITR, a contratação é normalmente feita em conjunto com a contratação da auditoria, portanto, os requisitos da NBC TA 210 (ver Capítulo 4) devem ser observados. No caso de contratação separada, pouco usual, a NBC TR 2410 apresenta exemplo de carta de contratação no Apêndice 1.

Planejamento e determinação do nível de materialidade

O Plano de Auditoria deve conter uma seção que trata da responsabilidade pela revisão das demonstrações intermediárias.

A documentação da revisão deve incluir o nível de materialidade determinado, que deve ser atualizado em cada período de revisão (trimestre no caso de ITR), considerando os parâmetros aplicáveis, assim como as informações sobre a atualização do entendimento da entidade para determinar as indagações e procedimentos analíticos.

Da mesma forma que na auditoria, o auditor pode determinar o valor abaixo do qual as distorções não precisam ser agregadas para avaliação das distorções.

Ceticismo profissional

O ceticismo profissional deve estar presente em um trabalho de revisão da mesma forma que deve estar presente em uma auditoria, portanto, para maior orientação ver Capítulo 3, que trata da NBC TA 200.

Objetivo do trabalho de revisão de informações trimestrais ou demonstrações financeiras intermediárias e conclusão atingida

O objetivo de um trabalho de revisão (asseguração limitada) difere substancialmente de um trabalho de auditoria (asseguração razoável) executada de acordo com as normas de auditoria (NBCs TA), pois uma revisão não fornece base para fundamentar uma opinião (conclusão na forma positiva) sobre as informações intermediárias no sentido de permitir concluir se as informações intermediárias estão, em todos os aspectos relevantes, apresentadas adequadamente (ou foram elaboradas) de acordo com a estrutura de relatório financeiro que seja aplicável.

A revisão consiste basicamente na execução de indagações e aplicações de procedimentos analíticos de forma a reduzir a um nível moderado o risco de expressar uma conclusão inadequada quando as informações intermediárias apresentarem distorções relevantes. Dessa forma, normalmente não se executa testes de inspeção, observação, confirmação com terceiros e outras formas de obtenção de evidência, uma vez que se trata de um trabalho de asseguração limitada, todavia, nada impede que, por exemplo, no surgimento de um litígio relevante seja obtida informação do advogado que patrocina a causa para o auditor formar um juízo sobre o assunto.

De forma análoga, também não tem nenhuma proibição de usar o resultado de um procedimento substantivo aplicado em uma data intermediária da auditoria. Muito pelo contrário, isso é encorajado sempre que possa maximizar a eficiência da revisão.

A conclusão "limpa" em um relatório de revisão é expressa na forma negativa, ou seja, de que o auditor, com base nos procedimentos aplicados, **não tomou conhecimento de nenhum fato que o leve a acreditar que as informações revisadas não foram apresentadas adequadamente (ou não foram elaboradas)**, em todos os aspectos relevantes, de acordo com a estrutura de relatório financeiro que seja aplicável.

Procedimentos de revisão

Entendimento da entidade

Conforme mencionado anteriormente, no caso em que a contratação do auditor para a auditoria das demonstrações anuais, inclui, também, a revisão das ITRs, esse procedimento é realizado de forma coordenada com a auditoria. Para os propósitos da revisão, ele deve atualizar o entendimento para identificar os riscos de distorção relevante nas informações intermediárias e, em resposta, selecionar as indagações, procedimentos analíticos e outros procedimentos de revisão que fornecem a base para ele atingir a sua conclusão na forma negativa, conforme mencionado no tópico anterior.

O item 15 da NBC TR 2410 estabelece os procedimentos executados pelo auditor para atualizar o entendimento da entidade e de seu controle interno, destacando-se os seguintes:

- leitura do relatório de auditoria e das demonstrações financeiras do exercício anterior, assim como das revisões de períodos anteriores;

- considerações sobre os riscos de distorção relevante, inclusive os decorrentes de fraude, mudanças nos negócios, mudanças nas práticas contábeis, resultados de trabalhos dos auditores internos ou da auditoria do exercício em curso que já possam ter sido realizados, atualização do nível de materialidade e do entendimento do processo de encerramento das demonstrações intermediárias, que pode ser diferente do processo de encerramento anual.

No caso de trabalho novo (**primeira auditoria**), o auditor, ao efetuar a primeira revisão de informação intermediária, deve acelerar a obtenção do entendimento da entidade e de seu controle interno. Além da identificação dos controles relevantes e dos riscos de distorção nas informações intermediárias, esses procedimentos normalmente incluem a visita aos auditores antecessores e a revisão da documentação de auditoria e de revisões anteriores.

Investidas e componentes da entidade

No caso em que a entidade possui investimentos relevantes, o auditor deve determinar a natureza dos procedimentos de revisão a serem adotados nessas investidas de acordo com a representatividade delas. No caso das demonstrações financeiras anuais dessas investidas ou componentes serem auditados por outros auditores, o auditor considera o nível de centralização ou descentralização dos controles internos e deve elaborar instruções aos outros auditores, incluindo materialidade e outros aspectos específicos, que forem relevantes nas circunstâncias, para que eles procedam a revisão das informações intermediárias.

Os procedimentos de revisão são estendidos a essas investidas, cujas demonstrações financeiras intermediárias ou informações trimestrais, se também forem companhias abertas, podem ser revisadas pela própria firma de auditoria ou por outro auditor. O entendimento é que o auditor da entidade não pode fazer referência ao trabalho do outro auditor da investida, de forma a dividir a responsabilidade, embora isso não esteja explícito na norma original (*ISRE 2410*) que é a base para a NBC TR 2410, pois ela foi emitida antes do Projeto *Clarity* que alterou as normas internacionais de auditoria (*ISAs*). Para maiores informações sobre o assunto, ver Capítulo 23, que trata da auditoria de demonstrações financeiras de grupos, incluindo o trabalho dos auditores de componentes (NBC TA 600).

Indagações

As indagações são feitas principalmente às pessoas responsáveis ou envolvidas nos assuntos financeiros e contábeis e cobrem os seguintes aspectos:
- se as informações intermediárias foram elaboradas e estão apresentadas de acordo com a estrutura de relatório financeiro aplicável, que no caso de revisão de ITR são as práticas contábeis adotadas no Brasil (pronun-

ciamentos, orientações e interpretações do CPC) para as informações individuais da controladora e IFRS para as informações consolidadas;[9]
- se houve alguma mudança nas práticas contábeis ou nos métodos de aplicação;
- se a administração tem conhecimento de eventos subsequentes que afetam as informações intermediárias;
- se a administração mudou a sua avaliação de capacidade de continuidade da entidade;
- se alguma transação nova precisou da aplicação de uma nova prática contábil;
- se as informações intermediárias contêm alguma distorção conhecida não ajustada;
- se houve alguma combinação de negócios ou alienação de segmento do negócio, assim como outras situações complexas ou não usuais, que podem ter afetado as informações intermediárias;
- se as premissas significativas continuam relevantes para a mensuração ou divulgação do valor justo e se a intenção, assim como a capacidade da administração de realizar ações específicas em nome da entidade continuam válidas;
- se as transações com partes relacionadas foram adequadamente contabilizadas e divulgadas nas informações intermediárias;
- se ocorreram mudanças significativas nos compromissos e obrigações contratuais, nas contingências e litígios e se ocorreram novas reclamações;
- se as cláusulas restritivas (*covenants*) em contratos de financiamento estão sendo cumpridas;
- se as leis e regulamentos relevantes continuam sendo cumpridos;
- se ocorreram transações significativas nos últimos dias do período intermediário ou nos primeiros dias do período intermediário seguinte;
- se a administração e outros executivos possuem conhecimento de alguma fraude ou suspeita de fraude que afeta a entidade e suas informações intermediárias, envolvendo:
  - a administração;
  - os empregados que tenham papéis significativos no controle interno;
  - outros.

---

[9] A CVM tem requerido também que as informações consolidadas sejam também apresentadas de acordo com as práticas contábeis adotadas no Brasil.

Aplicações de procedimentos analíticos

A aplicação desses procedimentos visa identificar relações e situações que aparentam não serem usuais e podem indicar a existência de distorção relevante, portanto, essas situações devem ser investigadas, mediante indagações ao pessoal da entidade, em adição às indagações anteriormente mencionadas ou aplicação de outros procedimentos de revisão.

A determinação dos procedimentos analíticos varia de entidade para entidade e, como regra geral, deve tomar como base aqueles indicadores que a administração da entidade considera relevante para monitorar os negócios da entidade, partindo do princípio de que os administradores são os que melhor conhecem os negócios da entidade. O Apêndice 2 da NBC TR 2410 traz exemplos de procedimentos analíticos, destacando-se:

- comparar as informações intermediárias do período corrente com as do período imediatamente anterior, com as de igual período do exercício anterior e com os valores orçados;
- comparar informações intermediárias atuais com informações não financeiras relevantes;
- comparar os valores ou índices produzidos a partir de valores registrados com as expectativas desenvolvidas pelo auditor. O auditor desenvolve essas expectativas identificando e aplicando relações que devem, de forma razoável, existir com base no seu entendimento da entidade e do setor em que a entidade atua;
- comparar índices e indicadores para o período intermediário atual com aqueles de outras entidades do mesmo setor de atividade;
- comparar relações entre os elementos nas informações intermediárias atuais com relações correspondentes nas mesmas informações para períodos anteriores. Por exemplo, percentual por tipo de despesa em relação às vendas ou por tipo de ativos em relação ao total de ativos, ou, ainda variação percentual nas vendas em relação à porcentagem de variação nos recebíveis;
- comparar dados segregados por período, por linha de negócio, por produto e por localidade, em vez de dados agregados que fornecem informações menos úteis.

Além desses exemplos, para maiores informações é importante considerar as orientações da NBC TA 520 (ver Capítulo 16), que trata especificamente dos procedimentos analíticos em uma auditoria.

Leitura das outras informações que acompanham as demonstrações intermediárias

No caso específico das Informações Trimestrais (ITR) das companhias abertas, a CVM requer que as informações contábeis, obtidas das demonstrações intermediárias, sejam complementadas por informações relacionadas com o comentário do desempenho. Essas informações devem ser lidas pelo auditor independente e comparadas na extensão julgada necessária com as demonstrações intermediárias para verificar a existência de eventual inconsistência entre elas.[10]

Na hipótese de existência de inconsistência, ela pode estar no comentário do desempenho ou em outras informações que acompanham as informações trimestrais ou nas demonstrações intermediárias revisadas pelo auditor. De forma similar ao que ocorre em um trabalho de auditoria,[11] se a inconsistência estiver nas demonstrações financeiras, elas (demonstrações) devem ser ajustadas para que não gerem uma modificação na conclusão do auditor em seu relatório de auditoria ou revisão.

No caso em que a eventual inconsistência estiver localizada nas outras informações (comentário do desempenho no caso ITR), o auditor deve requerer da administração da entidade que elimine a inconsistência. Caso ela não seja eliminada, o auditor deve considerar a inclusão de um parágrafo de outros assuntos para descrever a inconsistência, levando-a à atenção dos usuários das informações trimestrais sem, contudo, ressalvar as demonstrações financeiras contidas nas ITRs, pois a distorção não está nelas localizada.

Outros procedimentos de revisão

A aplicação de outros procedimentos depende das circunstâncias específicas e normalmente incluem:

- leitura das atas de reuniões de diretoria, conselho e outros comitês relevantes;
- leitura das informações intermediárias. No caso de ITR, essa leitura inclui o relatório do desempenho e as outras informações contidas no documento para concluir se elas incluem alguma inconsistência relevante;
- obtenção de evidência de que as informações intermediárias foram confrontadas ou conciliadas com os registros contábeis que as suportam;
- obtenção de representações formais da administração; e

---

[10] Os usuários dos relatórios de auditoria, em nível mundial, requerem mudanças nos relatórios e querem que o auditor forneça alguma forma de asseguração sobre essas outras informações que acompanham as demonstrações financeiras, portanto, no futuro, poderão ocorrer mudanças na ISA 720 (equivalente da NBC TA 720), que provocarão mudanças também nas normas de revisão.

[11] Ver seção do Capítulo 26 que trata da norma NBC TA 720.

- outros procedimentos que sejam necessários nas circunstâncias específicas da revisão.

Sempre que o auditor identificar situações que possam indicar que as informações sob revisão possam apresentar distorções, ele deve decidir quanto à necessidade de aplicar outros procedimentos de revisão, além das indagações e procedimentos de revisão analítica. Dentre esses outros procedimentos, quaisquer das outras formas de obtenção de evidência (inspeção, observação, confirmação externa ou recálculo) mencionadas no Capítulo 16, que trata das evidências de auditoria, podem vir a ser aplicadas pelo auditor, ou seja, embora não requerida nada impede que o auditor obtenha uma confirmação de um devedor ou uma representação de um advogado externo sobre um litígio, se as circunstâncias requererem a aplicação desses outros procedimentos, que não transformarão um trabalho de revisão em um trabalho de auditoria, todavia a aplicação de outros procedimentos está geralmente relacionada com o aumento dos próprios procedimentos analíticos, passando a trabalhar com dados não consolidados ou aumentar o tipo de itens a serem comparados.

Representações formais da administração

O auditor deve obter representações da administração, cobrindo aspectos como a responsabilidade da administração pelo controle interno, pela elaboração das informações intermediárias de acordo com as práticas contábeis aplicáveis, assim como de que a administração acredita que os ajustes e reclassificações, identificados nas representações, não são relevantes em relação às informações intermediárias.

A carta de representação pode incluir, também, a confirmação por escrito de assuntos relevantes que foram indagados à administração. O Apêndice 3 da NBC TR 2410 inclui exemplo de carta de representações.

Avaliação do efeito das distorções e das inconsistências relevantes

De forma similar ao estabelecido na NBC TA 450 para auditoria, o auditor deve avaliar os efeitos das distorções em relação às informações intermediárias para concluir a revisão e emitir o relatório.

As distorções ou inconsistências identificadas devem ser comunicadas no nível apropriado tão logo sejam identificadas. Se a administração ou os responsáveis pela governança não efetuarem os acertos necessários, o auditor deve considerar o impacto da distorção ou inconsistência no seu relatório de revisão, a possibilidade de se retirar do trabalho e de renunciar ao trabalho de auditoria.

Relatório sobre a natureza, a extensão e os resultados da revisão de informações intermediárias

Estrutura do relatório de revisão sem modificação (limpo)

O item 43 da NBC TR 2410 apresenta informações sobre o conteúdo do relatório de revisão que deve incluir:

- título e destinatário do relatório;
- identificação das demonstrações ou informações que foram revisadas;
- descrição da responsabilidade da administração pela elaboração das demonstrações que foram revisadas;
- descrição da responsabilidade do auditor contendo declaração de que a revisão foi efetuada de acordo com a NBC TR 2410;
- declaração de que o alcance de uma revisão é significativamente menor do que uma auditoria e que isso não permite obter segurança de que identificou todos os assuntos que seriam identificados em um trabalho de auditoria;
- conclusão do auditor, cuja forma de redação depende do conteúdo e objetivo das demonstrações/informações revisadas e está mais bem discutida nos próximos parágrafos; e
- data, nome do auditor e identificação de registro no CRC e assinatura, conforme requerido pelo CFC, já discutido no Capítulo 26, que trata dos relatórios de auditoria.

De forma geral, o conteúdo do relatório de acordo com a NBC TR 2410 está bem próximo dos modelos de relatório introduzidos pelo Projeto *Clarity* que mudou as normas internacionais de auditoria (*ISAs*) e deu origem às atuais normas brasileiras de auditoria (NBCs TA) aprovadas em fins de 2009, com vigência a partir de 2010, todavia, os subitens (i) e (j) do item 43 da NBC TR 2410 trazem importante novidade que deve ser objeto de análise para adequado entendimento.

Eles diferenciam o conteúdo e objetivo das demonstrações ou informações intermediárias e com base nessa diferenciação se tem a redação da conclusão do relatório. No primeiro caso, temos que as informações intermediárias contêm um conjunto completo de demonstrações financeiras para fins gerais, elaboradas e apresentadas de acordo com uma estrutura de relatório financeiro que tem por objetivo uma apresentação adequada. Esse é o caso, por exemplo, das demonstrações financeiras elaboradas de acordo com o Pronunciamento 26 do CPC (apresentação das demonstrações contábeis), que de acordo com a Estrutura Conceitual para Elaboração e Apresentação das Demonstrações Contábeis, também emitida pelo CPC, estabelece que as demonstrações financeiras elaboradas nesse contexto tenham como objetivo a apresentação adequada da posição patrimonial e financeira, do desempenho operacional e dos fluxos de caixa, portanto, a redação da conclusão deve ser claramente direcionada a esse objetivo das demonstrações financeiras, mesmo que dada de forma indireta, como apresentada no quadro a seguir:

> Com base em nossa revisão, não temos conhecimento de nenhum fato que nos leve a acreditar que as informações intermediárias não apresentam **adequadamente**, em todos os aspectos relevantes, a **posição patrimonial e financeira** da entidade, em 31 de março de 20X1, **o desempenho de suas operações** e os **seus fluxos de caixa** para o trimestre findo naquela data de acordo com as **práticas contábeis adotadas no Brasil** (IFRS ou outra estrutura de relatório financeiro que seja aplicável).

No segundo caso (letra j do item 43), as informações intermediárias incluem demonstrações financeiras condensadas que, pelo conteúdo de suas informações, não apresentam todas as informações necessárias para uma apresentação de forma adequada da posição patrimonial e financeira, do desempenho das operações e dos fluxos de caixa. Embora essas demonstrações não tenham esse objetivo de apresentação adequada, elas foram elaboradas de acordo com uma estrutura conceitual de relatório financeiro e, dessa forma, o relatório do auditor apresenta uma conclusão no contexto de conformidade (ou *compliance*), conforme apresentado no quadro a seguir:

> Com base em nossa revisão, não temos conhecimento de nenhum fato que nos leve a acreditar que as informações intermediárias não estão elaboradas, em todos os aspectos relevantes, **de acordo com as práticas contábeis adotadas no Brasil** (IFRS ou outra estrutura de relatório financeiro que seja aplicável).

De forma similar aos outros capítulos que tratam de relatórios, está sendo apresentado no quadro a seguir um exemplo de relatório "limpo" sobre o conjunto completo de demonstrações financeiras intermediárias e com base nele estão apresentados os principais requisitos a serem observados na emissão de relatório. Nesse caso específico, as demonstrações intermediárias, objeto de revisão, foram elaboradas de acordo com uma estrutura de relatório financeiro para alcançar uma apresentação adequada. Se, ao contrário, as demonstrações fossem condensadas, a conclusão do relatório seria alterada para o contexto de conformidade, como no quadro anterior.

Relatório de revisão de informações intermediárias

(Destinatário apropriado)

Introdução

Revisamos o balanço patrimonial da Companhia XYZ, em 31 de março de 20X1, e as respectivas demonstrações do resultado, das mutações do patrimônio líquido e dos fluxos de caixa para o trimestre findo naquela data, incluindo o resumo das práticas contábeis significativas e demais notas explicativas.

A administração é responsável pela elaboração e apresentação adequada dessas informações intermediárias de acordo com as práticas contábeis adotadas no Brasil. Nossa responsabilidade é a de expressar uma conclusão sobre essas informações intermediárias com base em nossa revisão.

Alcance da revisão

Conduzimos nossa revisão de acordo com as normas brasileiras e internacionais de revisão. Uma revisão de informações intermediárias consiste na realização de indagações, principalmente às pessoas responsáveis pelos assuntos financeiros e contábeis e na aplicação de procedimentos analíticos e de outros procedimentos de revisão. <u>*O alcance de uma revisão é significativamente menor do que o de uma auditoria conduzida de acordo com as normas de auditoria e, consequentemente, não nos permitiu obter segurança de que tomamos conhecimento de todos os assuntos significativos que poderiam ser identificados em uma auditoria. Portanto, não expressamos uma opinião de auditoria.*</u>

Conclusão

Com base em nossa revisão, não temos conhecimento de nenhum fato que nos leve a acreditar que as informações intermediárias não apresentam adequadamente, em todos os aspectos relevantes, a posição patrimonial e financeira da Companhia XYZ, em 31 de março de 20X1, o desempenho de suas operações e os seus fluxos de caixa para o trimestre findo naquela data de acordo com as práticas contábeis adotadas no Brasil.

Local (localidade do escritório de auditoria que emitiu o relatório) e data do relatório do auditor independente.

Nome e número de registro no CRC do auditor independente (pessoa física ou jurídica), assim como do profissional, incluindo a informação de que é contador (sócio ou responsável técnico).

Assinatura do auditor independente.

A grande novidade nesse modelo de relatório está na seção de **Alcance da Revisão**, uma vez que em linha ao requerido pela Estrutura Conceitual para Trabalhos de Asseguração, a redação dessa seção deixa claro que o alcance de um trabalho de revisão é menor do que o de uma auditoria, não proporcionando o nível de segurança necessário para emitir uma opinião.

A responsabilidade da administração, embora esteja clara, faz parte da Introdução, enquanto no relatório de auditoria, revisado pelo Projeto *Clarity*, está em uma seção específica.

Os demais itens do relatório (título, destinatário, parágrafo introdutório, data, identificação do auditor e assinatura) não trazem novidades em relação aos relatórios de auditoria já apresentados ou em relação ao que vem sendo utilizado em revisões de Informações Trimestrais (ITR), requeridas pela CVM.

A data do relatório de revisão do auditor independente, de forma similar ao relatório de auditoria, deve ser a data em que a revisão for concluída, que inclui a execução de procedimentos relacionados a eventos ocorridos até a data dessa conclusão. Essa data, obviamente, tem que ser após a administração ter concluída a elaboração das demonstrações e ter assumido responsabilidade por elas.

Estrutura do relatório de revisão contendo modificação por distorção ou limitação no alcance da revisão

As distorções nas demonstrações intermediárias que não forem corrigidas geram modificação na conclusão do relatório de revisão da mesma forma que gerariam na opinião constante de um relatório de auditoria, portanto, é importante que o leitor considere as orientações contidas na NBC TA 705, que estão tratadas no Capítulo 26.

De acordo com essas orientações, o auditor adiciona uma seção no relatório de auditoria entre a descrição de suas responsabilidades e o parágrafo da opinião para descrever o assunto que gerou a ressalva. No caso de um relatório de revisão, isso é feito de forma similar, ou seja, a modificação no relatório de revisão é geralmente realizada mediante a inclusão de um parágrafo explicativo no relatório de revisão e uma ressalva na conclusão. O Apêndice 5 da NBC TR 2410 apresenta exemplo de relatório de revisão contendo conclusão com ressalva.

As modificações em relação ao relatório com conclusão limpa ocorrem na conclusão e na adição de parágrafo para descrever a ressalva, permanecendo os demais itens do relatório sem modificação, portanto, no quadro a seguir estão sendo incluídos apenas esses dois parágrafos para exemplificar a redação de uma ressalva. Nesse caso, ao contrário do exemplo anterior, as informações revisadas não têm a **apresentação adequada** como objetivo e, dessa forma, a conclusão é na forma de cumprimento ou conformidade.

Base para conclusão com ressalva

Com base nas informações fornecidas pela administração, a Entidade ABC excluiu do imobilizado e da dívida de longo prazo certas obrigações de arrendamento mercantil que, de acordo com as práticas contábeis adotadas no Brasil, deveriam ser capitalizadas. Essas informações indicam que, se essas obrigações de arrendamento mercantil tivessem sido capitalizadas em 31 de março de 20X1, o imobilizado seria aumentado em $_____, a dívida de longo prazo em $_____, e o lucro líquido e o lucro por ação seriam aumentados (reduzidos) em $_____, $_____, respectivamente, para o trimestre findo naquela data.

Conclusão com ressalva

Com base em nossa revisão, com exceção do assunto descrito no parágrafo anterior, não temos conhecimento de nenhum fato que nos leve a acreditar que as informações intermediárias não foram elaboradas, em todos os aspectos relevantes, de acordo com as práticas contábeis adotadas no Brasil.

De acordo com o item 47 da NBC TR 2410, se o efeito do desvio for relevante e estiver disseminado de forma generalizada pelas demonstrações financeiras ou demonstrações condensadas como um todo e o auditor concluir que a inclusão de uma ressalva não seja suficiente para destacar a natureza enganosa ou incompleta dessas demonstrações, ele deve emitir um relatório com conclusão adversa, que é bastante similar a uma opinião adversa, conforme exemplo constante do Apêndice 7 da NBC TR 2410, cujas mudanças em relação ao relatório simples estão reproduzidas no quadro a seguir:

Base para conclusão adversa

A partir deste período, a administração da entidade deixou de consolidar as demonstrações financeiras de suas controladas por considerar a consolidação inadequada devido à existência de novas participações minoritárias substanciais. Esse procedimento não está de acordo com as práticas contábeis adotadas no Brasil, distorcendo de forma relevante praticamente todas as contas das informações intermediárias que seriam significativamente diferentes.

Conclusão adversa

Nossa revisão indica que em razão de o investimento da entidade nas controladas não ter sido apresentado de forma consolidada, conforme descrito no

> parágrafo anterior, essas informações intermediárias não apresentam adequadamente, em todos os aspectos relevantes, a posição patrimonial e financeira da entidade em 31 de março de 20X1, o desempenho de suas operações e os seus fluxos de caixa para o trimestre findo naquela data de acordo com as práticas contábeis adotadas no Brasil.

Limitações no alcance da revisão

Elas podem ocorrer por imposição da administração ou por outras circunstâncias. Um trabalho não deve sequer ser aceito pelo auditor, se a administração, de antemão, impor qualquer limitação. No caso de limitação imposta após o trabalho ter sido aceito, o auditor deve discutir com a administração e com os responsáveis pela governança a remoção dessa limitação.

Caso não seja removida, o auditor fica impossibilitado de concluir a revisão. Se houver exigência legal ou regulatória para que ele emita o relatório de revisão, ele deve emitir seu relatório com abstenção de conclusão, explicando as razões.

Em trabalhos de revisão em conexão com a NBC TR 2410, as limitações podem ocorrer por outras razões não impostas pela administração. Quando ela estiver relacionada com um ou mais assuntos ou itens específicos das demonstrações ou informações financeiras intermediárias e o possível efeito, no julgamento do auditor, não estiver disseminado, ele pode concluir a sua revisão e emitir um relatório de revisão com ressalva, indicando que com exceção do aspecto tal a revisão foi efetuada de acordo com a norma de revisão.

Essa situação não é comum em trabalhos de revisão, mas pode ocorrer. Um exemplo dessa situação é o fato de o auditor de uma investida relevante não ter concluída a sua revisão em tempo hábil do auditor da entidade (investidora) utilizar as informações em sua revisão, conforme havia sido estabelecido. Em outro exemplo, poderíamos ter o caso de o auditor ter sido contratado para auditar as demonstrações financeiras do exercício que se encerra em 31 de dezembro do ano em curso e revisar as informações trimestrais desse exercício e o relatório do auditor antecessor ter incluído ressalva sobre os estoques finais daquele exercício, por não ter acompanhado os inventários finais.

No caso em que o auditor acompanhou os inventários no fim do período e concluiu que o possível efeito decorrente de ajustes no inventário inicial não afetaria de forma generalizada as demonstrações financeiras como um todo do período em curso, ele pode emitir um relatório de revisão com ressalva pela limitação existente. Essa situação é pouco comum na prática, assim como a do exemplo constante no Apêndice 6 da NBC TR 2410 reproduzido a seguir:

> *Relatório de revisão de informações intermediárias*
>
> *(Destinatário apropriado)*
>
> **Introdução** (omitida por ter a mesma redação do relatório sem modificação).
>
> **Alcance da revisão**
>
> Exceto quanto ao descrito no parágrafo seguinte, conduzimos nossa revisão de acordo (restante foi omitido por ser igual).
>
> **Base para conclusão com ressalva**
>
> Como resultado do incêndio na filial (nome), em (data), que destruiu seus registros de contas a receber, não pudemos concluir a revisão das contas a receber no total de $_____ incluído nas informações intermediárias. A entidade está em processo de reconstrução desses registros e não tem certeza se esses registros suportam o valor apresentado acima mencionado e a correspondente provisão para créditos de liquidação duvidosa. Se tivéssemos conseguido concluir nossa revisão das contas a receber, poderíamos ter tomado conhecimento de assuntos que indicassem a necessidade de ajuste nas informações intermediárias.
>
> **Conclusão com ressalva**
>
> Com base em nossa revisão, exceto pelos eventuais ajustes nas informações intermediárias dos quais poderíamos ter tomado conhecimento se não fosse pela situação descrita, não temos conhecimento de nenhum fato que nos leve a acreditar que as informações intermediárias não apresentam adequadamente, em todos os aspectos relevantes, a posição patrimonial e financeira da entidade em 31 de março de 20X1, o desempenho de suas operações e os seus fluxos de caixa para o trimestre findo naquela data de acordo com as práticas contábeis adotadas no Brasil.

Incertezas significativas

As incertezas relevantes relacionadas com a capacidade de a entidade continuar operando ou com a existência de contingências relevantes devem ser apropriadamente divulgadas nas demonstrações ou informações financeiras intermediárias, da mesma forma que seriam divulgadas nas demonstrações completas de fim de exercício.

Nessas circunstâncias, o auditor pode concluir pela adição de um parágrafo de ênfase no seu relatório, fazendo referência à nota explicativa que divulga o fato conforme requerido pela estrutura de relatório financeiro aplicável. Para maiores informações sobre a adição de parágrafos de ênfase, ver Capítulo 26, que trata da emissão de relatório de auditoria sobre demonstrações para fins gerais, todavia, a falta de divulgação adequada da incerteza pode ensejar uma conclusão com ressalva ou até mesmo adversa.

Distorção ou inconsistência nas outras informações que acompanham as demonstrações financeiras

No caso de identificação de uma distorção relevante de um fato ou inconsistência nas outras informações, o auditor deve discutir com os responsáveis pela governança e concluir sobre o impacto em seu relatório, de forma similar ao que é feito em uma auditoria, conforme descrito na seção do Capítulo 26, que trata da NBC TA 720.[12]

As distorções ou inconsistências localizadas nas outras informações que acompanham as demonstrações financeiras anuais (relatório da administração, por exemplo) ou nas outras informações que acompanham as demonstrações intermediárias (comentário do desempenho incluso na ITR, por exemplo) que não forem corrigidas requerem a adição de um parágrafo de outros assuntos após a conclusão, uma vez que essas outras informações não fazem parte das demonstrações financeiras anuais ou demonstrações intermediárias e, portanto, não estão abrangidas na conclusão do auditor. No quadro a seguir foi apresentado um exemplo dessa situação. Como o destinatário, identificação das demonstrações revisadas, alcance, conclusão e demais informações constantes do relatório são iguais ao exemplo de relatório sem modificação, elas foram omitidas e o exemplo apresenta apenas o parágrafo de outros assuntos adicionado após a conclusão:

Outros assuntos

O relatório de desempenho elaborado pela administração da Companhia ABC inclui informações sobre índices de liquidez, solvência e rentabilidade que estão inconsistentes com os valores que figuram nas informações intermediárias, que foram por nós revisadas, e que deveriam ter sido utilizados na elaboração dessas informações. De acordo com essas informações intermediárias, os seguintes índices possuem distorção (listar os índices distorcidos e seus valores corretos).

---

[12] Ver Capítulo 26 que apresenta um resumo das principais alterações em discussão no *IAASB* nas normas internacionais de auditoria (*ISAs*).

Comunicações

Da mesma forma que em uma auditoria, o auditor deve comunicar tempestivamente aos administradores, em nível apropriado, e aos responsáveis pela governança as distorções identificadas sejam elas decorrentes de erro ou fraude, eventuais limitações no alcance de sua revisão ou suspeitas de fraude. Nesse caso específico, tempestivamente significa quando o auditor teve conhecimento do assunto e nível apropriado da administração significa a pessoa ou pessoas com autoridade para sanar o problema e permitir ao auditor emitir uma conclusão "limpa".

Documentação

A documentação da revisão deve ser suficiente e apropriada para fundamentar a conclusão do auditor e fornecer evidência de que ela foi executada de acordo com a NBC TR 2410 e com as exigências legais e regulamentares aplicáveis. No caso de revisões trimestrais para atender a CVM existem requisitos específicos que devem ser observados e que, portanto, devem estar, também, documentados, lembrando a máxima de que se não existe evidência do trabalho efetuado ele é considerado como não efetuado.

De forma similar ao mencionado no Capítulo 6, que trata da documentação em um trabalho de auditoria, a documentação de uma revisão deve permitir que um auditor experiente que não tenha envolvimento anterior com o trabalho entenda a natureza, a época e a extensão das indagações feitas, assim como os procedimentos analíticos e outros procedimentos de revisão aplicados, as informações obtidas e quaisquer assuntos significativos considerados durante a execução da revisão, incluindo a solução desses assuntos.

Relatório emitido em conexão com a Revisão de Informações Trimestrais (ITR) requeridas pela CVM e das Informações Financeiras Trimestrais (IFT) requeridas pelo Banco Central do Brasil

Conforme mencionado na primeira edição deste livro, o modelo de relatório que vinha sendo utilizado nessas revisões foi atualizado para incorporar as novidades trazidas pela NBC TR 2410 e pelo CPC 21 que trata das Demonstrações Intermediárias. O IBRACON emitiu o Comunicado Técnico (CT) 8/2011 contendo orientações aos auditores independentes sobre o modelo de relatório a ser utilizado nas revisões de ITR de companhias abertas, exceto instituições autorizadas a funcionar pelo Banco Central do Brasil, cujas orientações estão contidas no CT 9/2011, que apresenta modelos para o ITR de instituições financeiras. As versões atualizadas desses comunicados técnicos (CT) estão disponíveis nos *sites* do IBRACON e do Conselho Federal de Contabilidade.

Trabalhos de aplicação de procedimentos previamente acordados

Introdução e natureza dos trabalhos

A principal característica de um trabalho de procedimentos previamente acordados é que o auditor não emite opinião ou qualquer forma de asseguração como resultado de seu trabalho. Em vez disso, o relatório do auditor se limita a apresentar as constatações factuais resultantes do seu trabalho.

A NBC TSC 4400, aprovada em fevereiro de 2010 pelo Conselho Federal de Contabilidade, por intermédio da Resolução 1.277, veio preencher uma lacuna existente na normatização dos serviços que podem ser prestados pelo auditor independente.

Os trabalhos dessa natureza, considerados serviços correlatos, ainda não são muito difundidos no Brasil, uma vez que tanto os prováveis usuários como os próprios auditores independentes ainda não possuem experiência suficiente dos benefícios práticos dos trabalhos dessa natureza, que podem atender perfeitamente às necessidades do usuário por um custo relativamente baixo, trazendo vantagens comparativas em relação aos trabalhos de asseguração.

Na prática, muitas vezes o auditor se depara com situações em que o seu cliente não sabe direito o que ele precisa, mas por recomendação de alguém acaba procurando um auditor e pede um trabalho de auditoria (asseguração razoável), quando, na realidade, um trabalho de revisão (asseguração limitada), ou até mesmo um trabalho de procedimento previamente acordado poderiam atender plenamente às necessidades, com ampla vantagem na relação custo *versus* benefício.

Para complicar ainda mais, a falta de definição do objetivo e da finalidade do trabalho, assim como a falta de conhecimento para contratar o serviço de auditoria, por parte da parte contratante (cliente), podem redundar em situações de limitação no alcance da auditoria, em que o auditor independente fica impossibilitado de concluir o seu trabalho e emite um relatório com abstenção de opinião, que acaba não tendo qualquer utilidade ao usuário do serviço.

Assim, o objetivo deste capítulo é apresentar não só os aspectos técnicos que regem os trabalhos dessa natureza, mas mostrar, também, os benefícios práticos que podem ser gerados ao usuário desses serviços, discutindo exemplos de situações e tipos de relatório que podem ser gerados.

A NBC TSC 4400 é direcionada para a execução de serviços sobre informações contábeis, todavia, ela serve e é bastante útil também para informações não contábeis. Por exemplo, um aspecto de controle interno pode originar um trabalho de aplicação de procedimentos previamente acordados, desde que o auditor tenha conhecimento suficiente do objeto do trabalho e as suas constatações possam ser fundamentadas em critérios razoáveis.

Dentre os aspectos de controle interno, por exemplo, a constatação da observância de uma política de aprovação de requisições de compras de acordo com os limites de alçada para os executivos do nível gerencial e de diretoria poderia ser objeto de um trabalho de procedimento previamente acordado.

Na contratação de trabalho dessa natureza, as partes envolvidas, de um lado o cliente (usuário do serviço ou contratante) e de outro o auditor, podem estabelecer os procedimentos a serem aplicados, inclusive tamanho da amostra, e os critérios a serem considerados na apuração das constatações pelo auditor.

Nesse caso específico, a política estabelecendo os parâmetros para aprovação funcionaria como critério, por exemplo, requisições de compra de valor inferior a $ X precisam ser aprovadas por executivos do nível gerencial, enquanto as de valor entre $ X e $ Y devem ser aprovadas pela diretoria; para os casos em que o valor supere $ Y, é requerida aprovação conjunta de diretor ou diretora da área e do(a) presidente da entidade contratante do serviço.

Em um trabalho dessa natureza, o auditor, em vez de fornecer uma opinião ou uma conclusão que assegure o cumprimento da política da entidade de acordo com o grau de asseguração (razoável ou limitada), fornece um relatório descrevendo o trabalho efetuado e as constatações factuais descobertas em seu trabalho.

As constatações factuais referem-se às exceções identificadas, ou seja, quais as requisições que não foram aprovadas de acordo com a política da entidade, mas não é requerido que o auditor forneça qualquer asseguração, seja na forma positiva (opinião) ou na forma negativa (conclusão de que nada chegou a seu conhecimento, nos termos em que conclui para os trabalhos de revisão limitada), partindo-se do princípio de que a parte contratante conhece os objetivos do trabalho, a suficiência e adequação dos procedimentos aplicados (acordados entre as partes) e, portanto, tem plenas condições de chegar às suas próprias conclusões. Nas seções seguintes serão apresentados os aspectos relacionados com:

- objetivos da NBC TSC 4400;
- princípios gerais que regem os trabalhos de procedimentos previamente acordados;
- definição dos termos do trabalho e carta de contratação;
- situação em que os procedimentos são estabelecidos em conjunto com o órgão regulador;
- planejamento, documentação dos procedimentos e da evidência necessária para suportar as constatações, inclusive representações; e

- conteúdo do relatório a ser emitido.

Objetivos da NBC TSC 4400

Fornecer orientação sobre as responsabilidades profissionais do auditor na execução de trabalhos de procedimentos previamente acordados, inclusive sobre como reportar as constatações identificadas pelo auditor, descritas na seção contendo o conteúdo do relatório a ser emitido.

Princípios gerais que regem os trabalhos de procedimentos previamente acordados

Como um trabalho dessa natureza não compreende nenhuma forma de asseguração, a norma não exige independência do auditor, todavia, aspectos de independência devem ser discutidos na contratação do trabalho e, caso ela seja requerida, e por qualquer motivo não seja atendida, o auditor deve enfatizar esse aspecto em seu relatório para que a parte contratante possa avaliar o resultado do trabalho.

A não exigência de independência em trabalhos de procedimentos previamente acordados não exime o auditor da necessidade de agir sempre com integridade, confidencialidade, competência e devido zelo profissional, assim como com a plena observância desta norma e das demais normas profissionais e técnicas que sejam aplicáveis nas circunstâncias de um trabalho específico.

Definição dos termos do trabalho e carta de contratação

Em um trabalho de procedimentos previamente acordados, a carta de contratação é um documento tão importante, que, em algumas situações, ela chega a ser refeita por ocasião da finalização do trabalho e emissão do relatório para que os dois documentos em forma final (relatório e carta de contratação) reflitam exatamente as mesmas condições.

Por mais estranho que possa parecer o que foi afirmado no parágrafo anterior, na prática, existem situações em que por ocasião da contratação, as partes contratantes do trabalho (auditor e cliente) estabelecem os procedimentos e os critérios a serem considerados, todavia, ao longo do trabalho, as partes percebem que o que foi originalmente acertado entre as partes (procedimento ou critérios) não é factível e, portanto, de comum acordo mudam essas condições para conseguirem atingir o objetivo desejado.

Em uma situação dessas, a carta de contratação originalmente preparada deve ser acertada para refletir as novas condições estabelecidas e que serão reportadas.

Dessa forma, é inadmissível que exista um trabalho de aplicação de procedimentos previamente acordados que não esteja suportado por uma carta de contratação.

O Anexo I da norma apresenta um exemplo de carta de contratação que deve ser adaptado a cada situação específica, uma vez que, conforme mencionado nos parágrafos anteriores, a carta de contratação deve refletir de forma precisa tanto os procedimentos como os critérios aplicáveis ao trabalho que está sendo contratado. A carta de contratação deve estabelecer de forma clara e objetiva aspectos como:

a) natureza e objetivo do trabalho, inclusive quanto ao fato de que o relatório não conterá qualquer forma de asseguração (conclusão). É fortemente recomendável que a carta de contratação inclua informações sobre o formato do relatório com os tipos de constatações que podem ser identificadas, de forma que o relatório final não propicie qualquer surpresa ou não aceitação por não representar aquilo que era desejado;

b) declaração da finalidade do trabalho para que o auditor possa atingir o objetivo desejado pela parte contratante, identificando e relatando as constatações factuais que foram identificadas;

c) identificação de quais são as informações contábeis ou não contábeis sobre as quais o auditor deverá aplicar os procedimentos previamente acordados;

d) identificação da natureza (tipo de procedimento), época (quando os procedimentos serão aplicados) e extensão deles, ou seja, qual o tamanho da amostra que deverá ser observada pelo auditor; e

e) restrição de uso e distribuição do relatório que deve ficar restrito à parte contratante do serviço (cliente), que conhece a finalidade do trabalho e assume responsabilidade pela suficiência e adequação dos procedimentos que estão sendo previamente acordados na contratação.

Situação em que os procedimentos são estabelecidos em conjunto com o órgão regulador

Existem situações em que o trabalho de procedimentos previamente acordados, em vez de ser estabelecido de forma individual, entre o auditor e o cliente, é estabelecido de forma coletiva, tendo de um lado o órgão regulador ou representante do setor e de outro o representante dos auditores.

Como exemplo concreto dessa situação temos o Comunicado Técnico do IBRACON de nº 7/2008, que estabeleceu orientações aos auditores independentes quanto aos trabalhos de aplicação de procedimentos previamente acordados para atendimento aos requerimentos específicos do Despacho nº 2.877 da Superintendência de Fiscalização Econômica e Financeira (SFF) da Agência Nacional de Energia Elétrica (ANEEL).

Nesse caso concreto, as cartas de contratação e de representação e o próprio relatório elaborado pelos auditores independentes foram adaptados para refletir a situação específica do trabalho, que teve como objetivo propiciar suporte aos trabalhos de fiscalização conduzidos pela ANEEL para aprovação da revisão tarifária anual e periódica das concessionárias de serviços públicos de distribuição de energia elétrica.

Embora esse Comunicado Técnico seja específico para atender a uma finalidade da ANEEL, ele é um excelente exemplo de trabalho de procedimentos previamente acordados e possui orientações objetivas tanto de procedimentos como do próprio relatório, que sua leitura é fortemente recomendada, tanto por representantes de outras agências reguladoras, como pelos auditores que ainda não tenham tido oportunidade de executar trabalhos dessa natureza.

Planejamento, documentação dos procedimentos e da evidência necessária para suportar as constatações, inclusive representações

Os trabalhos de aplicação de procedimentos previamente acordados, de forma similar aos demais trabalhos realizados pelo auditor, devem ser adequadamente planejados para que os objetivos sejam atendidos com eficácia e eficiência, portanto, o conhecimento prévio da situação e a definição de critérios adequados são primordiais.

Os procedimentos aplicados para evidenciar o trabalho efetuado e as constatações descobertas estão detalhadamente apresentados no Capítulo 16, que trata da NBC TA 500 (Evidências de Auditoria) e compreendem:

- indagação;
- recálculo, comparação e outras verificações de precisão;
- observação;
- inspeção; e
- obtenção de confirmações.

Os trabalhos efetuados devem ser apropriadamente documentados, uma vez que a máxima existente que diz "trabalho não documentado significa trabalho não efetuado" é sempre válida e o relatório contendo as constatações factuais deve estar apropriadamente suportado.

No exemplo de trabalho citado, em que o auditor é contratado para aplicar procedimentos previamente acordados sobre as requisições de compra para subsidiar a administração na avaliação da observância da política da entidade relacionada com aprovações de acordo com limites de alçada, o auditor pode elaborar uma planilha contendo:

- critério utilizado para estabelecer o tamanho da amostra e seleção das requisições a serem testadas
- número e data das requisições selecionadas para evidenciar quais os itens que foram objeto de teste;
- valor da requisição para identificar o critério aplicável (limite de alçada); e
- constatação verificada, ou seja, itens que atendem e não atendem à política vigente (limites de alçada).

A norma internacional sobre aplicação de procedimentos previamente acordados (*ISRS 4400 Agreed-Upon Procedures*) não requer a obtenção obrigatória de representações formais, uma vez que trabalhos dessa natureza não envolvem qualquer tipo de asseguração, mas também não proíbe que o auditor obtenha representações apropriadas que ele considere importantes para suportar suas constatações factuais.

Como a obtenção de representações formais tem sido prática das firmas de auditoria que prestam esses serviços, na emissão da NBC TSC 4400 decidiu-se incluir esse requisito na referida norma, que, assim, requer obtenção de representações sobre:

- integridade das informações fornecidas ao auditor independente;
- que todas as questões conhecidas que contrariam o objeto do trabalho foram divulgadas ao auditor;
- disponibilização dos registros relevantes para o objeto e a aplicação dos procedimentos previamente acordados;
- suficiência dos procedimentos aplicados em relação aos propósitos para os quais o mesmo será utilizado.

Nas situações apresentadas até então, a contratação envolveu acerto e contratação de trabalho entre as partes (auditor e cliente) ou coletivamente (representantes dos auditores e órgãos reguladores ou representantes das entidades), todavia, podem existir situações em que o relatório do auditor será encaminhado a um terceiro (usuário do serviço) que não é o proprietário da informação ou a parte responsável pela sua preparação (cliente). Nessas situações, é importante que o auditor obtenha representações do usuário previsto do serviço sobre a suficiência dos procedimentos aplicados.

Conteúdo do relatório

O Apêndice 2 da NBC TSC 4400 apresenta exemplo de relatório emitido em decorrência de trabalhos de aplicação de procedimentos previamente acordados. De forma geral, já foram apresentados ao longo deste capítulo os aspectos fundamentais do relatório que não deve apresentar qualquer forma de asseguração (conclusão), limitando-se a apresentar as constatações factuais que foram identificadas e as informações requeridas pela referida norma que compreendem:

a) título do relatório;

b) destinatário (normalmente, a entidade que contratou o auditor independente para executar o trabalho);

c) identificação de informações contábeis ou não contábeis específicas sobre as quais foram aplicados os procedimentos previamente acordados;

d) declaração de que os procedimentos aplicados foram os acordados com o destinatário, tornando implícito que a responsabilidade pela definição e suficiência dos procedimentos é do destinatário;

e) declaração de que o trabalho foi realizado de acordo com a NBC TSC 4400;

f) se for o caso, declaração de que o auditor não é independente em relação à entidade;

g) identificação da finalidade de aplicação dos procedimentos previamente acordados;

h) descrição, por meio de lista ou outra forma, dos procedimentos específicos que foram aplicados;

i) descrição das constatações factuais identificadas, incluindo detalhes das exceções identificadas para que o usuário possa avaliar o resultado do trabalho e formar o seu próprio juízo;

j) declaração de que os procedimentos aplicados não se constituem em um trabalho de auditoria ou de revisão e, portanto, não foi expressa nenhuma forma de asseguração;

k) declaração de que outros assuntos poderiam ter sido identificados e relatados, se o auditor tivesse executado um trabalho de asseguração ou aplicado outros procedimentos;

l) declaração de que o relatório se destina apenas às partes que concordaram com os procedimentos aplicados;

m) declaração de que o relatório só diz respeito aos elementos, contas, itens ou informações contábeis ou não contábeis especificadas e que não é estendida às demonstrações financeiras tomadas em conjunto ou a uma demonstração específica;

n) data do relatório; e

o) identificação da firma de auditoria e do profissional, conforme requisitos do CFC e assinatura do auditor ou responsável técnico.

Trabalhos de compilação

Em agosto de 2013, o CFC aprovou a NBC TSC 4410, que trata dos serviços correlatos relacionados com compilação de informações contábeis. Os serviços dessa natureza não precisam ser necessariamente realizados por auditores independentes, uma vez que não envolvem qualquer tipo de asseguração, todavia, para poder realizá-los, o profissional da contabilidade deve manter controle de qualidade compatível com a NBC PA 01 – Controle de Qualidade para Firmas (Pessoas Jurídicas e Físicas) de Auditores Independentes, conforme item 4 da referida norma.

Essa norma é equivalente à norma internacional *ISRS 4410*, emitida pelo *IAASB*, e sua implantação no Brasil está muito mais relacionada com o compromisso assumido pelo Brasil de implantar as normas internacionais do que sua efetiva aplicação prática, uma vez que ela é de pouca utilidade no Brasil, pois a elaboração de demonstrações contábeis deve estar suportada pela escrituração contábil e de certas formalidades estabelecidas pelo CFC, pois dificilmente teríamos uma situação de um terceiro ser contratado pela administração de uma entidade para elaborar suas demonstrações financeiras e não o próprio responsável pela contabilidade (funcionário ou prestador de serviço externo).

Um exemplo de utilização prática que pode ser vislumbrado poderia estar relacionado com um condomínio que elabora somente a Demonstração dos Recebimentos e Pagamentos (ou Fluxos de Caixa), mas que possui ativos (contas a receber de condôminos em atraso, depósitos bancários ou dinheiro em caixa) e passivos (provisão para décimo terceiro salário, contas a pagar a fornecedores, contingências passivas com provável saída de recursos e outros) e que poderia contratar um profissional de contabilidade para compilar o balanço patrimonial.

A NBC TSC 4410 estabelece o tipo de relatório que deve ser emitido nessas circunstâncias, bem como os requisitos aplicáveis que devem ser observados pelo profissional que vier a ser contratado para um trabalho dessa natureza. Essa norma está disponível no *site* do CFC.

Formato	17 x 24 cm
Tipografia	Charter 11/13
Papel	Alta Alvura 63 g/m² (miolo)
	Supremo 250 g/m² (capa)
Número de páginas	480
Impressão	Bartira Gráfica